Leo Müller
Bank-Räuber

Leo Müller

BANK-RÄUBER

Wie kriminelle Manager und unfähige Politiker uns in den Ruin treiben

Econ

FSC
Mix
Produktgruppe aus vorbildlich
bewirtschafteten Wäldern,
kontrollierten Herkünften und
Recyclingholz oder -fasern

Zert.-Nr. SGS-COC-003091
www.fsc.org
©1996 Forest Stewardship Council

3. Auflage 2010

Econ ist ein Verlag der Ullstein Buchverlage GmbH

ISBN: 978-3-430-20092-9

Satz: Pinkuin Satz und Datentechnik, Berlin
Druck und Bindearbeiten: Bercker, Kevelaer
Printed in Germany

Meiner Frau Stella gewidmet.

Inhalt

Der Weg durch die Hölle 9

Teil I: Das politische Versagen 29
Die Lehman-Lüge: Eine Chronik des Staatsversagens. . 31
Gute Banken, schlechte Banken, deutsche Banken . . . 63
Die geballte Finanzkompetenz 90
Die Bundesbank und die Blasen 113
Die Finanzaufseher registrieren, lochen und heften ab . 132

Teil II: Die Betrugsblase 145
In der Schattenwelt der Finanzgauner 147
Im Club des Wall-Street-Kartells 176
Kreative Hedgefonds – made in Germany 203
Undercover in Miami: der Fall Kiener 220
Bernard Madoff und die Mini-Madoffs 242
Die Lehrstücke: Leeson, Kerviel und die
Nobelpreisträger 259

Teil III: Zauberbilanzen 279
Teutonisches Fiasko 281

Bankplatz Deutschland:
Sanierungsfall ohne Hoffnung 330

Danksagung 337

Anmerkungen 339

Register 374

Der Weg durch die Hölle

»Der Staatspräsident: Die Staatsbank hilft, zahlt deine Gaunerein. So kommen du und ich am besten weg.«
FRIEDRICH DÜRRENMATT: FRANK DER FÜNFTE – KOMÖDIE EINER PRIVATBANK[1]

Die Hände des schmächtigen Mannes waren ständig in Bewegung, feingliedrige Hände, Schreibtischhände. Mit seiner rechten Hand strich er unentwegt über die Tischdecke, als müsste er Krümel auf den Boden fegen. Seine traurigen Augen wanderten rastlos durch den Raum, blieben selten irgendwo haften, auch nicht, wenn er redete oder zuhörte. So unruhig hatte ich ihn noch nicht erlebt, den Mann, einen Banker, mit dem ich mich gelegentlich zum Apéro traf, einem kleinen Umtrunk, wie er in der Schweiz nach der Arbeit gerne eingenommen wird.

Wir hatten an diesem Tag im Herbst 2007 ein vertrauliches Gespräch vereinbart. Sein Name sollte in meinen Berichten für ein deutsches Wirtschaftsmagazin nicht vorkommen. Franz B., so nenne ich ihn, war bei unserem Treffen völlig verändert. Er wirkte bedrückt, fast verzweifelt. Nach einer Weile spürte ich, wie in ihm die Angst loderte – Angst um seine Bank, seinen Job, seine Familie. Nicht die Angst um irgendeine Bank, Angst um die UBS, bis dato eine der erfolgreichsten Banken der Welt. Sie hatte im letzten Quartal hohe Verluste erwirtschaftet, zum ersten Mal überhaupt, nach einer Serie von Milliarden-Profiten über viele Jahre hinweg.

Der Mann erzählte mir von der auf 2,5 Billionen Franken aufgeblähten Bilanzsumme der UBS: unvorstellbare 2500 Milliarden Franken. Eine Summe vierzigmal so hoch wie die Jahreseinnahmen des Schweizer Bundes.

So ratlos wie in den vergangenen Wochen habe er die Verwaltungsräte seiner Bank noch nie erlebt, erzählte mir der Banker. Die Handelsgeschäfte mit komplizierten Finanzderivaten hatten die UBS-Bilanzsumme in den letzten Jahren raketenhaft in die Höhe getrieben. Es waren Geschäfte mit Kreditversicherungen und verbrieften Kreditforderungen. Und nun zitterten die Verwaltungsräte um die Folgen für die Bank, die kaum mehr abzuschätzen waren. Sie wussten offenbar nicht ein noch aus. Viele Jahre waren die UBS-Banker ganz sicher in dem Glauben, die Risiken sehr breit gestreut zu haben. Bei genauer Analyse aber sei Erschreckendes festgestellt worden, bei allen betroffenen Wertpapieren und Finanzderivaten. Es war nur Papier, nichts als Papier von zweifelhaftem Wert: verbriefte Privat- und Geschäftshypotheken, verbriefte Autokredite, verbriefte Studentenkredite – oder Derivate, deren Sicherheiten auch wieder aus verbrieften Wertpapieren bestanden. Mit anderen Worten: nichts als Verlustrisiken.

Der Gesprächspartner sagte mir, dass alles noch viel schlimmer sei, als es bislang den Anschein habe. Sogar die Verbriefungen von besseren Hypothekarschuldnern in der guten Kategorie »Alt-A« verlören rasant an Wert; alles käme ins Rutschen. Mittlerweile sei sogar damit zu rechnen, dass auch die verbrieften Hypotheken-Pakte mit der AAA-Bestnote der Ratingagenturen keine sicheren Investments mehr seien. Das war jahrelang ein blühendes Geschäft, doch nun kannte niemand eine Methode, den wirklichen Wert der Papiere in fallenden Märkten zu bestimmen. Dann erzählte er von dem Spiel der Hasardeure von zwei UBS-Einheiten in den USA, die im Kampf um Marktanteile wie bei einem Roulette mit immer höheren Einsätzen sich gegenseitig überboten hatten –

mit der Folge, dass die beste Bank der Welt ums Überleben kämpfte. Die UBS, die für ihren Betrieb 700 Milliarden Franken pro Quartal benötigt, war viel zu groß für die Schweiz. Ihre Pleite würde in einer nationalen Katastrophe enden.[2]

Drei Wochen später traf ich das Vorstandsmitglied einer Landesbank. Würde auch er die Gelassenheit zeigen, die in Deutschland überall so demonstrativ zur Schau gestellt wurde? War der dramatische Absturz großer Geldkonzerne in den USA oder die Schieflage einer so angesehenen Bank wie der UBS nur die Folge gravierender Fehlspekulationen, während die deutschen Banken vor Kraft strotzten? Gewiss, ihre Bilanzen strahlten mit allerbesten Zahlen. Aber waren die deutschen Geldinstitute wirklich so viel besser aufgestellt? Und waren die Schieflagen einiger deutscher Banken, die bekannt geworden waren, nur bedauerliche Ausnahmen, also nur »Peanuts« für den deutschen Finanzplatz?

Im Juli 2007 hatte die Kreditanstalt für Wiederaufbau die staatsnahe Industriekreditbank IKB in Düsseldorf mit mehr als 8 Milliarden Euro stützen müssen. Kurz darauf musste die Sachsen LB mit Bürgschaften und Geldspritzen des Freistaates Sachsen, den Sparkassen und einigen Bankenverbänden vor einem tiefen Fall bewahrt werden. Dennoch kein Grund zur Aufregung? Zwei Ausnahmen nur, von denen nicht auf eine allgemeine Bankenkrise geschlossen werden konnte? Bundesbank-Präsident Axel Weber besänftigte besorgte Fragesteller in Politik und Wirtschaft mit seiner Aussage, die deutschen Banken seien »stabil« und »robust«. Zuversicht verbreitete auch der damalige Bundesfinanzminister Peer Steinbrück: »Die Beteiligten«, sagte er in einer Tonlage demonstrativer Gelassenheit, »haben die Situation im Griff.« Finanzexperten in der Politik, in den Banken und in der Wirtschaft wurden nicht müde darauf hinzuweisen, dass die »Kreditkrise«, von der überwiegend die Rede war, vor allem ein Problem der Wall-Street-Banken sei.

Mich beschäftigte die Frage, warum zur Stützung der Sachsen LB, einer kleinen Landesbank mit gerade mal 1,5 Milliarden Euro Eigenkapital, eine Kreditlinie von happigen 17,3 Milliarden Euro notwendig war. Das machte stutzig, auch die nebulösen, nichtssagenden Statements der Bank und der Regierung des Freistaates, als sei das Problem längst behoben. Auf Druck der Opposition erklärte der Finanzminister im Landtag lapidar, es seien gewisse Liquiditätsengpässe bei Verbriefungsgeschäften der Sachsen-LB-Tochter in Dublin aufgetreten. Er erklärte nicht, dass die Geschäfte der irischen Tochter über so genannte Zweckgesellschaften abgewickelt worden waren, im modernen Bankenjargon »Conduit« genannt, auf Deutsch eine Durchlaufgesellschaft. Die Bilanz der Sachsen LB ließ hingegen keine nennenswerten Subprime-Risiken erkennen, die gewaltigen Wertpapierbestände der Conduits waren erst gar nicht erfasst worden.

Der Mediensprecher der Sachsen LB wiegelte Fragen ab mit dem gleichermaßen hilflosen wie lächerlichen Hinweis auf das Bankgeheimnis. Er vermittelte zudem den Eindruck, dass die Dubliner Firmen völlig unabhängig von der Bank operierten: »Die Sachsen LB oder Tochtergesellschaften der Sachsen LB sind mit diesen Gesellschaften in keiner Weise gesellschaftsrechtlich verbunden.« Eine Antwort also, die auf überschaubare Probleme schließen ließ. So bagatellisierte er mir gegenüber die Krisensymptome: Ein »gestiegener Aufwand für Risikovorsorge und Bewertung«, ein »stagnierendes Zinsergebnis«. Ja, »Auswirkungen der weltweiten Marktstörungen«. Aber »in den übrigen Geschäftsfeldern konnte die Sachsen LB die positive Entwicklung des ersten Halbjahres fortführen«.[3]

Das passte alles nicht zusammen. Ich wollte mehr über die Conduits wissen, besorgte mir Ratingberichte und beschaffte mir in Dublin die Bilanzen dieser Conduits. Es waren schlichte Briefkastenfirmen mit Namen wie Ormond Quay, Georges Quay oder Ellis Quay, benannt nach den Straßen im Viertel rund um den Hauptsitz der sächsischen Filiale in Dublin. Die Aktien der Briefkastenfirmen wurden von irischen Treuhändern für gemeinnützige Stiftungen gehalten. Offenbar nur eine Tarnkonstruktion, mit der die wahren Eigentümer verdunkelt wurden. Noch mehr erschütterten die Zahlen in den Bilanzen der Quay-Firmen. Das Investitionsvolumen dieser Conduits war in den vergangenen Jahren rasant gestiegen. Allein im Ormond-Quay-Vehikel wurden Werte im Volumen von 17 Milliarden Euro gehandelt. Zusammengerechnet hatten alle Conduits der Sachsen 26 Milliarden Euro an verbrieften Wertpapieren in den Büchern, so viel wie die großen Investmentbanken wie die UBS oder die Citibank mit einem Eigenkapitalpuffer von über 30 Milliarden Euro. Nichts davon war aber in der Bilanz der sächsischen Landesbank erkennbar, obwohl die Conduits selbst nach den einfachen Regeln des deutschen Handelsgesetzbuches hätten erfasst werden müssen.[4] Die Staatsbank in Leipzig, wurde mir plötzlich klar, hatte heimlich Citibank gespielt. Aber nicht nur sie, auch die staatsnahe IKB und ebenso die BayernLB, HSH Nordbank, WestLB, LBBW und die Hypo Real Estate. Alle hatten Citibank gespielt.

Hinter den Glasfassaden dieser Geldhäuser müsste es brodeln: Wie wollen die Manager diese Situation meistern? Im November 2007 besuchte ich die Chefetage einer betroffenen deutschen Landesbank. Ich wollte mehr über die deutschen Conduits erfahren und hatte daher um ein vertrauliches Hintergrundgespräch mit einem verantwortlichen Manager gebeten. Der Termin war kurzfristig zugesagt worden. Der Pressesprecher versprach, in seinem Haus einen kompetenten Gesprächspartner zu suchen. Er begleitete mich in die fünfte Etage des Glaspalastes. Im Konferenzzimmer traf ich auf den Mann aus der Konzernleitung, einen erfolgsverwöhnten

Mittfünfziger mit der Attitüde des vielbeschäftigten Bankers: »Was kann ich für Sie tun?«

»Ich habe zwei einfache Fragen«, sagte ich: »Wem gehören diese Conduits, und wer haftet für die Risiken, die sie eingehen?« Der Landesbanken-Mann griff sich von einem Stapel einen Notizblock und kritzelte ein Organigramm mit Kästchen und Linien. »Ich will Ihnen das kurz erklären«, begann er. Diese Firmen seien Trusts, eine gesellschaftsrechtliche Form, die in der angelsächsischen Welt gerne in der Vermögensverwaltung eingesetzt wird. Zum Verwalten von Geldern für vermögende Familien, ähnlich einer Familienstiftung.

»Das sind ganz normale Public Limited Companies«, warf ich ein. Ich wusste von den Bilanzen, Gründungsurkunden und Protokollen der Conduits, die ich recherchieren konnte, dass dies eben keine Trusts waren, sondern gewöhnliche Aktiengesellschaften mit beschränkter Haftung oder einfache Privatgesellschaften wie deutsche GmbH: Er war irritiert, lenkte ab, und ich wusste, dass ich offenbar nicht dem zuständigen Gesprächspartner gegenübersaß. Ich warf einen unauffälligen Blick auf die Visitenkarte und sah mich bestätigt: Der Mann war ein leitender Jurist.

»Am Ende gibt es nur den Ausweg«, sagte er schließlich, »dass der Staat die Risiken hier übernehmen muss. Anders wird das nicht gehen.« Er sagte das in einem Ton, als sei das für einen Sachwalter von Vermögenswerten seines Bundeslandes ein völlig normaler Vorgang. Eigentlich musste ihm bewusst sein, dass seine Landeskasse Risiken in dieser Größenordnung ebenso wenig verkraften könnte wie die Schweiz den Untergang der UBS.

Meine Frage, ob seine Landesbank die Conduits nun in der bald zu erstellenden Konzernbilanz für das Jahr 2007 korrekt erfassen würde, blieb unbeantwortet. Wenn das nun nachgeholt würde, dann müsste die Bank hohe Summen abschreiben und Verluste melden. Sie müsste folglich viel mehr

Eigenkapitalpuffer haben, weil die Verluste diesen Posten aufzehren. Denn seit Monaten war in der Finanzwelt die harte Linie der großen Prüfkonzerne bekannt. Sie würden ihre Unterschrift nur noch unter das Testat der Jahresabschlüsse der Banken setzen, wenn alle Marktwerte der Papiere in ihren Conduits auf Heller und Pfennig bilanziert würden.

»Aber was machen Sie mit den verbrieften giftigen Wertpapieren?«, hakte ich nach. Die Werte dieser Papiere müsste die Bank doch berichtigen. »Das wissen wir noch nicht, unsere Experten arbeiten gerade daran, das neu zu strukturieren. Wahrscheinlich werden wir das wieder neu verbriefen«, erklärte der Jurist und machte dazu eine lässige Handbewegung, als habe diese Frage keine große Bedeutung. »Und dann halten wir die Papiere bis zur Endfälligkeit. Die Märkte werden sich ja irgendwann wieder erholen.«

Ich fragte mich, ob Verantwortungsbewusstsein in seinem Wortschatz überhaupt vorkam. Während die UBS und weitere große Geldhäuser rund um den Globus dabei waren, in ihren Büchern Milliardenwerte zu korrigieren, glaubten deutsche Banker noch, mit ein wenig Bilanzkosmetik durchzukommen. Als hätten die deutschen Banken einen besonders guten Draht zu den Wirtschaftsprüfern. Wollen die einfach so weitermachen, wunderte ich mich. Das einzige, was ihre Strategie ausmachte, war der unbeirrbare Glaube an die Wiederkehr der Blasenpreise ungeachtet der Tatsache, dass die Kurse für verbriefte Hypotheken kontinuierlich und deutlich sinken. Ich erlebte die klassische Selbsttäuschung eines Spekulanten – kein Einzelfall leider, in Deutschland eher ein Massenphänomen.

»Wo lassen Sie träumen?«, provozierte ich mein Gegenüber in der leisen Hoffnung, dass der Mann bluffte. Aber seine weiteren Äußerungen signalisierten mir, dass er die Lage wirklich unkritisch beurteilte, furchtlos und unbekümmert. Und so war es denn Zeit zu gehen. Der Pressesprecher begleitete mich zum Lift. Sehr freundlich, aber er hielt mich wohl für einen Apokalyptiker.

Inzwischen ist diese Landesbank ein Trümmerhaufen: faktisch pleite, künstlich mit Milliardeninfusionen aus der Staatskasse am Leben gehalten, ihre Zukunft völlig ungewiss. Ein neuer Konzernchef verkündete den Abbau von tausenden Arbeitsplätzen.

Auf meinen Recherche-Reisen durch Deutschland begegnete ich in den Monaten darauf Dutzenden Managern deutscher Groß- und Landesbanken. Ich besuchte sie in ihren postmodernen Glaspalästen, traf sie beim Dinner an Bankiersveranstaltungen, in nüchternen Konferenzräumen und gediegenen Kaminzimmern und führte zahlreiche Telefongespräche. Sie lästerten gerne über die Wall-Street-Banken, wunderten sich über die drastischen Abschreibungen der Schweizer UBS und erklärten mit dem Ausdruck unumstößlicher Gewissheit, dass ihnen ganz sicher nicht passieren würde, was den Amerikanern und Briten widerfuhr. Mit ihren verbrieften Hypothekenpaketen, in denen nur beste Qualität stecke, alles von Ratingagenturen mit Triple-A bewertet und immer nur die hochwertigsten Tranchen im Portfolio, könne nichts schiefgehen. Außerdem würde die »Kreditkrise« nicht ewig dauern, und die Lage sich bald wieder erholen. Dann sei am Markt wieder mit den alten Preisen zu rechnen. Sie kamen mir so naiv vor wie Obsthändler, die auf dem Marktplatz ihre Kunden mit vertrauenswürdiger Miene ansprechen, um darüber hinwegzutäuschen, dass unter der obersten Lage mit makellosen Früchten ein gutes Drittel faul ist.

Die Bankenvorstände fanden bald ihre Nachahmer in der Politik. Denn ihre »Rettungsschirme«, die sie über die maroden Geldhäuser spannten, waren ebenso mit erheblichen Kostenrisiken verbunden. Nun schlüpften auch die Finanzminister in die Rolle der Obsthändler mit Körben voller fauler Früchte unter der obersten Lage.

Die Akteure wechselten, die Ausflüchte blieben. Anfang November 2007 hatte ich im Wirtschaftsmagazin *Capital* berichtet, in welchem Ausmaß die Investmentbanker der Sachsen LB in teilweise unverkäufliche Anlagen investiert hatten – weit mehr als bisher bekannt.[5] Schockierend geradezu, in welchem Umfang die Landesbank in Irland gezockt hatte: Ihre Conduits zählten zu den größten der Welt.[6] Die Papiere dieser Gesellschaften mussten im Durchschnitt innerhalb von 73 Tagen refinanziert werden. Bis zum Bilanzstichtag am 12. Dezember 2007 wurden daher die meisten dieser Verträge fällig, schrieb ich. Der Beitrag belegte, dass – entgegen der geltenden Bestimmungen – der wirtschaftlich beherrschende Einfluss der Sachsen LB über die Conduits in ihren Bilanzen verschwiegen wurde.[7] Die Sachsen LB berichtete in Lageberichten des Konzerns immer noch nicht angemessen über die eingeräumten Liquiditätslinien und auch nicht über die Haftungs- und die Ausfallrisiken.

Sachsens Ministerpräsident Stanislaw Tillich, damals noch Finanzminister und zugleich Aufsichtsratsvorsitzender der Sachsen LB, reagierte auf die Veröffentlichung mit einem barschen Dementi. Er hatte erst zwei Monate zuvor Horst Metz abgelöst, der wegen seiner Verantwortung für die Landesbank abtreten musste. Tillich übernahm von seinem umstrittenen Vorgänger die Strategie der Bagatellisierung und ließ unter der Überschrift »Nichts Neues in Sachen Sachsen LB« eine Pressemitteilung verschicken. Er versicherte: »Das Finanzministerium geht davon aus, dass der Freistaat nicht mit Steuergeldern einspringen muss.«[8] Tatsächlich überstieg das Risikovolumen, das die sächsische Landesbank in Dublin bewegte, die finanziellen Möglichkeiten des kleinen Freistaates bei Weitem. Doch nicht nur Tillich beschönigte, ebenso auch der damalige Ministerpräsident Georg Milbradt, der etwas später zurücktreten musste.[9]

Das von den sächsischen Landesbankern verursachte Desaster war kein Einzelfall – viele Kollegen berichteten von ähnlichen Erlebnissen. Kayhan Özgenc zum Beispiel, Reporter des Nachrichtenmagazins *Focus*, erlebte auf seine Darstellung der kritischen Lage der HSH Nordbank, der gemeinsamen Landesbank von Schleswig-Holstein und Hamburg, ähnliche Reaktionen. Özgenc: »Der HSH-Kommunikationschef beschimpfte mich angesichts des angeblich unseriösen Berichts und drohte mir sogar eine Schadenersatzklage in Millionenhöhe an.«[10] Wenig später, als der Chef der HSH wegen der spekulativen Geschäfte seinen Hut nehmen muss, verlor auch sein notorisch dementierender Mediensprecher seinen Job.

Nach meinen Einblicken in die schwindelerregenden Geschäfte der sächsischen Landesbank in Irland untersuchte ich die Hintergründe und die Geschichte des internationalen Verbriefungsgeschäfts. Ich stieß auf Veruntreuung und Kreditschwindel – eine unendliche Betrugsgeschichte.

Gewiss, die größte Finanzkrise seit der Depression der Dreißigerjahre des vergangenen Jahrhunderts hat viele Ursachen: die Geldpolitik des ehemaligen US-Notenbank-Präsidenten Alan Greenspan, die globalen Ungleichgewichte im Handel und in den Devisenmärkten, vor allem zwischen den Großmächten China und USA sowie die Verschuldung der amerikanischen Haushalte. Ganz sicher werden Makroökonomen, Finanzwissenschaftler und Geldmarkt-Theoretiker noch Jahre daran forschen.[11] Bei der Aufarbeitung der gegenwärtigen Finanzkrise wird aber deutlich, dass der Crash des Jahres 2008 mehr ist als die Folge eines euphorischen, irrationalen Spekulationsereignisses. Sie ist vielmehr die Geschichte eines einzigartigen Finanzbetruges. »Manche Blasen sind Schwindel, manche nicht«, schrieb schon der verstorbene Krisenforscher Charles Kindleberger. Der große Wirtschaftshistoriker unterscheidet in seiner Systematik der Spekulationsblasen nach solchen, die durch euphorisches Marktverhalten verursacht wurden und jenen, die durch Betrug und Schwindel entstanden sind. So bezeichnete er die Wirtschaftskrise der Zwanzigerjahre als kriminalitätsgesteuert und erinnerte an die Tricks des damals berühmt gewordenen Betrügers Carlos Ponzi, dessen Name heute für den modernen Kapitalanlagebetrug mit Schneeballsystemen steht: Ponzi-Scheme.

»Verdoppeln Sie Ihr Geld innerhalb von neunzig Tagen«, versprach Ponzi. Er schaffte es mit diesem Versprechen, innerhalb von acht Monaten rund 15 Millionen Dollar von 40 000 Investoren zu kassieren. Ponzi flog auf und kassierte eine mehrjährige Gefängnisstrafe. Als er wieder freikam ersann er einen neuen Schwindel: Er zettelte an der Ostküste eine Spekulation mit angeblich wertvollen Grundstücken in Florida an – bis sich herausstelle, dass das vermeintliche Bauland in den versumpften Everglades lag. Eine Ironie der Wirtschaftsgeschichte: Ausgerechnet in Florida nahm die neueste Immobilienblase ihren Lauf, genauso wie einst in den Zwanzigerjahren. Achtzig Jahre später waren Ponzis Nachfahren am Werk.[12]

Eine groß angelegte Untersuchung des US-Repräsentantenhauses enthüllte 1932 weitreichende Missbrauchspraktiken der Banken. Die kriminelle Eruption, wie sie Anfang der Dreißigerjahre zum ersten Mal systematisch untersucht wurde, war kein historischer Einzelfall. Es gab zuvor kriminalitätsgetriebene Blasen und auch danach immer wieder.[13] Kindleberger qualifizierte auch die Krisen der Achtziger- und Neunzigerjahre als Betrugsblasen und registrierte eine Zunahme von Korruption und betrügerischem Verhalten. Frustriert bemerkte der Forscher, dass in vielen Finanzmarktsektoren die Standards nicht höher sind als in den Zwanzigerjahren. Sein Kollege Hyman P. Minsky kam zu ähnlichen Erkenntnissen. Minsky hatte in seiner Theorie eine Klassifizierung der Krisenphasen entwickelt: abgesicherte Finanzgeschäfte, spekulative Finanzierungen und schließlich die Ponzi-Finanzierung in der dritten Stufe.[14]

Die beiden Krisenforscher erlebten die jüngste Finanzkrise nicht mehr, Minsky starb 1996, Kindleberger im Juli 2003. Sie hätten diese Blase sicherlich als eine kriminalitätsgetriebene klassifiziert, aber niemals wäre es Minsky und Kindleberger in den Sinn gekommen, dass eine Spekulationsblase derart hohe Verluste und Schäden verursachen könnte, wie es uns der Kollaps der Bankenwelt seit 2007 lehrt.[15]

Der Hedgefonds-Manager George Cooper hat Kindlebergers und Minskys Erklärungsmodelle fortgeschrieben. Er meint heute, dass die Finanzkrisen künftig folgenschwerer sein werden, weil die Finanzmärkte mit modernen Instrumenten, Produkten und rasanten IT-Technologien, mit ständig komplexeren, immer höheren Volumen aufwarten werden – bis zum Crash. Dieses Schockerlebnis, wie wir es im Sommer 2007 auf den amerikanischen Kreditmärkten erlebten, war ein klassisches »Minsky-Moment«, das Umschlagen von gesunden, seriösen Finanzgeschäften in spekulative und schließlich betrügerische. Kein Zweifel: Der Schwindel war eine starke Antriebskraft dieser jüngsten Spekulationsblase.[16]

Die Betrugsschäden erreichen Ausmaße, die noch vor wenigen Jahren undenkbar waren. Die spektakulärsten Fälle, Bernard Madoff mit einer Deliktsumme von 65 Milliarden Dollar und Allen Stanford mutmaßlich mit 8 Milliarden Dollar, überdecken eine große Zahl von Betrügereien mit hohem Schadensvolumen. Im Schatten des Madoff-Falles eröffnete die US-Börsenaufsicht in den Jahren 2008 und 2009 fast täglich neue Ermittlungsverfahren gegen Hedgefonds-Manager und andere Wertpapierschwindler. Der Fachinformationsdienst *FINalternatives* verschickt jeden Tag an seine Kunden eine E-Mail mit Hinweisen und Berichten über Betrugsfälle in der Fondsbranche.[17] In Deutschland haben Staatsanwälte Strafuntersuchungen gegen die zahlreichen Bankmanager begonnen. Deutsche Banken müssen sich reihenweise vor amerikanischen Gerichten wegen schweren Betrugsvorwürfen verantworten, sie sind dort mit Schadensersatzforderungen in Milliardenhöhe konfrontiert. Kaum ein namhaftes Geldinstitut bleibt von Betrugsermittlungen verschont.

Noch etwas können wir aus der Geschichte der großen Crime-Crashs lernen: Die Gangster im Schattenquartier der Finanzbranche haben draußen Verbündete, die Schmiere stehen und ihre zweifelhaften Geschäfte mit laschen Regeln und miserabel ausgestatteten Aufsichtsbehörden fördern: die Politiker. Sie ermöglichen Schutzgebiete, in denen die Betrügereien gedeihen.

»Die pechdunkle Finsternis« bezeichnete Ferdinand Pecora als »stärksten Verbündeten der Banker«.[18] Der Zigarre rauchende Staatsanwalt sizilianischer Abstammung untersuchte als Chefermittler des US-Repräsentantenhauses die Banken-Crashs von 1929. Er war es, der den Bankiers zum ersten Mal den Spottnamen »Banksters« verpasste.[19]

Die wahre Geschichte des Crashs hat daher zwei Kapitel: die kriminellen Machenschaften in der Finanzindustrie und das Versagen der Politik. Es ist diese unheilige Allianz aus kriminellen Managern und unfähigen Politikern, die uns in den Ruin treibt.

Ich will in diesem Buch zeigen, dass dies nicht nur ein amerikanisches Phänomen ist. Das Studium der Bankenzusammenbrüche in Deutschland zeigt die gleichen Maschen und Mechanismen. Ich erlebte sogar eine besondere teutonische Qualität dieser Erscheinungen. Deutsche Banken, insbesondere Institute unter staatlicher Kontrolle, waren besonders erfindungsreich im Täuschen, Tricksen und Tarnen. Tatsächlich sind Betrug, Bilanzmanipulation, Täuschung und Irreführung in der deutschen Bankenwelt besonders ausgeprägt: Mehr als ein Fünftel der weltweit gehandelten Schrottpapiere haben deutsche Geldinstitute versteckt und in ihren Bilanzen verschleiert, obwohl ihnen mit ihrem geringen Eigenkapitalpuffer diese Hochrisikogeschäfte in diesen Dimensionen gar nicht erlaubt waren.

Vertretern der WestLB wird in einem Bezirksgericht im US-Bundesstaat Florida von ehemaligen Kunden vorgeworfen, Kreditwucher betrieben zu haben. Wegen des Verdachts der Untreue muss Ex-WestLB-Chef Jürgen Sengera erneut vor ein Düsseldorfer Gericht. Die Konzernleitung der HSH Nordbank wirft einem ehemals leitenden Londoner Manager Veruntreuung vor. Gegen die Konzernleitung wiederum wurde eine Strafanzeige wegen des Vorwurfs der Untreue eingereicht. Der ehemaligen IKB-Führung wird vor dem High Court of Justice in London vorgeworfen, durch falsche Angaben über die Lage ihrer Investmentvehikel einen Schaden von 1,6 Milliarden Dollar verursacht zu haben, und eine amerikanische Bezirksverwaltung klagt gegen die IKB und ihre Manager ebenfalls wegen eines Milliardenschadens. Ihr Vorwurf: Betrug und falsche Angaben über die tatsächliche Finanzlage ihrer Conduits. Wegen eines mutmaßlichen Betruges beim milliardenschweren Kauf einer Bankentochter in Österreich ermitteln Münchner Staatsanwälte gegen leitende Manager der BayernLB. Klar, dass fast alle Verdächtigen die Vorwürfe bestreiten – Schuld oder Unschuld werden erst nach jahrelangen Ermittlungen und Prozessen festgestellt.

Der prominente Hedgefonds-Manager Florian Homm tauchte im September 2007 ab und ist seitdem für seine Kunden nicht mehr greifbar. Zuletzt verwaltete er 3 Milliarden Euro Kundenvermögen. Nun klagen Investoren vor US-Gerichten, Homm habe mit seinen Hedgefonds einen raffinierten Börsenbetrug orchestriert. Auch die amerikanische Börsenaufsicht ermittelt in dem Fall.

So genannte Mini-Madoffs, mutmaßliche Anlagebetrüger im Schattenreich der Hedgefonds-Szene, gibt es nicht nur in den USA: Im Herbst 2009 wurde in Aschaffenburg der selbst ernannte Hedgefonds-Manager Helmut Kiener verhaftet.

Sein Imperium: 800 Verkäufer, 8400 Kunden, 450 Millionen Euro Kundengelder und mindestens 280 Millionen Dollar Bankdarlehen. Ermittler in Würzburg, Zürich, Vaduz und Miami fahnden auf der Spur der Gelder.

Alle Banken, die mit staatlichen Geldern gerettet werden mussten, zeichneten sich dadurch aus, dass ihre Bilanzen falsch waren. Jahrelang hatten sie kreativ verhindert, dass ihre Milliardengeschäfte in den Jahresabschlüssen erfasst wurden. Nachdem sie verpflichtet wurden, die Bestände an Giftpapieren in ihren Conduits in den Konzernbilanzen wahrheitsgetreu aufzulisten, haben drei deutsche Banken ihre Conduits mit Regierungsunterstützung wieder aus der Bilanz ausgelagert.

Damit begann ein neues Versteckspiel, diesmal mit politischer Rückendeckung. Die Sachsen LB und die LBBW lagerten nun Giftpapiere in ein neu geschaffenes Conduit unter dem Namen Sealink Funding nach Dublin aus. Wertverluste in Höhe von mindestens 5 Milliarden Euro, die sich aus internen Unterlagen ergeben, werden erneut gegenüber der Öffentlichkeit und in den Bankbilanzen verschwiegen. Für Rhineland Funding, das Conduit der IKB, haftet nun die staatliche Kreditanstalt für Wiederaufbau (KfW). Dennoch wird die Briefkastenfirma im US-Bundesstaat Delaware weder in der IKB-Bilanz noch von der KfW erfasst. Und die WestLB hat im November 2009 mit Hilfe des staatlichen Rettungsfonds SoFFin zum zweiten Mal ein Conduit gegründet, um Giftpapiere und andere strukturierte Wertpapiere von öffentlich unbekannter Qualität auszulagern, deren Buchwert auf 85 Milliarden Euro beziffert wird. Die intern ermittelten Verlustrisiken wurden nicht publiziert, die Zusammensetzung des Portfolios blieb geheim. Nur die Dimension ist nicht mehr zu verheimlichen: Das neue WestLB-Conduit ist die größte Bad Bank der Welt.[20]

Ich erlebte bei meinen Reisen durch Deutschland gegenüber dieser Entwicklung eine merkwürdige Unbekümmertheit, Gleichgültigkeit und Verdrängung, oft gepaart mit einer völlig deplatzierten Schuldzuweisung an die Adresse der Amerikaner und Briten. In den Medien erschienen die Finanzpolitiker des eigenen Landes hingegen wie Heldengestalten, die in letzter Minute zur rettenden Tat schritten. Obwohl sie nicht selten für das zügellose Treiben ihrer Banken mitverantwortlich sind und bei den staatlich kontrollierten Geldhäusern sogar als Aufsichts- und Verwaltungsräte unmittelbar unternehmerische Verantwortung getragen haben.

Ein offensichtliches Resultat dieser Haltung ist die Tatsache, dass die Institutionen in Deutschland – anders als in vielen anderen Ländern – bis heute keine nennenswerten Anstrengungen unternommen haben, die Fehler zu untersuchen. Es gibt weder in den Parlamenten noch von der Regierung oder den Aufsichtsbehörden einen gründlichen und umfassenden Bericht über die Krisenursachen. Über eine unabhängige Untersuchungskommission zur Analyse der Krise, wie sie in den Siebzigerjahren nach der Pleite der kleinen Herstatt-Bank eingerichtet worden war, wurde in den Regierungen nicht einmal nachgedacht. Und die Deutsche Bundesbank war nicht einmal in der Lage, für das Krisenjahr 2007 ihren obligatorischen Finanzstabilitätsbericht zu erstellen. So beschämend sich die finanzpolitische Verfassung des Landes während der Krisenjahre zeigte, so unangenehm fielen seine politischen Exponenten in dieser Zeit im Ausland auf: arrogant, selbstbezogen, inkompetent, größenwahnsinnig.

Ob Notenbanker aus Italien, Finanzprofessoren aus den USA, Analytiker aus EU-Institutionen, Aufsichtsbeamte aus der Schweiz oder honorige Bankiers aus anderen Ländern: Im Ausland erlebte ich unter Fachleuten besorgte Blicke auf Deutschland – ohne jede Schadenfreude. Sie alle wissen, wie wichtig diese Volkswirtschaft für Europa und die Welt ist. Doch kritische Hinweise werden in Berlin brüsk abgeschmettert.

Die Arroganz der Berliner Macht verdeckte schwere Missstände. Die Aufsichtsbehörden hatten die Risiken entweder nicht rechtzeitig erkannt oder zu spät reagiert, obwohl ihnen seit Jahren entsprechende Regelwerke für solche Notfälle vorlagen. Die deutschen Finanzpolitiker hatten keinen sinnvollen Plan, wie sie die notleidenden Banken hätten budgetschonend retten können. Das Ergebnis ist ein Trümmerhaufen am deutschen Finanzplatz: bedeutende Großbanken am Tropf des Staates, vier große Landesbanken ohne erkennbare Zukunftskonzepte, das größte Bad-Bank-Volumen der Welt.

»Beifall bei der SPD, der CDU/CSU und der FDP.« Das Protokoll des deutschen Bundestages hielt am 25. September 2008 fest, wie Politiker aller großen Parteien einen Bundesfinanzminister beklatschten, der den Niedergang der Wall Street prognostizierte: »Die USA werden ihren Status als Supermacht des Weltfinanzsystems verlieren.« Gut ein Jahr später darf bilanziert werden, wo die Finanzsysteme Deutschlands und der Vereinigten Staaten stehen.

Die Amerikaner hatten ebenfalls zu spät, dann aber rasch und beherzt gewaltige Rettungspakete für die Finanzindustrie bereitgestellt. Der Stand der staatlichen Investments ist in Washington für Jedermann täglich abrufbar, das Finanzministerium informiert darüber, wer wie viel wofür und wie lange bekommt. Anfang Dezember 2009 betrug die amerikanische Staatshilfe für die gesamte Finanzbranche umgerechnet 208 Milliarden Euro, darunter die hohen Zahlungen und Garantien für die riesigen öffentlichen Hypothekenfinanzierer Fannie Mae und Freddy Mac, die Milliarden-Investments für die Wall-Street-Banken und den Versicherungskonzern AIG bis hin zu Millionenpaketen für Kleinbanken in abgelegenen Bundesstaaten und beträchtliche Hilfen für zahlreiche Immobilienfinanzierer. Darin enthalten ist auch das Programm für Bad Banks, das ursprünglich mit 1000 Milliarden Dollar vorgesehen war, aber lediglich ein Investment in Höhe von umgerechnet rund 7 Milliarden Euro enthielt. Das Modell der Amerikaner: Sie hatten mit ganz großer Kelle Hilfen angeboten. Benötigt wurden am Ende deutlich weniger, manche, wie die Bad-Bank-Lösung, wurden nur minimal genutzt.

Die US-Regierung setzte vor allem auf Aktienkäufe und Eigenkapitalhilfen, während die Deutschen überwiegend Garantien leisteten. Wer dabei tatsächlich besser fährt, wird sich erst nach Jahren zeigen. Die vorläufige Bilanz der US-Bankenrettung Anfang Dezember 2009: 6 Milliarden Euro waren für immer verloren, 12 Milliarden Euro wurden aus Zinsen und Gebühren erzielt. Zudem kann der Staat mit hohen Kursgewinnen auf die Aktienpakete rechnen, weil die Papiere der amerikanischen Banken deutlich an Wert zunahmen. Wie im Fall der Citibank kann die Regierung auch einen künftigen Zeitpunkt abwarten bis sie die erworbenen Bankenaktien wieder verkauft. Der US-Trend ist abnehmend, viele Finanzunternehmen zahlen allmählich die Staatsgelder zurück, wie die Bank of America, die im Dezember 2009 auf einen Schlag 45 Milliarden Dollar tilgte.[21]

In Deutschland ist der Trend gegenläufig: Dem Staat stehen noch große Investments bevor. Die Ermittlung der Daten ist kompliziert. Der staatliche Rettungsfonds SoFFin informiert nur in wenigen Zeilen über Summen, aber nicht darüber, wer was erhalten hat. Wer sich einen Gesamtüberblick über alle Zahlungen von Bund, Ländern und Gemeinden für den deutschen Finanzsektor verschaffen will, der muss mühsam Unternehmensberichte analysieren und bei der Europäischen Kommission in Brüssel die Unterlagen über die Genehmigungsverfahren für die staatlichen Beihilfen einsehen. Der Stand am 7. Dezember 2009: 238 Milliarden Euro Staatshilfen waren beim SoFFin beantragt, 148,5 Milliarden Euro davon waren bereits zugesagt für Garantien, Kapitalspritzen und sonstige Staatsinvestments. Zu den bewilligten SoFFin-

Leistungen kamen weitere Leistungen der Länder und Gemeinden sowie der staatlichen Kreditanstalt für Wiederaufbau in Höhe von 65,5 Milliarden Euro hinzu. Damit haben Bund, Länder und Gemeinden zusammen 214 Milliarden Euro Finanzhilfen gewährt. Weitere 89 Milliarden Euro waren beim SoFFin beantragt, darunter bereits unterschriftsreife Verträge.[22] Alle geleisteten und beantragten deutschen Staatshilfen übersteigen die 300-Milliarden-Grenze – eine Summe, die mehr als die Hälfte aller Steuereinnahmen von Bund, Ländern und Gemeinden des Jahres 2008 ausmacht. Somit überstiegen die beschlossenen Bankenhilfen Deutschlands (82 Millionen Einwohner) sogar in absoluten Zahlen das Niveau der Rettungsinvestitionen Amerikas (305 Millionen Einwohner). In deutschen Bad Banks oder staatlich gestützten Conduits stecken zweifelhafte Papiere im Buchwert von rund 117 Milliarden Euro, deren Verluste dereinst ebenfalls vom Staat mitzutragen sind.

Während sich am Ende des Jahres 2009 in anderen Ländern die Finanzindustrie erholte, die Banken Staatsgelder zurückgaben und die Krise als beendet galt, legte die deutsche Bundesbank zum ersten Mal einen Stabilitätsbericht mit nachvollziehbaren systematischen Analysen der Marktwertverluste von verbrieften Wertpapierbeständen und noch nicht realisierten Kreditverlusten vor. Sie vermutete in den Büchern von 17 international tätigen deutschen Banken einen weiteren Abschreibungsbedarf von 60 bis 90 Milliarden Euro.[23] Im Dezember 2009 kalkulierte die Europäische Zentralbank (EZB) mit weiteren Abschreibungen im Wert von 187 Milliarden Euro bei den Banken im Euroland. Und die Bundesregierung überlegte weitere Milliardenhilfen für die Banken.[24]

Das war die Lage am Jahresende 2009, als ich die Arbeit an diesem Buchmanuskript abschloss. Dreißig Monate nach dem Beginn der Finanzkrise im Juni 2007, als in den USA die ersten Hedgefonds mit verbrieften US-Hypotheken kollabierten, waren die deutschen Krisenbanken noch längst nicht über den Berg. Große Ermittlungsverfahren wie im Fall der BayernLB wurden erst in den letzten Wochen des Jahres 2009 eröffnet. Zahlreiche Strafuntersuchungen waren längst noch nicht abgeschlossen, in vielen Gerichtsverfahren zogen sich die Verhandlungen hin; häufig ist der Ausgang der Verfahren noch offen. Für die in diesem Buch erwähnten Beschuldigten, über deren Fälle noch nicht rechtskräftig entschieden wurde, gilt daher die Unschuldsvermutung. Deshalb liefert dieses Buch nur eine vorläufige Bilanz, und die Fakten werden nach dem Erkenntnisstand beschrieben, der im Dezember 2009 vorlag.

Viele Kostenfolgen der Finanzkrise können noch nicht beziffert werden. Aber nach meinen Recherchen für dieses Buch bin ich überzeugt, dass die deutschen Bürger mit schwerwiegenden Folgen rechnen müssen. Ihre Politiker haben ihnen gegenüber verschleiert, dass sie mit ihren Steuern und mit Entbehrungen bei den staatlichen Leistungen hart dafür bezahlen müssen. Sie werden historische Einschnitte am deutschen Finanzplatz erleben, einen enorm belastenden Niedergang der deutschen Bankenwelt, der die Volkswirtschaft in Mitleidenschaft zieht. Und sie stehen erst am Beginn dieser Entwicklung. Deutschland hat mit seinen zehn wichtigsten Banken ein Jahrzehnt verloren: ein Jahrzehnt, in dem die Landesbanken den Steuerzahlern Milliarden gekostet haben, statt Milliarden-Dividenden abzuwerfen. Ein Jahrzehnt, in dem die Großbanken für ihre Aktionäre nicht Werte geschaffen haben, sondern Milliardenwerte vernichtet haben. Das Land wird mehr als eine Dekade benötigen, dies wieder wettzumachen.

Der Weg zurück zu einem stabilen und gesunden Wachstum, so schrieb schon Krisenforscher Hyman P. Minsky, kann »durch die Hölle« führen. Deutschland hat diesen Weg gewählt.

Teil I
Das politische Versagen

Die Lehman-Lüge: Eine Chronik des Staatsversagens

»Es gibt nur eine einzige soziale Verantwortung im Geschäftsleben: die Ressourcen so einzusetzen und das eigene Handeln so zu gestalten, dass die Profite steigen – solange dabei die Spielregeln eingehalten werden. Das bedeutet die Verpflichtung auf einen freien und offenen Wettbewerb ohne Täuschung oder Betrug.«
MILTON FRIEDMAN, WIRTSCHAFTSNOBELPREISTRÄGER UND IKONE DER NEOLIBERALEN[25]

Berlin-Mitte, Scharnhorststraße, das Konferenzzimmer des Ministers: Das Krisentreffen findet an einem Sonntag statt, strikte Vertraulichkeit ist angeordnet. Acht Spitzenmanager der Finanzindustrie und drei Kabinettsmitglieder sind ins Bundeswirtschaftsministerium gekommen. Aus der Kantine wird eine karge Mahlzeit gereicht, das Thema ist nicht sehr erbaulich: ein Rettungsplan für deutsche Großbanken. Sie sollen von einer 50 bis 100 Milliarden Euro schweren Kreditlast befreit werden.

Das klingt nach einer dieser vielen Bankenrettungsaktionen der vergangenen Monate. Doch die Geheimsitzung wurde nicht nach jenem 15. September 2008 einberufen, den die Banker in ihrer neuen Zeitrechnung als Wendepunkt gesetzt haben: dem Tag der Insolvenz der amerikanischen Investmentbank Lehman Brothers. Das Berliner Meeting fand 67 Monate, sprich 22 Quartalsberichte und sechs Jahresabschlüsse vor der Lehman-Pleite statt, am 16. Februar 2003.

Teilnehmer der Runde waren Bundeskanzler Gerhard Schröder, Wirtschaftsminister Wolfgang Clement, Finanzminister Hans Eichel, Josef Ackermann (Deutsche Bank), Bernd Fahrholz (Dresdner Bank), Dieter Rampl (HypoVereinsbank), Jürgen Sengera (WestLB), Ulrich Brixner (DZ Bank) und Henning Schulte-Noelle (Allianz). Es ging um die Wackelkandidaten unter den systemrelevanten Geldhäusern. Ganz oben auf der Hitliste der Gefährdeten stand mit einem Jahresverlust von 820 Millionen Euro die HypoVereinsbank (HVB). Sie war schwer mit Hypotheken für Schrottimmobilien belastet – Resultat der Massenverkäufe von schwindelhaft überbewerteten Wohnungen in den neuen Bundesländern, die von aggressiven Verkäufertruppen als Steuersparmodelle unters Volk gebracht wurden. Weitere Problemkandidaten: die Commerzbank und die Dresdner Bank.

Schnell spitzte sich die Diskussion auf eine Frage zu: Wer stünde in der Not parat, ein marodes Institut zu übernehmen? Alle Blicke richteten sich auf Josef Ackermann. Wie selbstverständlich wurde vom Chef der Deutschen Bank höchster patriotischer Einsatz erwartet. Doch der Schweizer wehrte ab. Sein Haus und seine Aktien wolle er nicht belasten. Ackermann schlug stattdessen zur Entlastung der Bilanzen seiner Mitbewerber eine Auffanggesellschaft für faule Kredite vor, eine so genannte Bad Bank. Einige der Herren verhielten sich indiskret, die Idee blieb nicht lang geheim – und Ackermann mal wieder der Buhmann.

Zum ersten Mal wurde damals in Deutschland über Bad Banks diskutiert. »Ein Stück aus dem Tollhaus«, schimpfte der damalige Sparkassen-Präsident Dietrich Hoppenstedt. Jochen Sanio, Chef der Bankenaufsicht, warnte: »Die Zeche würde der Steuerzahler begleichen.« Und Klaus-Peter Müller, damals Chef der Commerzbank: »So weit sind die Banken noch lange nicht.« Das Thema Bad Banks ist schnell tabu.[26]

Das geheime Treffen in Berlin und die folgenden Diskussionen zeigen, dass etwas nicht stimmen kann mit der Legende, die heute um die Lehman-Pleite vom 15. September 2008 herumgestrickt wird. Die geht ungefähr so: Wie eine Naturkatastrophe erschütterte dieses Ereignis die Bankenwelt. Niemand konnte damit rechnen, dass die amerikanische Regierung eine große Investmentbank fallenlässt – und die Welt in eine Krise ohne Beispiel rutscht.

»Die Lehman-Insolvenz war die Wasserscheide«, sagt Finanzminister Peer Steinbrück, der die Wall Street gerne für den Untergang des Abendlandes verantwortlich macht. Kanzlerin Angela Merkel sinniert über das »Ereignis von außen« und Bundesbank-Präsident Axel Weber, der die deutschen Banken viele Krisenmonate lang als »robust und stabil« bezeichnete, meint: »Niemand konnte damals die Lehman-Pleite vorhersehen, die wie ein Brandbeschleuniger aus einem Schwelbrand einen Flächenbrand gemacht hat.« Wirtschaftsprofessor Thomas Straubhaar, der auch nichts kommen sah, spricht vom »totalen Stromausfall für die Weltwirtschaft«. Und Josef Ackermann: »Niemand wusste danach noch, welcher Bank er trauen kann.« Sein Aufsichtsratschef Clemens Börsig: »Nicht vorhersehbar.« Commerzbank-Chef Peter Blessing: »Seit der Lehman-Pleite ist nichts mehr wie zuvor.« Und sein Vorgänger Klaus-Peter Müller: »Erst diese Entscheidung hat die Märkte einbrechen lassen. Wir haben auch in der Commerzbank bis zu diesem Tag gute Zahlen geschrieben.« Deutsche Banker und Politiker rufen im Chor: Die Amerikaner sind schuld.[27]

Doch die Chronik der Ereignisse zeigt, wie vorhersehbar die Katastrophe war. Bereits fünf Jahre vor der Lehman-Pleite war die Schieflage des deutschen Finanzplatzes bekannt. Das Giftvolumen durch unzureichend gedeckte Kredite wurde auf bis zu 300 Milliarden Euro geschätzt. Systematisch versteckten Banken mit Bilanztricks ihre faulen Papiere und täuschten damit ihre Aktionäre.

Banken, Kontrollinstanzen, Finanzpolitiker: Alle wussten Bescheid, alle halfen beim Versteckspiel. Die Beamten in Aufsichtsbehörden und Finanzministerien betrieben routiniert ihr Berichts- und Meldewesen, registrierten, lochten, hefteten ab. Aufsichtsräte und Wirtschaftsprüfer schauten weg. »Deutschland war Weltmeister in riskanten Bankgeschäften«, resümiert EU-Kommissar Günter Verheugen. »Nirgendwo auf der Welt, auch nicht in Amerika, haben sich Banken mit größerer Bereitschaft in unkalkulierbare Risiken gestürzt – allen voran die Landesbanken.«[28]

Wilmington, Delaware, 1998: Hier beginnt die Entwicklung, die schließlich in der Finanzkrise münden wird. An der Atlantikküste der USA erscheinen die Firmenanwälte der BayernLB bei einer US-Kanzlei. Die bayerischen Landesbanker gründen ihren ersten so genannten Conduit. So werden in der Branche Briefkastenfirmen bezeichnet.

Der Bundesstaat Delaware ist weltweit eines der größten Zentren für anonyme Briefkastenfirmen, ein Steuerparadies. An der Chesapeake Bay, eingeklemmt zwischen Maryland und New Jersey, verwalten 30 000 lizenzierte Agenten in unwirtlichen Bürotürmen die Briefkastenfirmen für ihre Kunden rund um den Globus. Jedes Jahr werden rund 130 000 neue Firmen gegründet – eine gewaltige Registrierungsmaschine, preiswert und absolut legal.

Die Banken nutzen die Briefkastenfirmen als Depots, in denen sie ihre Kreditverträge zu Tausenden bündeln. Fern der Heimat machen sie so aus ihren Krediten handelbare Wertpapiere. Vor allem Landesbanken wollen mit dieser Masche groß ins Kapitalmarktgeschäft einsteigen. Schon lange träumen sie davon, endlich mitzumischen im großen globalen Geldspiel. Oder mit dem neuen Dreh ihre unschönen Altlasten wegzuzaubern.[29] Vor allem die Landesbanken nutzen die schwachen Bilanzregeln des deutschen Handelsgesetzbuchs (HGB). Die Conduits, auch Zweckgesellschaften genannt, operieren wie hundertprozentig beherrschte Tochtergesellschaften, offiziell sind sie aber Eigentum eines Treuhänders oder eines Trusts – ein juristischer Taschenspielertrick. Sie müssen nach HGB nun nicht mehr als Geschäfte von Tochterfirmen bilanziert werden.

Die Geldhäuser bezeichnen sich ganz nobel nur noch als »Sponsor« oder »Originator« der Conduits. Die Geschäfte werden trotzdem häufig komplett in den Büros der deutschen Bankzentralen betrieben. In Delaware gibt es nichts außer einem Treuhänder und einer Briefadresse. Dass die Banken tatsächlich über ein komplexes Geflecht von verbindlichen Verträgen für alle Verluste der Conduits haften, verheimlichen sie meist in ihren Jahresabschlüssen. So werden die Geldhäuser zur Blackbox. Sie fliegen per »Autopilot«, sagen die Buchprüfer über diesen Bilanzkniff.

Der Conduit-Trick entlastet die Banken zudem von ihrer aufsichtsrechtlichen Pflicht, für Risikogeschäfte einen ausreichenden Eigenkapitalpuffer bereitzuhalten. Plötzlich können sie außerhalb der Bilanz hohe Risiken eingehen, ohne ihr Eigenkapital zu erhöhen. Und die Manager können im Jahresabschluss mit hohen Gewinnen bei relativ niedrigem Eigenkapital glänzen. Das verbessert die Eigenkapitalrendite – die wichtigste Messzahl zur Berechnung ihrer Bonuszahlungen.[30]

Saint Helier, Insel Jersey, Juni 2000: Die Commerzbank gründet mit der Firma Kaiserplatz Funding Ltd. ebenfalls ihren ersten Conduit. Sie kann damit faule Hypotheken im Wert von 5 Milliarden Euro verstecken. Ihr Domizil: Jersey, die diskrete Steueroasen-Insel im Besitz der britischen Krone.[31]

Berlin, Alexanderplatz, November 2000: Im siebten Stock der Konzernzentrale der Berliner Bankgesellschaft, der heutigen Landesbank Berlin, trifft sich der Vorstand. Über die Briefkastenfirma Greico auf den Cayman-Inseln werden gewaltige Risiken ausgelagert – ein wilder Bilanztrick, der über den Jahresabschluss 2000 hinwegrettet. Ein halbes Jahr später muss die Bankgesellschaft mit einer Kapitalspritze von 1,75 Milliarden Euro und einer Bürgschaft von 21,6 Milliarden Euro vor der Pleite bewahrt werden. »The German Desease« schreibt der Journalist Mathew Rose in einem Buch über den Fall. Die Bankenaufsicht BaFin ist seit Jahren über die Probleme informiert, zwanzig Sonderprüfungen hat sie bis dahin veranlasst. Konsequenzen für die Landesbankenszene: keine.[32]

Düsseldorf, Herzogstraße, Juli 2001: In der Zentrale der WestLB lässt sich Peer Steinbrück über den Geschäftsgang informieren. Seit 1998 überwacht er die rheinische Landesbank, erst als Verwaltungsrat, seit 2002 als NRW-Finanzminister. Bei der WestLB kommen die Conduit-Deals richtig in Fahrt. Es herrscht Torschlusspanik. Die EU-Kommission will den Landesbanken nur noch ein Jahr mit staatlichen Garantien gönnen. Die Landesfinanzpolitiker betteln um eine Gnadenfrist – mit Erfolg. Im Sommer 2001 entscheidet Brüssel: Sie dürfen sich weitere vier Jahre Geld vom Staat leihen, in unbegrenzter Höhe.[33]

Mit diesem Geld können sie sich billig beim Staat refinanzieren und es anschließend auf den Kapitalmärkten mit verbrieften US-Hypotheken verwetten. Ihre staatlichen Verbindlichkeiten steigen allein in den kommenden vier Jahren auf mehr als 100 Milliarden Euro. Am Ende werden es über 500 Milliarden sein. Steinbrücks Landesbank geht mit dem Geborgten besonders sorglos um. Eine Milliarde Euro hat sie in der Russlandkrise verjubelt, in London setzt sie 1,7 Milliarden Euro mit einem Großkredit in den Sand. BaFin und Bundesbank prüfen und archivieren ihre Berichte.[34]

Houston, Texas, Dezember 2001: Mit der Pleite des texanischen Energieriesen Enron geraten außerbilanzielle Vehikel weltweit in Misskredit. Ins Visier der Ermittler gerät der Prüfkonzern Arthur Andersen, der den Fall nicht überlebt. Nach der betrügerischen Enron-Pleite suchen die Amerikaner in Hearings, Forschungsstudien und Strafermittlungen gründlich nach den Ursachen der Insolvenz. Eine der identifizierten Fehlerquellen: Briefkastenfirmen außerhalb der Konzernbilanz.[35]

Das EU-Parlament verabschiedet eine Verordnung, die von den Banken verlangt, dass sie die Geschäfte der Conduits in der Bilanz ab 2005 komplett publizieren. Die Parlamentarier folgen damit dem weltweiten Trend, damit solche Bilanzskandale nicht mehr vorkommen. Auch die internationalen Gremien der Wirtschaftsprüfer drängen darauf, dass die Offshore-Vehikel in den Bilanzen erscheinen – »konsolidiert« in der Prüfersprache. Die internationalen Rechnungslegungsstandards (IAS) bekommen klare Regeln. Die Conduits müssen in die Bilanz, wenn sie von der Bank wirtschaftlich beherrscht werden. Zudem werden Regeln zur marktgerechten, tagesaktuellen Bewertung des Vermögens erstellt, das mit solchen Vehikeln verwaltet wird.

Doch in Deutschland wollen die Finanzpolitiker davon nichts hören. Bankenlobbyisten vereiteln die Umsetzung der EU-Verordnung. Die Politiker zieren sich, die EU-Verordnung schnell in deutsches Recht umzusetzen, und intervenieren in Brüssel und Straßburg – mit Erfolg. Schließlich bekommen deutsche Banken eine komfortable Frist: Sie sollen erst ab Januar 2005 voll konsolidieren, und die Landesbanken dürfen ihre Conduits sogar noch bis 2008 verstecken. Die deutschen Finanzpolitiker lassen sich viel Zeit: Als trickreiche Gehilfen schöpfen die deutschen Finanzpolitiker die Fristen aus, bevor ihre Banken national verpflichtet werden, ihre außerbilanziellen Vehikel nach den IAS-Regeln zu konsolidieren. Es werden noch sieben Jahre vergehen, bis ihr Bilanzrechtsmodernisierungsgesetz mit den neuen Konsolidierungsregeln gilt – im Mai 2009.

Dublin, Georges Quay Plaza, Februar 2003: Ganz nach dem hergebrachten Muster gründen die Investmentbanker der Sachsen LB die irische Aktiengesellschaft Georges Quay Funding. Die Briefkastenfirma wird in der Bilanz der Sachsen nicht erwähnt. »Die Sachsen LB oder Tochtergesellschaften der Sachsen LB sind mit diesen Gesellschaften in keiner Weise gesellschaftsrechtlich verbunden«, erklärt die Bank.[36] Der Trick: Ein Treuhänder hält die Aktien über den Georges Quay Funding Charitable Trust, für »gemeinnützige Zwecke« – ein moderner Banker-Witz.[37] Das Vehikel wird hingegen wirtschaftlich und faktisch beherrscht. Die Firma wird schon bald für 3 Milliarden Euro verbriefte Wertpapiere im Depot halten.[38]

In Investorenpapieren wird die Masche zwar offen erklärt, aber die Wirtschaftsprüfer ließen der Bank die raffiniert strukturierten Vehikel durchgehen.[39] Und die Ratingagenturen machen munter mit. So erhalten die Dubliner Briefkastenfirmen der Sachsen LB, einer Minibank mit gerade einmal 1,5 Milliarden Euro Eigenkapital, ein Rating mit Bestnote. Der Grund ist simpel: Die Agenturen ignorieren schlicht und einfach die angeblich unabhängige Eigentümerstruktur der Conduits. Schließlich stehen die Landesbank und damit der Freistaat Sachsen über Haftungsverträge, Sicherungs- und Liquiditätsvereinbarungen für alle Verluste gerade. So schreibt die Ratingagentur Standard & Poor's über ihre Bewertung der Sachsen-LB-Briefkastenfirma Ormond Quay »Das Rating wird aufgrund der Unterstützung erteilt, die durch die Landesbank Sachsen Girozentrale und der Sachsen LB Europe plc in ihrer jeweiligen Rolle als Liquiditätsbeschaffer, Absicherungsagent, Bewertungsagent und Programmverwalter erfährt.« Die Ratings der Sachsen LB Europe wiederum, einem hundertprozentigen Tochterinstitut der Sachsen LB in Dublin, basieren auf der Unterstützung durch die Mutter Sachsen LB in Leipzig. Und deren Ratings stützen sich schließlich auf den staatlichen Rückhalt, über den die Landesbank verfügt. Standard & Poor's wie auch die anderen Ratingagenturen schreiben klipp und klar, wer am Ende für die Briefkastenfirma Ormond Quay haftet: »the State of Saxony«. Und der hat ein superstabiles Rating von AA/Stable/A-1+. Ein perfides Spiel: Die Wirtschaftsprüfer akzeptieren, dass die Briefkastenfirmen nicht bilanziert werden – während die ihnen bekannten Ratingberichte exakt festhalten, wie abhängig die Firmen von den Banken sind.[40] So haftet der Freistaat Sachsen beim Conduit Ormond Quay unbegrenzt.

Die Banken verfeinern immer mehr ihre Bilanztricks mit den Briefkastenfirmen. Ihre Konstrukte werden ständig komplexer. Ihre Organisationsstrukturen sind für Außenstehende erst nach tagelangem Studium interner Dokumente zu durchschauen. Sogar Frankfurter Großbanken, die nach internationalen Standards bilanzieren, verstoßen gegen das Transparenzgebot. Die Aufsicht nimmt das hin.

Berlin-Mitte, Februar 2003: Nach dem geheimen Berliner Krisentreffen der Spitzenbanker mit Schröder, Eichel und Clement laufen die Geschäfte weiter, als ob nie etwas gewesen wäre. Die WestLB verdoppelt das Volumen ihrer strukturierten Wertpapiere. In Hamburg und Kiel fusionieren die Landesbanken zur HSH Nordbank. Zusammen bewegen sie bereits 22 Milliarden Euro im verbrieften Geschäft.

In Frankfurt gründet die Dresdner Bank noch im Februar eine Restrukturierungseinheit für »ausfallgefährdete und strategisch unwichtige Darlehen« – eine Bad Bank. Prüfer-Jargon: »Garbage Dump« – Müllhalde. 23 Milliarden Euro lagert sie so aus. Bis zu 30 Milliarden Euro fauler Kredite planen sie, in diesen Topf zu verschieben.[41] Ihr Geschäftsergebnis ist extrem verlustreich.

Die HypoVereinsbank (HVB) gründet ihre eigene Bad Bank. Ihr Name: Hypo Real Estate (HRE). Angeblich soll sie nur gewerbliche Immobilienkredite erhalten, während die privaten Immobiliendarlehen bei der HVB bleiben: »Das private Immobilienfinanzierungsgeschäft bleibt Bestandteil des Privatkundengeschäfts der HVB«. Der Grund: Die HVB hält große Volumen deutscher Schrottimmobilien-Kredite. Die Darlehen waren den Anlegern in den Zeiten nach der Wende überteuert als Steuersparmodelle aufgeschwatzt worden. Damit soll die neue Einheit an der Börse nicht belastet werden – so wird es den Aktionären erklärt.

Tatsächlich werden in der neuen Einheit aber neben US-Hypotheken auch deutsche Wohnimmobilien-Kredite gebündelt, deren Qualität nicht klassifiziert wird.[42] Ein erstes Paket von rund 36000 verbrieften deutschen Privat-Hypotheken im Buchwert von drei Milliarden Euro wird zum Beispiel von der HRE am Kapitalmarkt platziert. Die Risiken der Transaktion übernimmt der Staat mit der Kreditanstalt für Wiederaufbau.[43] HVB-Manager Georg Funke soll die Sparte an die Börse bringen. Im Börsenprospekt steht: »Seit Ankündigung der Abspaltung von der HVB ist die HRE-Bank bei allen drei Ratingagenturen heruntergestuft worden.« Beim Finanzstärke-Rating von Moody's erhält die neue HRE die Note D+. Das bedeutet, dass sie bei schwerer Marktlage auf fremde Hilfe angewiesen sein könnte. Der Börsenprospekt wird von den Aufsichtsbehörden abgenickt. Im Aufsichtsrat sitzt auch Hans-Werner Sinn, Chef des Ifo-Instituts, dessen damaliger Bestseller den Titel trägt: »Ist Deutschland noch zu retten?« Alle Verantwortlichen schauen zu, wie die Problembanken sich durchschummeln.[44]

Bankenmetropole Frankfurt am Main, Juni 2003: Konspirativ arbeitet Staatssekretär Caio Koch-Weser aus dem Bundesfinanzministerium mit Frankfurter Top-Bankern an einer eleganten Verbriefungslösung. Sie umgehen damit eine Bad-Bank-Debatte, die politisch nicht zu vermitteln wäre. Die Treffen werden geheim gehalten, nicht einmal ihre Existenz soll bekannt werden, geschweige denn die Inhalte.[45]

München, Kardinal-Faulhaber-Straße, September 2003: Die Hypo Real Estate wird von der HypoVereinsbank abgespalten – als Bad Bank der HVB für Schrottimmobilien und verbriefte US-Hypotheken. Sie kündigt den Börsengang an. Ratingagenturen bewerten die Finanzstärke als miserabel und riskant. Die Aufsicht genehmigt den Börsengang trotzdem. Georg Funke, Chef der neuen Hypo Real Estate, will sich nun vom deutschen Hypothekargeschäft trennen und das Institut im Rekordtempo in eine Investmentbank verwandeln. Er schafft es immerhin, einen Teil der Problemkredite, etwa 5500 Darlehen, paketweise zu verkaufen. »Wir fahren das Geschäft im Inland drastisch herunter, die Zukunft liegt im Ausland«, verkündet Funke. Ein Teil bleibt in den Büchern der Hypo Real Estate, kaschiert mit der Bezeichnung »Real Estate Linked Investments«. Es sind Kredite, die »vor der HRE-Gründung von der HypoVereinsbank in 2003 getätigt wurden«.[46] Die Holding wird zwar in München sitzen, doch das Herz der Bank soll in Dublin schlagen, erzählt er einem Wirtschaftsreporter. Er lässt keinen Zweifel daran, wo es ihm besser gefällt. In Irland wolle er auch mit seiner Familie leben.[47]

Gegenüber dem *Manager Magazin* kritisiert der Großaktionär Clemens Vedder die Bilanztechniken der Commerzbank: »Am Rande der Legalität.« Sie würden ein völlig falsches Bild über Bonität, Substanz, Gewinn, Risiken und auch den realen Wert der Assets zeigen. Aktionäre, Mitarbeiter, Journalisten, Fondsmanager und auch die Bankenaufsicht seien »nachhaltig vorgeführt worden«. Und die Manager würden sich mit »nicht mehr zeitgemäßem Prunk« umgeben. »Schon das Wort ›Bankkaufleute‹ für diese Geldverbrenner ist ein Widerspruch in sich«, schimpft Vedder.[48]

Düsseldorf, Herzogstraße, Dezember 2003: In der Zentrale der WestLB wird durchgespielt, was es kosten würde, die Bank zu schließen. In den vergangenen beiden Jahren hat die

Landesbank 4 Milliarden Euro an Kapital verloren. Der Plan wird verworfen, er ist zu teuer.[49]

Berlin, Wilhelmstraße, Januar 2004: Im Finanzministerium trifft eine vertrauliche Studie mit der Projektnummer 16/03 ein: »Optimale Rahmenbedingungen für einen Verbriefungsmarkt«. Minister Eichel hatte die Berater der Boston Consulting Group damit beauftragt. Der Abschlussbericht ist »ausschließlich zur internen Verwendung des Bundesministeriums der Finanzen vorgesehen und unterliegt strenger Vertraulichkeit«. Die Gutachter, die auch Fachanwälte der Anwaltsfirma Lovells beizogen, stellen bei den deutschen Banken »einen hohen Anteil an leistungsgestörten Krediten« fest, »insbesondere aus Sicht der ausländischen Marktteilnehmer«. Die Empfehlung der Boston Consulting Group: »Die leistungsgestörten Kredite verbriefen«. Alternativ sollen problematische Forderungen an Abwicklungsgesellschaften verkauft werden, »die sich ihrerseits über Verbriefungen refinanzieren«. Ganz offen erklären die Berater, dass die Banken mit diesem Dreh weniger Eigenkapitalpuffer halten müssen. »Regulatorische Kapitalentlastung« nennen sie das. Die Studie legitimiert den Verbriefungszirkus als finanzpolitisches Programm.[50]

Frankfurt, Mainzer Landstraße, April 2004: Die dreizehn wichtigsten deutschen Banken schließen sich zu einem deutschen Verbriefungskartell zusammen, darunter Deutsche Bank und Commerzbank sowie die Landesbanken BayernLB, WestLB und HSH Nordbank. »True Sale International« nennen sie die Firma, die mit gemeinnützigen Stiftungen Verbriefungen auf deutschem Boden abwickeln will. »True Sale« bezeichnet im Verbriefungsjargon die vollständige Übertragung des Kredits an eine Zweckgesellschaft, im Gegensatz zu Spielformen, bei denen nur das Ausfallrisiko verlagert wird. Die True-Sale-Lösung hat für die Bank den Vorteil, dass der Kredit komplett aus der Bilanz verschwindet – und darum geht es. Einer der TSI-Gründerväter neben Dieter Glüder, dem Verbriefungspapst der Kreditanstalt für Wiederaufbau (KfW), ist der Ministerialbeamte Jörg Asmussen, seit einem Jahr Abteilungsleiter im Finanzministerium. In einem Fachblatt lobt er: »Risikogerecht wird für viele Kreditinstitute die Eigenkapitalanforderung an ihre ABS-Bestände sinken.«[51]

Leipzig, Humboldtstraße, Juni 2004: In der Zentrale der Sachsen LB tagt der Kreditausschuss. Sorglos winken die Bankmanager höhere Programmvolumen für ihr Verbriefungsvehikel Ormond Quay in Dublin durch. Beim Start bewegte der Conduit noch 2 Milliarden Euro, jetzt waren es schon 5 Milliarden. Sie wissen durchaus, was sie tun. Die Risikomanager haben in einer Vorlage für die Sitzung unmissverständlich festgehalten: »Die Sachsen LB Europe plc und die Sachsen LB übernehmen fast alle wesentlichen wirtschaftlichen Risiken aus der Finanzierungsstruktur für das 5-Milliarden-Euro-Programm.« Sie meinen dennoch, das Risiko sei »insgesamt überschaubar«. Das Programmvolumen von Ormond Quay wächst nun rapide. Am Ende übernimmt der Freistaat dort Risiken, die auf ein Volumen von mehr als 17 Milliarden Euro steigen, obwohl die Steuereinnahmen des Freistaates nicht einmal 8 Milliarden betragen.[52]

London, Herbst 2004: In der Finanzpresse werden weltweit sinkende Häuserpreise thematisiert. Der britische *Economist* schreibt über den »Sonnenuntergang« am Häusermarkt.[53] In den USA warnt die Bundespolizei FBI vor einer Epidemie bei den Betrügereien mit Hypotheken. Allein in den vergangenen neun Monaten des Jahres zählte das FBI mehr als 12 000 Fälle verdächtiger Aktivitäten, dreimal mehr als im ganzen Jahr 2001.[54]

Der ostdeutsche Sparkassenverband schätzt das Volumen der Problemkredite allein im öffentlich-rechtlichen Bankensektor auf 60 bis 100 Milliarden Euro.[55] Experten von WestLB und NordLB kalkulieren im November 2004 in einem Investorenpapier das »Gesamtvolumen in Deutschland an notleidenden Krediten auf bis zu 300 Milliarden Euro«. Damit sind Darlehen gemeint, deren Zinsen und Tilgungen seit 90 Tagen überfällig sind. Sie wollen diese Problemkredite neu verbrieft am Kapitalmarkt handeln. Niemand schreit auf.[56]

Leipzig, Humboldtstraße, Oktober 2004: Vom Flughafen Leipzig/Halle treffen Experten des Wirtschaftsprüferkonzerns KPMG am Hauptsitz der Sachsen LB ein. Wochenlang checken sie im Auftrag der Bundesanstalt für Finanzdienstleistungsaufsicht (BaFin) die Bücher, nehmen Stichproben. Sie haben Probleme zu verstehen, was in den Dubliner Conduits läuft. Sie stellen bald fest: Der Verwaltungsrat hat keinen Gesamtüberblick über die Geschäftsvolumina und die Höhe der Risiken.[57]

Leipzig, Humboldtstraße, April 2005: Die Experten von KPMG liefern bei der Sachsen LB ihren Prüfbericht ab. Das Resultat ist erschreckend: 30 Milliarden Euro liegen in Briefkastenfirmen in Dublin, für die die Sachsen LB garantiert und haftet. Eine transparente Dokumentation zur Risikoanalyse der Bank liegt aber nicht vor. Die Geschäfte können in ihrem Risikogehalt nicht beurteilt werden. In zwei von drei Stichproben stellen die Prüfer fest, dass die Sachsen LB die Risiken des »gesamten unterliegenden außerbilanziellen Kreditvolumens übernimmt«. Die Versteckspiele in Dublin gehen dennoch unbeirrt weiter.

Die Landesbank Baden-Württemberg (LBBW) will sich nun auch mit Conduits am Kapitalmarkt finanzieren, vor allem mit verbrieften US-Hypotheken. Der LBBW-Kapitalmarktchef nennt das »konservativ«. Die Deutschen kommen viel zu spät: An der Wall Street laufen bereits die ersten Wetten gegen die Immobilienfinanzierer.[58]

Leipzig, Humboldtstraße, Juni 2005: In der Zentrale der Sachsen LB tagt wieder der Kreditausschuss. Der Vertreter des Landesfinanzministers willigt kurzerhand ein, dass eine

Kreditlinie des Conduits Ormond Quay auf 1,735 Milliarden Euro erhöht wird. Vom Landtag hat er dafür keine Erlaubnis eingeholt, obwohl das Gesetz dies verlangt. Ein klarer Bruch des sächsischen Verfassungsrechts.[59]

Düsseldorf, Landtagsgebäude, Oktober 2005: Das Land Nordrhein-Westfalen muss bei der WestLB fast 1 Milliarde Euro Kapital nachschießen. WestLB-Chef Thomas Fischer sagt vor dem Landtag: »Soweit ich weiß, sind alle Risiken erkannt.« Er will jetzt die »kritische Masse« der Bank steigern – mit Investments in den USA.[60]

Berlin, Bundeskanzleramt, November 2005: Angela Merkel richtet sich nach ihrer Wahl in der Machtzentrale ein. Die Große Koalition hat im Koalitionsvertrag den »Ausbau des Verbriefungsmarktes« beschlossen. Das Land würde damit wettbewerbsfähiger.

Gleichzeitig melden Finanzdienste erste starke Marktstörungen bei amerikanischen Subprime-Hypotheken. Im Dezember fragt der Fernsehsender CNN Money: »Ist die Party zu Ende?« Clevere Investmentbanker wetten mit Leerverkäufen gegen die Aktien der US-Immobilienvermittler New Century und Indymac. Greg Lippman, Verbriefungsexperte der Deutschen Bank in New York, hat eine noch bessere Idee. Vor Geschäftspartnern zeigt er, wie man mit Indizes unmittelbar gegen die Conduits wetten kann, ohne teure Aktien von Immobilienfinanzierern kaufen zu müssen. Das ist smart und spricht sich schnell an der Wall Street herum.[61]

Washington D. C., Pennsylvania Avenue, Dezember 2005: Im J. Edgar Hoover-Haus werten die Kriminalstatistiker der Bundespolizei FBI die Zahlen über die Betrügereien mit Hypotheken aus. Sie liefern schockierende Ergebnisse. Die angeklagten und registrierten Fälle sind rapide gestiegen. Im Jahr 2005 wurden fast 22 000 verdächtige Aktivitäten registriert, die ermittelten Verluste durch den Hypotheken-Betrug steigen erstmalig über 1 Milliarde Dollar, während sie im Vorjahr noch bei 429 Millionen Dollar lagen. Der Finanz- und Rechtswissenschaftler William Black, eine Koryphäe auf dem Sektor der Banken-Regulierung, schätzt, dass die Dunkelziffer fünfmal so hoch liegt, weil viele Kreditvermittler gar keine Fälle melden.[62]

Leipzig, Humboldtstraße, März 2006: Zwei Prüfer von PricewaterhouseCoopers (PwC) setzen ihre Unterschrift unter den Jahresabschluss der Sachsen LB für das Jahr 2005. Seit Monaten sind in der Landesbank die gravierenden Risiken der gewaltigen Verbriefungsgeschäfte über das Conduit Ormond Quay durch den kritischen Prüfbericht der Kollegen von KPMG bekannt. Der größte Teil der Geschäftsergebnisse von gut 100 Millionen Euro kommt von der Ormond Quay in Dublin, doch die Firma wird in der Bilanz nicht als wesentliche Beteiligung der Sachsen LB erwähnt. Stattdessen werden mehr als zwanzig Tochterfirmen genannt, die keine vergleichbare Bedeutung haben.[63]

Washington D. C., September 2006: Peer Steinbrück muss für die Bundesrepublik Deutschland vor dem wichtigen Lenkungsausschuss des Internationalen Währungsfonds (IWF) eine Rede halten. Gefahren für die Finanzstabilität benennt er nur in den Schwellenländern, nicht in Deutschland.[64]

Berlin-Mitte, Wilhelmstraße, Oktober 2006: Im Bundesfinanzministerium meldet der Ministerialdirektor Jörg Asmussen stolze Erfolgszahlen. Die von seinem Ministerium beaufsichtigte Kreditanstalt für Wiederaufbau hat »seit 2000 in Zusammenarbeit mit den Banken das wohl größte Verbriefungsprogramm in Europa geschaffen«.[65]

Leipzig, Humboldtstraße, Oktober 2006: Der Verwaltungsrat der Sachsen LB kommt am 9. Oktober zusammen. Am Sitzungstisch nimmt auch ein Vertreter der Bundesbank Platz. Ein Manager aus der Innenrevision der Bank berichtet, dass sämtliche Empfehlungen aus dem kritischen Prüfbericht, den KPMG vor einem Jahr vorgelegt hatte, »vollständig abgearbeitet beziehungsweise umgesetzt worden sind«. Der Bundesbank-Vertreter hat keine Einwände.[66]

Dublin, Georges Quay Plaza, Dezember 2006: Im neunten Stock des modernen Bürokomplexes der irischen Bankenmetropole drehen die Investmentbanker der Sachsen LB richtig auf. Sie dehnen die Deals mit US-Subprime-Hypotheken enorm aus, obwohl der Häusermarkt einbricht. Unterdessen kippt am New Yorker Finanzplatz die Stimmung. Das Wortprotokoll einer Analystenkonferenz, gewöhnlich eher ziemlich trockene Prosa, kursiert in Internet-Blogs der Finanzgemeinde und erreicht Kult-Status. Ivy Zelman, Analystin für den US-Immobilienmarkt bei der Credit Suisse, fragt den Chef des Immobilienkonzerns Toll Brothers, woher er seinen Optimismus trotz absolut mieser Quartalszahlen nimmt: »Which Kool-Aid are you drinking?« Eine böse metaphorische Anspielung auf das vergiftete Brause-Getränk, mit dem der Sektenchef Jim Jones 1978 seine Anhänger in den Massensuizid verführte.[67]

In Dublin nehmen die Händler der Ormond-Quay-Verbriefungen unbekümmert noch höhere Risiken, damit sie ihre Zinsmargen auf lukrativem Niveau halten. »Die ganze Mathematik dieses Vehikels hat nicht mehr funktioniert«, resümiert Ex-Manager Claus Wilsing.[68]

New York, Avenue of the Americas, Februar 2007: Bei einem Hedgefonds der Schweizer UBS läutet der Händler John Niblo die Alarmglocke. Er verwaltet etwa 1 Milliarde Dollar, die in verbriefte US-Hypotheken investiert sind. Niblo stellt eine Trendumkehr bei den Papieren fest. Die Ausfallrate bei den Immobilienbesitzern steigt und belastet die Titel. Er setzt sich telefonisch mit einem Dutzend Trader-Kollegen an der Wall Street in Verbindung, weil er wissen will, zu welchem Preis die Papiere in letzter Zeit gehandelt wurden. Das Resultat ist schockierend: Auf dem Markt sind praktisch nur noch Verkäufer zu finden.[69]

Washington D.C., März 2007: Peer Steinbrück hat einen Termin bei seinem US-Amtskollegen Henry Paulson. Wegen eines Staus kommt er zu spät. Paulson gewährt ihm gerade einmal 11 Minuten Zeit; einen Stuhl bietet er ihm nicht an. Diese Behandlung überrascht nicht: Steinbrück ist bei den Amerikanern schon länger unten durch. Zuvor hatte er das wichtige Amt des Vorsitzenden im IWF-Lenkungsausschuss International Monetary and Financial Committee abgelehnt, das den Deutschen wegen ihrer wirtschaftlichen Bedeutung angetragen wurde. Das enorm wichtige Gremium entscheidet in Krisenzeiten über Hilfszahlungen an betroffene Länder. Aber internationale Finanzmarktpolitik interessiert den deutschen Politiker wenig: »Für mich ist klar, dass für den deutschen Finanzminister in den nächsten zwei Jahren der Schwerpunkt der Aufgaben in Deutschland liegt.« Washington ist mit Steinbrück fertig.[70]

Washington D.C., H Street, April 2007: Bei der Weltbank treffen sich die Finanzminister und Notenbankchefs der acht größten Industrienationen zum G8-Gipfel. Die Deutschen haben turnusmäßig den Vorsitz, und die Deutschen wollen das Treffen für eine schärfere Regulierung der Hedgefonds nutzen. Peer Steinbrück nimmt das Anliegen allerdings nicht sehr ernst, er bleibt fern. Steinbrück erholt sich mit seiner Gattin auf einer Namibia-Rundreise. »Das zeigt ein Amtsverständnis, das ich für nicht akzeptabel halte«, sagt der ehemalige Staatssekretär Klaus-Peter Schmidt-Deguelle, der Steinbrücks Vorgänger Hans Eichel sechs Jahre lang beraten und auf internationale Konferenzen begleitet hat.[71] Für Steinbrücks Amtskollegen aus Frankreich, Italien, Großbritannien, Japan, Kanada und den USA ist das Erscheinen selbstverständlich. Ein schwerer Affront: Amerikaner und Briten fühlen sich düpiert, dass der deutsche Finanzminister nicht kommt, während er den Vorsitz innehat.

Trotz öffentlicher Proteste bleibt Steinbrück auf seiner Safari-Tour. Er schickt am 17. April seinen Finanzstaatssekretär Thomas Mirow nach Washington, neben Bundesbank-Chef Axel Weber.[72] Beim Gipfeltreffen verpasst Steinbrück einen spannenden Vortrag. Der Fondsmanager Jim Chanos ist zu einem Briefing in geheimer Runde geladen, eine Legende der Hedgefonds-Szene. Er hatte 2001 als erster und frühzeitig vor den falschen Bilanzen des texanischen Enron-Konzerns gewarnt. Die Verantwortlichen ignorierten ihn damals, und er verdiente unterdessen mit Wetten gegen Enron ein Vermögen. Am Sonntagnachmittag des G8-Treffens tritt Chanos ans Rednerpult. Er nutzt den Auftritt für eine eindringliche Warnung an die Finanzpolitiker und Notenbankgouverneure: Nicht von den Hedgefonds, sondern von den Banken gingen große Risiken aus. Chanos liefert zahlreiche Belege für eine sich anbahnende Katastrophe, und er forderte von seinen Zuhörern entschlossene Maßnahmen. Seine Warnung wird wieder einmal ignoriert. »Unser Publikum hörte höflich zu«, kommentiert er hinterher. »Ich wollte klarstellen, dass die Dinge ein wenig anders liegen, als die Deutschen denken.«

Für seinen Vortrag hat Chanos die Lage sehr genau analysiert. Er erläutert, wie er zu seinen Einsichten kommt: »In den zwei Wochen zwischen Ende März und Mitte April haben meine Mitarbeiter begonnen, die Jahresberichte zu studieren, die von den Unternehmen bei der SEC als so genannte 10K-Dokumente hinterlegt werden. Sehr interessant an den Berichten für das Jahr 2006 war, dass die Banken zum ersten Mal ihre Vermögenswerte unter dem neuen internationalen Rechnungslegungs-Standard FAS 157 nach aktuellen Marktwerten vorzeigen mussten. So erheischten wir zum allerersten Mal einen flüchtigen Blick unter die Haube, was uns bisher verwehrt war. Und wie die Banken und Börsenhändler ihre Wertpapiere einstuften: Level 1, Level 2 oder Level 3. Level 1 waren die Werte, für die es einen sehr aktiven Markt gab, zum Beispiel Aktien von IBM, die jeden

Tag an der New Yorker Börse gehandelt werden und von denen wir den täglichen Schlusskurs kennen. Level 2 ist etwas problematischer, weil deren Preise sich auf irgendein anderes Produkt beziehen. Wenn ich zum Beispiel irgendeinen esoterischen Schuldschein besitze, dessen Preis sich historisch im Handel mit einer gewissen Differenz parallel zu US-Schatzpapieren entwickelt hat, dann würde ich versuchen, diesen Schuldschein mit einem gewissen Abschlag an den aktuellen Marktwerten der US-Schatzbriefe zu bewerten. Das heißt, dass hier eine erkennbare Vorgabe existiert, um die Papiere zu bewerten. Aber dennoch ist hier ein gewisser Ermessensspielraum da, das ist klar. Wir haben hier keinen tagesaktuell liquiden Markt.«

Chanos fährt fort: »Schließlich haben wir Level-3-Werte, die von einigen als toxisch oder radioaktiv tituliert werden. Hier haben wir die in sich widersprüchliche Bezeichnung – Vermögenswerte, für die keine erkennbaren Vorgaben existieren. Daher sind alle diese Werte nach Ermessen zu berechnen. Die Manager stellen daher gewisse Vermutungen über verschiedene Größen auf, die zur Bewertung dieser Vermögen passen könnten und füttern damit ihre Computer. Der Computer spuckt dann ein Modell aus – eine Zahl. Diese Level-3-Vermögenswerte sind die problematischsten. Oft steckt dahinter nicht mehr als ein Stück Papier, das an eine Drittpartei nicht verkauft werden kann. Daher behalten die Banken und Börsenhändler sie auf ihren eigenen Büchern, aber sie sind nicht gegen alle unvorhersehbaren Umstände gewappnet. Sie scheinen sich plötzlich nicht mehr in ihrem Modell zu bewegen. Diese Zahlen in Level 2 und Level 3 haben die Charts gesprengt, als meine Leute sie sich im April anschauten. Und ich denke, es wurde in diesen zwei Wochen an der Wall Street unter Journalisten und Hedgefonds-Managern zunehmend wahrgenommen, dass, ja mein Gott, dass diese Zahlen viel schlimmer waren, als wir dachten, und dass die Banken viel höher mit den am schwersten zu bewertenden Papieren verschuldet waren, als wir ahnten.«

Chanos fühlt sich an die Enron-Pleite erinnert: »Das ist die Ironie dieser Geschichte, es ist exakt die gleiche Bilanzierungsmethode, die Enron in Schwierigkeiten brachte.« Er schließt seinen Vortrag mit einer offenherzigen Erklärung: Seine Firma setzt jetzt alle seine Kundengelder auf Wetten gegen die Großbanken. Eine unmissverständliche Warnung.

Die Finanzpolitiker und Notenbanker hören einen zweiten Experten zum Thema, den Hedgefonds-Mann Paul Singer. Er ist ein Kenner der Handelsgeschäfte mit verbrieften Hypotheken und den komplex strukturierten Finanzprodukten, die Chanos »esoterisch« nennt. Singer, der selbst mit diesen Produkten handelt, erklärt, dass diese mit einer Triple-A benoteten Wertpapiere keineswegs einen AAA-Wert darstellen und dass die schlechten, giftigen Anteile der verbrieften Hypotheken-Pakete schlicht wertlos sind.

Nach dem Ende der beiden Präsentationen ruft der Moderator die Teilnehmer auf, ihre Fragen zu stellen. Es gab keine einzige. Der Moderator dankte und ruft das nächste Thema auf: Versicherungen. In der Pause sprechen zwei europäische Notenbanker Chanos an, loben ihn höflich, tauschen mit ihm ihre Visitenkarten aus – das Übliche: »Keep in touch and blah, blah, blah.«[73]

New York, Park Avenue, Juni 2007: Die Zentrale der traditionsreichen Investmentbank Bear Stearns meldet, dass zwei ihrer Hedgefonds mit verbrieften US-Hypotheken kollabieren. Die Wall Street ist schockiert. Nach der Citigroup ist die Dresdner Bank bei einem dieser Hedgefonds mit 1,487 Milliarden Dollar die zweitgrößte Kreditgeberin. Vertreter von Merrill Lynch und JPMorgan werden stutzig, als sie bemerken, dass die Dresdner mit zwei weiteren Gläubigerbanken in einer Krisensitzung in ein Stillhalteabkommen einwilligen. »Die Menschen haben unterschiedliche Wahrnehmungen, was wichtig ist«, kommentiert ein Sitzungsteilnehmer. Zwei verantwortliche Fondsmanager von Bear Stearns werden später von einer Anklage wegen Verschwörung zum Betrug freigesprochen. Ihr Handeln habe die Grenze zum Betrug nicht überschritten, urteilen die Richter. Die Börsenaufsicht ermittelt allerdings weiter gegen sie. Der verursachte Schaden: 1,6 Milliarden Dollar. Fünf Spitzenmanager von Bear Stearns kommen gut weg: Zwischen 2000 und 2008 kassieren sie an Boni und mit Verkäufen eigener Aktien zusammen 1,4 Milliarden Dollar in bar.[74]

Dublin, Georges Quay Plaza, Juni 2007: In Dublin steigt das Investitionsvolumen der sächsischen Conduits auf unvorstellbare 45 Milliarden Euro. Davon befinden sich allein im Ormond-Quay-Vehikel 17 Milliarden. Die Sachsen LB berichtet nach wie vor nicht über die eingeräumten Liquiditätslinien, die Haftungs- und die Ausfallrisiken in den Lageberichten des Konzerns.[75] Das Conduit ist nun eines der größten der Welt.[76]

Düsseldorf, IKB-Zentrale, 20. Juli 2007: Die deutschen Staatsbanker der Industriebank IKB melden »sehr gute« Ergebnisse. Ihr Conduit Rhineland Funding segelt noch immer außerhalb der Bilanz. Die US-Turbulenzen hätten »praktisch keine Auswirkung« auf ihr Geschäft gehabt.[77]

Düsseldorf, IKB-Zentrale, Juli 2007: Am Sonntagabend, eine Woche nach den positiven Ergebnis-Meldungen, gibt die IKB eine Horrormeldung heraus: Die staatliche KfW muss die IKB mit 8,1 Milliarden Euro stützen – die erste große Staatsrettung im deutschen Banken-Crash. Im IKB-Aufsichtsrat saß bis vor wenigen Wochen noch Jörg Asmussen, Steinbrücks Abteilungsleiter. Er wird zum Staatssekretär befördert. Als Krisenmanager bestellt der Aufsichtsrat ausgerechnet Reinhard Grzesik, einen ehemaligen Finanzmanager der HRE-Tochter Depfa in Irland. Dort war er nicht in der Lage, den Liquiditätsbedarf korrekt zu ermitteln.[78]

Dublin, Georges Quay, August 2007: Die Manager der Sachsen LB erklären am 10. August in einer offiziellen Adhoc-Mitteilung den Börsenteilnehmern ihre Lage. Bei ihrer Tochter sehen sie »keine Anzeichen für erhöhte Ausfallwahrscheinlichkeiten«. Sie seien »ausschließlich in AAA-geratete Papiere investiert«, und »die Werthaltigkeit dieser Papiere ist unbestritten«. Einen Tag später erklärt der Sprecher der Sachsen LB: »Fakt ist, wir haben kein Liquiditätsproblem.« Da geht den Sachsen in Dublin bereits das Geld für die Refinanzierung aus. Am 17. August muss ein Bankenpool die Sachsen LB retten. Wie bei der IKB reichen die Zahlungen nicht.

Bald kommen neue Notrufe: BaFin-Chef Jochen Sanio schreibt am 25. August an den Ministerpräsidenten des Freistaates, dass die Sachsen LB »kurzfristig« an die baden-württembergische Landesbank (LBBW) verkauft werden müsse – wegen »der existenzbedrohenden Lage«.[79] Die LBBW erklärt sich bereit, die Sachsen LB zu übernehmen.[80] Die Regierung des Freistaates stützt den Notverkauf mit milliardenschweren Bürgschaften, die haushaltsrechtlich nicht erlaubt sind.[81] Finanzminister Peer Steinbrück erwartet dennoch keine größeren Beeinträchtigungen des deutschen Bankensystems: »Ich glaube, dass die Beteiligten die Situation im Griff haben, jedenfalls hat das Management in den vergangenen drei bis vier Wochen gut funktioniert«, sagt Steinbrück in Berlin.[82]

New York, Oktober 2007: An der Wall Street werden die Händler von verbrieften Kreditpaketen nervös. Täglich lesen sie an ihren Computer-Terminals des Finanzinformationsdienstes Bloomberg neue beunruhigende Nachrichten. Die Ratingagenturen korrigieren ihre Noten für die synthetischen Finanzprodukte nach unten. Auch die Ratings der Kreditversicherungen der verbrieften Hypotheken werden herabgesetzt. Bis Ende Oktober setzt die Agentur Moody's die Ratings verbriefter Werte im Volumen von 33 Milliarden

Dollar herunter, darunter auch Verbriefungen mit der Best-Note »AAA«.[83]

London, Cannon Street, November 2007: Beim internationalen Buchprüferkomitee IASB laufen die Krisenmails zusammen. Die vier Großen Deloitte, PwC, KPMG und Ernst & Young fürchten, wie einst Arthur Andersen im Enron-Bilanzskandal mit in den Abgrund gerissen zu werden. Sie beschließen: Conduits müssen in die Bilanz – und zwar sofort. Sie haben die Macht, dies auch durchzusetzen. Die Banker parieren. Ackermann meldet im November, dass er alle seine Conduits konsolidierte. Die IKB erklärt, ihr Rhineland Funding offenzulegen; andere folgen. Das Versteckspiel ist vorbei.[84]

New York, New Liberty Street, Dezember 2007: Im Konferenzraum der Federal Reserve of New York treffen sich Finanzwissenschaftler und Notenbanker. Ein Vortrag offenbart, dass zwei Drittel der Refinanzierungsprogramme im Verbriefungsmarkt in Dollar aufgelegt sind, während 80 Prozent der Werte von europäischen Banken betrieben werden. Dabei hatten deutsche Banken nach den US-Instituten bei weitem den größten Marktanteil. »Who are those guys?«, fragt die Fed. Es sind Commerzbank, Dresdner, Deutsche, HSH Nordbank und neun Landesbanken.[85]

Düsseldorf, Berliner Allee, Dezember 2007: Prüfungssaison in den Banken. In einer Minibank, der DüsselHyp, übersteigt der Zinsaufwand den Zinsertrag um 700 Millionen Euro. Die Aufsichtsbeamten registrieren es unbekümmert wie Notare. Im April 2008 ist das Institut pleite. Auf Initiative der Aufsicht werden die Problemwerte in die Resba-Beteiligungsgesellschaft in Berlin ausgelagert – wieder eine Bad Bank. Zur Stützung bringen der Einlagensicherungsfonds und ein Bankenkonsortium 1,57 Milliarden Euro auf. Danach ist der Sicherungsfonds für weitere Notfälle ausgebrannt.[86] Später fragt der Bundestags-Untersuchungsausschuss, welche Konsequenzen der Fall für die Risikoanalyse hatte. Klaus-Dieter Jakob, Münchner Regionalbereichsleiter der Bundesbank, erklärt: »Es gab aus meiner Kenntnis keine allgemeinen Schlussfolgerungen, die aus dem Fall der DüsselHyp gezogen wurden.«

Münchner Altstadt, Januar 2008: Georg Funke, Chef der börsennotierten Hypo Real Estate, meldet in einer Investorenmitteilung »nur geringes Exposure in risikobehafteten Assetklassen«. Eine Woche danach trudelt bei Finanzstaatssekretär Thomas Mirow ein Brandbrief von BaFin-Chef Jochen Sanio ein. Sanio warnt vor einer »möglicherweise erschreckenden Größenordnung«.[87] Über einen Handelsbuchbestand im Gesamtvolumen von 8 Milliarden Euro stellen die Aufseher fest: »Eine eigene Bewertung der zugrunde liegenden Geschäfte ist der Bank nicht möglich.«[88] Frustriert sagt der ehemalige HRE-Risikomanager Stéphane Wolter: »Spätestens ab da hätte man sich ein Notfallszenario überlegen sollen.« Für ihn war die Lehman-Pleite am 15. September nicht die Ursache der Katastrophe: »Lehman war für mich nur der Sargnagel darauf.«[89]

Bonn, ein Bürokomplex am Rhein, Februar 2008: Die Bankenaufsicht BaFin ordnet eine Sonderprüfung bei der Münchner Hypo Real Estate an. Die Bundesbank wird mit der Prüfung beauftragt, insgesamt 19 Mitarbeiter durchleuchten den Konzern. Ein Team reist mit der Genehmigung der irischen Bankenaufsicht nach Dublin, um dort die HRE-Tochter Depfa plc zu untersuchen. Es ist elektrisiert, weil HRE-Chef Funke am 15. Januar offiziell erste Verluste meldete. Überraschen kann das nicht, die Probleme der HRE sind längst bekannt. Wenige Wochen später, am 6. März, schickt die BaFin-Abteilungsleiterin Frauke Menke eine sorgenvolle E-Mail an die Bankenexperten im Bundesfinanzministerium. »In Anbetracht ihrer Bedeutung auch für die Systemstabilität« halte man die HRE »für dringend beobachtungsbedürftig«.

Der HRE drohe bereits in einigen Wochen im ungünstigen Fall »ein negativer Liquiditätssaldo«, warnt die Beamtin.[90]

Bonn, Frankfurt am Main, Berlin-Mitte, März 2008: Von der Bundesbank aus Frankfurt erhält BaFin-Abteilungsleiterin Menke am 17. März per Mail den Zwischenbericht ihrer Behörde über die Prüfung der HRE-Gruppe. Er zeigt: Seit August 2007 sind die zentralen Instrumente und Daten nicht mehr aktualisiert worden, die für die Bewertung verbriefter Papiere notwendig sind. So wurde ein wichtiger Index »seit Beginn der Subprime-Krise nicht mehr aktualisiert«. Mit anderen Worten: Die Risikomanager halten an den Hoffnungs- und Spekulationswerten fest, wie sie auf dem Höhepunkt der Blase ermittelt wurden, obwohl die Preise dieser Papiere seitdem drastisch sanken. Im Portfolio der HRE-Tochter Depfa plc in Dublin liegen nur noch wenige Papiere, »für die tägliche Marktdaten für eine Bewertung verfügbar sind«. Über 8 Milliarden Euro Handelsgeschäft notieren die Prüfer, dass »der Bank eine eigene Bewertung der zugrunde liegenden Geschäfte nicht möglich ist«. Weil Preisdaten bei einem Teil der Papiere fehlen, deren Handel völlig eingebrochen ist, greifen die HRE-Manager schlicht auf die Marktdaten des Vorquartals zurück – als wäre nichts passiert.[91] Die HRE meldet der BaFin mittlerweile täglich ihre Liquiditätslage. Am 28. März gibt die BaFin an das Bundesministerium weiter: »Hinsichtlich der Einzelinstitute könne sich laut Angabe gemäß konservativer Stresstestmessungen, die allerdings kein vollständiges Worst-Case-Szenario unterstellen, per 14. März 2008 für die DEPFA Bank plc und für die Hypo Public Finance Bank erstmalig in 20 Geschäftstagen ein negativer Liquiditätssaldo ergeben, für die Hypo Real Estate Bank AG sowie die Hypo Real Estate Bank International AG in 53 Geschäftstagen.«[92]

In den USA muss die Investmentbank Bear Stearns gerettet werden. Unterstützt von der Notenbank wird das Traditionshaus an JPMorgan Chase verkauft.[93] Das Financial Stability

Forum, ein internationales Gremium der sieben größten Industrienationen und wichtiger Weltorganisationen, ruft daraufhin die Regierungen auf, sich auf verschiedene Krisenoptionen vorzubereiten und gegebenenfalls auch eine Verstaatlichung von Banken ins Auge zu fassen.[94] Bundesbank-Präsident Axel Weber und Minister Steinbrück reden weiter von »stabilen« deutschen Banken.

Vienna, Virginia, April 2008: Die amerikanische Finanz-Ermittlungsbehörde FinCEN liefert neue Zahlen über den Hypotheken-Betrug in den USA: Nahezu 53 000 verdächtige Fälle im Jahr 2007 – doppelt so viel wie im Vorjahr. Die Explosion der Betrugsfälle übersteigt die personellen Ressourcen des FBI, die US-Behörden haben die Kriminalität mit den Immobiliendarlehen nicht mehr im Griff.[95]

Unterdessen mahnt in Basel der internationale Ausschuss für Bankenaufsicht bei den Banken »höhere Kapitalanforderungen für strukturierte Finanzierungen« an. Die Oberaufseher denken dabei insbesondere an »Mehrfachverbriefungen« von Hypothekenpapieren, die für die jüngsten Verluste verantwortlich sind. »Wir glauben«, antwortet aus Deutschland die Initiative Finanzstandort Deutschland (IFD), eine Frankfurter Lobby-Organisation, »dass die Anforderungen für die Kapitalausstattung für strukturierte Finanzierungen im Großen und Ganzen ausreicht«. Hinter der Interessenorganisation IFD stehen 27 Mitglieder, darunter die Großbanken und Versicherungsgiganten, der Banken- und der Sparkassenverband, die Staatsbanken KfW und BayernLB sowie das Bundesministerium der Finanzen und die Bundesbank.[96]

New York, Broadway, Mai 2008: In New York treffen sich in der Frederick Rose Hall des Lincoln Centers die Investment-Experten zur Ira W. Sohn-Konferenz im Rose Theater. Die Veranstaltung hat in der Finanzgemeinde einen ausgezeichneten Ruf. Der Hedgefonds-Manager David Einhorn präsentiert in seinem Vortrag auffällige Diskrepanzen in den Finanzberichten der Investmentbank Lehman Brothers. Er berichtet, dass ihm Lehman-Finanzchefin Erin Callan mögliche weitere Verluste eingestand, nachdem er sie mit seinen Fragen konfrontiert hatte. Der Vortrag bleibt nicht ohne Wirkung, die Investoren sind geschockt. In den Tagen nach der Konferenz fällt der Kurs der Lehman-Aktie um mehr als sechs Prozent. Die Ratingagenturen stufen Lehman herab. David Einhorn beginnt, an der Börse auf fallende Lehman-Kurse zu wetten – mit großem Erfolg. Und er ist nicht allein. Die Finanzpresse nimmt die Investmentbank kritisch ins Visier. Die Probleme der Investmentbank Lehman Brothers werden an der Wall Street deutlich sichtbar.[97]

Bonn, Graurheindorfer Straße, Juli 2008: Bei der BaFin trifft am 2. Juli das Ergebnis der Sonderprüfung der Hypo Real Estate ein. Der Befund: 49 Verstöße gegen »das ordnungsgemäße Betreiben der Geschäfte«, davon zwölf gravierende.

New York, Seventh Avenue, 15. September 2008: Die traditionsreiche Investmentbank Lehman Brothers muss Insolvenz anmelden. Die US-Regierung verweigert eine Rettungsaktion mit Staatshilfen. Am gleichen Tag muss die Investmentbank Merrill Lynch verkauft werden. Viel schlimmer: Zwei Tage später wird der Finanzkonzern AIG mit 85 Milliarden Dollar vom Staat gerettet. Eine AIG-Pleite hätte allein bei der Deutschen Bank 12 Milliarden Dollar in die Konkursmasse geschickt. Die globale Finanzwelt wird erschüttert.[98]

Berlin-Mitte, die Tage danach: Die deutschen Banken »sind weit weniger labil« als die US-Konkurrenz, erklärt Peer Steinbrück am 16. September in einem Tageszeitungsinterview, »wir haben allen Anlass anzunehmen, dass sie wesentlich stabiler sind als die angelsächsische Konkurrenz«.[99] Am 25. September verkündet er immer noch, ein Banken-Rettungspaket wie das der USA sei »in Deutschland oder Europa weder notwendig noch sinnvoll«. Steinbrück erdreistet sich sogar, die Amerikaner in einer Regierungserklärung frontal anzugreifen: »Die USA werden ihren Status als Supermacht des Weltfinanzsystems verlieren.« In Washington reagieren Politik und Medien irritiert auf den deutschen Minister, schließlich werden mit den gewaltigen Staatshilfen der Amerikaner auch die Gläubigerinteressen von deutschen Banken geschützt.[100]

Einen Tag später, am Freitag um 14.30 Uhr, beginnen in großer Hektik die Krisengespräche zur Rettung der Hypo Real Estate, die vor dem Zusammenbruch steht. Kopflos und ohne tagesaktuelle Zahlen treffen sich zunächst die Beamten aus Bundesbank und BaFin mit den Spitzenmanagern aus den Großbanken. Ihre Deadline ist klar: In den frühen Morgenstunden am kommenden Montag werden die asiatischen Börsen öffnen, dann muss das Ergebnis feststehen.

Jörg Asmussen, inzwischen Staatssekretär im Finanzministerium, erscheint erst am Sonntagabend – dummerweise ohne Rechtsbeistand. Weil der Minister und sein Staatssekretär nicht früher handelten, war nicht mehr genug Zeit, eine Gläubigerkonferenz einzuberufen. Das hat den Banken und Versicherungen möglicherweise Zahlungen in Milliardenhöhe erspart. Denn vor einer drohenden Insolvenz müssen sich alle Großgläubiger eigentlich maßgeblich an der Rettung beteiligen, weil sie sonst den Totalverlust ihrer Forderungen riskieren. Eine streng vertrauliche Liste mit den unbesicherten Forderungen der einzelnen Gläubiger, die im Falle der Pleite verloren gewesen wären, zeigt die potentiellen Opfer: deutsche Kommunen und Länder 8,2 Milliarden Euro, deutsche Banken 19,8 Milliarden Euro und deutsche Versicherungen 10,5 Milliarden Euro. Auch Versorgungswerke, Berufsgenossenschaften, Landschaftsverbände, Rundfunkanstalten und Kirchen hätten hohe Beträge mit unbesicherten Forderungen verloren. Darüber hinaus hätten die Banken in ihren Einlagensicherungsfonds 17,5 Milliarden Euro nachschießen müssen.

Denn der Fonds zum Schutz der Kundenguthaben war schon nach den ersten Rettungsaktionen leergefegt. Was der drohende Untergang der Hypo Real Estate für den deutschen Finanzplatz bedeutet, erläutert Josef Ackermann den Beamten an diesem Sonntag in den späten Abendstunden: »Den Tod des deutschen Bankenplatzes!« Die deutschen Privatbanken allein wären mit einem Verlustrisiko von 19 Milliarden Euro plus 17,5 Milliarden für ihren Einlagensicherungsfonds konfrontiert, für den sie gemeinsam geradestehen müssen – eine unvorstellbare Summe von 36,5 Milliarden Euro.[101]

Der Staat muss an die Kasse. Am Ende übernehmen die Privatbanken laut einer streng vertraulichen Aufstellung nur eine Ausfallgarantie in Höhe von 8,5 Milliarden Euro. Besonders gut kommen die Versicherungen weg. Sie tragen davon nur 1,4 Milliarden.[102] Um eine Insolvenz zu vermeiden, werden der Bank insgesamt Staatshilfen in Höhe von 102 Milliarden Euro gewährt. Die HRE wird verstaatlicht. Seitdem schreibt die Bank Verluste, für die der Steuerzahler geradesteht. Sie kostet jeden Werktag 10 Millionen Euro. Die Hypo Real Estate erhält damit weit mehr Staatsgarantien und Beihilfen als der US-Geldgigant Bank of America.

Berlin, Bundeskanzleramt, 8. Oktober 2008: Merkel und Steinbrück geben öffentlich eine Garantieerklärung für die Einlagen der deutschen Bankkunden ab. Eine luftige Deklaration: Damit würden die Steuerzahler für ihre eigenen Einlagen garantieren. Es bleibt bei der Rhetorik. Die Erklärung habe keinerlei Rechtsfolgen, gibt die Finanz-Staatssekretärin Nicolette Kressl im Bundestag zu. Die institutionellen Anleger lassen sich davon ohnehin nicht beeindrucken. »Die sind schließlich Profis«, sagt BaFin-Chef Sanio. Sie ziehen kurzfristig Milliarden aus dem Bankensystem ab. Der Kundenansturm auf die Banken findet unsichtbar online statt – ein stiller »Bank-Run«.[103]

Berlin, Reichstag, Dezember 2008: Erstmalig hört der

Bundestag Experten zum geplanten Bilanzmodernisierungsgesetz. Alle sind sich einig, dass die Geschäfte der Zweckgesellschaften in den Jahresabschlüssen erscheinen müssen, auch wenn ein Treuhänder die Aktien hält. Das Gesetz soll im Mai 2009 in Kraft treten.

Ende 2008 sind die in den Finanzberichten ausgewiesenen Schulden der deutschen Landesbanken, für die die Bundesländer haften, auf mehr als 500 Milliarden Euro angewachsen – dreimal so viel, wie die deutschen Bürger privat erspart haben.[104] Die deutschen Steuerzahler haben mit ihren Landesbanken ein verlorenes Jahrzehnt hinter sich.

Seit dem legendären Berliner Krisentreffen der Schröder-Ära vom Februar 2003 hat sich die Lage der Wackelkandidaten aus dem Privatbankensektor verschlechtert. Deutschland wäre viel erspart geblieben, wenn Kanzler Schröder, Finanzminister Eichel und Wirtschaftsminister Clement ihre Problembanken damals fallengelassen hätten. Die Achtjahresbilanz der Dresdner Bank: Zwischen 2002 und 2008 hat sie mehr als 9 Milliarden Euro Verlust gemacht. Nur in den Jahren 2005 bis 2007 wies sie Gewinne aus, im Jahr 2005 sogar über der Milliardengrenze. Es waren zu einem großen Teil Luftgewinne dank Blasen-Geschäften mit Subprime-Hypotheken – das Ergebnis eines simplen Bilanz-Zaubers.[105]

Die Commerzbank bilanziert in diesen acht Jahren mit ihren Luftgewinnen ein Plus von rund 2 Milliarden Euro. Sie wird diese Scheinerträge erst im ersten Halbjahr 2009 mit hohen Abschreibungen und Verlusten neutralisieren – ein Nullsummenspiel. Schlimm sieht auch die langjährige Bilanz der Hypo Real Estate aus: Seit ihrer Gründung im Jahr 2003 bis Dezember 2008 machte sie einen Gesamtverlust von 3,865 Milliarden Euro, obwohl sie bis 2007 ihre Bilanz mit Luftgewinnen verzaubert hat.

Washington D. C., Dirksen Senate Office Building, das Jahr nach der Lehman-Pleite: Offenherzig und ehrlich reden die

Spitzenleute der Aufsichtsbehörden und der Industrie vor den Untersuchungsausschüssen des Kongresses. Die Protokolle ihrer Vernehmungen lesen sich wie ein historisches Drama. Sie sind Stoff für Forscher und Entscheider, sie erhellen und lehren, wie man die Finanzwelt künftig sicherer gestalten kann.

Die Berliner Aufarbeitung dagegen ist auf parteipolitisches Gezänk reduziert. Ohne Tiefe und ohne Weitblick präsentiert sich der Untersuchungsausschuss des Bundestags. Er soll ausschließlich die Rettungsgeschichte der Hypo Real Estate ausleuchten, im Wesentlichen begrenzt auf die Zeit von Anfang 2007 bis Oktober 2008. Eifrig souffliert die SPD-Abgeordnete Nina Hauer den Zeugen aus Finanzministerium und Aufsichtsbehörden: Das Desaster konnte niemand voraussehen, erst die Lehman-Pleite änderte alles. Steinbrücks Parteigänger kolportieren die Lehman-Legende und nehmen so ihren Minister aus der Schusslinie.

Im Berliner Untersuchungsausschuss sucht der grüne Bundestagsabgeordnete Gerhard Schick bei den geladenen Beamten und Politikern verzweifelt nach Selbsterkenntnissen oder kritischer Reflexion – vergebens. Wochenlang befragen die Parlamentarier die Aufsichtsbeamten. Fehler in der Überwachungsarbeit? Im Kontroll-Regime? Bei den Regelwerken? Solche Fragen stoßen in der deutschen Beamtenseele offenbar auf ein zentrales Blockiersystem. Minister Steinbrück, der Jahrzehnte in der Ministerialbürokratie verbrachte, erklärt vor dem Ausschuss: »Ich habe an der deutschen Bankenaufsicht nichts auszusetzen.« Untersuchungsberichte wie in Großbritannien, der Schweiz oder den USA existieren nicht. Die Bundesbank versäumt es sogar, ihren regulären Finanzstabilitätsbericht für 2007 zu publizieren. Bis heute gibt es über das größte Finanzdesaster seit der Weimarer Republik nicht einmal einen ernsthaften Ansatz einer offiziellen Analyse.

Gute Banken, schlechte Banken, deutsche Banken

»Unsere Gangsterbank in Ehren, aber ihre Methoden haben nur einen Sinn, solange sie rentieren. Das war nicht mehr der Fall, darum hätten sie geändert werden müssen.«
FRIEDRICH DÜRRENMATT: FRANK DER FÜNFTE – KOMÖDIE EINER PRIVATBANK[106]

Emilio Botín, 74, Spanier, Bankier. Sein Ruf: beharrlich, durchsetzungsstark, unbeirrbar. Sein Alter sieht man ihm nicht an. Kurz geschorener Haarkranz, braungebrannter Schädel, er hat etwas Altersloses. Und er ist noch immer einflussreich und hoch geachtet, sein Wort zählt. Es gibt Fotos von ihm an einem runden Tisch, ihm gegenüber der spanische Regierungschef José Luis Rodriguez Zapatero: Botín selbstbewusst, mit breitem Lachen und ausladender Geste die Welt erklärend, Zapatero konzentriert zuhörend. Wenn Botín den Präsidenten sehen will, kann er das, wann immer er will.

Emilio Botín ist Chef der Finanzgruppe Santander. Oberhaupt trifft es wohl besser. Er leitet das Traditionshaus in dritter Generation, obwohl das Unternehmen längst den Publikumsaktionären gehört und seine Familie nur noch 2,5 Prozent der Anteile hält. Aber »Presidente« Emilio Botín ist unbestritten der Patron des Banken-Imperiums mit weltweit 170 000 Mitarbeitern und 90 Millionen Kunden.

Die Finanzkrise ist ihm nur aus den Zeitungen geläufig. Das Wort »Subprime« kam in seinem Geschäftsbericht über das Krisenjahr 2008 nur einmal vor, im allgemeinen Kapitel über die Verhältnisse auf den internationalen Finanzmärkten. Die Subprime-Kredite, faule Deals mit tausendfach gebündelten Hypotheken von heillos überschuldeten amerikanischen Schuldnern, spielen bei der Santander keine Rolle.

Finanzkrise? Welche Finanzkrise, fragen lachend die Manager der Grupo Santander auf ihrem Campus in Boadillo del Monte am westlichen Rand von Madrid, ein moderner Tempel des Geldes. Im Zentrum ihrer Kleinstadt steht das Konferenzzentrum, ein futuristischer Rundbau in der Form eines Ufos mit einer gewaltigen Glaskuppel und einer riesigen Freitreppe. Neun hypermoderne Bürokomplexe glänzen in der Mittagssonne. Für die Angestellten gibt es einen 18-Loch-Golfplatz, Schattenplätze unter Olivenbäumen. Ihre 6000 Parkplätze werden alle benötigt.

Emilio Botín hat alles richtig gemacht. Emilio Botín steht auf der Gewinnerseite. Die Santander kauft derzeit im Ausland reihenweise Banken auf und gilt als hocheffizient. Der Konzern ist in der Krise zum größten Bankhaus in der Euro-Zone und zum drittgrößten der Welt aufgestiegen.

Botín und seine Santander in Spanien, die Nordea in Skandinavien, die Kantonalbanken in der Schweiz – es gibt Banken, die unbeschadet und sogar gestärkt durch die Krise gekommen sind. Es gibt Banken, die den Beweis liefern, dass die Finanzkrise keineswegs unverschuldet und unvorhergesehen wie eine Naturkatastrophe hereinbrach. Es gibt Banken, deren Strategie die deutschen Banker und Finanzpolitiker sich besser angesehen hätten, um daraus Lehren für den Finanzplatz Deutschland zu ziehen. Aber die Deutschen interessierte das alles herzlich wenig. Andere europäische Banksysteme nicht und die Vorgaben der EU-Kommission in Brüssel erst recht nicht.

In der Geschichte der Weltfinanzkrise gibt es einen deutschen Sonderfall. Zu dem gehört: das Versagen der Politiker. In Spanien und Skandinavien hat die Politik für Regeln am Bankenmarkt gesorgt, die sich in der Krise bewährt haben, und in der Schweiz reagierte die Politik schnell und beherzt, als sich die ersten Krisensignale abzeichneten. In Deutschland hingegen wurden die Politiker ihrer Verantwortung weder beim Regieren gerecht noch in den Aufsichtsräten von Landesbanken, IKB und KfW.

Tatsächlich standen die Finanzpolitiker in Bund und Ländern, gleich welcher Partei, selbst beim großen Raubzug der Banker Schmiere. Sie haben das Hochrisiko-Kasino nicht nur geduldet, sie haben die riskanten und für Landesbanken eigentlich ausgeschlossenen Verbriefungsgeschäfte sogar erst möglich gemacht. Sie haben tatkräftig dabei mitgewirkt, dass Aktionäre und Bürger Einblicke in das Innere der Spielhölle verwehrt wurden, indem sie den Bankern halfen, Versagen und Schwäche per Bilanztricks zu kaschieren. Sie haben systematisch alle entscheidenden Kontrollen ausgeschaltet, und sie tun es immer noch. Erst die Weggucker aus Politik und Aufsichtsbehörden haben es möglich gemacht, dass sich in den deutschen Banken-Büchern Problemwerte im Umfang von mehr als 800 Milliarden Euro auftürmten und damit die jährlichen Steuereinnahmen des Landes erheblich übersteigen. Deutsche Finanzpolitiker und Banker irritieren die Welt: überheblich, selbstgefällig, inkompetent, ignorant. Dabei ist schon jetzt erkennbar, dass die Bewältigung der Krise die Deutschen schlimmer treffen wird als die Amerikaner. Dank der Politik hat Deutschland heute verglichen mit anderen Industrienationen eines der schlechtesten und wettbewerbsschwächsten Banksysteme. Good Governance sieht anders aus.

Und zwar so: 2007, im ersten Jahr der Finanzkrise, verdienten die Santander-Banker 8,1 Milliarden Euro – netto, nach Steuern. 2008, im schlimmsten Krisenjahr, steigerten sie ihren ordentlichen Gewinn sogar um 9 Prozent auf 8,876 Milliarden Euro. Im Jahr 2009 ging es so weiter: 4,5 Milliarden Euro betrug der Profit im ersten Halbjahr; die Zahl der Mitarbeiter wuchs um 39 000. Und der Akteinkurs stieg ebenfalls;

der Konzern war Ende 2009 an der Börse 95 Milliarden Euro Wert – mehr als dreimal so viel wie die Deutsche Bank.[107]

Rekordwerte, die keineswegs das Resultat schneller, kurzfristiger Deals sind. Die Gruppe ist äußerst stabil, die Kosten sind unter Kontrolle, für Kreditrisiken ist vorgesorgt. Das Santander-Eigenkapital stieg von 52 Milliarden Euro im Jahr 2007 auf 63 Milliarden in 2008. Ihre Kernkapitalquote, die wichtigste Messzahl der Aufsichtsbehörden für den Eigenkapitalpuffer, stieg 2008 sogar von 7,7 auf 9,1 Prozent. Die Bank zahlte ihren Aktionären wie gewohnt eine ordentliche Dividende und selbst 2007 und 2008 insgesamt stattliche 4,4 Milliarden Euro Steuern. Kein Zweifel: Die Grupo Santander ist eine Gewinnerin der Krise.[108]

Obwohl es auch in Spanien eine enorme Spekulationsblase am Immobilienmarkt gibt, steht die Santander dort als krisenresistente Bank nicht allein da. Auch der baskischen Banco Bilbao Vizcaya Argentaria, kurz BBVA, geht es glänzend. Die zweitgrößte spanische Bank mit Sitz an der Nordatlantikküste hielt ihren Gewinn in beiden Krisenjahren konstant hoch auf 5,4 Milliarden Euro, in der ersten Jahreshälfte 2009 blieb der Profit mit 2,8 Milliarden Euro stabil, bei einem sicheren Eigenkapitalpuffer.[109]

Szenenwechsel: Stockholm. In der Altstadt, zwischen Hauptbahnhof und Königlichen Bibliotheken, steht die Zentrale der Nordea. Ein zweites Hauptquartier befindet sich in Kopenhagen, Dänemark. Die Nordea ist eine der führenden Banken Skandinaviens mit 10 Millionen Kunden und 33 000 Mitarbeitern sowie eine der modernsten Banken der Welt: Mit 4,6 Millionen Online-Kunden liegt sie weit vorn im elektronischen Banking. In den Krisenjahren machte sie nahezu gleich hohen Profit wie in den Boomjahren zuvor. Sie hielt in ihren Büchern nur einen verschwindend geringen Anteil an Wertpapieren, deren Preise während der Krisenjahre nicht mehr feststellbar waren.[110]

Szenenwechsel: Die kleine Thurgauer Kantonalbank am Bodensee, auf der Schweizer Seite. Die Zentrale liegt in Weinfelden, rund 50 Minuten mit dem Zug von Zürich entfernt. Landluft, Fachwerkhäuser und Gaststuben, die Rössli oder Rebe heißen. Hinter der idyllischen Fassade operieren stille Weltmeister: kleine Hightech-Textilunternehmen, Maschinenbau-Exporteure und Ingenieur-Firmen, die in die ganze Welt liefern. Das sind die Kunden der Thurgauer Kantonalbank. Auch deren Geschäfte laufen außerordentlich stabil und sicher mit einem hohen Eigenmittelbestand. Ihre Kernkapitalquote liegt bei 16 Prozent – und damit doppelt so hoch wie bei der hessischen Landesbank Helaba, der einzig halbwegs gesund gebliebenen größeren deutschen Landesbank. Gewinn im Jahr 2008: 40 Millionen Euro, mehr als im Vorjahr.[111]

Was gut ist für die Thurgauer KB, ist auch gut für Thurgau. Ein Drittel des Gewinns fließt Jahr für Jahr in die Staatskasse des Kantons. Anders als die deutschen Landesbanken war und ist sie eine Stütze und keine Belastung für den Staatshaushalt. Den 241 000 Bürgern im ländlichen Thurgau kommt das zugute. In der »Staatsrechnung«, der Kantons-Bilanz, stiegen das Eigenkapital auf umgerechnet 200 Millionen Euro und die Goldreserven auf 100 Millionen Euro – eine komfortable Vermögensbasis, von der deutsche Landespolitiker nur träumen können. Im Thurgau hatte man für das Jahr 2008 konservativ mit einem leichten Überschuss von umgerechnet 7 Millionen Euro kalkuliert, am Jahresende 2008 waren es dann 57 Millionen Euro. Jetzt werden die Steuern gesenkt.

Bernhard Koch, Finanzdirektor des Kantons – vergleichbar mit einem Landesfinanzminister in Deutschland –, verkündet Journalisten offenkundig hochzufrieden, fast schon fröhlich seine Zahlen und Pläne. Er konnte Familien und Unternehmen steuerlich entlasten und plant weitere Steuersenkungen. Eine Aktiengesellschaft zahlt im Thurgau bis zu 15 Prozent weniger Gewinnsteuern als in Deutschland. Das hat er erreicht, weil ihm seine krisenfeste Kantonalbank dabei hilft.[112]

Das Beispiel Thurgauer Kantonalbank zeigt: Auch kleine Banken schafften es, die schwere Finanzkatastrophe ohne Blessuren zu überleben.[113] Sogar staatlich beherrschten Geldhäusern ist es gelungen, beachtliche Gewinne zu erzielen – allerdings nicht in Deutschland. Die 24 bürgernahen Schweizerischen Kantonalbanken steigerten im ersten Halbjahr 2009 ihren Gewinn auf rund 900 Millionen Euro.[114] Sie kamen alle ohne große Schäden durch die Krisenjahre und haben sogar Kunden hinzugewonnen. Alle machten gute Geschäfte unter stabilen Verhältnissen. Die Zuger KB, für Schweizer Verhältnisse ebenfalls eine Mini-Kantonalbank, verteilte 2008 aus ihren gestiegenen Erträgen 59 Millionen Franken an ihre Mitarbeiter als Lohn, 25 Millionen an ihre Privataktionäre als Dividende, 41 Millionen an die öffentliche Hand und 650 000 Franken an gemeinnützige Organisationen. Ihr blieben dabei immer noch 42 Millionen Franken für den Aufbau der Reserven. Und die Zürcher Kantonalbank wurde 2009 als sicherste Universalbank der Welt eingestuft.[115]

Es geht auch anders. Die Milliardenverluste in der Bankenwelt sind keine unausweichliche Folge eines Naturgesetzes. Die große Frage lautet: Wie kommt es, dass die spanische Santander in den Krisenjahren 2007 und 2008 fast 18 Milliarden Euro verdiente, während die zehn größten deutschen Banken zusammen im gleichen Zeitraum 23 Milliarden Euro Verluste schrieben, obwohl sie mit milliardenschweren Staatshilfen unterstützt wurden? Wie kommt es, dass die Santander in 33 Krisenmonaten 24,6 Milliarden Euro Gewinne auswies, während die Deutschen Bank im gleichen Zeitraum gerade einmal 6,2 Milliarden Gewinne erzielte und die einstigen deutschen Mitspieler auf der Weltbühne – die Großbanken Dresdner Bank und die Commerzbank – ohne Kapitalspritzen des Staates schlichtweg pleite wären? Woran liegt es, dass die

Schweizerischen Kantonalbanken während der Krisenphase konstante Dividenden ablieferten, während vier große deutsche Landesbanken ihren Eigentümern – den Bundesländern, Kommunen und Sparkassenverbänden – ein Milliardengrab hinterließen, sich schlicht unrettbar verzockten? Warum sind heute die von den Deutschen so gerne belächelten Nachbarn Spitze, die verhassten Wall-Street-Banken weitestgehend wieder wohlauf und die deutschen Banken nun Schlusslicht in Europa?

	Ergebnis nach Steuern (Millionen Euro)		
	2007	**2008**	**1–9/2009**
Die deutschen Verlierer			
Deutsche Bank	6510	–3896	3649
Commerzbank und Dresdner Bank	1601	–6178	–2680
HVB	2050	–671	334
LBBW	326	–2055	215*
DZ Bank	897	–1055	365
BayernLB	175	–5358	367**
Hypo Real Estate	457	–5461	–1706
KfW	–6168	–2657	781
WestLB	–1597	18	184
Summe	**4251**	**–27313**	**1509**
Die internationalen Gewinner			
Grupo Santander	9060	8876	6740
Nordea	3130	2672	1871
BBVA	6126	5414	4179

Gewinner und Verlierer in der Krise[116]

Der deutsche Bankenplatz liegt in Trümmern, doch diese Fragen werden von den Verantwortlichen nicht beantwortet. Weder von den Spitzen der deutschen Großbanken in Frankfurt noch von den Vorständen der Landesbanken und staatsnahen Geldhäuser. Auch nicht von den Finanzpolitikern in Berlin und in den Landeshauptstädten, die selbst als Aufsichts- oder Verwaltungsräte die Geschäfte zu kontrollieren hatten. Die Bankmanager am Main und die Finanzpolitiker an der Spree wursteln sich durch, als sei nichts passiert. Ganz so, als wäre nur eine leichte Windböe zwischen den Frankfurter Banktürmen hindurchgeweht. Josef Ackermann, als Chef der Deutschen Bank der Primus unter den Vorständen, präsentierte sein Geldhaus im September 2009 auf einer Bankentagung als »relativen Gewinner der Krise«. Er ließ bunte Balkengrafiken an die Wand projizieren, die sein Institut mit anderen internationalen Großbanken verglichen – die spanische Santander war nicht dabei. Verkniffen und beschämt wie ein schlechter Schüler maß er sich lieber mit den Klassenschlechtesten.[117] Eine kritische Analyse wird von den Managern auch nicht mehr erwartet; die Reichweite ihres Rückblickes geht gewöhnlich nicht über ein Jahresquartal hinaus.

Ein frühzeitiger Blick auf die Klassenbesten hätte sich gelohnt. In Madrid hätten deutsche Finanzpolitiker und Aufsichtsbeamte lernen können, wie sinnvoll es ist, die Banken in guten Jahren zu höheren Beträgen für die Kreditrisikovorsorge zu verpflichten. Bei der Banco de España, der spanischen Bankenaufsicht, hätten die Deutschen studieren können, dass sie seit den Erlebnissen ihrer Bankenkrise im Jahr 1977 ihren Instituten strengere Eigenkapitalforderungen auferlegte, als dies in Resteuropa üblich war, so dass die spanischen Banken im Jahr 2006 im Schnitt fünfmal höhere Kreditrisikopolster hatten als andere europäische Geldinstitute. Im Ergebnis hatten die spanischen Banken 2007 viel mehr Eigenkapital angesammelt, nämlich 7,2 Prozent der Bilanzsumme, während die französischen Banken 3,5 Prozent, die belgischen 4 Prozent, die niederländischen 3,8 Prozent und die deutschen gar nur 2,6 Prozent Eigenkapital hatten. Das war die Basis für den Erfolg der Grupo Santander, der BBVA und anderer spanischer Banken.[118]

In Stockholm wiederum hätte man den früheren Steuerminister Bo Lundgren treffen können. Lundgren, aus dem kleinen südschwedischen Städtchen Kristianstadt stammend, ist ein umgänglicher Mann. Auf Fotos ist er fast immer lachend zu sehen, und er redet schnörkellos. Anfang der Neunzigerjahre zog er nach einer Spekulationsblase am Immobilienmarkt die schwedischen Banken aus dem Schlamassel. »Wir schützten das Kapital der Gläubiger und Kunden«, erklärt der liberalkonservative Lundgren seine Rettungsphilosophie, »aber nicht das der Bankaktionäre.« Gern erzählt er die Geschichte der Gotabank, aus der die heute so erfolgreiche Nordea hervorging: »Im September 1992 kamen die Eigentümer eines Abends zu uns und sagten: ›Die Gotabank ist keine Bank mehr‹. Die hatten mehr als ein Drittel ihrer Kredite verloren. Völlig bizarr, eigentlich.« Die Regierung erließ ein Verstaatlichungsgesetz, gründete Abwicklungsunternehmen und stützte mit Garantien. Lundgren feuerte die Führungsriege der Gotabank. Seine Erfahrung: »Es muss sehr weh tun!« Und: »Die hatten gute Fallschirme, aber letztlich haben sie nur zwei Jahresgehälter Entlassungsprämie bekommen statt der eigentlich vorgesehenen fünf. Denn wir haben uns das Geld später als Schadenersatz zurückgeholt. Wir haben die Vorstände und die Aufsichtsräte verklagt, weil sie den Banken – deren Eigentümer wir ja nun waren – so hohe Verluste verursacht hatten.«[119]

In den Schweizer Kantonshauptstädten schließlich hätten deutsche Landesfinanzminister studieren können, wie man eine Bank in Staatshand so führt, dass sie ohne große Risiken regelmäßig eine ordentliche Dividende abwirft. Von »Scharen neuer Kundinnen und Kunden« würden sie beim Kantonalbankenverband erfahren und von einem »unerwartet deutlichen Aufschwung«. Sie würden verstaubt anmutende Worte hören wie »Verhältnismäßigkeit« oder »Maßnahmen zum Wohle künftiger Generationen«. Sie würden ein Lob auf die Regierung und die Schweizerische Nationalbank hören, die schon zu Beginn der Krise beherzt eingeschritten war, höhere Eigenkapitalpuffer verlangte, ein neues Regime für die Liquiditätssicherung der Banken einführte und als weltweit erste Regierung nach Lösungen suchte, damit die Großbanken das Land nicht erpressen können. Sie könnten lernen, wie die Kantonalbanken in der Krise halfen, den zusammengebrochenen Interbankenmarkt zu beleben. Und sie würden von Problemen hören, die deutschen Landesbanken sehr fremd sind: vom »Liquiditätsüberhang« durch zu viele Kundengelder. Denn die Schweizer finden mit ihren regionalen Instituten während der krisenbedingten Niedrigzinsphase zu wenig rentable Anlagemöglichkeiten für die Schwemme neuer Kundengelder.

Das alles ging an den deutschen Finanzpolitikern völlig vorbei. Sie gingen ihren eigenen Weg, wie schon seit Jahren, hochmütig und selbstgefällig.

Der deutsche Sonderweg

Der deutsche Sonderweg begann im Sommer 2001, als die Deutschen wieder einen nationalen Alleingang unternahmen und gegenüber den Wettbewerbshütern der Europäischen Kommission darauf beharrten, dass ihre Landesbanken weiterhin mit einer Staatsgarantie operieren durften. »Gewährträgerhaftung« und »Anstaltslast« tönte es aus Deutschland.

Die Mitarbeiter der Brüsseler EU-Kommission mussten das übersetzen: Mit Anstalt war die Landesbank gemeint, und »Anstaltslast bedeutet, dass die Eigentümer zur Sicherung der wirtschaftlichen Basis und Funktionsfähigkeit der Anstalt während ihrer gesamten Existenz verpflichtet sind«. Gewährträgerhaftung meinte, »dass die Eigentümer für sämtliche Verbindlichkeiten der Bank haften, soweit diese nicht aus dem Vermögen der Bank beglichen werden konnten«. Im Klartext: Der Staat in Gestalt der Bundesländer haftet für die Geschäfte der Landesbanken, auch gegenüber den Gläubigern der Bank. Die Garantien waren weder zeitlich noch wertmäßig begrenzt.[120] In Brüssel wurde im Juli 2001 die Abschaffung solcher Staatsgarantien beschlossen. Doch die Landesfinanzminister und Ministerpräsidenten, unter ihnen auch der damalige NRW-Landesminister Peer Steinbrück, kämpften in Brüssel für deren Fortbestand. Mit Erfolg: Sie erreichten eine Fristverlängerung bis 2005.

Der politische Grundstein für die riskanten Geschäfte der deutschen Landesbanken war gelegt, die nun mit einer zinsgünstigen Finanzierung durch den Staat auf den internationalen Kapitalmärkten auf die Suche nach höher verzinsten Anlagen gingen. Sie fanden diese vor allem auf dem blühenden Verbriefungsmarkt für US-Hypotheken, Autokredite und Studentendarlehen. Bei diesen Geschäften, mit denen immer nur auf den kurzfristig höheren Zinsgewinn spekuliert wurde, mussten allerdings enorme Summen eingesetzt werden, damit eine passable Marge heraussprang. Lukrativ wurde es erst mit hohen Milliardeneinsätzen, aber den Landesbanken waren Geschäfte in diesen Dimensionen bei ihrer dünnen Eigenkapitaldecke nicht erlaubt.

Finanzpolitiker im Bundestag und in den Landesparlamenten sprangen wieder als treue Gehilfen ein. Sie gaben die politische Rückendeckung dafür, dass diese äußerst riskanten Geschäfte außerhalb der Konzernbilanzen und mit Hilfe von

Briefkastenfirmen in Steueroasen im Geheimen abgewickelt wurden – angeblich unter Obhut eines Treuhänders. Damit wurden die Regeln nur zum Schein eingehalten. Diese Praxis und das schwindelerregende Volumen der Geschäfte waren den Mitgliedern der Kreditausschüsse und der Verwaltungsräte bekannt, in ihnen präsent die Landesfinanzminister und der Bundesfinanzminister sowie deren Vertreter. Sie schauten zu, wie die Landesbanken WestLB, HSH Nordbank, Sachsen LB, LBBW und BayernLB sowie die Industriekreditbank IKB mit ihren Verbriefungsgeschäften Global Player spielten: Jede dieser Skandalbanken bewegte allein Finanzgeschäfte mit zweifelhaften Vermögenswerten in einem Umfang, wie sich dies sonst nur die zehn größten Bankgiganten der Welt, jede mit einem Eigenkapitalpuffer von mehr als 40 Milliarden Euro, erlaubten.

Es war keineswegs so, dass die Aufsichtsbehörden dieses Spiel nicht durchschauten. Bereits 1997 schrieben die Bundesbank und das damalige Bundesaufsichtsamt für das Kreditwesen, die Vorgängerin der BaFin, in Deutschland vor, dass die Bank mit den Conduits »weder konzernrechtlich noch gesellschaftsrechtlich, kapitalmäßig oder personell verbunden sein darf«. Um an der völligen Trennung nach außen keinen Zweifel aufkommen zu lassen, dürfe »keine Namensidentität oder -ähnlichkeit« bestehen, und eine Einflussnahme der Bank auf die Geschäftsführung dürfe nicht möglich sein, hatte die Aufsicht angeordnet.[121] Das war nichts weiter als eine geregelte Camouflage, denn die Aufsichtsbehörden konnten in Ratingberichten der Conduits leicht nachlesen, dass diese lediglich treuhänderisch verdeckte, aber von der Bank kontrollierte Firmenvehikel waren. Die Aufsichtsbeamten verschlossen davor die Augen.

Die Landesbanken hatten für ihre Geschäfte viel Spielgeld in der Kasse. Sie waren von ihren Eigentümern, den Sparkassen und den Staatskassen der Bundesländer, mit billigem

Geld ausgestattet. »Einige Landesbanken haben mit den angehäuften Reserven geholfen, die Blase in anderen Ländern zu finanzieren«, resümieren die Analytiker der Ratingagentur Fitch, »mit Krediten an ausländische Banken oder mit dem Kauf ausländischer Wertpapiere, darunter auch komplexe Verbriefungen«.[122] Daher haften die Länder für mehr als 500 Milliarden Euro Landesbanken-Schulden.[123]

Die Deutschen mit den dicken Dollarbündeln sorgten im Kasino für den Spott: »Stupid germans with stupid money« nannte man sie in der angelsächsischen Finanzwelt. Die Redewendung hat sich an den internationalen Finanzmärkten in den Jahren nach der Internet-Blase eingebürgert, seitdem deutsche Fondsmanager kopflos und ohne fachliche Kompetenz im Ausland ihre Kundengelder investierten.[124]

Diese trickreichen Spiele wurden mit Unterstützung der Ratingagenturen perfektioniert. Doch auch hier gab es einen deutschen Sonderweg. Denn die deutschen Staatsbanken legten ihnen die Verträge vor, die sie in ihren Bilanzen verschwiegen. In den Dokumenten war verbindlich festgehalten worden, dass sämtliche Geschäfte – und seien sie noch so miserabel – ohne jeden Zweifel von den Staatsbanken und somit von den Bundesländern garantiert wurden, mit Patronatserklärungen und Haftungsverträgen. Aus der Bilanz, aus dem Sinn, so lautete die Devise. Damit waren aber Eigentümer und Aktionäre über die Unternehmen falsch informiert. Denn nur mit Hilfe der Bilanz können sie sich ein objektives Bild von der Geschäftslage machen.[125]

Ein Beispiel: die Sachsen LB. Dort erklärte die Ratingfirma Standard & Poor's unmissverständlich, warum sie die Subprime-Geschäfte der Briefkastenfirma Ormond Quay, einem Vehikel der sächsischen Landesbank, mit der fabelhaften Note A-1+ bewertete: Die Firma ist nicht »auf die Verwertung ihrer zugrunde liegenden Vermögenswerte angewiesen, um ihren Verpflichtungen nachzukommen. Sie ist durch eine hundertprozentige Zahlungsfähigkeit der Sachsen-Gruppe abgesichert, deren Zahlungsverpflichtungen durch den Freistaat Sachsen (AA+/Stabil/A-1+) garantiert sind.«[126] Mit anderen Worten: Der Freistaat Sachsen stand für die Briefkastenfirma Ormond Quay gerade. Das galt explizit sogar noch, versicherte die Ratingagentur, nachdem im August die Kreditwürdigkeit der Sachsen LB in Frage gestellt wurde, denn am Ende garantierte der Freistaat. Kurzum, die Bestnote gab es, weil die Steuerzahler hafteten.

Was den Sachsen niemand sagte: Sie bürgten für ein Geschäftsvolumen von mehr als 17 Milliarden Euro, obwohl die Steuereinnahmen des Freistaates sich auf nicht einmal 8 Milliarden Euro beliefen.[127] Das Budget des Freistaates reichte bei Weitem nicht, letztlich war also der Bund in der Pflicht und somit alle deutschen Steuerzahler. Die Firma Ormond Quay gibt es nicht mehr, für sie wurde im Dezember 2008 ein Liquidator eingesetzt. Ihre Verpflichtungen bestehen weiter, und die Steuerzahler haften nach wie vor.[128]

Die Bürger, mit deren Vermögen die Politiker diese Geschäfte befeuerten, ahnten nichts davon. Schließlich zählen Ratingberichte über die Quartalsbewertung von Commercial-Paper-Programmen und verbriefte Credit Linked Notes von Landesbanken nicht zu ihrer bevorzugten Alltagslektüre. Die Bürger hatten gar keine Chance, diese Berichte zu verstehen. Ihr Inhalt erschließt sich nur Experten, die das Fachchinesisch der Verbriefungsindustrie perfekt beherrschen. Sie ahnten nicht einmal, dass ihre Landesbanken solche Geschäfte tätigten. Sie wurden arglistig getäuscht, schlicht übers Ohr gehauen wie ahnungslose Investoren, die von einem Anlagebetrüger mit Hilfe von geschönten Prospekten ausgenommen werden.

Horst Metz, der damalige sächsische Finanzminister, war über die Ormond-Geschäfte informiert: »Durch die Entsendung des Staatsministers der Finanzen als Vorsitzenden des

Verwaltungsrates der Sachsen LB wurde sichergestellt, dass die Verantwortlichkeit für deren Geschäftspolitik zumindest bei einem Exekutivorgan lag«, urteilte der Sächsische Verfassungsgerichtshof. Der Staatsminister der Finanzen war »von Verfassungs wegen verpflichtet«, erklärten die Verfassungsrichter in Leipzig, im Kreditausschuss der Landesbank eine beschlossene Erhöhung der Kreditlinie für die Dubliner Geschäfte abzulehnen. Dem Finanzminister lag nach den Feststellungen der obersten Gerichtsinstanz des Landes »aufgrund seiner Mitgliedschaft im Verwaltungsrat und in dem von diesem gebildeten Kreditausschuss im Juni 2005 Kenntnisse vor, nach denen offenkundig die aus den Finanzmarktgeschäften der Sachsen LB Europe resultierenden Risiken von der Sachsen LB nicht vollständig erfasst waren«. Georg Milbradt, der damalige Ministerpräsident des Freistaates, von Beruf Finanzwissenschaftler, war ebenfalls im Bild, jedenfalls hätte er es sein müssen. Die Finanzpolitiker in den Verwaltungsräten der deutschen Staatsbanken waren nicht Opfer dieser Praktiken. Sie waren die Gehilfen dieses gewaltigen Betrugssystems.[129]

Verbriefungsgeschäfte gab es zwar rund um den Globus auf allen wichtigen Finanzplätzen, aber wieder ist eine besondere teutonische Note erkennbar: Die Deutschen spekulierten bis zum bitteren Ende. Als im Laufe des Jahres 2006 sich in der Finanzwelt allmählich herumsprach, dass die Banker-Party mit US-Subprime-Hypotheken sich dem Ende neigte, erfahrene Händler an der Wall Street reihenweise ausstiegen und die ersten Investmentmanager schon mit Finanzwetten auf den Niedergang der Immobilienfinanzierer spekulierten, da drehten die deutschen Banker erst richtig auf: Wie Betrüger in der letzten Phase ihres Spiels mit dem Geld der Kunden, unter der steigenden Angst vor der drohenden Entdeckung ihrer Machenschaften, erhöhten sie ihre Einsätze drastisch. Die 16 führenden deutschen Briefkastenfirmen im Verbriefungsgeschäft steigerten ihre Handelsvolumen zwischen Oktober 2006 und April 2007 um mehr als 20 Milliarden Euro.[130] Dieses Geld landete in den schlechtesten der schlechten Anlagen, den »bad vintages« (schlechten Jahrgängen) der Subprime-Verbriefungen.

Vehikel (Conduits)	**Banken (Sponsor)**	**Volumen Oktober 2006 (Mrd. Dollar)**	**Volumen April 2007 (Mrd. Dollar)**
Rhineland Funding Capital	IKB Deutsche Industriebank	14,8	18,37
Ormond Quay Funding	Landesbank Sachsen	14,8	18,11
Kaiserplatz Funding	Commerzbank	6,8	9,45
Lake Constance Funding	Landesbank Baden-Württemberg	8,2	9,00
Compass Securitisation	WestLB	7,9	8,45
Silver Tower Funding	Dresdner Bank	7,0	7,94
Rheinmain Securitisation	Deutsche Bank	7,5	7,78
Rheingold Securitisation	Deutsche Bank	3,8	7,60

Vehikel (Conduits)	**Banken (Sponsor)**	**Volumen Oktober 2006 (Mrd. Dollar)**	**Volumen April 2007 (Mrd. Dollar)**
Giro Lion Funding	Bayerische Landesbank	7,1	7,37
Poseidon Funding	HSH Nordbank	4,4	6,87
Coral Capital	DZ Bank	3,4	4,02
Arabella Funding	Hypo Vereinsbank	2,8	2,33
Checkpoint Charlie	Bankgesellschaft Berlin	1,8	2,19
Salome Funding	Hypo Vereinsbank	1,2	1,98
Opusalpha Funding	Helaba	1,1	1,87
Bills Securi-tisation	Deutsche Bank	0,6	0,07
Summe		**93,1**	**113,40**

Am Vorabend der Krise: Verbriefungsvehikel deutscher Banken (Oktober 2006 bis April 2007)[131]

Die politisch Verantwortlichen ließen das geschehen. Sie bemerkten nicht einmal, dass die Party vorbei war. Daher vermasselten sie in den ersten Krisenmonaten die Gegenwehr durch ignorantes Nichtstun. Sie bestaunten die ersten Explosionen an den Kapitalmärkten als ein entferntes Phänomen der Wall Street. Als »robust« und »stabil« bezeichnete der deutsche Bundesbank-Präsident Axel Weber die heimischen Banken, und für die Beamten von der deutschen Finanzaufsicht BaFin gab es nichts Gravierendes zu beanstanden. Die deutschen Banken würden über ausreichend Eigenkapital verfügen.

Diese Risikopositionen der deutschen Banken wurden bis zum Spätsommer 2007 vor der Öffentlichkeit verheimlicht. Die wichtigsten Gehilfen bei diesem Versteckspiel waren die Ratingagenturen. Obwohl sie die gewaltigen Verbriefungsvolumen in den Briefkastenfirmen genau kannten, sprachen sie die haftenden Banken von diesen Risiken frei. Der Ratingkonzern Standard & Poor's setzte zum Beispiel noch am 19. September 2007 – nach den ersten Ausfällen bei der Sachsen LB und der IKB – eine Entwarnungsmeldung erster Klasse ab: »Soweit es Standard & Poor's von den Banken gemeldet wurde, liegt die direkte Belastung der gerateten Landesbanken mit Subprime-Immobilienkrediten auf ihren eigenen Bilanzen beträchtlich unter einem Prozent ihrer Gesamtvermögen.« Die deutschen Banken seien nur »sehr begrenzt« von ihren Verbriefungsgeschäften abhängig.[132] Sie wussten ganz genau: Die Belastungen wurden bewusst nicht in den Bilanzen gemeldet. Aber auch die Aufsichtsbehörden Bundesbank und BaFin waren über dieses Versteckspiel im Bilde. Die Aufseher mussten die Ratingberichte kennen, und sie wussten, dass die Großrisiken außerhalb der Bilanzen geführt wurden.

Der Schwindel flog in den Wintermonaten 2007 auf, weil nun die Rechnungsprüfer bei ihren jährlichen Inspektionen der Jahresabschlüsse darauf drängten, dass die Verbriefungsvehikel komplett in den Bilanzen erfasst werden. Denn die großen Banken-Prüfkonzerne KPMG, PwC, Deloitte und BDO mussten inzwischen Strafklagen von geschädigten Investoren fürchten. Sie hatten Angst, dass es ihnen wie dem Wirtschaftsprüfungskonzern Arthur Andersen ergeht, der über den Bilanzschwindel im Fall des texanischen Energie-Riesen Enron selbst zugrunde gegangen war.

Nachdem die Geldhäuser mit den Jahresabschlüssen für 2007 erstmalig gezwungen wurden, ihre bislang versteckten Verbriefungsvehikel komplett in den Bilanzen zu erfassen, drohte die Wahrheit über die Problemwerte an die Öffentlichkeit zu kommen. Nach den Regeln der Aufsicht mussten die Institute nun für die Risikopositionen viel höhere Eigenkapitalpuffer vorweisen, als sie hatten. Zudem mussten sie ihre verbrieften Wertpapiere zum aktuellen Tageswert in der Bilanz berichten. Damit drohten drastische Wertberichtigungen, die ebenfalls nur durch Eigenkapital aufgefangen werden konnten. Sie hatten nicht nur ein kurzfristiges Liquiditätsproblem, sie hatten nun eine arge Solvenzkrise. Ihnen drohte daher das gleiche Schicksal wie der IKB oder der Sachsen LB – die faktische Pleite.

Deutsche Banken griffen zu einem neuen Bilanzkniff. Erleichtert wurde ihnen das wieder einmal durch die Politiker. Hinter den Kulissen setzten diese sich bei den internationalen für Bilanzregeln verantwortlichen Gremien für eine Lockerung ein. So posaunten Finanzminister Steinbrück, die Chefs der Großbanken und der Landesbanken und ihre Lobbyisten in den Bankenverbänden über die Medien hinaus, die internationalen Rechnungslegungsvorschriften hätten die Bankenkrise verschuldet. Durch das Gebot, ihre Verbriefungspakete nach tagesaktuellen Marktpreisen zu bewerten, würde die Krise gar beschleunigt. Die strengen (»angelsächsischen«) Bilanzierungsregeln seien Schuld an der deutschen Misere.

Ein Frontalangriff gegen die bilanzielle Wahrheit. Denn Jahresabschlüsse sollen ein genaues Bild über Soll und Haben am Bilanzstichtag zeichnen, in der Regel also zum 31. Dezember des Jahres. Nur so können Aktionäre, Anleihen-Investoren, Analysten, Kunden, Medien und Mitarbeiter die Lage des Unternehmens beurteilen. Ohne eine ehrliche und vollständige Bilanz sind sie alle blind.

Ein einfaches Beispiel verdeutlicht die Brisanz: Wenn ein Autohändler 1000 Neuwagen auf dem Parkplatz abgestellt hat, von denen 800 bereits seit mehr als zwei Jahren herumstehen, dann bedeutet eine ehrliche Darstellung in der Bilanz, dass er den Wertverlust auf seinem Lagerbestand erwähnen muss. Wenn er die Wagen nicht zum aktuellen Zeitwert, sondern zum Anschaffungs- und Neuwert erfasst, belügt er sich selbst oder seine Eigentümer. Denn er würde seine Altlast niemals zum ursprünglichen Wert verkaufen können.

Die Deutschen wollten gerne anders rechnen und ihre Altlasten weiterhin mit übertriebenen Werten in der Bilanz stehen lassen. Mit dem Druck der Politiker gelang ihnen im Herbst 2008 der Durchbruch: Die Banken erreichten, dass ihre Bilanzierungsregeln so aufgeweicht wurden, dass die für die Handelsgeschäfte bestimmten Problemwerte, die sie bislang zum Zeitwert im Handelsbuch bilanzierten, ins Kreditbuch transferiert werden durften. Der Zaubertrick: Nun konnten sie rückwirkend zum 1. Juli 2008 ihre Vermögenswerte aus den Kategorien »Zum Verkauf bestimmt« (»available for sale«) oder »Für Handelszwecke gehalten« (»hold for trading«) in die Bilanzklasse »Kredite und Forderungen« verschieben. So umgewidmet dürfen diese Vermögenswerte nun wie langfristig gehaltene Kreditforderungen dauerhaft zum Buchwert vom 1. Juli 2008 bilanziert werden. Wertberichtigungen müssen nur in gravierenden Fällen vorgenommen werden.

Die deutschen Banken nutzten den Trick eifrig. Die Hypo Real Estate verschob Vermögenswerte im Volumen von mehr als 80 Milliarden Euro ins Kreditbuch, die Commerzbank 77 Milliarden und die Deutsche Bank 34 Milliarden. Zusammengerechnet klassifizierten deutsche Großbanken und Landesbanken mehr als 250 Milliarden Euro neu.

	Buchwert 1. Juli 2008 (Mio. Euro)	Buchwert 31. Dezember 2008 (Mio. Euro)	Fair Value 31. Dezember 2008 (Mio. Euro)
Deutsche Bank	34 987	34 424	29 345
Commerzbank	77 000	79 900	79 500
HVB	14 271	13 709	11 825
LBBW	28 405	28 552	25 256
DZ-Bank	3 129	3 254	2 797
BayernLB	35 541	35 419	32 245
Dresdner Bank	1 913	1 702	1 271
Hypo Real Estate	80 300	85 200	76 200
WestLB	5 500	5 500	4 500

Volumen der Umwidmungen kritischer Wertpapiere durch deutsche Großbanken[133]

»Sie zählen zu den größten Nutzern dieser Bilanzierungsoption«, sagt die französische Bankenökonomin Céline Choulet. Bei der Bank BNP Paribas untersucht sie die Lage der ausländischen Bankenmärkte. Choulet schreibt in ihrer Analyse: Deutsche Banken haben 3,4 Prozent ihrer Bilanzsumme reklassifiziert. Nur eine Landesbank, die NordLB, nutzte den Kniff nicht. Zum Vergleich: Die vier größten französischen Banken verschoben nur 1,1 Prozent ihrer Bilanzsumme, die italienischen Großbanken nur 1,4 Prozent und die britischen nur 1,6 Prozent. Kurz: Die Deutschen sind Meister der Disziplin modernes Bilanz-Design.[134]

Politisch geduldete Bilanztricks

Der Vorher-nachher-Vergleich zeigt drastische Veränderungen. Zu Beginn der Krise trennte sich die internationale Bankenwelt in zwei Lager. Eine Gruppe fiel durch radikale Schritte auf. Geldhäuser wie die amerikanische Citigroup und die Schweizer UBS trieben schnell frisches Eigenkapital bei privaten Investoren auf, vor allem bei Staatsfonds in Asien und aus den Golfstaaten, die sich nun mit großen Aktienpaketen in diesen Banken beteiligten. Gleichzeitig schockierten sie die Aktionäre mit der Ankündigung gewaltiger Wertberichtigungen. So schrieb die UBS Werte im Umfang von 44 Milliarden Dollar ab, die Citigroup sogar 55 Milliarden. Damit offenbarten sie, dass sie ihre Vermögenswerte bisher mit zu positiven, also falschen, Zahlen berichtet hatten. Diese Banken wurden in dieser Phase spontan von den irritierten Aktionären gestraft. Ihre Aktienkurse fielen rapide, ihre Vorstände mussten häufig den Hut nehmen. Vereinfacht betrachtet können wir diese Gruppe als die Ehrlichen bezeichnen.

Die zweite Gruppe betroffener Großbanken hatte sich hingegen entschieden, in ihren Bilanzen ihre alten, schönen Zahlen weiterhin zu berichten: die Schönrechner. Zu dieser Gruppe zählen deutsche Staatsbanken sowie die Frankfurter Großbanken Dresdner Bank, Commerzbank und in der Anfangsphase auch die Deutsche Bank. Sie berichteten weiterhin so, als würde die Finanzkrise wie ein entferntes Gewitter an ihnen vorbeiziehen. Subprime-Derivate? »So etwas haben wir nicht«, erklärten Pressesprecher und Investor-Relations-Manager vieler Institute, die für die Unterrichtung der Aktionäre verantwortlich sind. »Wir haben nur Werte mit bestem AAA-Rating«, kam es wie im Chor. Deutsche Banken, so schien es am Jahresanfang 2008, sind nicht betroffen.

Über die Motive für dieses Verhalten lässt sich nur mutmaßen. Viele Bankmanager und verantwortliche Konzernleitungsmitglieder wähnten sich wohl auf der sicheren Seite; sie kannten die Risiken in ihren Bilanzen nicht. Sie waren tatsächlich stolz darauf, besser als die anderen zu sein, und sie hatten sich selbst getäuscht. Dieses Verhalten war tatsächlich weit verbreitet: Selbst die Risikomanager der sehr schnell handelnden UBS hatten mit einem kleinen Team von rund zwanzig Experten Wochen gebraucht, bis sie ihre Probleme richtig einschätzen konnten. Wirtschaftshistoriker beschreiben diese Selbsttäuschung der Marktteilnehmer, die nicht glauben wollen, dass sie mit Blasen-Preisen und Luft-Gewinnen operierten, als eine typische Verhaltensweise während Spekulationsblasen.[135] Vereinfacht betrachtet können wir diese Untergruppe der Schönrechner als die fahrlässigen Dummen bezeichnen.

Andere wussten allerdings sehr genau, welche Probleme in ihren Büchern steckten. Zum Beispiel Experten und Insider in den Handelsräumen der Banken. Sie bekamen in der Fachpresse täglich neue Hiobsbotschaften auf den Tisch und waren somit gewarnt. Sie orientierten sich bei der Bewertung ihrer Geschäfte am so genannten ABX-Index, einer Kursinformation, die mit Hilfe der zwanzig größten Spieler im Markt regelmäßig die Preisentwicklung am Markt ermittelte. Sie wussten spätestens seit Sommer 2007 genau, dass erst die Preise der schlechter benoteten Tranchen ihrer verbrieften Hypotheken abrutschten und bald darauf die Preise der angeblich risikofreien Tranchen mit einer Triple-A-Bestnote ebenfalls merklich sanken. Und sie wussten, dass die Ratingberichte das Papier nicht mehr Wert waren, auf dem sie gedruckt waren. Sie erlebten in den Handelsräumen, dass ihre Rechnung nicht mehr aufging.[136]

Claus Wilsing beschrieb diese Lage in einem Untersuchungsausschuss des sächsischen Landtages.[137] Als Banker der Sachsen LB zählte er in Dublin zu den führenden Händlern in diesem Geschäft. Ein smarter Investmentbanker um die Vierzig, Nadelstreifenanzug, grelle, karminrote Krawatte, studierter Jurist. Wilsing berichtete: »Schauen Sie, wir hatten 2004, als das Vehikel aufgesetzt worden ist, die Situation, dass man sehr, sehr gute Papiere kaufen konnte. Das durchschnittliche Papier, das sinnhaft war, konnte man kaufen zu einem Preis auf der Grundlage des Libor plus 28 oder 27 Basispunkte.« Er meinte damit die »London Interbank Offered Rate« (Libor), ein am Londoner Geldmarkt ermittelter repräsentativer Geldmarktzins. Dieser täglich bestimmte Zins gilt im Darlehensgeschäft zwischen den Banken als Bezugsgröße für den Zins, zu dem sie kurzfristig Gelder aufnehmen. Ein Plus von 28 Basispunkten entspricht im Banker-Jargon einer Gewinnmarge von 0,28 Prozent. Konkret: Für Dollar-Darlehen mit einer Laufzeit von einem Monat liegt der Libor bei 0,28563 Prozent. Wenn die Bank nun verbriefte Hypotheken mit einem Plus von 28 Basispunkten kauft, dann muss sie von dieser Marge neben ihren Zinskosten auf das eingesetzte Kapital ihre weiteren Verwaltungskosten abziehen. Der Rest ist ihr Gewinn.

Wilsing rekapitulierte offen, was passierte, nachdem er aus dem Geschäft ausstieg: »2006 hätte man für die durchschnittlichen Papiere, wenn man das gleiche Risikoprofil beibehalten hätte wie beim Start, nur noch 13, 14 Basispunkte über dem Libor bekommen. Das heißt, die ganze Mathematik dieses Vehikels hat nicht mehr funktioniert, weil sie bereits Basiskosten von vier Basispunkten haben. Wenn Sie das noch abziehen, bleibt im Prinzip nichts übrig. Das war die Situation.«

Nachdem die Händler bei schlechter werdenden Margen kaum noch verdienten, blieb ihnen nur noch die Wahl, aus diesem Markt auszusteigen oder schlechtere Papiere mit wesentlich höheren Risiken zu kaufen, deren Zinsmargen dafür aber höher lagen. »Es gab eigentlich für die wirklich guten Papiere nichts mehr zu verdienen«, resümiert Wilsing. »Da sind natürlich manche Marktpartner dazu verleitet gewesen, beim Risikoprofil Kompromisse zu machen. Das war dann zwar weiterhin Triple-A, aber Triple-A ist eben nicht Triple-A. Das ist das Problem. Und in den letzten Jahren ist wohl eher schlechtes Triple-A gekauft worden anstelle von gutem Triple-A.«

Wilsing war clever, er stieg bei der Sachsen LB aus. Die verbliebenen Insider in den Handelsräumen wussten aber, dass ihre Vermögenswerte mit dem Label »Triple-A« längst nicht mehr das wert waren, was daraufstand und wie sie in ihren Bilanzen berechnet wurden. Es war kein gutes AAA, auch nicht schlechtes AAA, es war vielfach nur noch »Junk« – schlichter Papiermüll. Gegenüber ihren Aktionären hatten sie sich für das Lügen entschieden. Diese Untergruppe der Schönrechner können wir salopp als Schwindler bezeichnen. Ob staatliche oder private Institute, die Schönrechner – die fahrlässigen Dummen wie die Schwindler – vereitelten eine korrekte Analyse der wahren Lage der Banken.

Die Schönrechner zählen am Ende des Krisenverlaufs zu den Verlierern. Sie versäumten rechtzeitige und gründliche Maßnahmen. Sie verpassten es, frühzeitig Eigenkapital von Privatinvestoren aufzunehmen, und sie schleppen in ihren Büchern weiterhin hohe Risikopositionen mit sich herum. Ihnen blieb meist nichts anderes übrig, als den Staat als letzten Bankenretter in der Not um Hilfe zu bitten. Und sie werden ihre Aktionäre und Eigentümer weiterhin mit Verlustmeldungen überraschen – wie beispielsweise die baden-württembergische Landesbank LBBW, die sich Ende 2007 großzügig als rettender Käufer der Sachsen LB inszenierte. Die damit verbundenen Risiken hatte sie falsch kalkuliert. Im Frühjahr 2009 jubelte sie noch über ihr »erfreuliches Ergebnis« und das »nachhaltig ertragsstarke Geschäftsmodell«, nachdem sie unter staatlicher Abschirmung einen

Gewinn erzielen konnte.[138] Ende September 2009 sickerte bei der LBBW dann durch, dass ihr abermals ein Verlust drohe, diesmal in Höhe von 2 Milliarden Euro. Der neue Chef Hans-Jörg Vetter kündigte an, dass 2500 Arbeitsplätze gestrichen werden müssten. Ein Jahr zuvor hatte sie sich mit einem Verlust von 800 Millionen Euro durchgemogelt. Freilich erreichte sie dies mit Hilfe des Staates, der Ausfallgarantien im Volumen von 12,7 Milliarden Euro gewährt hatte und mit einer 5-Milliarden-Kapitalspritze, die von den Sparkassen und aus der Landeskasse aufgebracht wurde.[139] Die BayernLB musste mit weiteren Milliardenverlusten wegen ihrer Österreich-Tochter Hypo Alpe Adria rechnen. Die Postbank verkündete im November 2009, dass sie 2100 Arbeitsplätze einsparen müsse – ihre Krisenverluste belasteten »durchgerechnet«, wie ihr Ex-Chef Wolfgang Klein es formulierte, ebenfalls indirekt die Steuerzahler. Der Bund erzielte über die Staatsbeteiligung am Hauptaktionär, der Deutschen Post AG, weniger Dividenden, und die Aktien der Postbank waren nur noch ein Drittel des Vorkrisenkurses Wert. Die IKB, inzwischen vollständig in privaten Händen, schrieb weiterhin Verluste. Die neue Commerzbank, inzwischen mit der Dresdner Bank fusioniert, meldete für die ersten neun Monate 2009 einen Milliardenverlust.[140]

Nur wenige Landesbanken wie die Hessische Landesbank Helaba, die NordLB sowie die kleine Bremer LB und einige mittelgroße Institute kamen ohne gravierende Korrekturen ihrer Zahlenwerke durch die Krise.[141] Aber auch den guten Banken glaubte niemand mehr. Es gab keine realistischen Maßstäbe mehr, um die Qualität einer Großbank zu beurteilen. Spiegelten die publizierten Zahlen tatsächlich die wahren Verhältnisse wider? Welche Informationen wurden ihm vorenthalten? Wurde er getäuscht? Kein Aktionär wusste, was er von den Finanzberichten und Bilanzen der Banken halten konnte. Selbst Rechnungslegungsexperten blieben sprachlos.

Daher spiegelte die Börse nur noch Gefühlswelten wider; die Kurse besaßen keine rationale Aussagekraft mehr. Was wir erlebten, war eine drastische »Informationsasymmetrie«. Mit diesem Begriff beschrieb der Nobelpreisträger George Akerlof die Situation bereits 1970 am Modell eines Gebrauchtwagenmarktes. Der Extremfall: Die Verkäufer wissen viel über die Qualität eines Produkts, die Käufer aber gar nichts. In diesem Fall droht ein ganzer Markt zusammenzubrechen.[142] Genau das geschah auf dem Höhepunkt der Finanzkrise.[143]

»Deutsche Banken waren bei den Hochrisiko-Geschäften stärker exponiert als andere europäische Banken«, resümierte die französische Bankenökonomin Céline Choulet.[144] Sie hinterfragte die Resultate und Verluste der wichtigsten deutschen Banken in den vergangenen Jahren. Der Reingewinn der vier größten Geldhäuser sank von rund 13 Milliarden Euro in 2006 auf einen Verlust von 10 Milliarden in 2008. Die vier Großen zahlten 2006 noch rund 4 Milliarden Euro Steuern, während sie 2008 mehr als 722 Millionen Euro zurückerstattet bekamen. Choulet diagnostiziert schwere »strukturelle Mängel« im deutschen Bankensystem. Und sie traut den Bilanzen nicht, die Zahlenwerke seien »optische Illusionen«.

Dass diese Erkenntnisse in Paris und nicht in Frankfurt vorgetragen wurden, ist kein Zufall. Denn selbstkritische Analysen sind bei den Verantwortlichen nicht erkennbar.

Die geballte Finanzkompetenz

»Der Staatspräsident: Ich muss an den Zusammenhang der Dinge denken, allzu subtil greifen Gerechtigkeit und Ungerechtigkeit ineinander, nur Kleinigkeiten lassen eine Einmischung zu, doch, was du getrieben hast, geht schon ins Grandiose. Die Weltwirtschaft käme ins Wanken, griffe ich da ein, der Glaube an unsere Banken darf nicht (…) erschüttert werden.«
FRIEDRICH DÜRRENMATT: FRANK DER FÜNFTE – KOMÖDIE EINER PRIVATBANK.[145]

Noch fünf Tage waren es bis zur Bundestagswahl, und der Kandidat stand vor seinem größten Auftritt. Im großen Saal der Gaststätte »Zur Kutsche« saßen Senioren an langen Tischreihen. Die keinen Stuhl mehr bekamen, drängten sich stehend an den Wänden. Die Anhänger der Sozialdemokraten – Durchschnittsalter 70 Jahre – erlebten im Städtchen Voerde den Höhepunkt des Wahlkampfs.

Hans-Ulrich Krüger nahm auf dem Podium den Platz hinter dem Mikrofon. Uli nennen sie ihn hier. 57 Jahre alt, graues, volles Haar, markante Brille, schwarzweiß-gestreifte Krawatte. Eine politische Bilderbuchkarriere aus der Provinz: Richter, städtischer Oberrechtsrat, Stadtdirektor, Bürgermeister von Voerde und schließlich Bundestagsabgeordneter für niederrheinische Gemeinden wie Hamminkeln, Hünxe, Kamp-Lintfort oder Wesel.

Stargast an diesem Septembertag war Bundesfinanzminister Peer Steinbrück. Genosse Uwe Goemann, Sozialarbeiter und Vorsitzender des SPD-Ortsvereins Friedrichsfeld-Spellen, sprach die Begrüßungsworte. »Hier sitzt die geballte Finanzkompetenz der Bundesrepublik«, sagte er mit einem Blick auf Steinbrück und Krüger. Applaus.

Der Minister berichtete, wie er den »Schlaganfall« des Finanzsystems abgewendet hatte, klärte über Konjunkturprogramme, über die politischen Gegner, über seine Idee einer Börsenumsatzsteuer auf. Dann kam das Lob für den Wahlkreiskandidaten, den »ausgewiesenen Experten« aus Voerde am Niederrhein: »Wenn mich jemand unterstützt hat, dann gilt es Uli Krüger meinen Dank abzustatten.« Doppelter Applaus.

Steinbrücks Dank galt offensichtlich Krügers Einsatz als Vorsitzender des Bundestagsuntersuchungsausschusses, der die Umstände der staatlichen Rettung der Münchner Hypo Real Estate aufklären sollte. Der Ausschuss sollte mögliches Fehlverhalten der Regierung untersuchen, Missstände aufklären – in der Theorie. Nach der seit vielen Legislaturperioden eingeübten Parlamentspraxis hatte sich auch diesmal das altbekannte Verhaltensmuster durchgesetzt: Die wirklich Aufklärungswilligen in dem Ausschuss kamen aus den Oppositionsparteien FDP, Grüne und Linke. Sie hatten vor allem Steinbrück und dessen Staatssekretär Jörg Asmussen ins Visier genommen. Als Verhüllungskünstler betätigten sich Abgeordnete der Regierungsparteien CDU, CSU und SPD.

Dass der HRE-Untersuchungsausschuss, der sicher geeignet gewesen wäre, den Rest der finanziellen Machenschaften der Banken ebenfalls aufzuklären, zur Farce geriet, ist exemplarisch für den Umgang mit dem Thema Finanzkrise in der Berliner Republik. Die Schönrechner wurden durch die Schönredner abgelöst. Auf die Immobilien- und Kreditverbriefungsblasen folgten nahtlos die Sprechblasen. Statt aufzudecken und Fehler einzugestehen, nutzten die Politiker nun ihre Verschleierungskünste in eigener Sache. In Berlin redeten die verantwortlichen Politiker und ihre Aufsichtsbeamten die Kostenfolgen der Finanzkrise klein, solange sie konnten – bis zum Ende, bis zur Bundestagswahl im September 2009. Allen voran Finanzminister Peer Steinbrück, der mit rhetorischen Attacken immer wieder auf den »sehr verdächtigen« britischen Finanzplatz ablenkte und der nicht müde wurde zu erzählen, dass erst der Zusammenbruch der amerikanischen Investmentbank Lehman Brothers die Katastrophe über sein Land brachte. In seiner Weltsicht sind offenbar andere schuld, die glimpflicher davonkommen.

Die Beteiligten in Aufsichts- und Verwaltungsräten leugneten ihre Mitverantwortung. So brauchte es im Fall Sachsen LB monatelange zähe Auseinandersetzungen im sächsischen Landtag, bis Ministerpräsident Georg Milbradt, ein Christdemokrat, im Mai 2008 zurücktrat. Ebenso hartnäckig hielt sich die SPD-Politikerin Ingrid Matthäus-Meier im Amt als Vorstandssprecherin der Kreditanstalt für Wiederaufbau (KfW), der Förderbank des Bundes und der Bundesländer, nachdem das Staatsinstitut mehr als 8 Milliarden Euro Kapital für die Industriebank IKB aufbringen musste, auch als Folge ihres Versagens als Aufseherin der IKB. Sie trat erst zehn Monate nach dem Desaster, nämlich im April 2008, zurück. Mit Ausnahme dieser beiden Fälle überstanden die verantwortlichen Spitzenkräfte in Politik und Aufsichtsbehörden auch das zweite Krisenjahr ohne schwere Blessuren. Alle blieben im Amt.

Der Abgeordnete Hans-Ulrich Krüger hatte als Vorsitzender des HRE-Untersuchungsausschusses eine parteistrategisch besonders wichtige Aufgabe. Er moderierte die Vernehmungen der Zeugen, sorgte dabei für die minutengenaue Verteilung der Fragezeiten an die Abgeordneten, die nach Fraktionsstärke berechnet waren, und achtete darauf, dass seine Kollegen nichts Vertrauliches aus den Untersuchungsakten zur Sprache brachten. So nervte er seine Kollegen mit dem Hinweis auf Geschäfts- und Bankgeheimnisse, wenn Erhellendes thematisiert werden sollte. Und er verfügte selbst über die meiste Redezeit, was er auch nutzte. Für die Regierungsfraktionen war klar: Jede Minute, die er sprach, fehlte den Oppositionsabgeordneten. »Eine durchaus machtvolle Rolle«, schrieb Krüger, der offenbar stolz war auf diesen Job.

Die Wahl fiel auf Krüger weniger wegen seiner Expertise über die internationalen Kapitalmärkte. Er hatte sich im Finanzausschuss des Bundestages auf steuerpolitische Beiträge konzentriert und war in der Fraktion erst seit einem Jahr »finanzpolitischer Sprecher«. Die Leitung eines Untersuchungsausschusses wird gewöhnlich einem Juristen übertragen, und Krüger hatte seine Dissertation über das Thema »Der strafrechtliche Schutz des Geschäfts- und Betriebsgeheimnisses im Wettbewerbsrecht« verfasst. Machte ihn das zum idealen Mann für die vorbehaltlose Aufklärung der Deutschen Bankengeheimnisse, die von Regierung, Aufsichtsbehörden und der betroffenen Hypo Real Estate gehortet wurden?

Krüger erledigte seinen Job parteikonform. Artig befragte er den Finanzminister, ob er auch der Meinung sei, dass er selbst alles richtig gemacht habe. Im O-Ton: »Gibt es eigentlich im Nachhinein betrachtet irgendeine sinnvolle Maßnahme, die Sie als Bundesfinanzminister vor der Lehman-Insolvenz hätten treffen können, um die Rettungspakete von September und Oktober 2008 zu vermeiden oder abzuschwächen?« Es ist wenig erstaunlich, dass Steinbrück bestätigte: »Eine solche Situation wie in Folge des 15. September ist schlicht und einfach unvorstellbar gewesen. Insofern gab es gegen eine solche Entwicklung auch keine Prophylaxe.«[146]

Kritischer wurde Krüger, wenn die Abgeordneten Volker Wissing von der FDP und Gerhard Schick von den Grünen dran waren. Die beiden waren stets exzellent vorbereitet und konfrontierten die Zeugen mitunter mit peinlichen Beweisstücken aus den Regierungs- und Banken-Akten. Krüger lieferte einen für ihn typischen Disput am 30. Juli 2008, als der Bundesbank-Präsident Axel Weber befragt werden sollte. Anlass war ein Frageversuch des Abgeordneten Schick, der Vergleiche mit der Rettungsaktion der amerikanischen Notenbank im Fall der Investmentbank Bear Stearns vom Frühjahr 2008 anstellen wollte. »Damals hat die Regierung gesagt: Es muss einer von den privaten Akteuren das Kind übernehmen, und wir helfen denen dabei«, begann Schick.

»Den Untersuchungsgegenstand beachten Sie bitte!«, fuhr ihm Krüger dazwischen. »Herr Krüger«, gab Schick genervt zurück. Krüger: »Ja, bitte?«. Schick: »Ich bitte Sie!« Krüger: »Ja, ich bitte Sie, den Untersuchungsgegenstand bei Ihrer Frage zu beachten.«

Schick musste seine Frage mühsam verteidigen: »Da wir häufiger schon über mögliche Rettungsalternativen gesprochen haben, die manche ja auch nicht ganz nachvollziehen können, habe ich mich bemüht, hier eine konkrete reale Alternative zu nennen und sie meiner Frage voranzustellen.« »Gut, okay. Das ist korrekt«, urteilte der Vorsitzende und gab dann seine Erlaubnis: »Aber dann bitte ich, noch zur Frage zu kommen, weil die Zeit schon fast abgelaufen ist.« Wieder eine Minute weniger für die Aufklärer.

Beim Zeugen Josef Ackermann das gleiche Spiel. »Natürlich hat die …«, wollte der Deutsche Bank-Chef gerade bereitwillig eine Frage des Abgeordneten Frank Schäffler von der FDP beantworten. Er sprach über die Risiken seines Instituts als Kreditgeber der HRE, die noch nach dem Kapitaleinsatz des SoFFin-Rettungsfonds bestanden, da funkte Krüger wieder dazwischen: »Moment! 2009?« Schäffler: »Ja.« Krüger: »Nein, das geht nicht. Nicht zum Untersuchungsgegenstand gehörig.« »Bis zur Einsetzung des Untersuchungsausschusses!«, schränkte der Schäffler ein, damit seine Frage noch erlaubt wurde. Und Ackermann konnte endlich antworten.

Krügers schärfste Waffe war der Geheimschutz. Gebetsmühlenartig ermahnte der Jurist Parlamentarier wie Zeugen zum Schweigen, wenn er Bankgeheimnisse witterte. Diese Themen sollten dann in nichtöffentlichen Sitzungen besprochen werden. Krügers Geheimschutzbemühungen gingen sogar seinen Schutzpersonen zu weit. Die Abgeordneten amüsierten sich, als der Zeuge Steinbrück offenherzig über den Inhalt von zuvor »geheim« gestempelten Dokumenten palaverte. Und dem Zeugen Jochen Sanio, als Chef der Bankenaufsicht geladen, war das ganze Geheimgetue der Sache nicht angemessen: »Ich kann Ihnen ja meine Meinung sagen, wie ich die Situation persönlich eingeschätzt habe – die ist nicht geheim: Es hätte den Weltuntergang des Finanzsystems gegeben. Darüber reden wir.«[147]

Sanio erlebte einen Tiefpunkt des deutschen Parlamentarismus. Das dramatischste Ereignis in der Wirtschaftsgeschichte der Bundesrepublik Deutschland wurde im Bundestag tatsächlich wie eine beliebige Wahlkampfnummer behandelt. Der Untersuchungsausschuss verkümmerte zur billigen Posse. Die Oppositionsparteien bemängelten in ihrem Abschlussbericht zum Untersuchungsausschuss die »einseitige Parteinahme« des Vorsitzenden. Ihr eilig noch vor der Wahl erstellter Untersuchungsbericht blieb Stückwerk: Zwar hatten sie zahlreiche Hinweise auf Versagen und Versäumnisse der Regierung und der Aufsichtsbehörden gefunden, aber viele Fragen blieben gänzlich ungeklärt. Ihre Analyse für den Bundestag bezeichneten sie daher zurückhaltend nur als »Sachstandsbericht«. Den entscheidenden Mangel des parlamentarischen Untersuchungsversuches konnten sie nicht mehr beheben: Der »Untersuchungsgegenstand«, wie vom SPD-Mann Krüger stets ermahnt, blieb ein singulärer Fall – die Rettung der Hypo Real Estate. Alle anderen deutschen Beinahe-Crashs blieben ausgeblendet, ein Gesamtbild der Krisenursachen konnte nicht gezeichnet werden.

Wissenschaftler fordern die Neuauflage einer Untersuchungskommission, allerdings mit einer wirklich unabhängigen Zusammensetzung. Finanzprofessor Stephan Paul von der Bochumer Ruhr-Universität denkt an eine »High Level Expert Group, die ohne Politiker die Auswirkungen auf den deutschen Finanzsektor aufarbeitet«. So auch Bankenprofessor Hans-Peter Burghof von der Universität Hohenheim: »Viele potenzielle Akteure tragen Mitverantwortung und können daher kaum als objektiv erscheinen«, erklärt Burghof im *Handelsblatt*.[148]

Doch die erste Merkel-Regierung vereitelte bis zum Wahltag im September 2009 eine unabhängige Untersuchung der Krisenursachen. Im Bundestag setzte sich allein der Grüne-Abgeordnete Gerhard Schick für eine solche Untersuchungskommission ein. Die Forderungen der Wissenschaftler wurden überhört. Die unschöne Folge: Deutschland drohe als »Cover-up-Land« – als Vertuscher – in Verruf zu geraten, sagte Karel Lannoo vom Centre for European Policy Studies (CEPS), einer renommierten Denkschmiede in Brüssel. Drei Jahre nach Beginn der Krise haben die deutschen Bürger, anders als die Briten, Schweizer oder Amerikaner, keine amtliche Analyse der Fehler von Banken, Aufsicht und Regierung vorliegen.[149]

Nüchtern betrachtet ist dieses Verweigern der politischen Analyse nicht verwunderlich. Der Erkenntnisgewinn wäre bitter: Unter den europäischen Finanzplätzen ist der deutsche von der Krise besonders schwer und nachhaltig belastet. In der Folge leidet Deutschlands Gesamtwirtschaft stärker als andere. Deutschland fiel in der jährlich vom Weltwirtschaftsforum erstellten Rangliste der besten Finanzzentren vom dritten Platz auf Rang 12.[150] Die USA werden nach Einschätzung der OECD-Experten wirtschaftlich stärker wachsen als die Länder der Euro-Zone.[151] Und besonders neidvoll können die Deutschen wieder einmal auf ihren kleinen, oft unbeachteten Nachbarn im Süden schauen: Die Schweiz hat ihre Finanzkrise weitgehend überwunden. Sie hat die von einem Stabilitätsfonds unter der Führung der Schweizerischen Nationalbank übernommenen Giftpapiere der UBS Ende September 2009 auf leicht verkraftbare 15 Milliarden Euro reduziert. Ihre Nationalbank meldete für die ersten drei Quartale 2009 bereits wieder einen Gewinn von umgerechnet 4,7 Milliarden Euro. Der Bund der Eidgenossenschaft meldete Ende September 2009: Die Staatsschulden sind weiterhin gesunken. Kurzum: Andere waren besser.

Ein Schlüssel zum Verständnis der finanzpolitischen Kompetenz der Merkel-Regierung ist die Regierungserklärung zur Finanzmarktkrise aus dem zweiten Jahr der Krise. Am 25. September 2008, einem Donnerstag, klärte die Regierung die Abgeordneten des Deutschen Bundestages ökonomisch auf. »Das Wort zur Abgabe einer Regierungserklärung erhält nun der Bundesminister der Finanzen, Peer Steinbrück«, ertönte es vom Pult des Parlamentspräsidenten.

»Sehr geehrter Herr Präsident! Meine sehr geehrten Damen und Herren!«, begann Steinbrück. »Immer mehr Unsicherheiten, ja Ängste machen sich bei den Menschen breit, nicht nur in unserem Land, sondern fast weltweit. Viele fragen sich: Stehen wir vor dem Kollaps des Finanzsystems? Folgt aus der Krise an den Finanzmärkten eine globale Wirtschaftkrise nach einigen guten Jahren? Was heißt das für mich persönlich?« Nach ein paar einleitenden Sätzen über die Ereignisse der vergangenen Tage kam Steinbrück zur Sache: »Die Fernwirkungen dieser Krise sind derzeit nicht absehbar, aber eines scheint mir höchstwahrscheinlich: Die USA werden ihren Status als Supermacht des Weltfinanzsystems verlieren, nicht abrupt, nicht plötzlich, aber erodierend.

Das Weltfinanzsystem wird multipolarer. In der neuen Finanzmarktwelt werden Handelsbanken und Staatsfonds aus Asien, insbesondere aus der Golfregion, ebenso ihren Anteil haben wie europäische Banken mit ihrem Universalbankenmodell – übrigens ein Modell, das sich derzeit gegenüber dem amerikanischen Trennbankenmodell als sehr überlegen erwiesen hat.« Die große Mehrzahl der Abgeordneten war offenbar der gleichen Meinung. »Beifall bei der SPD, der CDU/CSU und der FDP«, notierten die Protokollanten. Als er anschließend über Staatsfonds witzelte, die sich mit ihren Vermögen rettend an den ersten Kapitalerhöhungen bei der Schweizer UBS und bei US-Großbanken beteiligten, verzeichnete das Protokoll »Heiterkeit bei Abgeordneten der CDU/CSU«.

Ein weiteres Mal attackierte der Minister die Amerikaner: »Die USA – darauf lege ich gesteigerten Wert – sind der Ursprung der Krise, und sie sind der Schwerpunkt der Krise. Es ist nicht Europa, und es ist nicht die Bundesrepublik Deutschland.« Und wieder gab es Beifall bei der SPD und der CDU/CSU sowie bei Abgeordneten der FDP. Das deutsche Bankensystem lobte Steinbrück hingegen »im internationalen Vergleich als relativ robust«. Die deutsche Aufsichtsbehörde, die BaFin, sei sich sicher, »dass die in den letzten Jahren gesteigerte Risikotragfähigkeit der deutschen Institute ausreicht, Verluste auszugleichen und die Sicherheit der privaten Ersparnisse zu gewährleisten«. Unter dem Beifall der Abgeordneten der großen Regierungskoalition warnte er davor, »durch eine falsche Wortwahl eine Panik auszulösen«.

Seine Botschaft: Das Drama spielt sich an der Wall Street ab, Deutschland hat außer einigen Einzelfällen keine gravierenden Probleme. »Das, was die Amerikaner im Großen machen, haben wir, bezogen auf die Banken, die in Deutschland in Verlegenheit gekommen sind, im Kleinen gemacht: die Landesregierungen in ihren Verantwortungen, was die

Landesbanken betrifft, der Bund mit Blick auf seine indirekte, aber bestehende Verantwortung über die KfW bei der IKB. Deshalb und weil die Verhältnisse bei uns anders sind, ist ein Programm, das dem ähnlich ist, das die Amerikaner aufgelegt haben, in Deutschland oder in Europa nicht sinnvoll und auch nicht notwendig. Das ist der Grund dafür gewesen, warum wir im Namen der Bundesregierung über dieses Wochenende – bis hin zu einer großen Telefonkonferenz der G-7-Finanzminister und Notenbankgouverneure – für Deutschland die Übernahme eines solchen Programms und die Beteiligung abgelehnt haben.« Die Abgeordneten der SPD und der CDU/CSU klatschten.[152] Steinbrück wiederholte seine Angriffe gegen die Amerikaner in einem Interview mit dem TV-Sender CNBC. Darin bestritt er vehement, dass Europas Banken in ähnlichen Schwierigkeiten steckten.

Er täuschte sich gewaltig, der Finanzminister hatte offensichtlich keine Ahnung, wie es um die heimischen Banken stand. Deutschland träumte. Einen Tag nach der Regierungserklärung des Finanzministers zur »Lage der Finanzmärkte«, am Nachmittag des 26. September, begannen die ersten Krisengespräche für die teuerste Rettungsaktion der Geschichte der Bundesrepublik Deutschland. Sie führte schließlich unter Steinbrücks Federführung zur Verstaatlichung der Hypo Real Estate und wurde für die Steuerzahler ein Fass ohne Boden.

Inzwischen wissen wir, dass deutsche Geldinstitute mehr als ein Fünftel des Weltvolumens problematischer oder notleidender Kredite und Wertpapiere in ihren Büchern versteckt hatten.[153] Vor allem die Landesbanken und die staatsnahen Institute wie die IKB drehten am großen Rad. Einzelne Landesbanken, die lediglich mit einem minimalen Eigenkapitalpuffer ausgestattet waren, spielten in der Riege der globalen Finanzkonzerne mit, als es darum ging, hochriskante Kreditrisiken zu kaufen. So häufte die WestLB Risikopapiere im Buchwert von mehr als 100 Milliarden Euro an, die Landesbank Baden-Württemberg (LBBW) in Höhe von 92 Milliarden Euro und die HSH Nordbank in Kiel und Hamburg kaufte Kreditpakete und Wertpapiere in Höhe von 105 Milliarden Euro, 13 Milliarden davon als finanzieller »Giftmüll« klassifiziert.

Ausfallgefährdet, notleidend, toxisch, kritisch, nicht bewertbar: Viele Worte umschreiben das Problem dieser Anlagen in den Bankbüchern, und immer wieder lassen Krisenmanager aus der Finanzindustrie und der Politik in ihrer Einschätzung die Hoffnung mitschwingen, dass es sich um Wertpapiere handelt, die eines besseren Tages an Märkten wieder höhere, früher ersehnte Preise erzielen könnten. Sie lassen sich dabei von der Selbsttäuschung leiten, die für jede Spekulationsblase charakteristisch ist: Sie erwarten, dass einmal auf dem Höhepunkt des Bubble erhoffte Blasenpreise wiederkehren werden, und ignorieren völlig, dass diese Preise nie wieder erzielt werden, wenn die Blase geplatzt ist. Einige Wertpapiere werden sogar auf Dauer unverkäuflich bleiben, denn die Kreditpakete schlechterer Qualität will in der Finanzindustrie niemand mehr kaufen. Diese Pakete verbuchen die Bankmanager seit dem zweiten Krisenjahr in einer besonderen, neuen Kategorie für Wertpapiere, deren aktueller Marktpreis derzeit nicht ermittelbar ist. »Level 3« nennen sie diese Klasse in der Bilanzierungssprache. Wenn sie die Papiere aber ohne Selbsttäuschung und Schummelei bewerten, dann kommen sie zu einem schmerzhaften Resultat: 0 Euro. Das würde in Deutschland so aber kein Politiker geschweige denn Banker sagen.

Beispiel WestLB: In Düsseldorf suggerierte der nordrhein-westfälische Landesfinanzminister Helmut Linssen mit seinen Verlautbarungen, dass das Schicksal der Landesbank WestLB nur noch von einer Entscheidungen der EU-Wettbewerbskommission abhänge. Dabei hängt das Überleben des Instituts alleine an den Zahlungen und Zahlungsversprechen aus der Landeskasse. Die WestLB musste Vermögenswerte in Höhe von 85 Milliarden Euro an eine Bad Bank auslagern, für deren Verluste nun vor allem Land und Leute geradestehen müssen. Vergessen ist bereits der Crash der kleinen Düsseldorfer Hypothekenbank im April 2008, die vom Einlagensicherungsfonds und einem Bankenkonsortium mit 1,57 Milliarden Euro gerettet werden musste.[154] Und abgewickelt ist der Fall der Düsseldorfer Industriebank IKB, die im August 2008 für einen symbolischen Preis an die Firma LoneStar verkauft wurde, einen Spezialfonds für Banken-Ramsch. Mehr als 8 Milliarden hatten die staatliche Kreditanstalt für Wiederaufbau, die Bundeskasse und die Bankenverbände zuvor für die Rettung der IKB aufgebracht.[155] Düsseldorf war einmal ein bedeutsamer Bankenplatz mit internationaler Ausstrahlung. Es gibt ihn nicht mehr.

In München, Stuttgart oder Leipzig sieht es kaum besser aus. Nahezu alle Landesinstitute sind in einer kritischen Lage. Die Finanzaufsicht schätzte am 26. Februar 2009 das Volumen der ausfallgefährdeten oder nicht bewertbaren Problemkredite bei den Landesbanken auf 355 Milliarden Euro, das Volumen der Kreditrisiken der 17 wichtigsten deutschen Banken auf mehr als 816 Milliarden Euro.[156] Das ist eine unvorstellbare Summe. Es ist weit mehr als die gesamten Steuereinnahmen von Bund, Ländern und Gemeinden, die 2008 nur 562 Milliarden Euro betrugen und fast so viel wie der Wert aller deutschen Exporte, die im Jahr 2008 mit 992 Milliarden Euro einen Rekord erreicht hatten.

19 Krisenmonate lang haben Landesbankmanager, anders als ihre Kollegen von der amerikanischen Citigroup oder der Schweizer UBS, diese dramatischen Belastungen in ihren Büchern vor Investoren und vor der Öffentlichkeit verborgen. Oftmals haben sie in ihren Bilanzen nur Bruchteile dieser Werte berichtigt, häufig sogar noch stolz Gewinne verbucht.

Die Wahrheit kommt nur scheibchenweise ans Tageslicht: das ganze Land im Zustand der Selbsttäuschung.

Hektisch basteln Landes- und Bundespolitiker an einer »Neuordnung der Landesbanken«, wie sie es beschönigend nennen. In Wirklichkeit geht es um das Abtragen eines gewaltigen Schuldenberges, ohne Hoffnung auf die Wiederkehr früherer Erträge. Die deutschen Bundesländer sind als Eigentümer und somit als Gläubiger ihrer Zocker-Banken schwer belastet – eine große Bürde für das Land, vergleichbar mit den Kosten der Deutschen Einheit. Und mit ihnen geraten nun die Sparkassen in den Schuldenstrudel, denn als Miteigentümer der Landesbanken haben auch sie ihre Risiken bei den Landesbanken unterschätzt.

Aus den »Rettungsschirmen« – eine neue Sprechblase zur beschönigenden Umschreibung der staatlichen Geldleistungen an die Banken – werden Staatsschulden. Was dem Volk in blumigen Worten als abstrakter Schutz für die strauchelnden Geldhäuser verkauft wurde, der den Steuerbürger vermeintlich nichts kosten sollte, entpuppt sich als großer Politbluff. Die Krise wirkt sich nicht »kostenneutral« aus. »Die Menschen«, wie die Bürger im Berliner Politdeutsch genannt werden, werden für die Rettungsaktionen des Staates bezahlen müssen.

Deutschland erwacht – allerdings sehr langsam. Die Rechnung für die Rettungsaktionen wird in Raten bezahlt, über Jahre hinweg. Die Aussichten für das Gemeinwesen sind miserabel: Die Finanzindustrie wird über einen längeren Zeitraum hinweg deutlich weniger Steuern abliefern. Die Landesbanken werden keine nennenswerten Dividenden an die Kassen der Bundesländer überweisen, stattdessen die Länder weiterhin schwer belasten. Die Zahl der Bankbeschäftigten wird merklich sinken und damit auch Kosten zur Versorgung von Arbeitslosen verursachen. Der Bankenplatz Frankfurt hat seine Zukunft verspielt, und Deutschlands Einfluss in der globalen Finanzwelt schwindet. Es gibt nur noch eine Großbank mit nennenswerter Bedeutung – die Deutsche Bank. Aber auch sie hat an Wettbewerbsfähigkeit eingebüßt. Die in Mitleidenschaft gezogene Realwirtschaft wird ebenfalls die Steuereinnahmen mindern und die Staatskosten erhöhen. Und die eingesetzten Mittel für die Bankenrettung sowie die Stützung der Konjunktur muss der Staat finanzieren – zunächst mit der Schuldenaufnahme.

Doch was da an Banken gerettet wird, ist es in vielen Fällen einfach nicht wert, sondern schlichte Geldversenkung. Die HSH Nordbank etwa, die bei einem Eigenkapitalpuffer von 4,2 Milliarden Euro 105 Milliarden Euro zweifelhafte Wertpapiere in den Büchern hatte, doppelt so viel wie der Geldgigant Citigroup in den USA. Die Citigroup musste mit 50 Milliarden Dollar aus dem staatlichen Rettungsfonds der Amerikaner gestützt werden. Aber mit der Citigroup wurde ein Finanzkonzern gerettet, der in einem gut laufenden Geschäftsjahr wie 2006 mehr als 17 Milliarden Euro Gewinn erzielte. Die UBS erwirtschaftete als weltgrößte Vermögensverwaltungsbank in diesem Vorkrisenjahr mehr als 10 Milliarden Euro Gewinn. Die kleine HSH hingegen brachte es 2006 auf gerade einmal 830 Millionen. Und ihre künftigen Ertragsaussichten sind düster. Es sei nicht nachvollziehbar, wie die HSH im Jahr 2011 wieder Gewinne machen wolle, meinten die Experten vom SoFFin-Rettungsfonds.[157] Pleitegehen lassen kann man sie nicht, der Staat muss geradestehen.

Noch im Frühjahr 2008 meinte Bundeskanzlerin Angela Merkel, die globale Finanzkrise werde »Deutschland vielleicht berühren«. Ein Jahr später musste der deutsche Staat in Bund und Ländern 87 Milliarden Euro neue Schulden aufnehmen – zum größten Teil krisenbedingte Finanzierungskosten für die Bankenrettung. Seine Verschuldung betrug damit 1,6 Billionen Euro. Die Schulden der Bundesländer stiegen ebenfalls – um 17 Milliarden Euro. Bis ins Jahr 2013 wird damit gerechnet, dass die Staatsverschuldung auf 1,9 bis 2 Billionen Euro wächst.[158] Und das sind zunächst nur die sichtbaren Kostenfolgen. Zusätzlich hat sich der Staat mit schwer kalkulierbaren Risiken belastet, die erst in einigen Jahren erkennbar werden. Die unsichtbaren Risiken stecken zum Beispiel in den hohen Garantien, die von der Bundesregierung für schwächelnde Banken und Bad-Bank-Vehikel bereitgestellt wurden.[159] Kein Bürger kann abschätzen, welche Risiken sich der Staat damit eingehandelt hat: Die Regierung weigert sich, dies nachvollziehbar offenzulegen.

In Sonntagsreden forderten Bundeskanzlerin Angela Merkel und der ehemalige Finanzminister Peer Steinbrück regelmäßig mehr Transparenz und Kontrolle der Bankgeschäfte. Ihr eigenes Handeln orchestrierten sie allerdings lieber im Dunkel. Die Rettungsprogramme der Regierung haben sie höchst intransparent gestaltet. Anders als in den USA, Großbritannien oder der Schweiz haben die deutschen Bürger keine Chance, sich einen Überblick über die Hilfsaktivitäten zu schaffen.[160] Der Rettungsfonds SoFFin gibt lediglich in jeder zweiten Woche des Monats einen Vierzeiler als Medienmitteilung preis, nachzulesen auf der Website des Fonds: »Das um Prolongationen bereinigte Antragsvolumen auf Stabilisierungshilfen des Sonderfonds beträgt Stand 8. Oktober 2009 232,9 Milliarden Euro. Das Volumen unterzeichneter Verträge für Stabilisierungshilfen beträgt 155,6 Milliarden Euro, wovon 127,7 Milliarden Euro auf die Gewährung von Garantien entfallen, 21,9 Milliarden Euro auf die Vergabe von Eigenkapital und 5,9 Milliarden Euro auf Risikoübernahmen.« Wer was wann wofür und wie lange erhält, das erfahren die Bürger nicht.[161]

Sogar die Verstaatlichung der Hypo Real Estate mit SoFFin-Geldern wird als Geheimprojekt durchgezogen. Wie in Sachsen müsste hier das Bundesverfassungsgericht angerufen werden und den Fall prüfen. »Die Verfassung fordert für ein solches Engagement, dass das Gebot der Wirtschaftlichkeit erfüllt ist«, mahnt der Frankfurter Staats- und Bankenrechtsprofessor Helmut Siekmann.[162]

Im Bundestag wurden neun Parlamentarier in geheimer Sitzung regelmäßig informiert, wie viel, für wen und wozu ausgegeben wird. Dieses Informationszugeständnis gewährte die Regierung aber erst nach heftigem Drängen der Opposition. »Von Transparenz kann in diesem Zusammenhang damit sicher nicht wirklich gesprochen werden«, beschwerte sich der Abgeordnete Jürgen Koppelin (FDP) im Bundestag.[163] Den Abgeordneten Hans-Ulrich Krüger störte das alles offenbar weniger: Er fehlte bei einem Drittel aller Sitzungen. Aus seiner Fraktion wurde bis zur Bundestagswahl im Herbst 2009 keine einzige Bitte an die Regierung nach einer Einzelinformation zu bestimmten Zahlungen gerichtet. Auch Carsten Schneider, damals haushaltspolitischer Sprecher der SPD und ebenfalls Mitglied im Geheimgremium, war bei achtzehn Sitzungen achtmal abwesend.[164]

Der Ausschuss ist ein reines Informationsgremium. Entscheiden dürfen die neun Parlamentarier nicht. Sie dürfen nur Fragen stellen, die Antworten entgegennehmen und schweigen. Wenn sie reden, riskieren sie mehrjährige Haftstrafen wegen Geheimnisverrats – trotzdem werden ihnen Informationen vorenthalten. Jochen-Konrad Fromme, der für die CDU-Fraktion im Geheimausschuss sitzt, beklagte sich, dass dem Gremium von der Bundesregierung ein Gutachten über die Situation der staatlich alimentierten Hypo Real Estate monatelang nicht gezeigt wurde. Als die Abgeordneten das Dokument endlich einsehen durften, waren entscheidende Passagen bis zur Unkenntlichkeit geschwärzt.[165] Aber ohne Austausch und Weitergabe der Informationen können die Abgeordneten ihrer Pflicht, der Kontrolle der Regierung, gar nicht nachkommen. Der SoFFin-Fonds entscheidet daher verfassungswidrig, sagt der Staatsrechtler Joachim Wieland von der Verwaltungshochschule in Speyer. [166]

Noch nie wurde in der Bundesrepublik Deutschland an den Bürgern vorbei in einem kleinen Machtzirkel über so hohe Summen entschieden. Dabei ist der SoFFin-Fonds mit 233 Milliarden Euro fast so groß wie der gesamte Bundeshaushalt mit 290 Milliarden. In einem so genannten Lenkungsausschuss des Fonds entscheiden drei Staatssekretäre und ein Vertreter der Länder über die Vergabe in diesem verdunkelten Haushalt. Den Bürgern müssen die Herren keine Rechenschaft über ihre Milliarden-Entscheidungen ablegen.[167]

Bestes Beispiel in Sachen Selbstüberschätzung und Eigenmächtigkeit: Jörg Asmussen, vom Abteilungsleiter im Bundesfinanzministerium zum Staatssekretär aufgestiegen und von der Bundesregierung zum obersten Krisenmanager bestimmt: Als sich vom 26. bis 28. September 2008 die Krisenmanager in der Nähe von Frankfurt am Main zum Rettungsgipfel der Hypo Real Estate trafen, erschien Staatssekretär Asmussen alleine, als Vertreter des (zahlenden) Staates war er nicht einmal von einem Rechtsbeistand begleitet. Ihrem Finanzbeamten Asmussen verdanken es die Bürger auch, dass mit ihren Steuergeldern eine Multi-Milliarden-Rettung zugesagt wurde, ohne eigene gründliche und aktuelle Daten über die Werthaltigkeit der Hypo Real Estate ermittelt zu haben – eine endlose Rettungsorgie, die mehr als 100 Milliarden Euro Staatsgarantien und Kapitalhilfen kostete. Asmussen war auch der verantwortliche Staatsvertreter, der im Aufsichtsrat der Mittelstandsbank IKB als Aktionärsvertreter für die staatlichen Anteile zugeschaut hat, wie das Institut mit Kreditverbriefungen über ausländische Briefkastenfirmen in die faktische Pleite steuerte. Die lockere Wahrnehmung der Aufsichtspflichten kostete die deutschen Steuerzahler Milliarden.

Stellen wir uns vor, dass italienische oder spanische Sparkassen Risikogeschäfte betrieben hätten, die ihr Eigenkapital um das Fünfzigfache überstiegen hätten. Häme und Verachtung über die südländischen Bankiers aus den Mittelmeerländern wäre der sichere Reflex in deutschen Medien, und es würde nicht lange dauern, bis ein Berliner Politiker die romanischen Verhältnisse für den drohenden Zusammenbruch der Europäischen Währungsunion verantwortlich machen würde. Stellen wir uns einmal vor, dass in der Schweiz die kleine Thurgauische Kantonalbank, vor der Krise etwa so bedeutend wie die deutsche Sachsen LB, plötzlich offenlegen würde, dass sie 60 Milliarden Franken zweifelhafter Wertpapiere in ausgelagerten Briefkastenfirmen liegen hätte. Nachrichten, wie sie die sächsische Landesbank seit Herbst 2007 verkünden musste, hätten im Kanton einen wahren Aufstand ausgelöst. Die Kantonsregierung wäre wahrscheinlich in kurzer Frist zurückgetreten, die Verantwortlichen wären zur Rechenschaft gezogen und der Fall wäre systematisch von Parlamenten, Gerichten und Kommissionen untersucht worden.

Nächster Fall: Ingrid Matthäus-Meier, im Amt als Vorstandssprecherin der Kreditanstalt für Wiederaufbau (KfW), der Förderbank des Bundes und der Bundesländer. Die KfW, die 4200 Mitarbeiter in Frankfurt, Bonn und Berlin beschäftigt, hielt eine Mehrheitsbeteiligung an der IKB. Wegen der Notaktion für die Industriebank IKB schrieb die KfW einen Verlust von 6,2 Milliarden Euro.

Matthäus-Meier schaut auf eine lange Politkarriere in den Haushalts- und Finanzausschüssen des deutschen Bundestages zurück, sie wurde als fabelhafte Debattenrednerin und als kenntnisreiche Finanzpolitikerin geschätzt. Erst war sie als Linksliberale bei der FDP, dann wechselte zu den Sozialdemokraten, aber einen Ministerposten bekam sie nie. Im Oktober 2006, am Vorabend der Krise, wurde sie auf den Chefposten der KfW berufen. Hartnäckig hielt sie zehn Monate lang bis zum April 2008 an ihrem Posten fest. Das Dokument ihrer

Verteidigung könnte als Scherz betrachtet werden, wenn die Sache nicht so dramatisch wäre.

Im Geschäftsbericht für das Krisenjahr 2007, der Rechenschaft über das Handeln des Vorstands und der Aufsichtsräte ablegen sollte, druckte Matthäus-Meier ein ungewöhnliches Interview: »Der KfW-Vorstand im Gespräch« – sozusagen ein Selbstgespräch. Sie stellte sich die Frage »Muss sich die KfW ein Fehlverhalten im Zusammenhang mit dem Auftreten der IKB-Krise vorwerfen lassen?« Ihre wohlbedachte Antwort: »Nein, ein solcher Vorwurf trifft nicht zu. Weder der Geschäftsbericht noch die Testate der Abschlussprüfer der IKB ließen den Schluss auf besondere Risiken für die IKB zu. Die Wirtschaftsprüfungsgesellschaft PwC bestätigte Mitte Oktober 2007 in einer Sonderuntersuchung, dass vor dem 27. Juli, also dem Tag, an dem der Aufsichtsrat vom Vorstand über die aufkommende Krise informiert wurde, dem Aufsichtsrat keine Hinweise darauf vorlagen, dass aus dem Subprime-Engagement der IKB existenzbedrohende Folgen erwachsen könnten. Es gab damals keinen Anlass, an den Berichten zu zweifeln, zumal der Aufsichtsrat und der Finanz- und Prüfungsausschuss in den vergangenen Jahren mit anerkannten Fachleuten besetzt waren. Und noch am 20. Juli 2007 hat der damalige Vorstandsvorsitzende der IKB in einer Presseerklärung mitgeteilt, dass aus Unsicherheiten im US-Hypothekenmarkt ›praktisch keine Auswirkungen‹ zu erwarten seien.«[168] Matthäus-Meier zeigte mit dem Finger auf die Anderen: »Nicht zuletzt müssen sich Wirtschaftsprüfer und Ratingagenturen fragen lassen, was sie in Zukunft ändern, wenn sie glaubwürdig bleiben wollen.«

Ihre Aufsichtsräte bei der KfW hielten sich aus der Diskussion weitgehend heraus, so hinterfragte auch niemand ernsthaft und lautstark ihre Verantwortung. Die Namensliste der KfW-Aufsichtsräte, in deren Amtszeit Milliardenverluste geschrieben wurden, liest sich wie das *Who's Who* der deutschen Wirtschafts- und Finanzpolitik, darunter Ex-Bundeswirtschaftsminister Michael Glos (CSU), Ex-Finanzminister Peer Steinbrück (SPD), Ex-Umweltminister Sigmar Gabriel (SPD), der bayerische Ex-Finanzminister Kurt Falthauser (CSU), der Abgeordnete Oskar Lafontaine (Linke), NRW-Landesfinanzminister Helmut Linssen (CDU), Ex-Bundes-Ernährungsminister Horst Seehofer (CSU), Ex-Bundesentwicklungsministerin Heidemarie Wieczorek-Zeul (SPD), der Banker Thomas Fischer, der Ex-Chef der WestLB, die Gewerkschaftschefs Michael Sommer und Frank Bsirske sowie führende Verbandschefs von Unternehmer- und Industrieorganisationen.

Gewohnt zynisch blieb Peer Steinbrück bis zum Ende seiner Amtszeit als Bundesfinanzminister. Wenige Wochen vor der Bundestagswahl im September kommentierte er aufkommende Gerüchte über weitere Kapitalhilfen für die inzwischen verstaatlichte Hypo Real Estate: »Daran ist weder etwas Skandalöses noch Überraschendes.«[169] Es ging immerhin um weitere Milliarden Euro für eine Bank, die bereits 3,1 Milliarden Eigenkapitalhilfen vom Staat erhalten hat und selbst in ihrem besten Börsenjahr durchschnittlich nicht mehr als 6 Milliarden Euro Wert war.[170] Da hatte das Institut vom Staat zudem rund 100 Milliarden an Garantien und »Liquiditätshilfen« erhalten. Zur Überbrückung kurzfristiger Geldnöte, wie es anfangs hieß. Das reichte nicht, um die Hypo Real Estate aus dem Schlamassel herauszuziehen. Sie verbrannte weiterhin und stetig das Geld der Steuerzahler. Jeden Werktag des Jahres 2009 schloss sie mit einem Minus von 9 Millionen Euro ab – trotz Staatshilfen.[171]

Steinbrück attackierte noch in seinen letzten Amtstagen die britische Regierung in höchst undiplomatischen Tönen, weil sie seiner Wahlkampfidee einer internationalen Börsensteuer nicht folgten.[172] Ablenken, Abwiegeln, Abstreiten, von Steinbrücks Erklärungsversuchen bleibt nicht mehr als die

Erinnerung an großmäulige Rhetorik und plumpe Schuldzuweisungen, die er an die Briten oder Amerikaner richtete. »Ich finde es gar nicht ethisch«, erklärte der scheidende Präsident der Schweizerischen Bankiervereinigung Pierre Mirabaud im September 2009, »wenn ein schnell sprechender, aber langsam denkender deutscher Finanzminister die Schuld an den hohen Staatsschulden bei anderen Ländern sucht und nicht bei einem über Jahrzehnte aufgeblähten Klientelhaushalt oder einem für seine Bürger viel zu komplizierten Steuersystem.«[173] Steinbrücks Politik war nicht kostenneutral, seine Rhetorik ebenfalls nicht. Sie hatte Folgen, die bares Geld kosten, aber nicht auf dem Feld der Wahlkämpfe erkennbar sind. Die Reaktionen in London, Washington und Zürich wurden vom Berliner Politikbetrieb kaum registriert. Angewidert wendeten sich wichtige Wirtschaftspartner Deutschlands ab, beendeten kühl den finanzpolitischen Dialog mit ihren deutschen Partnern, vergaben in aller Stille ihre Staatsaufträge an andere.[174]

Steinbrück machte selbst vor seinen Parteifreunden nicht halt. Als sich im Mai 2009 der deutsche EU-Kommissar Günter Verheugen aus Brüssel mit einem Weckruf meldete, wurde der in Berlin sogleich abgekanzelt. Eine »überraschende Unkenntnis der Faktenlage« attestierte ihm Steinbrück via Pressesprecher.[175] Verheugen hatte gewagt zu sagen: »Von welcher Bankenlandschaft reden wir denn? Deutschland war Weltmeister in riskanten Bankgeschäften. Nirgendwo auf der Welt, auch nicht in Amerika, haben sich Banken mit größerer Bereitschaft in unkalkulierbare Risiken gestürzt, allen voran die Landesbanken. Das hat jetzt dramatische Folgen für den deutschen Steuerzahler.«[176] Verheugen erlaubte sich auch noch einen vergleichenden Blick auf die italienischen Banken, die weitgehend unbelastet waren.

Insgesamt fällt auf: Die zweifelhaften Praktiken waren bezeichnenderweise ein Thema im Ausland, nicht aber in Deutschland. Erschrocken schauen die Nachbarn auf Deutschland. Der Harvard-Professor Niall Ferguson, Verfasser eines fulminanten Weltbestsellers über die Geschichte des Geldes, staunte, dass sich US-Banken im Durchschnitt 12 Dollar für jeden Dollar Eigenkapital geborgt haben, aber die Deutschen sich mit einem atemberaubenden Verhältnis von 52 zu 1 verschuldeten. Das »kranke Bankensystem Europas« titelt der britische *Economist* über die deutschen Landesbanken.[177] »Das deutsche Bankensystem ist insgesamt insolvent«, schrieb Wolfgang Münchau, Kolumnist der *Financial Times* mit Sitz in Brüssel. »Die Kreditklemme ist nicht deshalb da, weil die Banken asozial sind, sondern weil sie effektiv pleite sind.«[178] Citigroup-Manager Jürgen Michels prophezeite: »Das Ausmisten des deutschen Bankensektors wird länger dauern.« David Vickrey, ein ehemaliger Manager der Deutschen Bank, beklagt die »Weltklasse-Arroganz« seiner früheren Arbeitgeber.[179] Der Kolumnist Josef Joffe, ein intimer Kenner der Washingtoner Politik, kritisierte die Berliner Stimmungslage: »Der Grund heißt ›Verdrängung und Projektion‹«: Der Crash 08 sei nicht allein von den raubtierkapitalistischen Angelsachsen zu verantworten; gerade die deutschen Banken mit hohem staatlichen Einfluss – IKB und Landesbanken – wären die übelsten Risiken eingegangen.[180] Im *New York Times Magazine* konterte Wirtschaftshistoriker Niall Ferguson die Angriffe der Deutschen auf die Angelsachsen mit einem sehr deutschen Wort: »Schadenfreude«.[181]

In Deutschland blieb das politische Establishment beharrlich bei der bequemen Legende, die es sich seit der Pleite des amerikanischen Investmenthauses Lehman Brothers am 15. September 2008 geschaffen hatte: dass die Lehman-Pleite wie eine Naturkatastrophe die deutsche Finanzwelt erschüttert habe.

15. September 2009. Erster Jahrestag der Lehman-Pleite. Deutschland hatte Gelegenheit, das vergangene Krisenjahr zu

rekapitulieren. Die gemeldeten Schadenszahlen im Bankensystem stiegen auf dramatische Werte. Doch das Merkwürdige: Die deutsche Selbstzufriedenheit blieb. Das Land, sonst von lauter Aufgeregtheit und tiefem Jammer geprägt, realisierte viel zu langsam, wie es um den heimischen Finanzplatz steht. Die Bankenverbandsherren philosophierten über die Ereignisse an der Wall Street; Axel Weber und Jochen Sanio, die Präsidenten von Bundesbank und Finanzaufsichtsbehörde BaFin, lobten sich selbst, während ihre Apparate in der Krise versagten. Die Konjunkturforscher und Wirtschaftsweisen bemerken erst im 17. Monat der Krise, dass auch ihr Land schwer betroffen war.

Die Amerikaner seien schuld, und den deutschen Steuerzahler werde es nichts kosten, das war die Botschaft der verantwortlichen Finanzpolitiker der abtretenden Großen Koalition. Hans-Ulrich Krüger, der finanzpolitische Experte der SPD, rief nach der staatlichen Rettung der Hypo Real Estate in den Plenarsaal des Bundestages: »Auslöser für unsere heutige Diskussion – das kann nicht oft genug wiederholt werden – ist und bleibt die amerikanische Hypothekenkrise, die die Weltfinanzmärkte und damit auch Deutschland erschüttert hat.« Krüger erklärte auch, wer die Zeche bezahlt: »Wir wollen, dass beim Steuerzahler die schwarze Null verbleibt. Wenn das am Ende der Veranstaltung nicht der Fall ist, dann muss nicht der Steuerzahler, sondern dann müssen die Banken beziehungsweise die privilegierten Institute das entstandene Defizit ausgleichen.«[182]

Die Bürger von Voerde am Niederrhein waren nicht ganz überzeugt. Die Wahl in den Bundestag gewann Krügers Gegenkandidat. Krüger ist draußen.

Die Bundesbank und die Blasen

»Mir ist jetzt nicht bewusst, dass in Bezug auf die Hypo Real Estate eine spezielle Notfallplanung in meinem Haus vorlag.«
BUNDESBANK-PRÄSIDENT AXEL WEBER IM BUNDESTAGSUNTERSUCHUNGSAUSSCHUSS ÜBER DIE RETTUNG DER HYPO REAL ESTATE[183]

Bundesbank-Präsident Axel Weber hatte auf dem Zeugenstuhl im Berliner Untersuchungsausschuss Platz genommen. Neben sich die schwere, abgewetzte Ledertasche mit rotem Lufthansa-Senator-Anhänger, hinter sich seine Assistenten. Die Kameraleute wurden wieder hinausgeschickt, der Vorsitzende Krüger war mit seinen Langweiler-Fragen durch. Der Bundestagsabgeordnete Volker Wissing, FDP, war an der Reihe, schneidig und konzentriert, 40 Jahre alt, Typ Großkanzlei-Anwalt.

Wissing begann mit einer kleinen Provokation. »Wieso müssen sich eigentlich in Deutschland strauchelnde Institute bei der Bankenaufsicht selbst anzeigen?«, fragte er den Bundesbank-Chef kaum dass dieser auf dem Zeugenstuhl Platz genommen hatte. Er wollte Weber aus der Reserve locken. »Nach unseren Informationen ist die Hypo Real Estate von sich aus auf die Bankenaufsicht zugegangen«, präzisierte FDP-Mann Wissing, »und wir fragen uns, warum das dazu kommen musste, warum die Bankenaufsicht nicht früher auf die Probleme der HRE aufmerksam wurde.«

Weber: »Sie haben meinen Ausführungen ja entnommen,

dass das Austrocknen der Liquidität der Hypo Real Estate zu einer Situation geführt hat, wo die Liquidität der Bank problembedroht war. Die Bank hatte zu diesem Zeitpunkt für uns kein erkennbares Kapitalisierungsproblem. Das heißt, sie hielt die Kapitalquoten ein.«

Wissing: »Nun ist es aber so: Wenn man auf die Arbeit der Bank angewiesen ist, dann stellt sich doch die Frage: Wozu braucht man dann eigentlich eine Bankenaufsicht?« »Wir brauchen eine Bankenaufsicht, um die Umsetzung des Kreditwesengesetzes in Deutschland sicherzustellen«, antwortete Weber.[184]

Das klang ziemlich kleinlaut. Vom Präsidenten dieser in Deutschland angesehenen und geschätzten, fast schon gralsgleichen Institution, vom Repräsentanten eines deutschen Denkmals hatte man etwas mehr erwartet. »Gottheit und Dämon zugleich«, »Evangelisten der Weltfinanz«, lobte der britische Autor David Marsh das Institut und seine Banker einst. »Wir sind arrogant, weil wir gut sind«, tönte es zu D-Mark-Zeiten gern aus der Führungsetage der Bundesbank. Das ist Geschichte.

In der Ära Weber geht es offenbar nur noch um die profane Frage, ob die Behörde bestenfalls wie ein Streifenpolizist, der den Verkehr regelt, auf die Umsetzung der Gesetze, in diesem Fall des Kreditwesengesetzes, achtet. Ein Blick auf die Paragrafen: Das Kreditwesengesetz verlangt von der Bundesbank die »laufende Überwachung« der Geldinstitute. Sie soll dabei mit der Bundesanstalt für Finanzdienstleistungsaufsicht, kurz BaFin, zusammenarbeiten. Damit sollen sie gemeinsam »Missständen im Kredit- und Finanzdienstleistungswesen entgegenwirken, welche die Sicherheit der den Instituten anvertrauten Vermögenswerte gefährden, die ordnungsmäßige Durchführung der Bankgeschäfte oder Finanzdienstleistungen beeinträchtigen oder erhebliche Nachteile für die Gesamtwirtschaft herbeiführen können«.[185] Falls solche Missstände erkannt werden, dann muss die BaFin diese »beseitigen«.

Doch dieser Aufgabe war die Bundesbank, als es wirklich drauf ankam, ganz und gar nicht gewachsen. Ausgerechnet in der jüngsten Krise hat die Bundesbank bei der Kontrolle der Banken kläglich versagt. Das lag vielleicht auch daran, dass die Bundesbank in Post-D-Mark-Zeiten zu sehr mit sich selbst und mit ihrer eigenen Existenzberechtigung beschäftigt war. Es sollte unbemerkt bleiben, wie sehr der Verlust der geldpolitischen Kompetenz das Haus entleert hatte.

Ende April, eine dieser Feierstunden bei der Bundesbank. Zwei altgediente Vorstände, Hans Reckers und Hermann Remsperger, verabschiedeten sich in den Ruhestand. Die Stimmung war fröhlich, Remsperger parodierte in seiner Abschiedsrede launig sich selbst und sein Berufsleben, Motto: »30 Jahre im Wendekreis der Nadelstreifen«. Dass einer der Vorstandsposten künftig wegfällt, ging beinahe unter.[186]

Auch Axel Weber huschte in seiner etwas steifen Rede schnell über das unliebsame Thema Vorstandsverkleinerung hinweg. Der Bundesbank-Präsident berief den gewieften und ehrgeizigen ehemaligen Berliner Finanzsenator Thilo Sarrazin auf den verbleibenden Posten. Und verkündete gleich noch die Schaffung eines »neuen Zentralbereichs Finanzstabilität«; er wolle seine Leute künftig stärker in der Banken- und Finanzmarktkontrolle einsetzen. Botschaft: Die Bundesbank ist und bleibt wichtig.

Den Kampf um Einfluss und Machtzuwachs seines Hauses hat Weber – unverdient – gewonnen: Die neue Bundesregierung aus CDU/CSU und FDP plant, die Bankenabteilungen der BaFin der Bundesbank einzuverleiben. Den Kampf um den Einfluss und die Stabilität des Finanzplatzes Deutschland verlor Weber bereits 2007, und er verlor ihn 2008 und 2009 ebenfalls. Und jetzt? Der Blick auf die Performance der Bundesbank in den Krisenjahren lässt nichts Gutes hoffen.

Unter Denkmalschutz

Die Finanzkrise lief schon auf Hochtouren, da war aus der Bundesbank noch monatelang zu hören, dass die deutschen Banken besonders »robust« und »resistent« seien. Selbst nach den Zusammenbrüchen der sächsischen Landesbank und der Mittelstandsbank IKB im Herbst 2007 redeten die Notenbanker noch von Einzelfällen. Bei ihren Banken-Stresstests lagen sie daneben – obwohl die Bundesbank auch zehn Jahre nach dem Verlust der geldpolitischen Kompetenz an die Europäische Zentralbank (EZB) immer noch einen überdimensionierten Beamtenapparat beschäftigte; die Personalkosten stiegen sogar weiter an.

Die Chronik des Versagens begann im November 2006. Am US-Immobilienmarkt platzte die Spekulationsblase, der Kollaps des Finanzsystems zeichnete sich bereits ab, da bewertete die Bundesbank in ihrem Finanzstabilitätsbericht die Kapitalausstattung der deutschen Institute noch als »recht robust«. Gewaltig aufgeblähte Bilanzsummen, mangelnde Risikovorsorge, reduzierter Eigenkapitalpuffer – nichts davon findet sich in dem Bericht. Immerhin: »Anhaltspunkte für eine weniger konservative Wertberichtigungspraxis« fielen den Experten auf, aber das werde durch verbessertes Risikomanagement wettgemacht, schoben sie hinterher. Bei den Landesbanken sehen sie sogar »beachtenswerte Fortschritte« bei der Anpassung der Geschäftsmodelle.[187]

Spätsommer 2007. Eine Krisensitzung jagt die nächste bei der IKB und der Landesbank Sachsen, die Bundesbanker glauben den Aufschwung in Deutschland nach wie vor außer Gefahr. Dabei hätte keiner die wahre Lage der Sachsen LB besser erfassen können als die Notenbank: Ein Bundesbankvertreter saß zusammen mit einem BaFin-Beamten in den Verwaltungsratssitzungen in Leipzig, in der sich die Landesbanker für schwere Fälle von Missmanagement erklären mussten. Die Bundesbank wusste also, dass ein Sonderprüfungsbericht die mangelhafte Risikokontrolle kritisierte und feststellte, dass die Geschäfte in den Dubliner Briefkastenfirmen der Sachsen LB von den internen Kontrollsystemen unzulänglich überwacht wurden. Sie wusste, dass die Sachsen LB in diesen Vehikeln bereits 2004 mehr als 30 Milliarden Euro außerhalb der Bilanz bewegte, obwohl ihre Eigenkapitalpuffer mit 1,5 Milliarden dafür viel zu niedrig waren. Öffentlich wahrnehmbare Reaktionen in Frankfurt: keine.[188]

November 2007. Bundesbank-Chef Weber erklärte, das deutsche Bankensystem habe »die Herausforderungen der letzten Monate insgesamt gut gemeistert«. Die Fälle IKB und Sachsen LB tat er als Einzelfälle »institutsspezifischer Natur« ab. Wenige Wochen später sagte sein Vorstandskollege Hans Reckers: »Die Neuorientierung verläuft in Deutschland insgesamt geräuschloser und weniger spektakulär als in den USA.« Die Lage des deutschen Finanzstandortes beunruhigte Reckers offenbar nicht: »Der deutschen Kreditwirtschaft geht es nach einigen schwierigen Jahren heute wieder verhältnismäßig gut.«[189]

Die Bundesbank führte in diesem ersten Krisenjahr zwar Stresstests über Liquiditätsrisiken durch – allerdings nur mit zwölf Banken und mit Szenarien, die sehr allgemein gehalten waren. Entsprechend das Ergebnis: Alle Banken erfüllten die Liquiditätsziele. In einem weiteren Stresstest nahmen sich die Experten die Risiken der Institute im US-Subprime-Markt vor, wiederum mit viel zu freundlichen Szenarien. Sie simulierten einen Absturz der US-Hauspreise um lediglich 5 Prozent. Dabei waren bereits seit Winter 2006 die Hauspreise laut offiziellen Zahlen der amerikanischen Zentralbank in den besonders betroffenen amerikanischen Städten drastisch gefallen und in den ersten Monaten des Jahres 2007 im ganzen Land eingebrochen.[190] Die gravierenden Fehlbewertungen der Studie sind bemerkenswert: »Der Subprime-Anteil liegt im Verhältnis zur Bilanzsumme der betroffenen deutschen Banken bei unter einem Prozent.« Auch die Volumen der toxischen Kredite in den Verbriefungsgesellschaften hielten die Bundesbanker »in Relation zu den Bilanzsummen und zur Kapitalausstattung« der Geldhäuser für »überschaubar«. Nur wenige Monate später lieferten zahlreiche Institute mit ihren testierten Jahresbilanzen Zahlen, die den Bundesbankbericht Makulatur werden ließen.

November 2008. Ausgerechnet auf dem Höhepunkt der Bankenkrise war die Riesenbehörde nicht in der Lage, ihren jährlichen Finanzstabilitätsbericht vorzulegen. Bundesbank-Chef Weber war es geradezu unangenehm, als er an einer Medienkonferenz danach gefragt wurde. Er sprach von »Überstunden« und »massivem Arbeitsanfall« in den zuständigen Abteilungen, die gewöhnlich etwa drei Monate an der Vorbereitung arbeiten würden. Weber versprach: »Wir wollen zusätzlich freie Kapazitäten schaffen, damit das nicht wieder passiert.« Es ist bezeichnend: Im schlimmsten Jahr der Krise blieb die Bundesbank sprachlos.[191]

Woran es wirklich haperte, gestand der Präsident erst ein Jahr später indirekt ein, nämlich bei jener Feier am 30. April 2009, als er die Schaffung des neuen Zentralbereichs verkündete und erklärte, dass dieser künftig die Belastungen der deutschen Banken im internationalen Markt, in bestimmten Marktsegmenten wie zum Beispiel mit verbrieften Hypothekarkrediten, regelmäßig erfassen solle. Im Klartext: Die Notenbank hatte bisher keinen regelmäßigen Querschnittsüberblick über derartige Belastungen. Und das, obwohl die Behörde mit einem ausgefeilten Meldesystem jeden Millionenkredit erfasst, alle nennenswerten Auslandstransaktionen sammelt und daraus gewaltige Statistiken erstellt.

März 2009. Die Bundesbank legte einen neuen Stresstest über die Bankenrisiken vor, diesmal anhand eines simulierten Rückgangs der Autoproduktion. Keine schlechte Idee, aber die Annahmen waren erneut viel zu optimistisch: Die Experten rechneten mit 10 Prozent Minus. Allein die deutsche Pkw-Produktion war in den ersten drei Monaten um 33 Prozent eingebrochen. Wieder einmal wurden die Fachleute in Frankfurt von der Wirklichkeit überrollt. Ihr Szenario wurde später nur durch besondere Umstände »gerettet«: die milliardenschwere Abwrackprämie der Bundesregierung zur Wiederbelebung des Automarktes.

Mai 2009. Noch nach dem HRE-Drama vereitelte Bundesbank-Chef Weber eine kritische Untersuchung der deutschen Bankenlage. Vehement stemmte er sich gegen Vorschläge der EU-Kommission und der Organisation für wirtschaftliche Zusammenarbeit und Entwicklung (OECD), die Belastbarkeit der wichtigsten europäischen Banken durch Stresstests zu prüfen, wie das die Amerikaner bereits durchexerzierten. »Solche Pauschalvergleiche innerhalb des deutschen und europäischen Bankensystems« seien »wenig sinnvoll und potenziell irreführend«.[193] Intensive Berichte zur Finanzkrise: Fehlanzeige.

An einem Mangel an Ressourcen kann es nicht liegen. Die Zentrale in Frankfurt am Main, ein grauer Betonkasten, 217 Meter breit, 17 Stockwerke vom Tresorkeller bis zur Chefetage, Hubschrauberlandeplatz, hermetisch abgeriegelter Sitzungssaal im 13. Stock, 20 000 Quadratmeter Büros. Diese Fläche reicht nicht einmal für die halbe Belegschaft. Offiziell hat die Bundesbank 11 319 Mitarbeiter, mehr als die Hälfte davon sind über die ganze Republik verteilt. In neun Hauptverwaltungen, meist schicke, neue Bürokomplexe, und 47 Filialen von Flensburg im Norden über Cottbus im Osten bis Freiburg im Breisgau. Weitere 215 Mitarbeiter sind an fremde Dienststellen ausgeliehen. 362 befinden sich im komfortablen Zustand »Freistellungsphase der Altersteilzeit«: Sie müssen nicht mehr arbeiten, erhalten aber reduzierte Bezüge. Zählt man alle mit, hat die Bundesbank immer noch fast 12 000 Mitarbeiter unter Vertrag. Dabei sollte das Personal nach der Euro-Einführung kontinuierlich abgebaut werden. Doch damit lässt sich Behördenleiter Weber Zeit.[193]

Ende 2008 beschäftigt die Bundesbank 800 Mitarbeiter mehr, als sie nach den Plänen eigentlich sollte. Viele erhalten eine Bankzulage von 9 Prozent zum Grundgehalt. Die Personalkosten steigen sogar. Bei 954 Millionen Euro lag der Personalaufwand im vergangenen Jahr, 129 Millionen mehr als 2007. Weber selbst bekommt rund 380 000 Euro Jahresgehalt, was nicht viel ist im Verhältnis zu den Bankvorständen, die er überwachen soll. Vor allem die Zahlungen an die Pensionäre belasten das Budget.[194]

Seit dem Ende der D-Mark ist die Bundesbank zu einem riesigen Beschäftigungsprogramm pervertiert. Die Beamten beschäftigen sich mit einem gewaltigen Melde- und Berichtswesen, veranstalten landesweit Beiratssitzungen und Konferenzen, entwerfen Wirtschaftsprognosen, arbeiten selbst Spezialaufträge ab wie den Verkauf einer Zweizimmerwohnung in Dresden. Ein Vergleich mit international bedeutsamen Notenbanken wie der Bank of England und der Schweizerischen Nationalbank zeigt, wie üppig die Bundesbank ausgestattet ist. Obwohl jede dieser beiden Zentralbanken nach wie vor eine eigene Währung zu überwachen hat, kommen die Briten mit 1753 Mitarbeitern aus, die Schweizer mit 662; entsprechend niedriger sind auch ihre Kosten.

In jeder der neun Hauptverwaltungen sitzt ein hoch dotierter Präsident, der nur dem Vorstand der Bundesbank unterstellt ist. Schon ihre Vorgänger, die früheren Chefs der Landeszentralbanken, wurden in der Fachwelt belächelt. »Das Amt ist nicht übermäßig anstrengend«, feixte der renommierte britische Historiker David Marsh. »Gut bezahlte Sinekuren«, spottete lange vor ihm Karl Schiller, legendärer Wirtschaftsminister unter Willy Brandt. Schiller verglich sie mit dem historischen Vorbild von Kirchenbediensteten, die ihre Pfründe ohne Amtspflichten kassierten. Ihre Tätigkeit wurde seitdem nicht aufregender.

Die Hauptverwaltungen sind ein historisches Überbleibsel der Landeszentralbanken, die nach der Euro-Einführung längst hätten abgeschafft werden können. Doch Euro hin oder her, die Hauptverwaltungen blieben. Ihnen unterstehen bundesweit 47 Filialen für die Verteilung des Bargelds. Die Banken bekommen die druckfrischen Geldbündel allerdings nicht geliefert, sie müssen den Zaster selbst dort abholen.

Die Landesfürsten hielten sich zäh, sie schafften es sogar noch nach der Wende, neue Paläste zu errichten. Der bayerische Statthalter ließ sich für 200 Millionen Euro einen klassizistischen Bau an der Münchner Ludwigstraße zum neuen Sitz umgestalten. Sein Kollege in Leipzig baute für 138 Millionen Euro neu. In Berlin wurde nach acht Jahren Bauzeit im November 2007 ein Um- und Erweiterungsbau fertig. Kosten: 158 Millionen Euro. Die Bundesbank-Beamten begossen das Ereignis, Bundesbank-Präsident Weber hielt eine seiner trotzigen Festreden: Die Europäische Währungsunion sei »nicht das Ende für die Bundesbank«. Diese Ewigkeitsgarantie hat die Steuerzahler seit Anfang der Neunzigerjahre mehr als 1,7 Milliarden Euro gekostet – allein für Bürobauten.

Im September 2009 wagte es der Bundesbank-Vorstand, die Schließung von 14 der 47 Filialen anzukündigen. Darunter Gebäude mit modernster Technik und teuren Tresoranlagen wie die in Lübeck, die erst vor sieben Jahren für 27 Millionen Euro vergrößert worden war. Die Anführer der Bundesbank-Gewerkschaft organisierten daraufhin einen Fahnenzug vor der Frankfurter Zentrale. In ihren Protestreden kamen denkwürdige Probleme zur Sprache. »Wie bitte soll man einem 55-jährigen Beamten in Altersteilzeit erklären, dass er von Flensburg nach Hamburg muss«, rief Gewerkschaftschef Harald Bauer ins Mikrofon, »dort aber keine Arbeit für ihn ist, außer vielleicht die Blumen in der Fensterbank zu gießen.« Und sein Kollege Matthias Hermann sprach über Filialen, die »nicht mehr angefahren werden und wo kein Geld mehr ist«. Zur Lösung von derlei Problemen müsse »ein vernünftiges personalwirtschaftliches Begleitkonzept« her.[195]

Für all jene Objekte, die nicht mehr benötigt werden, unterhält die Bundesbank einen eigenen Stab von Immobilienmaklern. Eine Aufgabe, die genauso gut auch die Bundesanstalt für Immobilienaufgaben erledigen könnte. Offeriert werden ein Baugrundstück in Schwerin, ein Einfamilienhaus in Aalen, eine Zweizimmerwohnung in Hamburg, die ehemalige Filiale in Wittlich in der Eifel sowie ein seit Jahren leer stehendes Dienstgebäude im Bonner Bundesviertel. Die Liegenschaften verfügen zum Teil über Extras wie intakte Tresorräume und Lastenaufzüge. Insgesamt kümmern sich 23 amtliche Makler um 44 Objekte.[196] Jeder Immobilienmakler wäre bei einem solchen Personaleinsatz bald pleite – die Bundesbank ist beschäftigt.

Kern der Bundesbank ist allerdings die Forschungsabteilung mit ihren 34 Mitarbeitern und Dutzenden von Gastforschern, die an empirischen Studien sitzen. Die neuen Gefahrenzonen der Finanzindustrie fanden, mit wenigen Ausnahmen, erst in den jüngsten Arbeiten Platz. Die Experten publizieren ihre Arbeiten zumeist zunächst in ihren Frankfurter Diskussionspapieren und anschließend in Fachzeitschriften. Im Jahr 2008 kamen die hauseigenen Forscher auf 30 solcher Diskussionspapiere und 58 Fachzeitschriftenbeiträge, inklusive Dubletten. Im international beachteten *International Journal of Central Banking*, dem Renommierblatt der Notenbankforscher, stehen ihre Beiträge selten. Seit vier Jahren sind dort nur drei Beiträge erschienen, in denen Bundesbank-Mitarbeiter als Autoren oder Koautoren mitgewirkt haben, seit Beginn der Krise nur ein Beitrag. Etliche

Forscher haben seit Jahren keine Zeile mehr publiziert, nur eine Handvoll liefert wirklich hervorragende Studien.[197]

Frühere kritische Analysen gingen in der Schönwetterlage unter. Bundesbank-Vorstand Hans-Helmut Kotz legte vor vier Jahren einige Schwachstellen des Bankensystems offen. Die Behörde vermochte indes nicht, den besorgniserregenden Indizien Taten folgen zu lassen. Ein Lichtblick immerhin: Kotz leitet seit Herbst 2009 den Zentralbereich Finanzstabilität und legte im November 2009 den ersten Finanzstabilitätsbericht mit einer Schätzung der nicht realisierten Marktwertverluste und Kreditverluste bei den wichtigsten Banken vor.[198]

Die Notenbankkollegen im Ausland haben sich da weitaus besser geschlagen. So forderte die spanische Zentralbank bereits Jahre vor der Krise die Banken des Landes auf, in guten Jahren höhere Reserven für Kreditausfälle aufzubauen, die sie in schlechten Jahren dann wieder abbauen dürfen. Die Banco de España widersetzte sich damit den internationalen Eigenkapitalregeln. Diese Regeln wurden vom Basler Ausschuss für Bankenaufsicht erlassen, damit die Banken verpflichtet werden, Eigenkapital entsprechend der eingegangenen Kreditrisiken als Sicherheit zu unterlegen. Der Name der Regel: Basel II. Diese Richtlinie, so ihr Argument, gewähre den Geldhäusern zu viele Schlupflöcher. Dank dieser Eigensinnigkeit gingen die spanischen Banken im Schnitt mit einem dreimal so hohen Eigenkapitalpuffer ins Krisenjahr 2007 wie die deutschen Wettbewerber. Ebenso wie die Spanier verpflichtete die Schweizerische Nationalbank ihre Großbanken neben den Basler Regeln zusätzlich auf nationale Eigenkapitalregeln. Sie geht sogar noch einen Schritt weiter und bereitet Maßnahmen vor, so dass systemwichtige Geldriesen im Notfall geordnet liquidiert oder zerschlagen werden können. Der Vizepräsident der Schweizer Notenbank, Philipp Hildebrand, hält es »auch aus demokratischer Sicht nicht für akzeptabel«, dass Großbanken sich darauf verlassen, im Zweifel vom Steuerzahler gerettet zu werden.

Verglichen mit diesen beiden Notenbanken macht die Bundesbank alles andere als eine gute Figur, sie ließ sich vom Krisengeschehen treiben und wartete auf internationale Vereinbarungen, von denen niemand weiß, bis wann sie und ob sie tatsächlich umgesetzt werden.[199]

Pittsburgh, Pennsylvania, im September 2009: Regierungschefs, Finanzminister und Notenbanker der zwanzig wichtigsten Industrienationen trafen sich zum Weltfinanzgipfel der G20. Bundeskanzlerin Merkel war da, Finanzminister Steinbrück war da und auch Bundesbank-Präsident Weber. In den heimatlichen Medien ließen die deutschen Teilnehmer ihr Mitwirken als Erfolg feiern. »Alle haben sich auf schärfere Regeln verständigt, die zügig eingeführt werden sollen«, erklärte Weber in einem Interview.[200]

In Wirklichkeit trat er dort wie die deutschen Regierungsvertreter in einer entscheidenden Frage als Bremser auf. Andere Länder wie die USA wollten nämlich dem Schweizer Beispiel folgen und von den Großbanken künftig Mindesthöhen für ihr Eigenkapital im Verhältnis zur Bilanzsumme verlangen. Sie wollten, dass die Banken ihre Vermögenswerte auf das 25fache des Eigenkapitals begrenzen. Die Banken könnten dann zum Beispiel mit 1 Milliarde Euro Eigenkapital nur noch für 25 Milliarden Euro Verpflichtungen eingehen. Diese Verhältniszahl, »Leverage-Ratio« genannt, haben die Schweizer für ihre Großbanken bereits eingeführt. Sie forderten von den Geldinstituten, dass sie ab 2013 eine Leverage-Ratio von mindestens 3 Prozent erreichen. Anfangs murrten die Manager der Zürcher Großbanken UBS und Credit Suisse natürlich, aber inzwischen erhöhen sie fleißig ihr Eigenkapital, reduzieren ihre Bilanzsumme und verweisen stolz auf ihren höheren Sicherheitspuffer. Die Credit Suisse stand im Herbst 2009 bei 4,1 Prozent, die UBS bei 3,5 Prozent. Seitdem betrachten die Aktionäre und Anleiheninvestoren ihren hohen Eigenkapitalposten als Wettbewerbsvorteil. Ihre Zahlen gelten nun als Zielmarken für die anderen.[201]

Die Schweizer setzten diese Regel deshalb so früh um, weil sie registriert hatten, wie trickreich die Banken die bisherigen Regeln ausgesetzt hatten. Und das ging so: Vorgeschrieben war den Banken nur die Meldung und Publikation ihres »risikogewichteten« Eigenkapitals nach der Basel-II-Regel. Nach diesen Vorschriften werden die Forderungen und Kredite der Banken wie auch die Vermögenswerte, die sie in ihren Büchern halten, in Risikoklassen eingeteilt. Entsprechend hoch oder niedrig wird dann das zu unterlegende Eigenkapital bestimmt. Das Ergebnis dieser komplizierten Berechnung des »risikogewichteten Eigenkapitals« war eine neue Kennzahl für die Bankbilanzen: die Kernkapitalquote. Eigentlich eine kluge Idee.[202]

Doch die Banken waren klüger: Sie umschifften regelmäßig diese Vorschriften mit komplexen Konstruktionen, die ihre Risiken – zum Schein – kleiner aussehen ließen. Indem sie auf ihre Großkredite Kreditversicherungen abschlossen, ihre Forderungen mit Hilfe der angeblich unabhängigen Conduits verbrieften oder sogar eigens Finanzprodukte zur hübschen Darstellung von niedrigen Risikoklassen kreierten. Der größte Clou bei der Sache: Wer seine faulen Kredite mit Kreditversicherungen abdeckte, schnitt bei der Risikogewichtung blendend ab. Diese Praxis war keine Geheimwissenschaft, sondern in der Finanzbranche weithin bekannt und ein großes Geschäft. Sie hatte im Bankenjargon eine Namen: regulatorische Arbitrage. Die Kniffe und Tricks wurden offen und unerschrocken trainiert, angeleitet von einem Heer renommierter Fachjuristen. »Sie wurden eine zentrale Komponente der exzessiven Risikonahmen«, sagt Janet Yellen, Präsidentin der amerikanischen Notenbank-Filiale in San Francisco.[203]

Zum Beispiel im Zürcher Nobelhotel Baur au Lac, einem

der luxuriösesten Häuser der Welt, oder im Hotel Vierjahreszeiten in Hamburg. Das sind die Konferenzlokale der amerikanischen Beratungsfirma Compliance LLC, die Fondsmanager und Banker in den Techniken der regulatorischen Arbitrage unterrichtet. Unter Arbitrage verstanden die Händler früher das Ausnutzen von Preis- und Kursunterschieden für ihre Handelsprodukte an verschiedenen Börsen. Die regulatorische Arbitrage zielt darauf ab, Regulierungsunterschiede in verschiedenen Ländern sowie Lücken in den Regelwerken auszunutzen. Das wissen die Fachleute: »Das Basler Regelwerk ist voller Unterschiede«, schreiben die Berater von Compliance LLC: »verschiedene Herangehensweisen, verschiedene Fristen, verschiedene Rechtsmeinungen, verschiedene nationale Ermessensspielräume«.[204]

So waren die Regeln eigentlich nicht gedacht, aber so funktionierte die Finanzindustrie seit der Einführung von Basel II. Das Resultat waren nicht niedrigere, sondern höhere Risiken in den Bankbilanzen. Die Kernkapitalquote nach dem Basel-II-Reglement war ein Schönwetterprodukt, das den Krisentest nicht bestand. So kam die Hypo Real Estate auf hohe 9,3 Prozent Kernkapitalquote, bevor sie abschmierte.

Solche Tricks sollten also vereitelt werden, das schien soweit klar. Aber während Bundesbank-Chef Weber dem vordergründig zustimmte und mit seinem »Alle haben sich auf schärfere Regeln verständigt, die zügig eingeführt werden sollen« so tat, als ob er die Sache jetzt angehen und endlich so richtig hart durchgreifen würde, gehörte er in Pittsburgh in Wirklichkeit zu den Gegnern der Einführung einer verbindlichen Leverage-Ratio für alle Institute. Seine Forscher hätten die Sache gerne zunächst gründlich untersucht, da hörten sie ihren Chef schon in einem Vortrag sagen: »Ich stehe diesem Vorschlag eher skeptisch gegenüber. Zumindest soweit er eine zusätzliche bindende Richtgröße vorsieht. Allenfalls könnte man daran denken, die Veröffentlichung des Leverage-Ratio vorzuschreiben, um die Transparenz für andere Marktteilnehmer zu erhöhen.«[205] Das war Monate vor dem Treffen in Pittsburgh.

Die deutschen Problembanken konnten mit ihrem Notenbanker zufrieden sein. Nachdem die Diskussion um neue Eigenkapitalregeln zum ersten Mal am Weltfinanzgipfel der G20 in Washington im November 2008 aufgekeimt war, hatte die Lobby-Organisation Initiative Finanzstandort Deutschland (IFD) mit einem Eckpunktepapier die Linie vorgegeben: Die Leverage Ratio sei »für die Stabilisierung des Finanzsystems ungeeignet«.[206] Die Haltung der Frankfurter Banken-Lobbyisten hat einen einfachen Grund: Allein die zehn größten deutschen Banken müssten viele Milliarden zusätzliches Eigenkapital aufbringen, um diese neuen Vorschriften zu erfüllen. Sie müssten also im Durchschnitt ihre Eigenmittel verdoppeln. Folgerichtig bedrängten die deutschen Banker Aufsichtsbehörden und Regierung, gegen die Leverage-Ratio in Pittsburgh zu opponieren. Mit einer Ausnahme: Josef Ackermann, der Deutsche-Bank-Chef, forderte schon Wochen vor dem G20-Treffen in Pennsylvania: »Wir benötigen besseres Kapital.« Ackermann räumte ein: »Die Banken hatten grundsätzlich zu wenig Kapital und einen zu hohen Verschuldungsgrad.« Er hatte längst eingesehen, dass die internationalen Kapitalmärkte ein höheres Niveau forderten.[207]

So kam es auch in Pittsburgh. Die Leverage-Ratio wurde Programm, auch wenn die Deutschen es nicht wollten. Was ihnen blieb, war nur noch ein Spiel auf Zeit, und dabei waren sie mal wieder erfolgreich. Während die Schweiz die Leverage-Ratio im Alleingang bereits eingeführt hatte, konnten sich die G20-Länder nur darauf einigen, dass die neuen Regeln international erst »entwickelt« werden. Das soll bis Oktober 2010 dauern, die Regeln sollen danach erst schrittweise eingeführt und bis Ende 2012 endlich umgesetzt sein. Die G20 selbst kann auch keine Regeln umsetzen, sie hat kein

Büro, keinen Apparat und keine eigenen Regelwerke. Sie ist nur eine Konferenz. Die Regierungen beauftragten in Pittsburgh das Financial Stability Board mit der Umsetzung, eine viel breiter aufgestellte Organisation, in der die großen Weltorganisationen, die Notenbanken und Aufsichtsbehörden zahlreicher Länder vertreten sind.

Kaum war die Pittsburgh-Konferenz vorbei, da kam die Bundesbank schon wieder mit Lockerungswünschen. Diesmal argumentierte sie gegen die neuen Qualitätsvorstellungen für das Eigenkapital, die an dem G20-Gipfel beschlossen wurden. Der wichtigste Teil des Eigenkapitals sollte überwiegend nur noch aus höherwertigem Kapital wie Stammaktien, einbehaltene Gewinne und Kapitalrücklagen bestehen. Aber gerade da sehen viele deutsche Institute schlecht aus: Landesbanken, Genossenschaftsbanken, Sparkassen.

Die nächste deutsche Extrawurst: Das Eigenkapital wird von den Aufsichtsbehörden in drei Klassen eingeteilt, wobei die höchste Klasse als Kernkapital (Core Tier 1) bezeichnet wird und die höherwertigen Mittel des Konzerns umfasst. In dieser Klasse haben aber die Landesbanken bisher hohe Anteile von so genannten stillen Einlagen verbucht. Die Bundesländer oder Sparkassen sind über diese stillen Einlagen am Kapital der Bank beteiligt. Sie werden als still bezeichnet, weil der Gesellschafter diese Kapitalbeteiligung nicht öffentlich machen muss. Der Einleger erhält auch kein Stimmrecht an der Aktionärsversammlung.

Sparkassen müssten von ihren öffentlichen Eigentümern in zweistelliger Milliardenhöhe Eigenkapital nachschießen, die Landesbanken wären in ihrer Kapitalstruktur gefährdet. Zudem wären etliche »Rettungsschirme« des Bundes und der Länder nutzlos, weil die staatlichen Kapitalspritzen teilweise als stille Einlagen gewährt wurden, so zum Beispiel bei der Commerzbank und der BayernLB. Das Kernkapital der HSH Nordbank bestand Ende 2008 zu einem Drittel aus stillen

Einlagen von institutionellen Investoren, darunter Sparkassen, andere Landesbanken, Fonds und Versicherungen.

Die angelsächsischen Bankenjuristen misstrauen dieser Beteiligungsform, weil sie stets auf einem schlichten Vertrag zwischen Investor und Bank basiert. Wer hier das Kleingedruckte nicht kennt, kann auch nicht wissen, ob die stille Einlage so sicher ist wie Stammaktien. Stille Einlagen durften nach dem deutschen Kreditwesengesetz bisher nur zum aufsichtsrechtlichen Eigenkapital hinzugezählt werden, wenn sie im Insolvenzfall nachrangig behandelt werden, ausgefallene Zinszahlungen nicht nachgeholt werden, unkündbar oder zumindest erst nach längerer Laufzeit kündbar sind.

Bundesbank, BaFin und Bundesfinanzminister protestierten gegen die neue Eigenkapitalregel. Ihre Erfolgschancen sind in der Sache gering. Das EU-Parlament will die stillen Einlagen nicht mehr als Kernkapital gelten lassen, auch für den Financial Stability Board ist die Sache klar. So bestätigte im Oktober 2009 der italienische Notenbank-Präsident Mario Draghi, der zugleich als FSB-Vorsitzender amtiert: »Ich sage, dass es für die Qualität des Eigenkapital schon eine Einigung gibt.«[208]

Deutsche Sonderwege soll es in Europa nicht mehr geben. Bleibt also auch hier nur das Spiel auf Zeit, das Hinausschieben des Inkrafttretens. Wer will, kann die simple Regel zügig selbst umsetzen, so wie die Schweiz. Deutschland will nicht. Zumindest hatte der Ex-Finanzminister Steinbrück eine gewisse Vorstellung der Zeiträume. Die von der EU geplante Übergangsfrist reiche nicht: »Bis zum Jahre 2040 ist ein gleitender Übergang auf das neue Rechtsregime vorgesehen.« Kein Witz: bis 2040. Und deutsche Bankenverbände forderten ebenfalls eine Übergangsfrist von dreißig Jahren.[209]

Im Getöse um das große Ganze der Regularien am Bankenmarkt soll ein Detail nicht vergessen werden: dass die Bundesbank den Gipfelpunkt ihres Versagens in eigener Sache lieferte, nämlich beim Umgang mit ihrem eigenem Geld. Als die Hypo Real Estate kurz vor ihrem Beinahe-Crash zum Kassensturz gezwungen war, tauchte unter den Kunden mit unbesicherten Einlagen auch die Deutsche Bundesbank auf. Sie war mit 2,3 Milliarden Euro Finanzanlagen bei der HRE engagiert, obwohl schon Tage vorher auch öffentlich durchsickerte, dass die Bank ein hohes Ausfallrisiko darstellte. Die Summe ist nicht nur für Laien ein ungeheuerlich hoher Betrag, sie ist auch für die Bundesbank kein Klacks. Sie macht einen beträchtlichen Teil der Bundesbank-Forderungen in Euro aus, die bei den Kreditinstituten im Euro-Währungsraum liegen – insgesamt 22 Milliarden.[210]

Was hier passierte, müssten die Aufsichtsbeamten heftig rügen, wenn sie es bei den Risikomanagern der von ihnen beaufsichtigten Institute entdecken würden: Sie hatten ihre Gegenparteirisiken nicht im Griff. Jeder Risikomanager muss nämlich in Krisensituationen darauf achten, dass die Gelder des Hauses nicht bei umfallgefährdeten Banken liegen. Das gilt ganz besonders für kurzfristige Tagesgeldanlagen oder auch bei großen internationalen Transaktionen, die über mehrere Korrespondenzbanken fließen. Wer hier in Krisenzeiten nicht aufpasst, kann erleben, dass hohe Summen über Nacht in der Konkursmasse landen. So legten zum Beispiel die Risikomanager bei Schweizer Privatbanken und Londoner Investmentbanken während der schlimmsten Krisenmonate Wochenend- und Nachtschichten ein, damit so etwas nicht passiert. Der staatlichen Kreditanstalt für Wiederaufbau war es prompt gelungen: Sie hatte auf ein Konto von Lehman Brothers sogar noch 300 Millionen Euro überwiesen, nachdem diese schon Insolvenz angemeldet hatte. Für den Spott brauchten die KfW-Manager nicht mehr zu sorgen: »Deutschlands dümmste Bank« titelte die *Bild* und listete volksnah auf, was man für 300 Millionen Euro alles bekommen könnte: 187 Kindergärten, 6 Krankenhäuser,

100 Freibäder, 10 000 Fußgängerampeln oder einen Lederfußball für jedes deutsche Kind.[211]

Aber das waren noch Peanuts. Im Fall des HRE-Engagements der Bundesbank war die Sache noch verwerflicher. In der Summe der Finanzanlagen der Bundesbank auf den Konten der maroden Bank waren 5 Millionen Euro Pensionsgelder der BaFin enthalten. »Als ich das gelesen habe«, erzählte BaFin-Chef Jochen Sanio, »da habe ich gedacht: Jetzt muss ich noch länger als 69 arbeiten.« Die Vorsorgegelder der BaFin-Beamten werden nämlich von der Bundesbank verwaltet. »Nach ihrem eigenen Ermessen«, sagt Sanio. Sie habe dafür nur grobe Richtlinien bekommen: »50 Prozent Staatsanleihen, soundsoviel Prozent Pfandbriefe«. Bundesbank-Chef Weber erklärt wiederum, dass seine Leute nach Anlagerichtlinien eines Ausschusses verfahren. »Wir setzen diese Richtlinien passiv um«, erklärte Weber.[212] Nach eigenem Ermessen oder aber passiv, wie auch immer, die Bundesbank ist als Anlagemanager wie jede Privatbank verpflichtet, das ihr anvertraute Vermögen zu schützen. Im Fall einer Insolvenz der Hypo Real Estate wäre jedenfalls ein Teil der Beamten-Vorsorgegelder verlorengegangen. Da sind die BaFin-Beamten und allen voran ihr Chef Jochen Sanio gerade noch einmal davongekommen.

Die Finanzaufseher registrieren, lochen und heften ab

»Lehman war der K.O. eines angeschlagenen Boxers: ruckzuck.«
»Und dann kam Lehman, und das hat ja dann diesen Schock, diesen extremen Schock ausgelöst.«
»Ich kann nur noch aus der *Glocke* zitieren: ›Alles rennet, rettet, flüchtet‹.«
»Die Lehman-Insolvenz – das ist wichtig – versetzte die internationalen Finanzmärkte in eine fundamentale Schockstarre.«
»Lehman hat die Märkte dann in den tiefen Winter geführt mit Riesenverlusten noch mal. Es war ein plötzlicher Tod.«[213]
»Dazu brauche ich kein Bundesfinanzministerium. Dazu brauche ich niemanden. Dazu brauche ich Fachverstand.«
BaFin-Chef Jochen Sanio im Bundestags-Untersuchungsausschuss über die Rettung der Hypo Real Estate[214]

Journalisten lieben Jochen Sanio, Chef der Bundesfinanzaufsicht. Er ist immer gut für drastische Worte und knackige Zitate, besonders wenn es um die Lehman-Pleite vom 15. September geht. So was macht sich immer gut in den Zeitungen, liest sich frisch und sorgt für ein Image, wie es einem Chefaufseher gut zu Gesicht steht: kernig, hemdsärmelig, zupackend. Der Mann weiß, was Sache ist, der macht den Bankern Dampf.

Leider trügt der Schein. So sehr sich Sanio auch im öffentlichen Auftreten vom drögen, spröden Bundesbank-Chef Weber unterscheidet – in der Sache sind die beiden sich einig. Sie zogen am gleichen Strang, vor allem wenn es um deutsche Extrawürste ging. Auch Sanios Krisensicht kennt nur zwei Epochen: vor Lehman, nach Lehman. Seine Botschaft: Vorher konnte niemand erahnen, dass der deutsche Finanzplatz gefährdet war. Schluss, fertig, Ende der Diskussion. Gerade die kritischen Fragen nach dem Vorher sind die lebenswichtigen Fragen, die uns lehren, wie wir mit künftigen Krisen umgehen. Welche Entwicklungen wurden übersehen? Welche Informationen falsch eingeschätzt? Welche existentiellen Erkenntnisse lagen vor und welche nicht?

Der Hypo-Real-Estate-Untersuchungsausschuss des Bundestages streifte diese Fragen immer wieder und die Zeugen lieferten durch die Bank ein überraschendes Ergebnis: Es mangelte keineswegs an Informationen. Die Untersuchungsführer in den Hauptverwaltungen der Bundesbank, die Aufsichtsbeamten der BaFin und auch die Beamten im Referat für Bankenaufsicht des Finanzministeriums verfügten über umfangreiche Erkenntnisse über die Lage der deutschen Problembanken. Sie hatten Zugang zu den Berichten von Sonderprüfungen, die regelmäßig stattfanden – über hundert jedes Jahr. Sie kannten aus ihrem Meldewesen jeden Großkredit, der von einer deutschen Bank vergeben wurde. Sie hätten mit ihrem Wissen systematisch jegliche Gefährdung des Finanzplatzes analysieren können: Gegenparteirisiken, Marktrisiken, Währungsrisiken, Versicherungsrisiken, kurz- und langfristige Liquiditätsrisiken. Sie wussten alles, aber sie erkannten nichts.

Der CDU-Bundestagsabgeordnete Klaus-Peter Willsch sagte während einer dieser Befragungen im Untersuchungsausschuss: »Ich hatte selbst mal in meiner Berufslaufbahn eine Erfahrung, was mit Quartalsberichten geschieht: Die werden dann registriert, gelocht und abgeheftet.« Willsch war einmal Bürgermeister in einem Städtchen im Taunus, das Aktenablegen ist ihm vertraut. Er fragte weiter: »Wer hat denn nachgehalten? Wer hat denn dafür gesorgt, dass Dinge aus diesen Quartalsberichten, die politische Relevanz haben könnten, die wichtig sind und im Auge behalten werden sollten, auch wirklich angeschaut werden?«[215] »Diese Quartalsberichte werden genutzt von den Referatsangehörigen, um aktuelle Einschätzungen zu haben«, antwortete die Zeugin Susanne K., eine Fachbeamtin aus dem Ministerium.

»Könnte es sein, dass auf allen Seiten des Spiels sozusagen jeder davon ausgeht, dass sich jemand um die Berichte kümmert, es aber letztlich doch dem Zufall überlassen ist, ob es geschieht?«, hakte Willsch nach. Die Zeugin schien irritiert. Sie tuschelte erst einmal mit ihrem Rechtsbeistand, der neben ihr saß, ein Hausjurist des Ministeriums. »Also, davon würde ich jetzt erst mal nicht ausgehen«, war dann ihre Antwort, »Die Berichte haben eine bestimmte Funktion, nämlich zur Ertragslage Daten zu liefern, und das machen sie ja auch.«

»Aber ausschließen können Sie es nicht«, sagte Willsch. »Sagen Sie mir doch mal einen typischen Fall einer Information aus dem Quartalsbericht, die Sie angestoßen hat, zu sagen: Das muss ich jetzt nach oben melden; ich muss darauf aufmerksam machen, dass sich jemand darum kümmert.« »Also«, antwortete die Zeugin, »ich kann jetzt nur für meine Person sprechen. Mir ist nichts bekannt.«

Was die Beamtin, eine promovierte Wirtschaftswissenschaftlerin, auf ihrer Festplatte gespeichert und an ihre Referatsleiter weitergeleitet hatte, das war wertvolles Wissen. Denn die Fachaufsicht im Ministerium und ihre Kollegen in den Aufsichtsbehörden werden von den Banken weitaus genauer informiert als Aktionäre und andere Investoren. Sie erhalten tiefe Einblicke in vertrauliche Unterlagen über die Investments und Kreditengagements der Banken, über deren

Stresstests und internen Risikoberichte. Und weil sie auch dem Bankgeheimnis unterliegen, erhalten sie vertrauliche Daten über die Gegenparteien der Banken. So können sie sehr genau ermitteln, wer mit wem zusammen als Darlehensgeber bei Großkrediten auftaucht und wer wem Milliardenbeträge geliehen hat. Das war heiß begehrtes Wissen, denn alle suchten in den Krisenmonaten verzweifelt nach diesen Information: Banken, Bond-Investoren, Fonds, Private-Equity-Investoren, Versicherungen, Pensionskassen, Analysten, Finanzjournalisten und Finanzwissenschaftler. Alle fragten sich schließlich: Wer hat den verbrieften Subprime-Schrott in den Büchern? Wer sitzt auf den größten Risiken? Viele Marktteilnehmer verfügten über Informationsfragmente, Puzzleteile wie das Wissen aus dem eigenen Unternehmen oder öffentlich zugängliche Ratingberichte, Bilanzen und Fondsprospekte. Doch das gesamte Bild über die Lage des deutschen Finanzmarktes konnten nur die Aufsichtsbeamten zeichnen. Sie hatten genau das kritische Wissen, das alle Marktteilnehmer seit Beginn der Krise gerne gehabt hätten.

Aber wie kommt es, dass die Aufseher trotzdem unwissend erscheinen? Wie kann es passieren, dass sie trotz dieser Informationen schwächelnde Banken nicht rechtzeitig erkennen? Eine Antwort ist den Aufsehern längst bekannt. Bereits im Jahr 2002 legte der Basler Ausschuss für Bankenaufsicht internationale Richtlinien vor, wie man schwache Banken untersucht. Die Deutschen hatten an den Empfehlungen mitgewirkt: »Gute Informationsquellen reichen allein kaum aus; für die Interpretation von Informationen und die Einschätzung der Finanzlage von Banken ist nahezu immer auch das Urteilsvermögen der Bankenaufseher erforderlich.«[216] Eine banale Einsicht, aber in Deutschland haperte es dennoch bei der Umsetzung.

Eine tiefere Erklärung für das Erkennungsproblem finden wir, wenn wir über den Tellerrand der Finanzbranche hinaus auf andere Großkatastrophen blicken. Das gleiche Phänomen ist nach den Terroranschlägen vom 11. September 2001 von den amerikanischen Geheimdiensten intensiv beschrieben und untersucht worden. Damals fragten sich die Nachrichtenexperten sowie die Sicherheitspolitiker in den Aufsichtskomitees der Geheimdienste, wie es passieren konnte, dass eine Gruppe von Extremisten, deren Mitglieder teilweise schon seit Jahren beobachtet und observiert worden waren, dennoch diese Anschläge planen, finanzieren, vorbereiten und trainieren konnte. Simplifiziert heißt die Antwort: Die Geheimdienste wussten nicht zu wenig, aber ihnen fehlte die Fähigkeit, Wichtiges von Unwichtigem zu trennen. Sie waren nicht in der Lage, ihr Wissen sinnvoll und klug zu analysieren.

Es gab ein weiteres Problem: die übertriebene Geheimhaltung. Je mehr Informationen die einzelnen Arbeitseinheiten für sich behalten, umso dümmer agiert am Ende die Gesamtorganisation. Große Organisationen können sich hinter ihrer Geheimhaltung verstecken, damit Inkompetenz, Faulheit und Unvermögen verdecken und fördern. Sie werden träge und faul, sind daher für jede Demokratie gefährlich.[217]

Wenn die deutsche Finanzmarktaufsicht hinzulernen will, müssten sich ihre führenden Beamten zu weit mehr Transparenz durchringen, als sie bisher gewohnt sind: so viel Bankgeheimnis wie nötig, so viel Transparenz wie möglich. Davon sind sie noch weit entfernt, wie eine Geschichte vom April 2009 deutlich macht. Damals bat die Finanzaufsichtsbehörde BaFin die Staatsanwaltschaft in München, strafrechtliche Ermittlungen gegen Unbekannt aufzunehmen. Sie sollten Geheimnisverräter aufspüren, nachdem eine »streng vertrauliche« Aufstellung der BaFin über Vermögenswerte einzelner Banken in die Medien gelangt war. Das Dokument listete die toxischen Positionen auf, die in den Büchern der deutschen Institute schlummerten – mehr als 800 Milliarden Euro.

Das Papier war eigentlich kein großes Geheimnis mehr. Mit akribischem Bilanzstudium konnte man auf ein ähnliches Ergebnis kommen. Die Aufsichtsbehörde warnte zugleich die Medienöffentlichkeit »vor einer Fehlinterpretation der vertraulichen Aufstellung«. In der Liste seien »nicht nur toxische oder andere Wertpapiere, sondern auch Vermögenswerte, die nach Angaben der Banken nicht mehr zur aktuellen Geschäftsstrategie passen und die daher ausgegliedert werden könnten«.[218]

Wieder so eine Schummelei mit einer bagatellisierenden Formulierung. »Nicht mehr zur Strategie passende Vermögenswerte«. Das klingt recht neutral nach Besitzungen, die nicht mehr benötigt werden, aus welchen strategischen Gründen auch immer. Im Banker-Jargon (»non-strategic assets«) ist dies aber neuerdings nichts weiter als eine vornehme Umschreibung für Schrottwerte, die man schnellstmöglich losschlagen will oder muss.

Wie der Fachausdruck eingesetzt wird, zeigt das Beispiel WestLB. Der Aufsichtsrat dieser Landesbank beschloss am 6. Februar 2009, »nicht-strategiekonforme Aktiva« auszugliedern.[219] Im Oktober 2009 konkretisierte die WestLB, dass sie »nichtstrategische Aktiva in der Größenordnung von 85 Milliarden Euro« aus der Bilanz auslagern wolle – mit der Stützung des Staates. Unter das nichtstrategische Auslagerungsgut fielen damit jene Wertpapiere, von denen sich die Bank offensichtlich befreien musste, um überhaupt weiterexistieren zu können, darunter Schuldverschreibungen im Volumen von 23 Milliarden Euro. Hinter diesen steckte aber der Altschrott, den die WestLB mit einer ersten Müllentsorgungsaktion bereits im Februar 2008 ausgelagert hatte: Damals hatte das Institut seine Giftpapiere, die sie unter anderem in ihren Conduits Harrier, Kestrel und Greyhawk gehalten hatte, an einen neuen Conduit in Irland verkauft. Für die Ausfälle beim neuen Conduit mit dem Namen Phoenix

Light Ltd. hafteten nun das Bundesland Nordrhein-Westfalen und die Sparkassen als Eigentümer der WestLB. Im Gegenzug erhielt die WestLB für die verkauften Papiere die Schuldverschreibungen – die sie nun wieder loswerden wollte.[220]

Sie hatte gehofft, einen Teil dieser Schuldverschreibungen auf den Kapitalmärkten wieder zu verkaufen, wenn sich die Marktbedingungen dafür bessern sollten. Da war sie wieder, die klassische, trügerische Hoffnung auf das Wiederkehren der Spekulationsblase mit Papieren, von deren Wertlosigkeit längst alle Marktteilnehmer überzeugt sind.

Als die Aufsichtsbeamten der BaFin ihre verharmlosende Mitteilung publizierten, war der Fachwelt bekannt und musste deshalb auch ihnen bekannt sein, dass diese Papiere unverkäuflich waren. Die Händler in den Banken wussten es, die Notenbanker wussten es, und auch die Analysten in den Ratingagenturen wussten es. Der Markt für den privaten Handel mit strukturierten oder verbrieften Hypotheken sei »wirklich tot«, stellte im Oktober die Rechtsprofessorin Patricia A. McCoy klar, eine Koryphäe auf dem Gebiet der Verbriefungsgeschäfte. Mit unmissverständlichen Zahlen belegte sie in einer Anhörung des US-Senats, dass nur noch staatliche Institutionen mit den vergifteten Wertpapieren handelten.[221] »Strategisch« waren die Wertpapiere nur so lange, wie die Blase nicht geplatzt war. Was bleibt, das ist eine Sprechblase.

Ansonsten waren die Texter der BaFin in ihren Publikationen weniger kreativ. In ihrem Tätigkeitsbericht für das Jahr 2008 handeln sie das Thema Finanzkrise auf wenigen Seiten so lapidar ab wie etwa ihren Entwurf »für eine Auslegungsentscheidung zur Mindestzuführung in der fondsgebundenen Lebensversicherung«. Ihre Einsichten zum Thema sind so knapp wie banal: »Die Lage der Banken spiegelte, wie schon im Vorjahr, die Folgen der Subprime-Krise und der hieraus erwachsenen weltweiten Finanz- und Wirtschaftskrise wider.« Mehr Akribie und Detailtreue widmen die Autoren des Tätigkeitsberichts Problemen wie der Zertifizierung von Wohn-Riester-Produkten und der Wiedergabe der Beschwerdestatistik in der Versicherungswirtschaft. Der Leser erfährt auch, dass »ein BaFin-Mitarbeiter an einer Fortbildungsveranstaltung für russische Versicherungsaufseher in Moskau teilgenommen hat«.[222]

Ebenso wenig wie die Versäumnisse der Bundesbank wurde der Totalausfall der BaFin gründlich untersucht. Stattdessen machten sich die Politiker der neuen Regierungsparteien nach der Bundestagswahl im Herbst 2009 flott daran, Organisationsspiele zu betreiben. Wichtigstes Resultat der Koalitionsvereinbarungen: Die Bankenabteilungen der BaFin sollten künftig unter dem Dach der Bundesbank geführt werden. Die Bundesbank soll nun die Aufgabe der Bankenaufsicht von der BaFin übernehmen. Bisher war die Finanzaufsicht BaFin für aufsichtsrechtliche Maßnahmen bei den Geldinstituten zuständig, die Bundesbank für deren laufende Überwachung. Bei der BaFin bleiben soll dann noch die Versicherungsaufsicht und die Wertpapieraufsicht mit der Bilanzkontrolle der Kapitalunternehmen, deren Aktien an der Börse gehandelt werden sowie die Kontrolle der Finanzprodukte, die von den Banken verkauft und gehandelt werden. Mal wieder eine ziemlich umständliche Lösung und ein typischer Berliner Koalitionskompromiss: Die eine Behörde kontrolliert die Unternehmen, die andere die Dienstleistungen und Produkte der Unternehmen. Es ging einmal wieder nicht um die Inhalte einer verbesserten Kontrollarbeit, sondern um Organigramme.

Beim Neustrukturieren erkannte Bundesbank-Chef Weber ein Problem in eigener Sache. Die politische Bedrohung der gesetzlich verankerten Unabhängigkeit der Bundesbank von der Regierung, die ihr nicht ins Geschäft hineinreden darf. Das schützt auch seinen Stuhl und den seiner Vorstandskollegen. Sie können daher nicht von der Regierung, sondern nur vom Bundespräsidenten abgesetzt werden, und dies nur bei schwersten dienstlichen Verfehlungen. Dabei ist diese Unabhängigkeit heute völlig unerheblich. Sie ist ein Relikt aus den alten D-Mark-Zeiten, als es galt, die geldpolitischen Entscheidungen der Bundesbank vor dem Einfluss der Regierung zu schützen. Aber seit dem Ende der D-Mark wird die Geldpolitik von der Europäischen Zentralbank entschieden. Die Bundesbank wirkt bei diesen Entscheidungen nur mit als eine von 16 nationalen Notenbanken. Um die Unabhängigkeit der EZB muss man sich kaum sorgen, weil keine Regierung alleine maßgeblichen Einfluss ausüben kann.

Webers Sorge war also ein Sekundärproblem. Auch die gesamte Reorganisationsübung der Bundesregierung ist nicht entscheidend. Die Aufsicht wird dadurch weder besser noch schlechter, wie die Modelle vieler Länder zeigen. Es liegt nicht an der Frage, wie viele Behörden sich die Aufsicht teilen, sondern daran, ob sie funktionieren. Es liegt auch nicht daran, wie viel Informationen eine Behörde sammelt, sondern daran, wie sie diese Informationen nutzt.

Es würde ausreichen, wenn sich die neue Bankenaufsicht einen alten Richtlinienkatalog vornimmt und umsetzt, der schon im Jahr 2002 veröffentlicht wurde – sieben Jahre vor Beginn der Krise. Es ist jener Bericht des Basler Ausschusses für Bankenaufsicht »für die Behandlung schwacher Banken«. Wären die Empfehlungen dieser Taskforce, in der auch ein Vertreter der Bundesbank mitwirkte, im Jahr 2007 befolgt worden, dann wäre den deutschen Bürgern einiges erspart geblieben.

»Die Aufsichtsinstanzen müssen für die Behandlung schwacher Banken detaillierte und umfassende Notfallpläne ausarbeiten«, forderte der Basler Expertenrat, »um im Krisenfall unverzüglich reagieren zu können.« Dafür sollte »ein gut dokumentierter Notfallplan« erstellt werden, der mehrere Szenarien umfasst: »Diese können von einer großen, möglicherweise für das Gesamtsystem wichtigen Bank, die über Nacht zusammenbricht, reichen bis zu einer kleinen, vergleichsweise unwichtigen Bank, die sich im Niedergang befindet und mit nur geringen Störungen aus dem Bankgewerbe herausgenommen werden kann.«

Die Notfallpläne sollten Folgendes berücksichtigen: »Mechanismen, mit denen Aufsichtsinstanzen von der Schwäche einer Bank Kenntnis erhalten; die Befugnis, Entscheidungen zu treffen, die das Erkennen und die Beurteilung einer schwachen Bank betreffen; Vorkehrungen, um die Fehlentwicklungen in der Bank unverzüglich mit deren oberstem Verwaltungsorgan und der Geschäftsleitung erörtern zu können; Vorkehrungen für eine eingehende Beurteilung, erforderlichenfalls auch unter Einsatz unabhängiger Fachleute; Vorkehrungen für die Berichterstattung über die Beurteilungsergebnisse, und wer innerhalb oder außerhalb der Bankenaufsicht zu informieren ist; Zuständigkeiten für die Bestimmung der zu ergreifenden Maßnahmen der Aufsicht, darunter die Übernahme der physischen Kontrolle über die Bank und die Übertragung oder Rückzahlung von Einlagen; Wege der Kommunikation und Koordinierung aufsichtlicher Maßnahmen mit sonstigen betroffenen Parteien; gegebenenfalls Vorkehrungen für die öffentliche Bekanntgabe und nachfolgend für das Informationsmanagement gegenüber der Öffentlichkeit; potenzielle Konflikte mit den Zielen der Regierung oder sonstiger maßgeblicher Stellen und Vorschläge zur Behebung solcher Zielkonflikte; Mechanismen für die Überwachung von Erfolg oder Misserfolg der Aufsichtsmaßnahmen und erforderlichenfalls deren Anpassung.«[223]

Ein Notfallplan? In Deutschland hat davon niemand etwas bemerkt. Erst stürzte die IKB, dann die Sachsen LB, dann die Düssel-Hyp. Die Einlagensicherung war bereits leergefegt, und trotzdem redeten die Verantwortlichen von Einzelfällen. Dann lieferten die Sonderprüfer Alarmzeichen aus der Hypo

Real Estate. Dann wurden die prall gefüllten Schrott-Conduits von Dresdner, Commerzbank, WestLB, LBBW, BayernLB und HSH Nordbank sogar medienöffentlich. Es ging so weit, bis das Weltfinanzsystem drohte, bei einem Crash der deutschen Pfandbriefbank Hypo Real Estate zusammenzubrechen. Bis dahin hatte weder die deutsche Aufsicht noch das Finanzministerium einen Plan – jedenfalls keinen, der funktioniert hätte.

Mehrfach fragte der Bundestagsabgeordnete Gerhard Schick im Hypo-Real-Estate-Untersuchungsausschuss die Zeugen aus Ministerium und Aufsichtsbehörden nach Krisenteams und Notfallplänen, freundlich und geduldig. Die Antwort: Schulterzucken. Als er dann am 30. Juli 2009 BaFin-Chef Jochen Sanio erlebte, ging ihm die Höflichkeit verloren: »Wir haben im Juli 2008 die Situation, dass ein Institut als systemrelevant eingeschätzt wird. Wir wissen, dass es Ermittlungen gegen das Management gibt. Wir wissen, dass der Schneeball rollt und immer größer wird und das Institut in der Falle ist. Und Ihre Institution kann dagegen nichts tun, sondern muss warten, bis diese Lawine auf den Steuerzahler zukommt. Verstehe ich das richtig?«

Dem Zeuge Sanio war das unbehaglich: »Herr Schick, das ist eine Suggestivfrage.« Schick entgegnete: »Nein, Entschuldigung. Das ist die Frage, die die Menschen, die zum Beispiel auch mich gewählt haben, sich stellen.« Sanio: »Ja. Trotzdem wollen wir es korrekt beantworten. Die kann man eben nicht mit Ja oder Nein beantworten. Das ist eine Suggestivfrage. Ich habe Ihnen gesagt: Der Schneeball ist die eine Sache. Sie müssten mir jetzt sagen, wie ich der Bank hätte Liquidität zuführen sollen. Das ist das eine. Jetzt komme ich mal auf den neuen Gesichtspunkt …« Schick: »Nein, Sie müssen mir sagen, warum Sie das nicht verhindert haben. Das ist die Aufgabe Ihrer Institution. Nach Paragraf 6 des Kreditwesengesetzes müssen Sie Missständen entgegenwirken, die ›die

Sicherheit der den Instituten anvertrauten Vermögenswerte gefährden‹. Das ist Ihre Aufgabe.«

Sanio erläuterte nochmals, was seine Behörde alles nicht darf. Er ließ aber immerhin durchblicken, dass seine geregelte Welt zusammenbrach, als er Anfang 2008 mit den ersten Schwierigkeiten der Hypo Real Estate konfrontiert wurde: »Ich war sehr erschrocken, um es mal so zu formulieren, als ich am 15. Januar gesehen habe, was da kam.« Dann erklärte er, warum er sich für das, was er dort sah, nicht mehr ganz zuständig fühlte: »Die Staatsanwaltschaft hat das übernommen.«[224]

Der Anfangsverdacht von Finanzkriminalität war erhoben. Es sollte nicht bei diesem einen Fall bleiben.

Teil II
Die Betrugsblase

In der Schattenwelt der Finanzgauner

»Der beste Weg eine Bank auszurauben, ist, eine zu besitzen.«
William Crawford, der Beauftragte des kalifornischen Ministeriums für die Spar- und Darlehnskassen vor dem US-Kongress 1988

Die Finanzmanager des Bezirks King County wähnten sich auf der sicheren Seite, als sie am 27. Juni 2007 Schuldtitel der deutschen Industriebank IKB kauften. Das war immerhin eine mehrheitlich staatlich beherrschte Bank, ihre Solidität ohne jeden Zweifel. Es handelte sich um Wertpapiere, die von dem IKB-Conduit Rhinebridge gehandelt wurden, einer Briefkastenfirma mit Sitz in Dublin. King County liegt im Bundessstaat Washington im Nordwesten der USA, und die Bezirkshauptstadt ist Seattle. Der Bezirk verwaltet die Gelder von rund hundert öffentlichen Institutionen, und er investiert nur in sichere Anlagen. Deshalb kauften die Finanzmanager aus Seattle die Rhinebridge-Papiere. Diese galten als supersicher, sie hatten das höchste Kreditrating, ein Triple-A. Ein Ausfall war undenkbar.

Nur dreieinhalb Monate später bezeichneten die drei größten Ratingagenturen die Rhinebridge-Papiere als »Junk« – Finanzramsch. »Rhinebridge war wohl die kurzlebigste Triple-A-Firma in der Finanzgeschichte«, resümieren die Anwälte von King County. Sie klagten im Oktober 2009 gegen die IKB und zwei ihrer führenden Ex-Manager wegen falscher und irreführender Angaben und wegen des betrügerischen

Verkaufs dieser Papiere. Ihr Vorwurf: Milliardenbetrug. Die IKB-Manager sollen bewusst wertlose Papiere aus den eigenen Büchern mit Hilfe der Firma Rhinebridge an ahnungslose Investoren verkauft und dafür mehr als 1 Milliarde Dollar erlöst haben. Die King-County-Kläger werfen den Beschuldigten vor, schon vor dem Verkauf von der Wertlosigkeit der Papiere gewusst zu haben, weil diese nur durch »toxische Subprime-Werte« besichert waren.[225]

Broward County im Bundesstaat Florida. Hier und in den Nachbarbezirken Palm Beach und Miami-Dade des amerikanischen Sonnenstaates war die Düsseldorfer Landesbank WestLB im Hypothekengeschäft für Gewerbeimmobilien aktiv. Für den Papierkram setzte sie ihre New Yorker Filiale und ein Büro in Florida sowie verschiedene lokale Dienstleister ein, unter anderen die Firmen Builder Financial und Builder Funding. Ihre Geschäfte sind in einer Klageschrift beschrieben, die im November 2008 von einem Darlehensnehmer beim Bezirksgericht des Southern District von Florida eingereicht wurde. »Hier geht es um die Frage des Kreditwuchers«, erklärte ein Anwalt im Gericht, »und hier geht es darum, ob das krimineller Kreditwucher war.«[226] Unbestritten war vor Gericht, dass die WestLB und ihre Dienstleister ein Darlehen über die Summe von 4,247 Millionen Dollar gewährten – auf dem Papier. Unbestritten war auch, dass sie dafür Gebühren und eine »Zinsrückstellung« in Höhe von insgesamt 1,997 Millionen Dollar kassierten, so dass den Kreditnehmern am Ende nur noch 2,25 Millionen Dollar Darlehen ausgezahlt wurden. Der Vorwurf der Kläger: Es handele sich um kriminellen Kreditwucher, denn ein Gesetz des Bundesstaates Florida erlaubt maximal 25 Prozent für den Darlehensgeber und nicht 39,45 Prozent wie in diesem Fall.

»Euer Ehren«, erläuterte ein zweiter Anwalt die Darlehenspraxis, »meine Mandanten sind nicht die einzigen Kunden, mit denen sie das gemacht haben.« Für die gewährten Kredite würden sie vom Darlehensnehmer verlangen, dass er eine Hypothek auf die Liegenschaften aufnähme, darauf »8 Prozent Zinsen zahle plus 34 Prozent von allen Gewinnen«. »Statt auf die Gewinne zu warten«, würden sie diese 34 Prozent gleich zu Beginn kassieren – als »Gebühr« für das Hypothekendarlehen.[227] So wirft die Klageschrift den »Mitwirkenden in dieser kriminellen Unternehmung« vor, in mindestens 50 Fällen so gehandelt und dabei jedes Mal das Kreditwucher-Gesetz des Staates Florida verletzt zu haben.[228] Die WestLB wollte den Fall mit dem Hinweis auf das noch laufende Verfahren nicht kommentieren.

Dublin, Adelaide Road 25. Hier hatte die HSH Nordbank, die Landesbank von Schleswig-Holstein und Hamburg, noch in den ersten Krisenmonaten zwei große Verbriefungstransaktionen angezettelt. Sie setzte dafür das Conduit Omega Capital Funding ein, eine Limited-Firma mit Domizil bei einem Treuhänder im 4. Stock eines Bürokomplexes an der Adelaide Road. Die »synthetischen« Wertpapiere waren nichts weiter als Wetten auf eine große Liste von ihrerseits verbrieften Wertpapieren, die wiederum auf die Kreditwürdigkeit von verbrieften Hypothekenpaketen oder verschiedener Geldinstitute wetteten, darunter Lehman Brothers, Washington Mutual oder die isländischen Häuser Glitnir Banki und Landsbanki.

Im Herbst 2009 eröffneten Hamburger Staatsanwälte mehrere Ermittlungsverfahren gegen führende HSH-Manager wegen des Verdachts der Untreue. Ihr Untersuchungsgegenstand: Omega und andere Transaktionen. Für ihre luftigen Omega-Geschäfte lieferte die HSH nämlich eine »Liquiditätsfazilität«, sie versprach also handfestes Geld, sobald es benötigt würde. In der Bilanz der HSH für das Jahr 2007 wurden die Omega-Papiere als wertvolle Investments erfasst. Die Sicherheiten wurden zu den Anschaffungskosten bewertet. Damit gaukelte die Bank vor, dass ihr Wert unverändert geblieben wäre. Eine

Bewertung nach echten, aktuellen Marktwerten fand nicht statt. Es wäre auch schwer gewesen: Die Omega Funding aus Dublin lieferte ihre geprüfte Bilanz für das Jahr 2007 erst am 18. März 2009 ab.[229] Die wunderbar aussehende HSH-Bilanz war also falsch. Sonderprüfer von KPMG kamen zu dem Ergebnis: »Das Risikopotential war wegen unzutreffender Erfassung in den Risiko- und Rechnungslegungssystemen der Bank nicht erkannt worden.« Lehman Brothers, Washington Mutual, Glitnir und Landsbanki, auf deren Stabilität gewettet worden war, fielen aus. Das AAA-Rating der Wertpapiere war nichtig. Die Wertpapiere fielen vom 31. Dezember 2007 mit 81 Prozent ihres Ursprungspreises auf 16,5 Prozent am 31. Dezember 2008. Die Prüfer errechneten den Schaden: Die HSH müsse eine Wertberichtigung auf die Omega-Papiere in Höhe von 549 Millionen Euro vornehmen.

Die Prüfer äußerten sich auch über das Motiv der HSH-Manager. Eine der hochriskanten Omega-Transaktionen hatten sie im Juli 2007 genehmigt. Ihre Strategie, so notieren die KPMG-Prüfer, war »vor dem Hintergrund des damals geplanten Börsengangs der Bank zu betrachten«. Sie wollten »hohe Renditen bei geringem Eigenkapitaleinsatz«. Die miesen Papiere waren sogar laut KPMG-Prüfbericht »trotz Marktwertverlust« in eine bessere Ratingkategorie höher klassifiziert worden, und entsprechende Dokumente waren »Vorstandsmitgliedern zur Kenntnis vorgelegt« worden.[230]

Klagenfurt, Österreich. Im Frühsommer 2007 beteiligte sich die BayernLB mit der Hälfte der Anteile an der sechstgrößten Bank Österreichs, der Hypo Alpe Adria. Sie sollte ihr neue Geschäfte in Osteuropa bringen. Der Geldkonzern mit Hauptsitz in Klagenfurt beschäftigt mehr als 7000 Mitarbeiter und ist von Slowenien über Kroatien, Bosnien und Herzegowina, Serbien, Montenegro, Mazedonien, Ungarn, Bulgarien bis in die Ukraine aktiv. Der Kaufpreis lag zunächst bei 1,6 Milliarden Euro. »Wir sind jetzt die einzige Bank in Deutschland, die nahtlos die Wachstumsregionen Südosteuropas abdeckt«, sagte Werner Schmidt, der damalige Vorstandschef der BayernLB. Das war im Herbst 2007. Wenig später reichte das Eigenkapital nicht mehr: Die BayernLB musste 1,1 Milliarden Euro nachschießen, und auch der österreichische Staat musste mit einer Kapitalspritze von 900 Millionen Euro aushelfen.

Am 14. Oktober 2009 rückten 70 Polizisten des Bayerischen Landeskriminalamtes und Münchner Staatsanwälte aus, um die Vorstandsetage der BayernLB zu durchsuchen. Ihr Vorwurf: Untreue beim Kauf der Hypo Alpe Adria (HGAA). Im Visier: die »Vorstandsebene der damals Verantwortlichen«. Schmidt wollte aber nicht allein verantwortlich sein. »Ich kann nur empfehlen«, sagte Schmidt, »sich dazu die kompletten Vorstands- und Verwaltungsratsunterlagen anzusehen.« Im Verwaltungsrat saß damals der Landesfinanzminister.

Schmidts Nachfolger auf dem Chefposten der Münchner Landesbank, Michael Kemmer, sollte den Trümmerhaufen aufräumen. Am 14. Dezember 2009 erklärte er, dass »es zu früh sei, davon zu sprechen, dass die BayernLB vollständig ›über dem Berg‹ sei.« Das waren die Worte zu seiner Rücktrittserklärung. Gleichzeitig kapitulierte die Bayerische Landesbank in Österreich: Sie gab die Anteile an der Kärntner Tochter für einen symbolischen Kaufpreis von 1 Euro an die Republik Österreich ab und verzichtete als »Sanierungsbeitrag« auf weitere Forderungen gegen die Tochter in Höhe von 825 Millionen Euro.[231]

Die Ermittler nahmen weitere Personen in Österreich ins Visier. In Klagenfurt durchsuchten sie die Büros des Vermögensverwalters Tilo Berlin. Berlin, der auch eine Dependance in Hamburg unterhielt und nach Firmenangaben etwa 3 Milliarden Euro Vermögen von hundert Kunden betreut, hatte 2007 der BayernLB ein Aktienpaket verkauft und dabei für sich oder seine Investoren einen Gewinn von 145 Millionen Euro eingestrichen.[232] »Mehr als ärgerlich«, kommentierte der Wiener Kleinanleger-Vertreter Wilhelm Rasinger den Deal. Tilo Berlin hatte bis kurz vor seinem Abgang der Bank noch rosige Zeiten vorausgesagt: Für 2009 hatte er einen Gewinn vor Steuern von 44 Millionen Euro angekündigt, für 2010 sogar von mehr als 200 Millionen. Tatsächlich musste Ende Dezember für 2009 ein Milliardenverlust einkalkuliert werden. Einen »Selbstbedienungsladen« nannte ein Wiener Nachrichtenmagazin die Kärtner Bankentochter der Bayern. Tilo Berlin äußerte sich nicht mehr zu der Flut von Medienanfragen. Die Ermittlungen wurden ausgedehnt, Kärtner Oppositionspolitiker erstatteten eine Strafanzeige wegen Betrugs, Untreue und Amtsmissbrauchs gegen Unbekannt, ein Untersuchungsausschuss des Bayerischen Landtages wurde eingesetzt. Die Staatsanwaltschaft Klagenfurt ermittelte wegen des Verdachts des Betruges und der Untreue.[233]

Einzelfälle? Keineswegs. Die gleichen Banken waren teilweise mehrfach Ziel von Strafuntersuchungen. So eröffneten bei der WestLB die Staatsanwälte über Jahre hinweg immer wieder eine Ermittlungsakte, unter anderem gegen den ehemaligen Vorstandsvorsitzenden Jürgen Sengera wegen des Vorwurfs einer Darlehensauszahlung ohne ausreichende Bonitätsprüfung des Schuldners. Im August 2009 ordnete der Bundesgerichtshof eine Neuverhandlung des Falles an.[234] Als freigiebige Kreditgeberin taucht die Bank auch im Strafverfahren gegen Jean-Marie Messier auf, den Ex-Chef des Medienkonzerns Vivendi. Bei der HSH Nordbank ermitteln mehrere Untersuchungsbehörden im In- und Ausland gegen ehemalige Mitarbeiter, unter anderem wegen des Verdachts der Untreue, wobei die Bank wiederum einen Anzeige erstattenden Anwalt wegen falscher Verdächtigung anzeigte. Die Deutsche Prüfstelle für Rechnungslegung (DPR), salopp »Bilanzpolizei« genannt, prüft bei der HSH den Konzernabschluss 2008 sowie den Halbjahresfinanzbericht 2009.[235]

Die IKB ist nicht nur das Ziel einer Sammelklage in den USA, auch gegen ihren ehemaligen Vorstandsvorsitzenden wurde ein Verfahren eröffnet. Und im Fall eines weiteren IKB-Conduits klagen Kunden vor dem Londoner High Court auf 1,6 Milliarden Dollar Schadensersatz. Staatsanwälte in Leipzig ermitteln seit 2008 intensiv gegen ehemalige Führungskräfte der Sachsen LB wegen des Verdachts der Untreue. Stuttgarter Staatsanwälte untersuchen verdächtige Vorgänge bei der baden-württembergischen Landesbank LBBW. Im Dezember 2009 durchsuchten sie mit einem Großeinsatz von 240 Beamten Büros und Privatwohnungen von Managern, um Beweise zu sichern. Der Verdacht auch hier: schwere Untreue. Im Visier waren zunächst sechs amtierende Vorstandsmitglieder sowie der frühere LBBW-Chef Siegfried Jaschinski, der öffentlich jedes strafwürdige Verhalten dementierte. Zuvor war unabhängig davon schon ein Ermittlungsverfahren gegen mehrere Manager der LBBW-Tochter LBBW Immobilien GmbH eröffnet worden.[236]

Andere deutsche Institute gerieten ebenfalls ins Visier der Ermittler oder wurden Gegenstand von Zivilklagen und Schadensersatzforderungen. Klagen gegen die Verantwortlichen der Lehman-Pleite richteten sich gegen die Commerzbank und die Deutsche Bank.[237] Die US-Börsenaufsicht SEC erhob im Februar 2008 Anklage gegen die Deutsche Bank Securities, eine New Yorker Börsenhandelstochter des Frankfurter Geldkonzerns, wegen des Vorwurfs, institutionelle Kunden über so genannte »Auction Rate Securities« (ARS) falsch informiert und getäuscht zu haben. Das Schadensvolumen: 1,3 Milliarden Dollar. Im April 2009 konfiszierte in Mailand die italienische Finanzpolizei 300 Millionen Euro von vier Banken, darunter die Deutsche Bank und die Hypo-Real-Estate-Tochter Depfa. Sie ermittelte gegen zehn Bankmanager, und der Vorwurf lautete, sie hätten Städte und Gemeinden oder andere lokale Einrichtungen beim Verkauf von exotischen

Finanzprodukten getäuscht. Im Mai erhob die SEC eine neue Anklage gegen einen ehemaligen Derivatehändler der Deutschen Bank in New York, wegen verbotenem Insiderhandel mit Kreditversicherungen. Und seit Jahren ermittelt das US-Justizministerium gegen die Deutsche Bank wegen des Verdachts der Beihilfe zum Steuerbetrug mit eigens entwickelten Finanzprodukten für US-Bürger. Im Sommer 2009 offenbarte die Deutsche Bank in ihrem Halbjahresbericht mehrere gegen sie gerichtete Verfahren: »Die Deutsche Bank hat Vorladungen und Informationsanfragen von Aufsichtsbehörden und Regierungsbehörden erhalten, die sich auf die Aktivitäten der Deutschen Bank bei der Gewährung, dem Erwerb, der Verbriefung von und dem Handel mit Asset-backed Securities, Asset-backed Commercial Papers und Kreditderivaten, einschließlich, unter anderem, Residential Mortgage-backed Securities, Collateralized Debt Obligations und Credit Default Swaps beziehen.« Wegen solcher Verbriefungsdeals wurden gegen Deutsche-Bank-Töchter mindestens neun Zivilklagen eröffnet.

Ende 2009 berichtete die *New York Times* über eine neue Stoßrichtung der Ermittler bei der Börsenaufsicht, der Regulierungsbehörde für die Finanzindustrie und im US-Kongress: Sie gehen der Frage nach, ob Großbanken zwischen Herbst 2006 und Sommer 2007 bewusst verbriefte Wertpapiere an andere Marktteilnehmer, Pensionskassen und Vermögensverwalter verkauften, während sie gleichzeitig an den Börsen mit Leerverkäufen Wetten gegen dieselben Käufer ihrer Papiere abschlossen. Denn sie konnten ahnen, dass mit dem Niedergang am Häusermarkt die Halter dieser Papiere ebenfalls schwere Verluste machen würden. Ihr Verdacht: ein besonders zynisches Spiel mit den Unwissenden. Als Spieler hatten die Ermittler zu diesem Zeitpunkt unter anderem Goldman Sachs, Morgan Stanley und die Deutsche Bank im Visier. Die Leute von Goldman verteidigten sich gegenüber der *New York Times*, dass sie die verbrieften Papiere an hoch erfahrene Kunden verkauft hätten, die schließlich wissen müssten, was sie tun. Die Deutsche Bank wollte den Vorwurf nicht kommentieren.[238]

Aber die Deutsche Bank wurde selbst auch Opfer von Betrügereien: Mindestens fünfzehn Klagen reichte sie gegen Hypotheken-Aussteller ein. Sie war in vielen Rollen im Verbriefungsgeschäft an marktführenden Positionen dabei, zum Beispiel als Zeichner oder Treuhänder. Allein für die Hypotheken-Drückerkolonnen des insolventen Immobilienfinanzierers New Century unterschrieb die Deutsche Bank 2006 laut einer Harvard-Untersuchung hochriskante Verträge im Wert von 1,5 Milliarden Dollar.[239]

»Banken dürfen nicht wie Spielbanken geführt werden«, schreibt der Berliner Rechtsgelehrte Jürgen Säcker. Wie auch andere Rechtsexperten sieht der Juraprofessor in den verlustreichen Verbriefungsdeals der betroffenen deutschen Geldhäuser die Grenzen des Erlaubten längst überschritten. »Es war und ist gesetz- und satzungswidrig«, sagt Säcker mit Blick auf die Hypo Real Estate, »wenn eine Pfandbriefbank systematisch den Ausbau der Derivatgeschäfte unabhängig vom bilanziellen Geschäft unter Inkaufnahme erheblicher Risiken betreibt.« Die Banken dürften nicht über Auslandstöchter Geschäfte betreiben, die der Muttergesellschaft verboten sind. Säcker fragt, ob die Manager ihre Vermögensbetreuungspflichten verletzt hätten, sie grob fahrlässige Pflichtverletzungen begangen hätten.[240]

Hier einige weitere Fälle: Gegen Mitarbeiter der kleinen Frankfurter Maple Bank wurden im September 2009 Ermittlungen der Stuttgarter Staatsanwaltschaft wegen des Verdachts der Kursmanipulation mit VW-Aktien aufgenommen. Die Commerzbank musste wegen einer fehlerhaften Bilanz eine millionenschwere Geldbuße berappen, weitere Ermittlungen wurden wegen des Verdachts eines großen

Geldwäschefalles weitergeführt. Ermittelt wurde auch gegen Immobilienmanager der Dresdner Bank sowie der Landesbank Baden-Württemberg.

Die betroffenen Geldinstitute und Manager versicherten ihre Unschuld, dementierten illegales Handeln oder verweigerten die Auskunft zu den Ermittlungen und Klageverfahren. Andere erklärten, dass sie mit den Behörden zusammenarbeiten. »Die BayernLB sowie die HGAA kooperieren mit der Staatsanwaltschaft und machen benötigte Dokumente zugänglich«, erklärt die Landesbank. »Wir äußern uns grundsätzlich nicht zu laufenden Verfahren«, schreibt eine HSH-Sprecherin, und HSH-Aufsichtsratschef Hilmar Kopper verteidigt seinen Vorstandschef Dirk Jens Nonnenmacher: »Der Aufsichtsrat hat bereits im April 2009 die Anwaltskanzlei Freshfields Bruckhaus Deringer beauftragt, die Pflichtgemäßheit des Handelns der Vorstandsmitglieder der Bank zu untersuchen.« Pflichtverstöße des Vorstandsvorsitzenden seien dabei nicht festgestellt worden, auch nicht bei der Entscheidung über die Omega-Geschäfte. Zu den Omega-Transaktionen erklärte die HSH: »Die sich aus den Transaktionen ergebenden erheblichen Wertberichtigungen wurden im Jahresabschluss 2008 verarbeitet und im entsprechenden Geschäftsbericht dokumentiert.«[241] Der betroffene Ex-Manager leugnet jedoch jedes Fehlverhalten. Und im Fall der untersuchten Aktiendeals mit VW-Papieren bestreiten sowohl Porsche wie auch ehemalige Vorstandsmitglieder des Autokonzerns und die Maple Bank die Vorwürfe.[242]

Ein paar schwarze Schafe? Eher eine ganze Herde schwarzer Schafe. Dies sind nur die größeren Fälle mit deutscher Beteiligung. Wir sind Zeugen des größten Finanzbetruges aller Zeiten. Und noch nie waren die Folgeschäden so dramatisch. Die aktuelle Weltwirtschaftskrise ist mehr als ein Produkt simpler Managementfehler und irrationaler Übertreibungen. Sie ist das Resultat eines gewaltigen Schwindels, wie ihn die Welt noch nie gesehen hat. Sie ist das Ergebnis von Täuschung, Veruntreuung, Fälschung, Serienbetrug, Insiderhandel, Kartellbetrug, Anlagebetrug, Kreditwucher und Bilanzfälschung.

Nahezu jeden Tag eröffnet die amerikanische Börsenaufsicht mehrere gerichtliche Ermittlungsverfahren. Allein die Liste der gerichtlichen Aktenzeichen der SEC für das Jahr 2008 füllt mehr als 22 eng beschriebene Seiten, 2009 waren es 40 Seiten. Noch mehr Fälle erledigte die SEC im Verwaltungsverfahren, 45 Seiten füllen die Aktenzeichen dieser Entscheidungen im Jahr 2008. Die Zahl ihrer Vermögensbeschlagnahmungen nahm 2008 um 78 Prozent zu.[243] Die amerikanische Kartellbehörde untersucht das Marktgeschehen beim Handel mit Kreditversicherungen, den so genannten Credit Default Swaps (CDS).[244] Hinter den Verfahren im Zusammenhang mit Subprime-Hypotheken stehen Schadensbeträge, die niemand hinter den Hypotheken für mitunter baufällige Holzhäuschen vermuten würde. So ermittelte die SEC 2008 in einem Einzelfall einen Deliktsbetrag, der 1 Milliarde Dollar überstieg.

In den USA waren Ende 2008 47 Sonderkommissionen und 18 Taskforce-Einheiten unterwegs, um Fälle von Finanzkriminalität während der Krise zu untersuchen. Doch längst nicht jeder Fall wird aufgearbeitet. »Wir müssen solche Fälle bearbeiten, von denen wir glauben, dass sie die größte Bedrohung des Finanzwesens und der Wall Street darstellen«, sagt David Cardona, Abteilungsleiter bei der amerikanischen Bundespolizei. Er allein beaufsichtigt 400 G-Men, wie die Bundespolizisten im Gangster-Slang genannt werden. Sie ermittelten nach der Lehman-Pleite gegen die Manager und Chefs von 16 Finanzkonzernen.[245] Das FBI berichtete für 2008 über eskalierende Fallzahlen bei Betrügereien mit Hypothekendarlehen (»Mortgage Fraud«). Der Bundesbehörde wurden im Jahr 2008 von den Finanzinstituten 63 713 Fälle gemeldet, ein Drittel mehr als im Vorjahr. Die Schadenssumme ist unbekannt, man weiß aber, dass 63 Prozent der Fälle mehr als 1 Million Dollar Schaden verursacht haben. Das FBI hat längst aufgegeben, alles zu ermitteln, denn trotz aufgestockten Personalbestands ist die Behörde überfordert: 2008 konnte sie nur in 1644 Fällen ermitteln – einem Bruchteil der bekannten Delikte. Sie konzentrieren sich, so gut sie können, auf die dicken Fische.

Ein Fall in San Diego zum Beispiel: organisierte Kriminalität mit 24 Tätern, 220 Immobilien und einer Schadenssumme von über 100 Millionen Dollar. Die Geschichte von Cornelius R. in Texas: 327 Monate Gefängnis, 33 Liegenschaften, 15 Mittäter, 19 beteiligte Geldinstitute, 4,5 Millionen Dollar Verlust. Oder die Causa »Dream Homes« in Baltimore mit der neuen Masche, 50 000 Dollar von verarmten Hausbesitzern für eine versprochene Umschuldung zu kassieren: mehr als 1000 Geschädigte, 70 Millionen Dollar Schaden.

Die amerikanische FinCEN, eine geheimdienstlich operierende Finanzpolizei, hatte im März 2009 sogar 156 000 Hypothekenbetrüger in ihrer Datenbank. 2008 wurden nahezu doppelt so viele Meldungen registriert wie im Vorjahr. Und beim genaueren Hinschauen entdeckten sie zahlreiche Verbindungen zu anderen finanzkriminellen Täterkreisen, darunter Börsenbetrüger, Nigeria-Schwindler, Geldwäscher, illegale Spielkasino-Betreiber und ganz gewöhnliche Scheckbetrüger.[246] Solche Wirtschaftsbetrügereien kosteten 2008 die amerikanische Volkswirtschaft 994 Milliarden Dollar, schätzt die US-Vereinigung der Betrugsermittler. Nach einer Umfrage der Organisation verlor jedes gewöhnliche US-Unternehmen 7 Prozent seines Jahresumsatzes wegen betrügerischer Handlungen.[247]

In Italien wird gegen ein Kreditkarten-Kartell ermittelt. In Spanien gehen die Behörden Hunderten Fällen von Geldwäsche nach, bei denen illegale Erträge in der Immobilien-

Branche eingesetzt wurden.[248] In Österreich, den USA, der Ukraine und Belgien sind einst führende Politiker und ehemalige Regierungsmitglieder wegen Gaunereien ins Visier der Ermittler geraten, unter anderem wegen des Verdachts der Korruption und verbotener Insidergeschäfte. Andere sehen in der Krise die Gelegenheit für neue Schurkenstücke. In Argentinien wurden sogar sehr kreativ die Hürden des Strafrechts beiseitegeräumt, um die Krisenfolgen zu überwinden. Das Land hat kurzerhand eine Steueramnestie erlassen, die Anlegern erlaubt, Auslandsvermögen ohne die üblichen, international standardisierten Angaben zur Herkunft der Gelder auf inländische Konten einzuzahlen – eine dreiste Einladung zur Geldwäsche.[249] »Das ganze System ist infiziert«, sagt Antonio Maria Costa, der Chef der UN-Organisation gegen Drogenkriminalität in Wien, »kriminelle Organisationen nutzen die Finanzkrise als goldene Chance für Geldwäsche-Operationen.«[250]

Alles nur kleine Störfälle im System? Wohl kaum. »Die kriminellen Konstruktionen waren der Genickbruch«, sagt der Schweizer Banker Pierin Vincenz, Chef der Raiffeisenbanken.[251] »Das war kein kleiner Unfall, das war Kriminalität schlimmsten Ausmaßes«, sagte der Hedgefonds-Manager James Chanos im Herbst 2008 über die Bankbilanzen. Chanos ist in der Szene nicht irgendwer. Ihm geht ein Ruf wie Donnerhall voraus. Seine Analysen werden gelesen, seit er 2001 als erster die Bilanzfälschungen der Manager des amerikanischen Energiekonzerns Enron entdeckt hatte. Chanos prophezeite: »In diesen Bilanzen stecken noch hohe Schadenssummen, die noch nicht bekannt sind.«

Er sollte Recht behalten, aber wenig später passierte das Undenkbare in seiner eigenen Branche. Anfang Dezember 2008 offenbarte der amerikanische Hedgefonds-Manager Bernard Madoff seinen Söhnen, dass er die Investorengelder gar nicht angelegt hatte. An den Börsen hatte er mit den

Geldern seiner Hedgefonds-Kunden nie gehandelt. Seine Madoff-Fonds entpuppten sich als größter Anlagebetrug der Geschichte. Investorengelder im Buchwert von 65 Milliarden Dollar hat er veruntreut. Eine erste Liste seiner Opfer füllt ein eng beschriebenes Buch mit 163 Seiten, darunter Prominente wie der Regisseur Steven Spielberg und superreiche Kunden Schweizer Privatbanken. Weltweit sind insgesamt drei Millionen Menschen von dem Schwindel direkt oder indirekt betroffen. Madoff, zu 150 Jahren Gefängnis verurteilt, löste den größten Ermittlungsfall der Wirtschaftsgeschichte aus.[252]

Madoff war nicht allein. Bereits zu Beginn der Finanzkrise, im September 2007, tauchte der selbsternannte deutsche Hedgefonds-Manager Florian Homm unter. Er lebt bis heute an einem unbekannten Ort, unerreichbar für seine Kunden. Jahrelang durfte er in Fernseh-Talkshows den Deutschen das Wirtschaftsleben erklären und sich als Sanierer des Fußballvereins Borussia Dortmund feiern lassen. »Ich bin ein Krieger«, prahlte Florian Homm. Jetzt stehen seine Manager und Kunden vor einem Trümmerhaufen. Die Bilanzen seiner Fonds zeigen aberwitzige Beteiligungen an wertlosen Unternehmen, er betrieb alle erdenklichen Börsenspiele, nur nicht die, die er versprach. Kunden klagen wegen der Veruntreuung von Millionenbeträgen. Seine Fondsgesellschaft Absolute Capital Management verwaltete 2007 rund 3 Milliarden US-Dollar Kundenvermögen. Im April 2009 meldete sie sich von der Börse ab, als ihr Kundenvermögen auf 2,3 Millionen Dollar geschrumpft war.[253]

Im Herbst 2009 wurde der Aschaffenburger Hedgefonds-Manager Helmut Kiener von Münchner Staatsanwälten verhaftet – wegen des Verdachts eines gewaltigen Anlagebetruges. Weltweit versuchen Fahnder, sein System zu ermitteln. Besonders frappierend in seinem Fall: Renommierte Investmentbanken wie Barclays hatten ihm Darlehen in Höhe von

280 Millionen Dollar gewährt. Alles »Missverständnisse«, verteidigte sich Kiener in einer Haftbeschwerde gegen die Vorwürfe. Doch davon war der Haftrichter nicht zu überzeugen.[254]

In der Schweiz war der Anlagebetrüger Dieter Behring aufgeflogen. Auch er hatte mit Hedgefonds-Geschäften geworben. Auf seinem Höhepunkt beherrschte er mehrere Kleinbanken in Deutschland, der Schweiz und Liechtenstein – bis er der Zürcher Kantonspolizei beichtete, dass 800 Millionen Franken verschwunden seien. Behring wartet in der Schweiz auf seinen Prozess – ein Mammutverfahren. Mit einer »Warnung« informieren er und seine Ehefrau die Nutzer ihrer Internetseite: »Gegen die Betreiber dieser Homepage läuft zur Zeit bei der Bundesanwaltschaft, resp. beim Eidg. Untersuchungsrichteramt in Bern ein gerichtspolizeiliches Ermittlungsverfahren wegen gewerbsmässigen Betrugs, ungetreuer Geschäftsbesorgung, Urkundenfälschung und natürlich auch Geldwäscherei.« Die beiden erläutern, dass sie nun nur noch für besonders auserwählte Kunden zur Verfügung stehen: »Da mit der neuen Behring-Strategie nur Konten ab 1 Million Franken (mit begrenzter Verwaltungsvollmacht) verwaltet werden und wir alle Interessenten überprüfen, ob es sich um qualifizierte Investoren handelt, werden sie nach Eingang des Erstkontakt-Formulars in einem persönlichen Schreiben um einen Kapitalnachweis gebeten.« Zum Verfahren schreiben sie: »Entgegen allen Vorurteilen und Vorwürfen haben wir ein reines Gewissen und werden alles daran setzen, Licht in das komplizierte Dunkel dieser Katastrophe zu bringen.«[255]

In den USA versuchte Hedgefonds-Manager Samuel Israel sich durch einen vorgetäuschten Suizid aus der Affäre zu ziehen. »Selbstmord ist schmerzlos«, hatte er auf die Motorhaube seiner Limousine geschrieben, die er an der Bear Mountain Bridge nördlich von New York parkte. Im Sommer 2009 wurde er zu 22 Jahren Haft verurteilt. Seine Kunden hatte er um 450 Millionen Dollar betrogen.[256]

Nach dem Zusammenbruch des Madoff-Imperiums entdeckten die New Yorker Behörden ebenfalls Betrügereien bei den großen Hedgefonds-Betreibern Arthur G. Nadel und Allen Stanford. Nadel ließ sich in seinen besten Jahren als »Magier der Märkte« feiern und hinterließ einen Schaden von 350 Millionen Dollar. Sir Allen Stanford, geadelt vom Ex-Präsidenten der Karibik-Insel Antigua, wird vorgeworfen, mindestens 8 Milliarden Dollar von rund 50 000 Kunden veruntreut zu haben. Er wartet im Bundesstaat Texas auf seinen Prozess.

Dies sind nur die prominentesten Fälle in der jungen Hedgefonds-Branche. Aufgeschreckt durch den Fall Madoff haben New Yorker Staatsanwälte eine der größten Strafuntersuchungen in der Geschichte der Finanzwelt begonnen. Die US-Börsenaufsicht SEC verschärfte ihre Ermittlungsarbeit gegen verdächtige Hedgefonds-Manager. FBI-Fahnder setzen neuerdings Telefonüberwachung ein, um ihnen auf die Schliche zu kommen. »Wir sind entschlossen, den Vorhang vor den Hedgefonds zurückzuziehen und uns ihre Handlungen ganz genau anzusehen«, sagte SEC-Mann Robert Khuzami. Seitdem ist die ganze Branche aufgewacht. Unbemerkt von der Öffentlichkeit, die ihr Augenmerk auf das Madoff-Verfahren richtete, fliegen seit Frühjahr 2009 fast täglich neue Fälle betrügerischer Hedgefonds-Manager auf.[257] Zynisch meldete der Branchen-Fachdienst *FINalternatives* den »Anlagebetrug des Tages«.[258]

Was für die Staatsanwälte Neuland ist, war Bracheninsidern seit Jahren bekannt: Die Fondsbranche hat eine erschreckend hohe Kriminalitätsrate. So berichtete Pascal Botteron, ein Hedgefonds-Experte der Deutschen Bank, schon im September 2006 über Studienresultate, wonach die Hälfte aller Hedgefonds-Insolvenzen auf Betrügereien zurückgeht.[259]

Die Bankiers und Fondsmanager wussten, wie kriminell durchseucht die Branche war. Trotzdem animierten sie ihre Kunden zu Milliarden-Investments in Hedgefonds, die verwalteten Kundenvermögen stiegen weiterhin schwindelerregend. Eine Untersuchung des Autors über Veruntreuungsfälle in Banken, die allein am Schweizer Finanzplatz während der vergangenen zehn Jahre öffentlich bekannt wurden, ergibt ein Schadensvolumen von 823 Millionen Franken.[260]

Die Betrüger und Geldmagier tummelten sich nicht nur in der Hedgefonds-Branche, sie haben alle Sektoren der globalen Geldindustrie unsicher gemacht. Kreditwucherer und Provisionsjäger heizten in den USA das Hypothekengeschäft mit Subprime-Krediten und lausigen Gewerbeimmobiliendarlehen an. Untreue Vermögensverwalter und Fondsmanager missbrauchten die Gelder ihrer Kunden für wertlose Investments. Sie kassierten Gebühren und Provisionen von beiden Seiten: den Kunden und den Investmentgesellschaften. Kreative Bilanzdesigner und skrupellose Erfinder neuer Finanzprodukte bauten mit Darlehensverbriefungen, komplexen Kreditderivaten und synthetischen Kreditversicherungen ein Schuldenkasino auf, das an das Spiel der Wechselreiterei aus den vergangenen Zeiten des Finanzbetruges erinnert.

An den Roulettetischen gestalteten nur einige wenige Croupiers die Regeln – ein Kartell, das sich aus den Händlern und Investmentbankern einiger internationaler Großbanken zusammensetzte. Die Manager in den Führungsetagen der Investmentbanken machten mit ihrem Arbeitgeber fifty-fifty. Jahrelang kassierten sie mehr als 50 Prozent der Handelserträge – bis zum Systemcrash. Wie in der Hedgefonds-Branche war den Managern dieses Subprime-Kartells spätestens im Herbst 2006 klar geworden, dass die Blase zu platzen drohte und ihre bilanzierten Erträge nichts weiter als Phantasiewerte waren. Dennoch kassierten sie weiterhin schamlos ab. Die Finanzgaunereien durchzogen wie ein roter Faden die Entwicklung der modernen, exotischen Finanzgeschäfte von Beginn an bis zum großen Crash. Die Geschichte des Verbriefungsgeschäfts ist eine Geschichte des Betruges, der Veruntreuung und des Kreditschwindels. Seit den Anfängen hagelte es Betrugsskandale in diesem Milliardenmarkt. »Das Investmentbanking in Amerika bildet ein alteingesessenes Oligopol«, sagte Michael Lewis, ehemals Händler bei Salomon Brothers.[261] Das Kartell der zehn weltgrößten Banken hatte jahrelang die kritischen, intransparenten Handelsmärkte für verbriefte Kredite und Kreditversicherungen in der Hand. Als die Spekulationsblase kurz davor war zu platzen, verkauften ihre Experten die Wertpapiere, deren Wert nun zu verfallen drohte, an die ahnungslosen Marktteilnehmer: inkompetente Händler deutscher Landesbanken, überforderte Finanzchefs norwegischer Kommunalverwaltungen oder sich überschätzende Finanzmanager von Kommunalverwaltungen im Nordwesten der USA. Das Händlerkartell schleuste die Schrottpapiere in die Depots der Dummen.

Mit den Schecks der Steuerzahler kauften auf diese Weise die Manager öffentlich-rechtlicher oder staatlicher Institutionen Wertpapiere, die die Händler der Kartellbanken nicht mehr anfassen wollten. Allein die Käufer von den deutschen Landesbanken ließen sich Papiere zum Kaufpreis von mehr als 300 Milliarden Euro aufschwätzen, deren Marktwert heute nicht mehr ermittelbar ist.

»Was ist ein Einbruch in eine Bank gegen die Gründung einer Bank?«, fragte der zynische Gauner Macheath, genannt Mackie Messer, in Bertolt Brechts *Dreigroschenoper*. Das war vor achtzig Jahren, der Spruch ist immer noch aktuell. Heute schreibt der Berliner Romancier Peter Schneider in einem Essay: »Nicht ein einziger von jenen kriminellen Zockern ist vor Gericht gestellt worden. Im Gegenteil, die Bankrotteure gehen vor Gericht, um die Millionen-Boni einzuklagen, die ihnen auch im Falle des Versagens zustehen sollen.«[262]

Wer aber war verantwortlich für das Betrugssystem? Wer handelte schuldhaft? Wer gehört auf die Anklagebank, wer nicht? Die Broker und Investmentbanker in den Handelsräumen? Die Vorstände? Die Aufsichtsräte? Die Ministerpräsidenten oder Finanzminister in den Aufsichtsräten der Landes- und Staatsbanken? Die Wirtschaftsprüfer? Die Chefs der Ratingagenturen? Oder alle miteinander?

Natürlich verweisen viele Beschuldigte in den laufenden Ermittlungs- und Gerichtsverfahren auf ihre jeweiligen Vorgesetzten oder Untergebenen. Die einen mit dem guten Argument, dass die nächsthöhere Hierarchieebene ihr Handeln absegnete, die anderen mit der Erklärung, dass sie das Handeln der operativen Ebene im Detail nicht kannten, sich also keiner Straftat bewusst waren. Und andere wiederum verweisen auf die übliche Praxis, dass der Rechtsbruch längst zur Gewohnheit geworden war.

Betrug oder kein Betrug? Für die Literaten scheint die Frage geklärt, doch Ökonomen und Juristen hadern mit der Beurteilung. Der amerikanische Wirtschaftswissenschaftler John Kenneth Galbraith diagnostizierte »Economics of Innocent Fraud« – die Ökonomie des unschuldigen Betrugs. Unter diesem Titel schrieb er ein erfrischendes Buch über die »Mythen, Lügen und falschen Wahrnehmungen« des modernen Managements, das 2004 in seinem 95. Lebensjahr erschien. Der Nationalökonom erlebte fast ein Jahrhundert Wirtschaftsgeschichte. In den Jahren der Weltwirtschaftskrise nach 1929 machte er im kalifornischen Berkeley den Doktor, engagierte sich für das New-Deal-Programm des Präsidenten Roosevelt, wurde Botschafter unter John F. Kennedy. Die große Finanzkrise erlebte Galbraith nicht mehr, er starb im Alter von 98 Jahren im April 2006.

»Wie kann Betrug unschuldig sein?«, fragte Galbraith. »Die Antwort darauf ist nicht belanglos«, schrieb er, »denn ›schuldlose‹, rechtlich zulässige Irreführungen sind im Privatleben und im öffentlichen Leben durchaus üblich. Doch weder diejenigen, die dies glauben, noch diejenigen, die dies praktizieren, erkennen diese Tatsache ausdrücklich an. Um es noch einmal zu sagen: Niemand fühlt sich schuldig oder verantwortlich.«[263]

Galbraiths moralische Konstruktion des »unschuldigen Betruges« verstört wiederum die Strafrechtler. Sie kennen entweder den Betrug mit klar definierten, im Strafgesetzbuch erfassten Tathandlungen oder aber die Unschuld, wenn keine gesetzlich definierten Tatbestandsmerkmale vorliegen. Nach dem deutschen Strafgesetzbuch wird bestraft, wer »in der Absicht, sich oder einem Dritten einen rechtswidrigen Vermögensvorteil zu verschaffen, das Vermögen eines anderen dadurch beschädigt, dass er durch Vorspiegelung falscher oder durch Entstellung oder Unterdrückung wahrer Tatsachen einen Irrtum erregt oder unterhält«. Er muss in seinen subjektiven Motiven mit einer bewussten Absicht gehandelt haben. Als Sonderfall ist der Kapitalanlagebetrug im deutschen Strafrecht erfasst. Hier wird bestraft, »wer im Zusammenhang mit dem Vertrieb von Wertpapieren, Bezugsrechten oder von Anteilen, die eine Beteiligung an dem Ergebnis eines Unternehmens gewähren sollen, oder in Prospekten oder in Darstellungen oder Übersichten über den Vermögensstand hinsichtlich der für die Entscheidung über den Erwerb oder die Erhöhung erheblichen Umstände gegenüber einem größeren Kreis von Personen unrichtige vorteilhafte Angaben macht oder nachteilige Tatsachen verschweigt«. Aber so klar dies klingt, dieser Paragraf kommt nicht oft zur Anwendung.

Das ist die Kehrseite der Story des großen Crash-Crimes: Ohne Opfer gibt es keine Betrüger. Oder: Jeder Gauner braucht einen Trottel. »Die Bestrafung für finanzielle Ignoranz ist noch nie so hart gewesen«, schreibt der Wirtschaftshistoriker Niall Ferguson.[264] »Das Faszinierendste am Fall Madoff ist das Ausmaß an Goodwill, den das Vertrauen in eine Person bewirken kann«, sagt der Schweizer Privatbankier Konrad Hummler.[265] »Ein Wahnsystem«, sagte der zurückgetretene schleswig-holsteinische Wirtschaftsminister Werner Marnette über die politische Gutgläubigkeit gegenüber den Hochrisikogeschäften der HSH Nordbank.[266] In guten Zeiten geben sich die Menschen im Wirtschaftsleben einer gleichermaßen nützlichen wie gefährlichen Illusion hin. Sie glauben an den guten, ehrlichen, rechtschaffenen Handelspartner. Sie bauen darauf, dass ihre Vertragspartner die geschlossenen Vereinbarungen einhalten. Sie vertrauen darauf, dass ihre Bankiers, Fondsmanager und Vermögensverwalter ihre im treuen Glauben anvertrauten Vermögenswerte sorgsam erhalten oder sogar mehren. Sie stützen ihre Investitionsentscheidungen auf die Wahrhaftigkeit der Bilanzen. Der Homo oeconomicus ist irrational gutgläubig.

Doch jedes Mal, wenn die Menschen im Wirtschaftsleben von ihren Vertrags- und Handelspartnern enttäuscht werden, schätzen sie dieses Erlebnis als eine seltene Ausnahmeerscheinung ein. Denn nur mit Zuversicht sind sie in der Lage, an erfolgreiche, neue Geschäfte zu glauben. Auf die Frage, warum er die Marktlage so lange zu optimistisch beurteilt habe, erklärte Walter Kielholz, als Präsident der Schweizer Großbank Credit Suisse ein Urgestein des Zürcher Finanzplatzes: »Man muss optimistisch sein, sonst kann man in einer solchen Situation fast nichts führen.«[267]

Der Selbstbetrug ist ein Wesensmerkmal der modernen Führungskunst im hochbezahlten Management der Finanzkonzerne. Mit komplexen mathematischen Risikomodellen sowie ausgefeilten wissenschaftlichen Führungs- und Kontrollmethoden wogen sich die Manager in einem Gefühl falscher Sicherheit. Mit anspruchsvollen wissenschaftlichen Messungen glaubten sie, mit ihren riesigen Konzerntankern nicht sinkbar zu sein. Ihre neuen Finanztechniken wie die Kreditderivate feierten sie als großen Beitrag zur modernen ökonomischen Zivilisation. Von diesem Irrglauben waren die am meisten bewunderten Persönlichkeiten der Finanzwelt ergriffen, selbst der legendäre ehemalige US-Notenbank-Präsident Alan Greenspan war der Selbsttäuschung erlegen.

Der amerikanische Rechtsprofessor William Black, ein kräftiger, rothaariger Typ mit angegrautem Vollbart, nennt in seinen Vorlesungen an der Universität von Missouri das Verbriefungsgeschäft, so wie es praktiziert wurde, einen großen Anlagebetrug. Er nennt die Praxis »Lügen-Hypotheken« – Darlehen mit bewusst falschen Angaben über die Kreditwürdigkeit der Schuldner. Er bezeichnet die Triple-A-Ratings, die dann für die verbrieften Hypothekenpakete mit diesem Inhalt erteilt wurden, einen »Teil der kriminellen Vertuschung« und er tituliert die ganze Verbriefungsmaschinerie als »betrügerische Übung«.[268]

Black erläuterte dem prominenten Talkmaster Bill Moyers in einem Fernsehinterview den kriminellen Bodensatz des Hypothekengeschäfts: »Sie müssen sich die Kreditgeber anschauen«, sagte Black, »die Kreditgeber beschäftigen sich fast ausschließlich mit Subprime-Darlehen und so genannten Alt-A-Darlehen, all diese Lügen-Kredite.« »Warum nennen sie diese Darlehen Lügen-Kredite?«, fragte Moyers ungläubig. Black: »Weil sie Lügen-Kredite waren.« »Und sie wussten das?«, hakte der Talkmaster nach. »Sie wussten es«, sagte der Rechtsprofessor. »Sie wussten, dass es Betrug war.« Er erläuterte die Situation an der Subprime-Häuserfront: »Lügen-Kredite bedeutet, dass wir nichts prüfen. Sie erklären uns, wie hoch ihr Einkommen ist. Sie erklären uns, welchen Job sie haben. Sie erzählen uns, wie viel Vermögen sie haben. Und wir verständigen uns darauf, dass wir Ihnen glauben. Wir werden keine dieser Angaben überprüfen. Und ganz nebenbei bemerkt: Sie bekommen einen besseren Deal, wenn Sie Ihr Einkommen überhöhen und ihre Karriere und ihre Vermögen.«

Durch das gesamte Verbriefungssystem setzten sich die Lügen fort. Die Ratingagenturen gaben den verbrieften Hypotheken ein Triple-A, was für die Investoren faktisch so viel wie »null Risiko« heißt. Sie schauten sich jedoch nie eine einzelne Darlehensdokumentation an. »Sie schafften eine Null-Risiko-Fiktion«, sagte Black, und das ist eine »kriminelle Übung«. Es war eine Konjunkturmaschine der »perversen Art«, sagte Black: »Sie produzierte kein reales Wachstum, sondern nur wiederholte Kurs- und Preisblasen, die letztlich beinahe das gesamte System sprengten.« Das ganze Finanzsystem würde zur großen Betrugsmaschine, sagte er, zum systematischen Anlagebetrug, es war eine arglistige Täuschung, und die Krise sei mehr als eine finanzielle Krise, sie sei eine »moralische Krise«.

»Kontrollbetrug« bezeichnet er das, was in beiden Krisen passierte. Den Begriff haben die Kriminologen Stanton Wheeler und Mitchell Rothman geprägt und so definiert: »Kontrollbetrug ist ein Unternehmen, das von einem Kriminellen geführt wird, der das Unternehmen als Waffe und als Schutzschild benutzt, um andere zu betrügen und damit die Entdeckung und Bestrafung des Betruges zu erschweren.«[269] »Kontroll-Betrüger«, sagt Black, sind »finanzielle Super-Räuber«.

Schlimmer als Bernard Madoff, der größte Anlagebetrüger aller Zeiten? »Oh, Bernie war eine Memme«, findet Black. Der Rechtswissenschaftler hört sich an wie ein Alt-Marxist, der sich gerade in Rage redet, doch sein Wissensfundament ist ernst zu nehmen. Er beschäftigt sich nicht zum ersten Mal mit kriminellen Verwerfungen während einer Finanzkrise. Black hat als Regulator während des Zusammenbruchs der amerikanischen Spar- und Darlehenskassen tiefe Einblicke in die Finanzindustrie gewonnen. Schon damals verwies er auf den systematischen Betrug als Krisenursache.

Die Savings-and-Loans-Krise gilt unter Ökonomen wie

Kriminalisten als Lehrstück; sie gehört zu den bestuntersuchten Krisenphänomen der jüngeren Zeit. Anfangs der Achtzigerjahre brachen in den USA mehr als tausend Sparkassen zusammen. Die Krise verursachte in den Folgejahren bis 1995 Folgekosten von 153 Millionen Dollar, von denen die Steuerzahler 124 Millionen aufbringen mussten. 764 Personen wurden angeklagt, 550 schuldig gesprochen und 326 bekamen Gefängnisstrafen.[270] Regierungsberichte kamen später zum Resultat, dass in 70 bis 80 Prozent aller Sparkassenpleiten Betrügereien eine zentrale Rolle spielten. Der Nobelpreisträger George Akerlof kam mit seinem Kollegen Paul Rohner zu dem Ergebnis, dass vorsätzliche Plünderungen der Institute durch Insider mindestens 21 Prozent der späteren staatlichen Kostenfolgen verursachten. Der Kriminalistikforscher Henry Pontell fasste die wichtigsten Studienergebnisse und Regierungsberichte zusammen: Nicht das riskante Spekulantentum war Schuld, auch nicht die Inkompetenz der Manager und schon gar nicht gewöhnliche Überschuldung – es war ganz klar der Betrug. Und die Spielarten der entdeckten kriminellen Aktivitäten schienen unzählbar.[271]

Die Raubzüge der Gaunerbanken und ihrer raffgierigen Manager erinnern an die Parole des Juste Milieu, der Geldaristokratie, die einst in Frankreich die Macht an sich riss: »Enrichissez vous« – bereichert euch! Der Betrug ist »die Heimsuchung des Marktes«, sagt der Genfer Ökonom Henri Schwamm, »er zerstört die inneren Prozesse dieses Forums, die auf Vertrauen und dem guten Glauben der Gegenparteien ruhen. Er ist das Krebsgeschwür der Marktwirtschaft.«[272]

Ermittelt!

Verzweifelt bemüht sich eine wachsende Ermittlungs- und Prüferbranche darum, die Betrugsmanöver rechtzeitig zu erkennen – weitgehend vergeblich. Es ist ein Katz-und-Maus-Spiel. So brüten in den Fondsgesellschaften rund um den Globus die Experten darüber, wie sie ihr Geschäft von Kriminellen, Hochstaplern, Bankrotteuren und Hasardeuren fernhalten. Einige setzen auf ausgeklügelte mathematische Prüfmodelle, manche auf teure Datenbanken mit Warnlisten, andere auf ihren gesunden Menschenverstand. Allen gemeinsam ist jedoch, dass sie immer wieder scheitern und auf Betrügereien hereinfallen. »Die Gesetze selbst«, so sagte schon Ferdinand Pecora, der berühmte Chefermittler des US-Senats der Dreißigerjahre, »sind weder Allheilmittel noch selbstausführend.« Pecora wusste das besser als viele andere: Kaum eine Untersuchung hat so viel Gesetze, Verordnungen, Aufsichtsinstitutionen und Rechtsreformen ausgelöst wie seine Ermittlung des Wall Street Crashs von 1929. Als US-Präsident Franklin Roosevelt 1934 den Securities Exchange Act, das neue Börsengesetz feierlich unterzeichnete, war Pecora dabei. »Ferd«, fragte Roosevelt den Ermittler, »nachdem ich jetzt den Gesetzentwurf unterschrieben habe und er Recht geworden ist: Welche Sorte Gesetz wird dabei herauskommen?« Pecora antwortete: »Herr Präsident, es wird ein gutes oder ein schlechtes Gesetz werden, je nachdem welche Männer danach Recht sprechen.«[273]

Das gilt auch noch achtzig Jahre später. Nach der größten Finanzkrise seit dem Wall-Street-Crash der Zwischenkriegszeit ist keine herausragende Ermittlerpersönlichkeit erkennbar, die so selbstbewusst wie Pecora gegen verdächtige Praktiken in der Geldindustrie vorgeht. In den USA sehnen sich Intellektuelle nach einem neuen Pecora, darunter

Nobelpreisträger Joseph Stiglitz und andere einflussreiche Wirtschaftswissenschaftler wie Robert Reich, der ehemalige Arbeitsminister der Clinton-Ära. Sie verlangen die Berufung eines erfahrenen Untersuchungsführers, »der sich in der Aufdeckung von betrügerischen Eliten und Institutionen bewährt hat«.[274] Sie erhoffen sich von einem solchen Superermittler, dass die Strafuntersuchungen gegen die Finanzgauner endlich an Fahrt gewinnen.

Ende November 2009 reagierte US-Präsident Barack Obama mit der Einrichtung einer Taskforce-Einheit, die ausschließlich die Betrugsfälle der Finanzkrise ermitteln soll. Die neue Einheit soll für 245 Millionen Dollar hunderte Staatsanwälte und Fahnder rekrutieren.[275]

Auch in Großbritannien rufen etablierte Persönlichkeiten nach dem Staatsanwalt. »Sie wussten, was sie taten,« sagt der Ökonom Will Hutton, ein angesehener Autor und Gouverneur der London School of Economics: »Man kann es nicht anders sagen: Die Banker haben teilweise kriminell gehandelt. Ich bin der Meinung, dass einige von ihnen sogar verhaftet werden müssten.«[276]

In Deutschland ruft der prominente Strafrechtler Gerhard Strate dazu auf, dass Staatsanwälte endlich ihre Verantwortung wahrnehmen und gegen die Verantwortlichen vorgehen: »Die Freiheit, so gehandelt zu haben, muss ihren Preis haben. Auch strafrechtlich«, findet Strate. »Im Umgang mit der Finanzkrise jedoch verlegen sich die Staatsanwaltschaften überwiegend aufs Abwarten, geben sich halbherzig oder gar gelähmt.«

Als Beispiel erwähnt er die ziemlich dürftige Anklage der Düsseldorfer Staatsanwälte gegen den ehemaligen Chef der Industriebank IKB – »nicht wegen der vielen Milliarden Euro, die in heute nicht mehr handelbare Derivative versenkt wurden. Ihm wird vorgeworfen, auf Bankkosten eine überteuerte HiFi-Anlage gekauft zu haben.« Entrüstet hat Strafverteidiger Strate selbst eine Strafanzeige gegen Manager der HSH Nordbank eingereicht – und sich dafür prompt eine Gegenstrafanzeige wegen übler Nachrede eingehandelt. »Die Krise«, sagt Strate, »war zu großen Teilen bestimmt durch Menschen, die in verantwortlicher Position verantwortungslos gehandelt haben.«

Strate vergleicht das unverantwortliche Finanzhandeln mit der Rechtspraxis in anderen Berufen: »Jedem Arzt, der einen medizinischen Eingriff vornimmt, ohne seinen zu operierenden Patienten über die Erfolgsaussichten und Risiken aufzuklären, ist eine Anklage wegen Körperverletzung sicher – selbst dann, wenn eine Aufklärung stattgefunden, aber eine Einwilligung des Patienten nicht vorgelegen hat. Jeder Leiter eines kleinen Handwerksbetriebes steht als Garant für die Beachtung von Arbeitsschutzvorschriften ein. Werden sie vernachlässigt und kommt es zu einem tödlichen Unfall, ist der Vorwurf der fahrlässigen Tötung schnell anklagereif.«[277]

Der Vergleich hinkt, das weiß Strate. Bei den Bankern geht es um den Nachweis von Vermögensdelikten, bei dem Arzt und dem Handwerker geht es um Verfehlungen, die Körperverletzungen oder gar Tod auslösten. Dennoch ist der Ruf nach strengerer Ermittlung und härterer Strafe legitim, wenn die Gesellschaft erkennen muss, dass ihre Sanktionsmittel nicht mehr ausreichen, ihre ökonomischen Lebensgrundlagen zu schützen, und wenn die Gesellschaft registrieren muss, dass ihre Strafen oder Freisprüche nicht mehr verhältnismäßig sind. So fragten viele Kommentatoren irritiert, wie es sein kann, dass einfache Angestellte wie eine Supermarktkassiererin wegen einer Deliktsumme von 1,30 Euro mit einer Kündigung bestraft wird, während Bankmanager, die für Milliardenschäden mitverantwortlich waren, vor den Gerichten erfolgreich ihre hohen Bonuszahlungen einklagen.[278]

Schuldig oder nicht – das ist eine Frage des bereits geschriebenen Rechts. Doch gewiss wird die Erfahrung dieser historisch einschneidenden Finanzkrise neue Normen hervorbringen, wenn auch nicht so weitreichend wie der Crash von 1929. Recht wird »gemacht und verändert«, sagt die Kriminalhistorikerin Rebekka Habermas. Es ist ein »Aushandlungsprozess«, an dem viele teilhaben: »Anzeigende, Kriminelle, Zeuginnen und Zeugen, unschuldig Verleumdete, Zuschauer und Zuschauerinnen, Exekutivkräfte, Ermittlungsbeamte, Richter, Verteidiger, Journalisten, Politiker und Juristen«.[279]

Nach dem Schadensereignis ertönt der Ruf nach neuen Gesetzen fast schon wie ein Reflex. Interessanterweise rufen die Verursacher des Schadens besonders laut. Das lässt die Regeln vergessen, die längst gelten. Als wäre zuvor im gänzlich rechtsfreien Raum gehandelt worden. So hatte bereits 1994 der Basler Ausschuss für die Bankenaufsicht »Richtlinien für das Risikomanagement im Derivategeschäft« erlassen. Diese Geschäfte sollten nur betrieben werden, wenn sie »vollständig durch eine angemessene Eigenkapitalbasis unterlegt« sind. Regelmäßige Stresstests sind keine neue Erfindung, sie waren damals schon vorgeschrieben. Die Tests sollten existenzgefährdende Ereignisse durchspielen, auch einen Extremfall mit einem zusammenbrechenden Markt wie wir ihn nach der Lehman-Pleite erlebten. Diese Basler Richtlinien wurden im Oktober 1995 fast wörtlich vom Bundesaufsichtsamt für das Kreditwesen, der späteren BaFin, übernommen, und sie waren in Deutschland verbindlich bis Dezember 2005.[280]

Tatsächlich stoßen Strafverfolger immer dann an ihre Grenzen, wenn das Illegale Normalität wird. Der frühere New Yorker Staatsanwalt Eliot Spitzer, der Legende nach einer der schärfsten Ermittler der jüngeren Zeit, berichtete über diese Barriere, nachdem er mit seinem Team im Jahr 2004 dagegen entschieden hatte, Investmentbanken und ihre Aktienanalysten anzuklagen: »Wir erreichten den Grenzpunkt, nachdem wir zunächst eine isolierte Problemzone erkannten, die wir abstecken konnten – mutmaßlich ein Analyst oder zwei und nicht mehr – und dann plötzlich erkennen mussten, dass die komplette Struktur ein Betrug war.«[281] Als er das Verfahren gegen Merrill Lynch mit einem Vergleich beendete, rechtfertigte sich Spitzer: »Merrill Lynch aus dem Geschäft zu treiben, würde keinen Sinn ergeben.«[282] Man könnte den Eindruck gewinnen, dass die gigantischen Banken nicht nur zu groß für den Bankrott sind. Das Phänomen »too big to fail« gilt offenbar auch für die Strafjustiz. Sie sind ebenfalls zu groß für eine Bestrafung: »too big to jail«.[283]

Und der Staat, die Regierenden? »Ich würde nicht sagen«, meinte Paul Krugman, Wirtschaftsnobelpreisträger wie Stiglitz, »dass alle korrupt sind. Aber es ist klar, dass Vorstände, die korrupt sein wollten, nur wenigen Hindernissen begegnet sind.« Krugman macht die »gewählten Amtspersonen« dafür verantwortlich, dass sie die Aufsichtsbeamten davon abhielten, ihren Job zu machen, so dass »schwarze Löcher« im Regelsystem entstanden, in denen die zwielichtigen Praktiken gedeihen konnten.[284]

Friedrich Dürrenmatt, der verstorbene Schweizer Schriftsteller, war vor fünfzig Jahren schon von dem Thema angetan. »Nein, nein, nein, nein. So radikal darf man nicht sein«, ließ Dürrenmatt in seiner »Komödie einer Privatbank« den Staatschef ausrufen. »Die Staatsbank hilft, zahlt deine Gaunerein. So kommen du und ich am besten weg.«[285]

Im Club des Wall-Street-Kartells

»Wir sollten uns nicht wundern, dass die Unternehmensberichte und Bekanntmachungen unzuverlässig werden, wenn wir eine Kultur haben, die Lügen toleriert, wenn auch nur in scheinbar geringfügigem Umfang.«
Roger Lowenstein[286]

Die Firma unter dem komplizierten Namen »Structured Asset Securities 2006-OW1« ist eigentlich gar keine Firma. Sie hat zumindest nichts von dem, was wir unter einem gewöhnlichen Unternehmen verstehen. Sie hat keine Mitarbeiter und keinen Chef. Sie hat kein Büro, keine Telefonnummer, keine E-Mail-Adresse und nicht einmal einen Briefkasten. Sie ist nichts weiter als eine riesige Excel-Tabelle. Das einzig greifbare Hab und Gut dieser Firma ist diese endlose Zahlenreihe, die sich niemand ausdruckt und daher nur auf einigen Computer-Festplatten gespeichert ist. Die Excel-Tabelle wurde von Managern der Investmentbank Lehman Brothers ins Handelsregister eingetragen, und nur deshalb wurde sie rein juristisch als eigenständige Firma betrachtet.

Die Excel-Tabelle »Structured Asset Securities 2006-OW1« enthielt in jeder Zeile die Angaben zu einem Hypotheken-Darlehen. 30 000 Zeilen – und hinter jeder Zeile steckte ein Haus, ein Darlehensnehmer und eine Bank, die das Darlehen ursprünglich gewährt hatte. Jede Zeile enthält eine lange Kennziffer, die den einzelnen Darlehensvertrag und den Schuldner identifiziert, und Kennzahlen zur Qualität und

Bewertung der Hypothek: Beleihungssumme, Laufzeit, Zins, Kreditqualität des Schuldners und eine Gesamtnote. Auf dem letzten Datenblatt werden Durchschnittswerte und Summen notiert, die ein blendendes Gesamtbild des Darlehenspaketes ergeben. Die Tabelle war aufgeteilt in mehrere Untergruppen unterschiedlicher Qualität. Als die Insolvenzverwalter von Lehman Brothers die Daten genauer untersuchten, entdeckten sie, dass nur zwei von zehn Tranchen dieses Verbriefungsvehikels überhaupt irgendeinen Wert hatten.[287]

Der Zusammenbruch des amerikanischen Häusermarktes lieferte am Vorabend der Häuserkrise eine simple, aber folgenreiche Erkenntnis: Die Zahlen in den Excel-Tabellen der vielen Verbriefungsvehikel waren häufig falsch – wie häufig, das konnte auf Anhieb niemand beantworten.[288] Jede einzelne Zeile musste überprüft und auf den Wahrheitsgehalt geprüft werden. Stichproben, die von den Banken und Prüfkonzernen zuvor höchst selten gemacht wurden, ergaben plötzlich ein trauriges Bild: Viele Schuldner mit angeblich guter Bonität waren nie in der Lage gewesen, ihre Darlehen abzustottern. Andere hatten längst ihre Hausschlüssel beim Kreditvermittler abgegeben, waren kurzerhand ausgezogen, wobei sie nicht selten vom Fernseher über die Kinderzimmermöbel bis zur Wohnzimmergarnitur alles stehenließen, weil sie nicht einmal mehr das Geld für eine Speditionsfirma besaßen.[289]

Diese bittere Erkenntnis der Gläubigerbanken lieferte den Beweis für einen Massenbetrug, der auf den Stationen zwischen der Unterschrift unter einen Kreditvertrag bei einem Vermittler bis hin zum mehrfachen Weiterverkauf der verbrieften Hypothekenpakete unter den Banken stattfand. Allmählich dämmerte es den ahnungslosen Beteiligten: Aus dem Verbriefungsgeschäft war ein unvorstellbares Lügengebäude geworden.

Die Hypotheken waren nur reibungslos in Schönwetterzeiten handelbar; bei fallenden Preisen brach das ganze System zusammen. »In Aktien kann man nicht wohnen.« Mit diesem Satz formulierte der Wirtschaftshistoriker Niall Ferguson das Kernproblem des Verbriefungsgeschäfts, welches die Finanzwelt revolutionierte: Die Banker haben die Hypotheken zu einem handelbaren Gut gemacht, zu einem Wertpapier, auf das man wetten und spekulieren kann. Sie haben nach den Aktienmärkten einen Verbriefungsmarkt für Hypotheken und Kredite geschaffen, der am Ende die Aktienmärkte hinsichtlich Transaktionsvolumen und Vermögenswerten um ein Vielfaches übertrumpfte. Die Finanzkrise machte plötzlich deutlich, dass zwischen Aktienmärkten und Häusermärkten Welten liegen können: Wertpapiere kann man stapeln, bündeln, verpacken, versenden und sogar am Pokertisch als Sicherheit hinterlegen – Häuser nicht.

Diese einfache Wahrheit geriet ein Vierteljahrhundert lang in Vergessenheit – zwischen dem Juni 1983, als das erste Verbriefungsprodukt in Form einer hypothekenbesicherten Anleihe auf den Markt kam, und dem Zusammenbruch des Marktes im Herbst 2007. Das Vergessen dieser einfachen Wahrheit hat viele schwerwiegende Folgen, die wir in den heruntergewirtschafteten Wohnsiedlungen vieler amerikanischer Städte studieren können.

Es gibt wohl auf der ganzen Welt wenige Menschen, die das so hautnah miterlebten wie die amerikanischen Anwälte der Deutschen Bank. Weil das Geldhaus für enorm viele verbriefte Hypothekenvehikel die Rolle des Treuhänders übernommen hatte, standen sie als Vertreter der Gläubigerseite in den amerikanischen Konkursgerichten denjenigen gegenüber, die im wilden Verbriefungszirkus völlig in Vergessenheit geraten waren: den zahlungsunfähigen Schuldnern und Besitzern der Häuser. Zwischen Juli 2007 und Juli 2009 musste die Deutsche Bank in mehr als 38 000 Gerichtsfällen die Gläubigerinteressen vor den amerikanischen Konkursgerichten verteidigen.[290]

Jahrelang war der Betrug mit den Subprime-Darlehen heruntergespielt worden. Weitgehend unbemerkt von der Öffentlichkeit stieg der Betrug mit Hypothekendarlehen zwischen 2000 und 2006 um das Neunfache, doch spätestens seit 2006 war in der Branche die kriminelle Dimension bekannt.[291] Die Forschungsfirma BasePoint wies bereits ab 2006 auf das Ausmaß der Betrügereien bei der Vergabe von Darlehen an Schuldner schlechter Bonität hin. Sie berechnete damals schon aufgrund ihrer Datenerhebungen, dass bei bis zu 35 Prozent der Kreditvolumen mit Verlusten zu rechnen sei, wenn Betrügereien stattfanden. In einer weiteren Analyse untersuchten sie drei Millionen Darlehensverträge aus den Jahren 1997 bis 2006 und fanden bei 16 000 notleidenden Krediten Beweise für betrügerische, irreführende Angaben in der Darlehensdokumentation. Besonders schlimm waren die Resultate bei Krediten, die während der ersten 90 bis 180 Tage bereits notleidend wurden: 70 Prozent dieser Verträge waren gefälscht.[292] Das Betrugsvolumen würde sich in den kommenden Jahren erhöhen, sagten sie voraus – und so kam es auch.

Warum konnte dieser Markt derartig pervertiert werden? Die Antworten werden nicht von den Mathematikern geliefert, die schöne Modelle und Rechenspiele mit ihren Excel-Tabellen erstellt haben. Die Antworten finden wir in der historischen Untersuchung des noch jungen Marktes.

Mitte der Achtzigerjahre wurde das Finanzgeschäft mit Computerprogrammen industrialisiert. Erst der IT-Einsatz machte es möglich, schnell und effizient riesige Kreditpakete mit unterschiedlichen Schuldnerklassen zu schnüren, so dass die Investoren in einer Datenbank auf Knopfdruck die Laufzeiten, Zinsmixturen, Zahlungstermine und Ausfallwahrscheinlichkeiten kalkulieren konnten. »Die Software war schlauer als die Leute, die sie nutzten«, erinnerte sich Michael Osinski, der seit 1983 die ersten Programme entwickelt hatte. Das Internet erlaubte dann, dass die Händler die Daten über ihre Kreditpakete minutenschnell rund um den Globus senden und ebenso schnell die Preise verhandeln konnten. Damit waren Hypotheken, verpackt in großen Paketen, zum handelbaren Gut geworden – eine ökonomisch interessante Innovation. »Aber du hast damit erst eine Rezeptur für ein Desaster, wenn du die Selbstgefälligkeit, die Gier, das Anspruchsdenken und die kaltschnäuzige Dummheit der Banken hinzufügst«, sagte Osinski.[293]

Die Geschichte des Verbriefungsgeschäfts ist tatsächlich eine Geschichte des Betruges, der Veruntreuung und des Kreditschwindels. Seit den Anfängen hagelte es Betrugsskandale in diesem Milliardenmarkt, die schneller vergessen waren, als neue Skandale wieder auftauchten.

Der erste prominente Betrugsfall erschütterte 1991 das Brokerhaus Salomon Brothers. Ein Bond-Händler war mit illegalen Deals aufgeflogen. Er musste eine Strafe von 50 000 Dollar bezahlen – für den Multimillionär war das etwa so schlimm wie ein Strafzettel wegen Falschparkens. Sein Chef hatte offenbar keine großen Probleme mit der Verfehlung, denn er hatte die Sache nicht einmal den Behörden gemeldet. Der Chef hieß John Meriwether, ein größenwahnsinniger Händlertyp, der noch zwei Jahre bei Salomon Brothers blieb.[294] 1993, nach seinem Ausscheiden, gründete Meriwether den Hedgefonds Long Term Capital Management (LTCM). Fünf Jahre später wurde er mit der ersten Hedgefonds-Katastrophe weltberühmt. LTCM musste 1998 in einer dramatischen Rettungsaktion mit Interventionen der Notenbanken und einem Notkredit von 14 Großbanken, darunter auch die Deutsche Bank, gestützt werden, weil man eine Kettenreaktion fürchtete, die zum Zusammenbruch des Weltfinanzsystems hätte führen können.

Der zweite große Fall flog 1994 auf. Beim Brokerhaus Kidder Peabody hatte der Händler Joseph Jett Erträge aus

Transaktionen im Wert von 264 Millionen Dollar erfunden, während er tatsächlich Verluste in Höhe von 74 Millionen verursacht hatte. In seinen »guten« Jahren zwischen 1991 und 1993 stieg sein Bonus von 5000 Dollar auf 9 Millionen Dollar. Kidder Peabody musste Deals im Wert von 340 Millionen Dollar rückgängig machen. Jett wurde erstmalig 1998 von der US-Börsenaufsicht SEC bestraft. Im September 2007 verurteilte ihn ein Bezirksgericht in Manhattan zu einer Strafe von 8 Millionen Dollar. Das Brokerhaus überlebte den Betrug nicht.[295] Die Wall Street hatte auch seinen Fall schnell vergessen. Das Verbriefungsgeschäft lief ungerührt weiter. Nach der Jahrhundertwende war der Markt für verbriefte Immobiliendarlehen größer als der Aktienmarkt.

1997 wurde in der Finanzbranche an einer neuen revolutionären Erfindung gebastelt, die das Verbriefungsgeschäft erst richtig in Schwung bringen sollte: Kreditversicherungen, genannt »Credit Default Swaps«, kurz CDS. Die Asienkrise erlebte gerade ihren Höhepunkt, als ein kleines Team von Finanzdesignern bei JPMorgan nach Wegen suchte, hässliche Kreditrisiken aus der Bankbilanz zu entfernen. Das Projekt lief unter dem Code »Bistro« und machte eine britische Kreditingenieurin zum Superstar: Blythe Masters. Frisch von der renommierten Cambridge University wirbelte sie die Finanzwelt auf. Ihr Zaubertrick: Sie verband die alte Technik der Verbriefung von Krediten mit der Versicherung von Krediten, wobei sie die Swaps ebenfalls als handelbare Wertpapiere konstruierte. So konnten die Kredite in verbriefter Form verpackt und verkauft werden, berechnet wie eine Aktie mit täglichen Marktwerten. Gleichzeitig konnte eine weitere Partei das verbriefte Paket versichern. Weil diese Versicherungspolice alias Swap ebenfalls ein handelbares Gut wurde, konnte sie endlos weiterverkauft werden, oder dem Käufer der verbrieften Kredite konnte gleichzeitig die Versicherung mitgeliefert werden. So wurden die Kredite in den

Bankbilanzen neutralisiert, und die Bank musste weniger Eigenkapital bereithalten: ein komplexes Konstrukt für eine simple Bilanzverschönerung.

1998 feierte JPMorgan die junge Erfinderin der Kreditversicherungen – und verdiente prächtig. Die Kunden nahmen die Idee begeistert auf. JPMorgan konnte im Nu fast 10 Milliarden Dollar aus der Bilanz verschwinden lassen und hatte plötzlich genug Kapital, um eigene Aktien zurückzukaufen. Die Vorstände jubelten, und Masters war die neue Superheldin bei JPMorgan. Ihr Team wuchs auf über hundert Leute, entwickelte immer kompliziertere Konstrukte und ging zur Fließbandfertigung über. Das Swap-Geschäft wurde industrialisiert. Masters war mit 34 Jahren Finanzchefin, heute managt sie das globale Rohstoffgeschäft bei JPMorgan.

Die tollkühne Erfindung erntete anfangs nur Lob. Alan Greenspan, der ehemalige US-Notenbankchef, wurde ein fulminanter Befürworter. Die Swaps würden das Kreditrisiko in der Finanzwelt besser verteilen und damit alle schützen, meinte er. Hierzulande waren die Experten der Bundesbank ebenso angetan von »der breiteren Risikoverteilung«. Auch die deutsche Finanzwissenschaft sah die Zukunft der Kreditwelt gekommen. Der Markt wuchs rasant. Wie am Fließband schlossen Banken, Hedgefonds und Versicherer untereinander Kontrakte ab – bis Ende 2001 im Wert von weltweit 900 Milliarden Dollar.[296]

Doch warum bezeichneten sie ihre Kreditversicherung nicht auch als Versicherung? Ganz einfach: Weil das Ganze sonst unter der Kontrolle der Versicherungsaufsicht hätte laufen müssen. Dann wäre undenkbar gewesen, dass die Versicherungsgeber derart unterkapitalisiert hätten agieren können oder dass Sicherungsnehmer während der laufenden Vertragszeit aus ihren versicherten Kreditpaketen einzelne Kredite ersetzen – wie ein Autobesitzer, der seinen Wagen auswechselt, ohne die Kaskoversicherung zu ändern. »Ein magisches Surrogat«, sagt Rechtsprofessor Michael Greenberger von der University of Maryland. »Sie haben es als risikominderndes Hilfsmittel angepriesen, mit dem man riskante Finanzinstrumente kaufen kann.«[297] Selbst Erfinderin Masters gibt heute zu, dass Swaps »das Systemrisiko erhöhen, wenn wichtige Vertragspartner ihr Risiko nicht managen«. Freilich sieht sie das Problem nicht im Konstrukt, sondern bei den Händlern. Inzwischen gelten die Credit Default Swaps als Brandbeschleuniger der Finanzkrise.[298]

»JPMorgan hat Frankensteins Monster erschaffen«, schimpft hingegen Satyajit Das. Der in Kalkutta geborene Australier hat mehr als 4000 Lehrbuchseiten über Kreditderivate verfasst, und er ist heute ihr größter Kritiker. Der Markt habe mit den Swaps die Grenze vom legitimen Versicherungsgeschäft zu Spekulation und Kasinospiel überschritten.[299] Und wenn Charles Munger, der Vizechef von Berkshire Hathawa, über die Derivategläubigen spricht, dann fällt ihm nur noch ein Wort ein: »bonkers« – Spinner.[300] Mungers Chef, der berühmte Großinvestor Warren Buffet, liefert seinen Aktionären mit den Berichten über seine Geschäftslage eine alte Weisheit: »Du findest nur heraus, wer nackt schwimmt, wenn die Ebbe kommt.« Diese Gezeitenwende ist nun im Finanzsektor eingetroffen. Das Strandgut war am 7. Oktober 2008 Thema im US-Senat.[301]

Carolyn Maloney, seit 27 Jahren Politikerin, gilt als hartnäckig und couragiert. »Ein Tiger«, schreibt das New Yorker Wochenblatt *Village Voice* über die Demokratin im US-Repräsentantenhaus. Nach der Notrettung des AIG-Versicherungskonzerns fahndete die zweifache Mutter aus Manhattan nach den Gründen für die großen Bankenpleiten. Im Visier: Martin Sullivan, langjähriger Manager beim Versicherungskonzern AIG, von 2005 bis zu seinem Rücktritt im Juni 2008 Konzernchef. Er gilt als hartgesotten und skrupellos. Als Sohn eines britischen Fabrikarbeiters hatte er sich hochgearbeitet. Zuletzt war er eine »Fat Cat«und kassierte zweistellige Millionensaläre.

Sullivan musste am 7. Oktober 2008 vor einem Untersuchungsausschuss des US-Repräsentantenhauses aussagen; die Fragen stellte Mrs. Maloney. Ihr Thema: Wie kam es dazu, dass die Steuerzahler seit September an einem immer teureren Rettungspaket schleppen müssen, das mittlerweile 143 Milliarden Dollar schwer ist, um die AIG vor der Pleite zu retten? Welche Rolle spielte dabei die Zockerei des Instituts mit Kreditausfallversicherungen, den Credit Default Swaps?[302]

Maloney: »Hinter diesen Swaps steckte kein Kapital.« »Das ist richtig«, murmelte Sullivan. »Sie haben also mit Milliarden, vielleicht mit Billionen Dollar gezockt«, hakte Maloney nach. Sullivan: »Ich würde es nicht Zocken nennen. Diese Transaktionen waren sehr sorgfältig einzeln unterzeichnet worden …«

Maloney: »Wie kommt es dann, dass niemand sie kaufen will, wenn sie so sorgfältig unterzeichnet sind? Wenn niemand das Zeug kaufen will, zeigt das, dass darin kein Wert steckt, dass Sie Honorare erzielt haben, Ihre Mitarbeiter reich gemacht haben und dabei ein großes Unternehmen zerstört haben, unsere Wirtschaft niederreißen und nun den Steuerzahler bitten, Sie zu retten. Sie sollten sich für Ihr Missmanagement beim amerikanischen Volk entschuldigen!« »Well«, stammelte der Mann mit roter Krawatte und schneeweißem Haarschopf ins Mikrofon, »vielleicht sollte ich das bei Gelegenheit tun.«

Credit Default Swaps, im Banker-Kürzel CDS, sind komplexe Finanzprodukte, die einst ersonnen wurden, um Banken gegen den Ausfall von Krediten abzusichern. Seit einigen Jahren aber werden sie zwischen Banken, Versicherern und Hedgefonds munter hin und her verkauft, zuletzt mit einem geschätzten Nominalwert von rund 50 Billionen Dollar – ungefähr das Hundertfache aller deutschen Steuereinnahmen eines Jahres. Die Swap-Verträge sind verantwortlich dafür, dass die Geldkonzerne ihr Schicksal wie in einer Seilschaft miteinander teilen, und sie wirken wie Brandbeschleuniger, seitdem Tausende Hausbesitzer in den USA ihre Kredite nicht mehr bedienen. Zwar wird langsam klar, wie die CDS dafür sorgten, dass sich die Kreditkrise rund um den Globus ausbreiten konnte. Trotzdem ist die Gefahr nicht gebannt, denn der Handel mit CDS läuft völlig unreguliert ab. Keine Aufsicht, keine Börse, keine Notenbank kontrolliert die Deals.

Als erste rief im Mai 2007 die US-Notenbank den Managern mit einer Studie »grundlegende Tatsachen« in Erinnerung. Die Kreditversicherungen würden das Kreditrisiko nicht eliminieren: »Sie schieben es lediglich überall herum. Wenn der Kreditkreislauf sich dreht und die Ausfallraten steigen, dann wird am Ende irgendwer irgendwo Geld verlieren.«[303] Dabei werden durch Swaps die Risiken nicht einfach nur weitergereicht. Weil viele Händler die versicherten Werte gar nicht genau kennen oder ihre eigenen Sicherheitspuffer falsch berechnen, steigt durch den Handel das Risiko, dass bei einem Forderungsausfall die jeweiligen Versicherungsgeber Probleme bekommen.

Ein Fall, der vor einem New Yorker Gericht verhandelt wurde, zeigt, wie das CDS-Geschäft läuft. Im Mai 2007 ließ die Schweizer Großbank UBS vom Hedgefonds Paramax Capital eine verbriefte Forderung in Höhe von 1,31 Milliarden Dollar mit einem Swap absichern. Die Forderung bestand aus einem Schuldschein auf verbriefte US-Immobilien. Sie waren von den Ratingagenturen mit der Bestnote AAA bewertet und galten als besonders sichere »Super-Senior-Tranchen«. Paramax, mit nur 200 Millionen Dollar Eigenkapital, versicherte die UBS-Forderung und bekam dafür eine jährliche Prämie in Höhe von 0,155 Prozent des Nennbetrags ausbezahlt. Der Vertrag sah vor, dass Paramax eine Sicherheit hinterlegte, um den Swap zu garantieren. Der Hedgefonds stellte eine Sicherheit in Höhe von 4,6 Millionen Dollar – entsprechend einem kalkulierten minimalen Wertverlust von 0,35 Prozent. Mit Schlimmerem rechneten die Mathematiker in den Risikoabteilungen nicht. Doch es kam schlimmer.

Die Hauspreise brachen ein, die Hypotheken kippten. Im November 2007 erbat die UBS von Paramax 33 Millionen Dollar als Sicherheit. Nun begann der Streit, denn Paramax lehnte diesen Wunsch ab. Die Ausrede: Der zuständige CDS-Händler von der UBS habe erklärt, dass ein Risiko von Marktverlusten bei den Forderungen gering sei. Das hatte den Leuten von Paramax genügt. Nach etlichen Aufrufen, mehr Sicherheiten für den Swap bereitzustellen, erklärte die UBS im Dezember 2007 den Totalausfall ihrer Forderung, den »Default«, ähnlich dem Schadenfall bei einer Autoversicherung. Nun sollte Paramax den Schaden bar erstatten, doch der Fonds zahlte nicht. Seitdem wird nicht mehr am Telefon verhandelt, sondern nur noch im Beisein eines Richters.[304]

In der gleichen Klemme wie Paramax steckte der Versicherungsriese AIG, allerdings in weit größerem Rahmen. Am 12. September 2008, einem Freitag, entdeckten die Manager, dass sie sofort 18 Milliarden Dollar frei machen mussten, um Nachforderungen von Sicherheiten auf Swaps zu bedienen. Die Konzern-Holding hatte zwar viel Vermögen, aber nicht so viel flüssige Mittel. Übers Wochenende entdeckten sie weitere Finanzlöcher, verursacht durch fällige CDS. AIG, von Ex-Chef Sullivan kurz vor seinem Abgang noch als »gut strukturiert« bezeichnet, war zahlungsunfähig.

Daraufhin kündigte AIG der Gegenpartei Merrill Lynch den Versicherungsschutz. Als die wiederum in der Eile keinen neuen Versicherer auftreiben konnte, wurde sie in einer Notaktion von der Bank of America aufgekauft. Der AIG-Konzern selbst musste am 15. September mit einer brachialen Staatsaktion gerettet werden. Man fürchtete, dass ihre Swap-

Kontrakte im Volumen von insgesamt 447 Milliarden Dollar einen Dominoeffekt im Finanzsystem auslösen würden.

Experten befürchten weitere Verluste von bis zu 150 Milliarden Dollar durch Swaps. Denn in vielen Fällen – und das gilt bis heute – gehört den Versicherungsnehmern das versicherte Gut, also die ursprüngliche Kreditforderung, gar nicht. Die Händler schließen dann nur noch Wetten auf den Ausfall eines Unternehmens oder einer Forderung ab, vergleichbar mit dem Kauf und Weiterverkauf einer Autoversicherungspolice ohne Auto. Sie nennen das »nackte CDS«. Diese Wettspiele sind lukrativ, weil der Wert des Swaps und der Wert der versicherten Forderung wie Wertpapiere nach täglichen Marktpreisen ermittelt werden und ihre Prämien dadurch steigen können, ohne dass der zugrunde liegende Wert sicherer oder wertvoller würde. Am Ende wurde oft hundertfach mit einem CDS gewettet, wobei häufig geschlampt wurde. So urteilte Anfang November 2008 die New Yorker Richterin Barbara Jones, dass die klagende Partei, ein professioneller Hedgefonds, »versäumt hat, die vereinbarten Vertragsbedingungen sorgfältig zu prüfen«.

Auch im Fall AIG zeigten sich eklatante Managementfehler. Die CDS-Abteilung hatte 2006 den Mathematiker Gary Gorton engagiert. Der Yale-Professor entwickelte für sie eigens ein Modell, um Swaps zu bewerten. Dabei ignorierten die Manager aber laut Gorton wider besseren Wissens, dass sein Modell nicht geeignet ist, die Nachforderungen von Sicherheiten in fallenden Märkten zu messen.[305] Ein vertrauliches Protokoll aus dem Prüfausschuss des AIG-Aufsichtsrates vom Februar 2008 enthüllt, wie viel Eigenkapital bei diesem Versicherungsgeber den potenziellen Verpflichtungen gegenüberstand: »schlicht null«.[306] So kam es zum Crash, der den Staat mit 152 Milliarden Dollar belastete.

AIG ist nicht allein: Vom weltweiten CDS-Bestand stehen Banken für 40 Prozent der Kontrakte gerade, darunter auch deutsche Institute. Ein Drittel des CDS-Volumens soll von Hedgefonds gehalten werden, der Rest von Versicherern und Privatinvestoren. Das sind grobe Schätzungen, wie alle Zahlen über die Größe des Swap-Marktes. Sie basieren auf freiwilligen Meldungen gegenüber der Bank für Internationalen Zahlungsausgleich in Basel und einem Branchenverband. Der Nominalwert aller gemeldeten CDS-Verträge wuchs bis Ende 2007 auf 62 Billionen Dollar, fiel in den Krisenmonaten bis Ende Juni 2009 auf 36 Billionen Dollar und fällt weiter. Das Gesamtvolumen aller außerbörslich gehandelten Derivate, vor allem Zinsderivate, lag im ersten Halbjahr 2009 bei 605 Billionen Dollar.[307]

Viele Verträge sind gar nicht gemeldet, es sind aber auch Doppelzählungen denkbar. Weil aber viele Verträge auf das gleiche Risiko wetten und die Werte der versicherten Aktiven abnehmen, wird der tatsächliche Marktwert der Geschäfte »nur« auf ein bis 3 Billionen Dollar geschätzt. Experten kalkulieren auf dieser Basis die möglichen weiteren Verluste durch Swaps auf 32 Milliarden bis 158 Milliarden Dollar. Doch niemand weiß wirklich Bescheid. Unklar ist immer noch, wer welche Risiken versichert hat und wer am Ende beim Ausfall großer Unternehmen für Schadenszahlungen aufkommen muss. »Das Risiko ist irgendwo, aber wir wissen nicht wo«, sagt Pauline Wallace vom Prüfkonzern PwC.[308]

Im US-Untersuchungsausschuss stellte Tigerin Malhoney im Oktober 2008 noch eine letzte Frage über die Swaps, diesmal an Eric Dinello von der New Yorker Versicherungsaufsicht: »Könnten sie unsere gesamte Wirtschaft hinunterziehen?« Dinello stammelte: »Wir werden es herausfinden. Ich hoffe nicht.«[309]

Mittlerweile sind sich fast alle Experten einig. Notenbanker weltweit wie Jean-Claude Trichet von der Europäischen Zentralbank, US-Finanzminister Timothy Geithner, der Ex-SEC-Chef Christopher Cox oder Politiker wie EU-Kommissar Charlie McCreevy wollen seit dem Beinahe-Crash der AIG den CDS-Markt unter Aufsicht stellen und über Börsen abwickeln lassen. »Swaps multiplizierten das Ausfallrisiko bei den faulen Krediten um ein Vielfaches«, sagte Cox, »und als die Hauspreise fielen, sorgten sie dafür, dass die Auswirkungen in Kaskaden überall im System auftauchten.« Der New Yorker Chefankläger Andrew Cuomo ermittelt in einigen CDS-Fällen wegen des Verdachts krimineller Machenschaften. Der Staatsanwalt ordnete an, dass AIG alle Zahlungen aus den Salär- und Bonuspaketen an Ex-CEO Martin Sullivan einstellt und seine Guthaben einfriert. Joseph Casano, der verantwortliche Manager für die Problemabteilung bei AIG, hatte alleine eine Zahlung von 69 Millionen Dollar zu erwarten. Auch diese wurde blockiert. Cuomo fror insgesamt 600 Millionen Dollar im Bonus-Pool für die Manager ein.[310]

Die Finanzbranche setzt darauf, den Markt mit Clearing-Stellen in den Griff zu bekommen, so dass die Informationen über die Transaktionen zentral erfasst werden. Über diese bankähnlichen Abwicklungszentren sollen alle bilateralen Verträge gemeldet und im Konkursfall auch die Zahlungen der Versicherungsleistungen erledigt werden. Bisher wird schon ein Teil des Marktes über die Depository Trust & Clearing Corporation (DTCC) abgewickelt, aber längst nicht alles. Im Sommer 2009 waren rund 216 000 Kontrakte im Buchwert von 5,7 Billionen Dollar bei ihr gemeldet. Das Unternehmen ist stolz darauf, dass es gelang, das gesamte CDS-Volumen von Lehman Brothers nach der Pleite mit deren Gegenparteien korrekt abzuwickeln.[311] Im Finanzsektor kam nämlich große Unruhe auf, ob das überhaupt gelingen könne, und die Leute von DTCC waren sich ihrer Sache keineswegs sicher. »Es war ein Kriegsspiel«, schrieben sie in ihrem Geschäftsbericht für das Jahr 2008. »Für DTCC war ein Albtraum durchaus möglich.« Erstmalig verrieten sie: Wochen vor der Pleite hatten die Risikomanager von DTCC ihre Teams wegen der Lehman-CDS verstärkt. Die leitenden Manager hatten sich in der Nacht vor der Verkündung der Insolvenz in ihren Büros versammelt: »Sie wussten, dass eine Erklärung unmittelbar bevorstand.« Es folgten aber noch viele bittere Tage der Unsicherheit für alle Banken, die CDS-Kontrakte mit Lehman geschrieben hatten. Erst in der Nacht auf den 22. September konnte DTCC eine formelle Notiz aussenden, dass sie nun in der Lage wären, alle ausstehenden Verträge und Gegenverträge zu verrechnen, bis die jeweiligen Netto-Positionen geklärt wären. Am 24. September erhielt DTCC dann die formale Anordnung vom Gericht, damit zu beginnen. 300 000 Lehman-Verträge mussten abgewickelt werden. Erst als sie dann Tage später Klarheit über das Nettovolumen der CDS von Lehman hatte, beruhigten sich die Märkte: Es waren »nur« 5,2 Milliarden Dollar. Damit hatte DTCC den größten Schlussverkauf in der Geschichte des amerikanischen Finanzsektors organisiert.

Aus Buchwerten von nominal 5 Billionen Dollar blieben netto am Ende nur noch gut 5 Milliarden übrig. Der Fall Lehman demonstriert damit zugleich, wie viel Luft die europäischen Banken in ihren Bilanzsummen haben. Denn bilanziert werden nach den internationalen IFRS-Standards bei den CDS die Nominalwerte, nicht das, was netto herauskommt, nachdem alle Positionen gegeneinandergerechnet wurden.[312]

In den Konkursfällen, die sich in den letzten Krisenmonaten häuften, verläuft die Abwicklung der Versicherungsansprüche allerdings alles andere als reibungslos, wie die Branche immer wieder behauptet. Allein die New Yorker Gerichte wurden mit Zivilklagen überhäuft. Die Ansprüche werden bestritten, die Versicherungsgeber zahlen nicht oder zu wenig, oder die Versicherungsnehmer halten die Vertragsbedingungen nicht ein.[313]

Kritiker, darunter prominente amerikanische Insolvenzanwälte, fürchten allerdings, dass immer noch große Risiken im CDS-Markt stecken, die allein mit einem Clearing nicht zu regeln sind. Eine zentrale Clearing-Einheit würde einen neuen Finanzgiganten schaffen, der im Konkursfall als »too big to fail« gelte und daher von den Steuerzahlern gerettet werden müsste. Denn kein Clearing-Haus könne genügend Sicherheiten bereithalten, um einen Extrem-Crash zu überstehen.

»Der Versuch, sichere Credit Default Swaps zu entwickeln«, sagt Hedgefonds-Manager David Einhorn, »ist etwa so wie der Versuch, sicheres Asbest zu produzieren.« Einhorn, der schon früh vor einer Lehman-Pleite gewarnt hatte, bezeichnet die CDS als »antisozial« und fordert ihr vollständiges Verbot. Einhorn hatte selbst mit seinem Hedgefonds Greenlight jahrelang im CDS-Geschäft mitgemischt. Denn Eigentümer von Unternehmensanleihen, die gleichzeitig eine CDS-Absicherung gegen das gleiche Unternehmen halten, können ein Interesse dafür entwickeln, dass das versicherte Unternehmen zusammenbricht: eine Spekulation auf Ausfallzahlungen, die für das Zielunternehmen gefährlich werden kann.[314]

Noch abstruser können sich die Märkte der CDS auf Staaten entwickeln. Denn institutionelle Investoren sichern sich mit Swaps gegen Zahlungsausfälle eines Landes ab, wenn sie zum Beispiel Staatsanleihen kaufen. Das mag für Laien absurd klingen, ist aber eine gängige Praxis in der Finanzindustrie. Diese kann zu Wetten gegen einzelne Staaten als Schuldner führen, wenn die Preise beziehungsweise Prämien für die Versicherungen gegen einzelne Länder steigen. Tatsächlich kam es während der Krisenmonate zu höchst irrationalen Bewegungen auf dem Markt für CDS auf Staaten. Für die betroffenen Staaten hat dies unmittelbare monetäre Folgen: Sie müssen höhere Zinsen für die Anleihen bezahlen, die sie begeben, und auch höhere Zinsen auf Kredite berappen. Die Kursentwicklungen koppelten sich allerdings irrational von der tatsächlichen wirtschaftlichen Lage einzelner Länder ab.[315]

In Deutschland veröffentlichen weder die Bundesbank noch die Finanzaufsicht BaFin konkrete Zahlen über die Swap-Geschäfte der Unternehmen. »Auf Einzelinstitutsebene informiert sich die BaFin sehr genau über die jeweiligen Volumina und Risiken«, sagte ein BaFin-Sprecher; Zahlen über das Gesamtvolumen gibt die Behörde jedoch nicht bekannt. Ende 2008 publizierte die DTCC erstmals Zahlen: Demnach waren mehr als 100 000 solcher Swap-Verträge auf Risiken von deutschen Banken und Großunternehmen geschrieben; die Swap-Kontrakte auf deutsche Unternehmen hatten ein Nominalvolumen von 893 Milliarden Dollar, das sich am ursprünglichen Buchwert der versicherten Kredite oder Unternehmensanleihen orientiert. Der tatsächliche Wert der versicherten deutschen Risiken betrug demnach immer noch rund 80 Milliarden Dollar. Die meisten versicherten Risiken hielten in Deutschland die Deutsche Bank, die Deutsche Telekom und Volkswagen.[317]

Viel beunruhigender aber war eine andere Zahl, die DTCC erstmals im Oktober 2009 publizierte: Nur zehn Marktteilnehmer sind für fast 75 Prozent des CDS-Volumens weltweit verantwortlich. Andere Erhebungen sprechen von nur fünf Banken, die 88 Prozent des Marktes beherrschen. Das Oligopol: JPMorgan Chase, Goldman Sachs, Barclays, die Deutsche Bank und Morgan Stanley.[317] Oder ist das sogar ein Kartell? Jedenfalls nährt dies einen Verdacht, den etliche Rechts- und Finanzexperten erheben: dass sich eine kleine Gruppe systemwichtiger Finanzkonzerne mit CDS-Wetten und Verbriefungsdeals gegenseitig bei Laune hält, ein Ringelreihen mit Versicherungswetten – jedenfalls eine höchst undurchschaubare Lage.[318]

Es ist nicht nur bei den CDS so: In allen Geschäftsbereichen des Derivatemarktes mit Futures, Swaps, Optionen und

Kreditderivaten tauchen immer wieder die gleichen Finanzgiganten mit marktbeherrschender Stellung auf – eine weitere große Gefahr für das Geldsystem. Sieben Banken teilen sich seit vielen Jahren mehr als 90 Prozent des Derivatehandels in den USA, der insgesamt ein Handelsvolumen von mehr als 200 Billionen Dollar umfasst.[319] Im Sommer 2009 reagierte erstmals die amerikanische Kartellbehörde. Sie untersuchte den Verdacht unfairer Praktiken bei diesen Banken und forderte sie auf, relevante Unterlagen über ihre CDS-Geschäfte herauszurücken.[320]

Diese Systemrisiken haben die Notenbanken nach wie vor nicht im Griff. Sie wissen, wie die Europäische Zentralbank (EZB) zugeben musste, auch nach der Krise immer noch nicht genug über den CDS-Markt, um diese einschätzen zu können. »Das wahre Gegenparteirisiko im CDS-Markt ist mit den verfügbaren Daten nach wie vor schwer zu quantifizieren«, resümierte ein EZB-Forscherteam im August 2009. Aber auch sie kamen nach Auswertung der Daten, die sie von 31 großen Finanzinstituten erhalten haben, zu dem Ergebnis, dass sich der Markt »hoch konzentriert in der Hand einer kleinen Gruppe von Händlern« abspielt. In Europa würden die zehn größten Gegenparteien für jede untersuchte Bank zwischen 62 und 72 Prozent von deren CDS-Positionen halten. Diese Konzentration habe das Liquiditätsrisiko im Fall eines Zusammenbruchs eines großen Mitspielers erhöht.

Die EZB-Forscher entdeckten weitere Risiken im CDS-Markt: Obwohl die Preisbildung bei den CDS völlig undurchschaubar ist, gelten die Preise der gehandelten CDS als Indikator für andere Märkte, so zum Beispiel Kredit- und Aktienmärkte. Dieser Trend hat sogar zugenommen. Es kommt zu Rückkopplungseffekten zwischen Aktien- und CDS-Märkten. Die EZB-Analytiker sehen darin eine gefährliche Entwicklung, weil die Preisinformationen, die vom CDS-Markt in Krisenzeiten ausgehen, höchst fragwürdig sind. Besonders überraschend: »Die Konzentration im CDS-Markt ist noch höher als vor der Krise.«[321]

Aus der großen EZB-Studie können drei wichtige Schlussfolgerungen gezogen werden: Erstens ist die Vorstellung falsch, dass die CDS das Kreditrisiko im Finanzmarkt besser verteilen; tatsächlich ist das Risiko im CDS-Markt auf eine ganz kleine Zahl von systemwichtigen Finanzkonzernen konzentriert. Zweitens wurde mit der Idee der Absicherung der Kreditrisiken ein neues Großrisiko geschaffen. Drittens sind die CDS als Indikatoren für Aktien- oder Kreditmärkte in Krisenzeiten untauglich. Doch die Credit Default Swaps alleine machen noch nicht das ganze Übel aus.

Explosive Mischung

Die Credit Default Swaps allein führten noch nicht in den Kollaps. Die eigentliche Gefahr für die Finanzmärkte entstand erst durch die Verbindung der zwei gefährlichen Elemente Credit Default Swaps und Verbriefungen. Als die Banken anfingen, Kreditversicherungen mit verbrieften Hypotheken gebündelt, sozusagen im Doppelpack, zu vermarkten, begann sich das Teufelsrad in schwindelerregender Geschwindigkeit zu drehen. Am Ende dieser Geschichte resümiert Joseph Stiglitz, Wirtschaftsnobelpreisträger und Professor von der Columbia University in New York: »Die Verbriefung war auf der Prämisse begründet, dass jede Minute ein Depp geboren würde«, sagte er – und diese Deppen seien im globalen Maßstab rund um den Globus ausfindig gemacht worden.

Doch der Anfang war schwer: Zu Beginn der Neunzigerjahre, erinnert sich Joseph Donovan, lief der Verkauf sehr zäh an. Er war damals für die Investmentbank First Boston in Deutschland unterwegs. Unter anderem wollte er die Finanzleute bei der Volkswagen AG in Wolfsburg davon begeistern, ihre Autokredite zu verbriefen. »Wir versuchten es immer wieder«, erzählt Donovan. Aber ohne Erfolg. Erst als er ab 2000 für die Credit Suisse, die First Boston übernommen hatte, wieder in Europa unterwegs war, hatte sich der Wind gedreht.

»Ihr braucht keine Analyseabteilungen, ihr braucht keine Beziehungen zu CEOs oder CFOs«, erklärte Donovan den Bankern in Europa, »ihr braucht nur Computer und einen guten Vertrieb. Ihr geht einfach online und kauft.« In seiner neuen Einheit Credit Suisse First Boston (CSFB), der damaligen Investmentbanking-Tochter der CS, verkaufte er im Jahr 2001 bereits für 96 Milliarden Dollar verbriefte Wertpapiere.

Auf diese Weise wurden die Schulden der zahlungsunfähigen amerikanischen Hausbesitzer einfach exportiert. Es war das größte Exportgeschäft der USA des 21. Jahrhunderts: Verbriefte Wertpapiere für mehr als 27 Billionen Dollar wurden seit 2001 laut Zahlen der Vereinigung der amerikanischen Wertpapierbranche verkauft. Die Europäer waren eifrige Käufer, aber sie begannen selbst sehr rasch damit, Verbriefungen zu kreieren.[322]

Wie konnten Milliardenwerte so einfach ohne ordentliche Prüfung den Besitzer wechseln? Eine Antwort gibt Frank Partnoy, ein früherer Derivatehändler und Kapitalmarktanwalt, der heute in San Diego Rechtswissenschaften lehrt und sehr lesenswerte Bücher schreibt.[323] Er hält einen gewöhnlichen Verbriefungsvertrag in den Händen. »Es sind Hunderte von Seiten, mit kleiner Schrifttype beschrieben«, sagt Partnoy. »Ich bezweifle, dass das viele Leute lesen.« Mathematiker und Physiker hatten Algorithmen und Computermodelle entworfen, mit denen sie versuchten, die Risiken zu eliminieren. »Offensichtlich erweist sich, dass sie falschlagen«, sagt Partnoy: »Weil Sie menschliches Verhalten nicht mit Mathematik modellieren können.«[324]

Die weggerechneten Risiken – das sah gut aus, aber letztlich war es nur ein gigantischer Bluff, der die Investoren in die Irre führte. »Die wenigsten Investoren waren in der Lage, die kompliziert gestalteten Kreditrisikotransferinstrumente zu beurteilen«, sagt der junge Münchner Wirtschaftswissenschaftler Sebastian Jauch, der bereits im September 2007 eine sehr kritische Analyse über die Verbriefungsgeschäfte vorlegte.[325] Die Mathematiker, die diese komplexe Camouflage erstellten, waren nur Gehilfen des Systems – so sieht es Ron Dembo, einer der größten Mathematiker der Branche. Jahrelang hat er mit seiner Firma Algorithmics Software zur Risikoberechnung für den Finanzsektor fabriziert. Er hat sich zurückgezogen und sagt heute: »Bei Lehman Brothers haben sie gezeigt, dass sie Risiken in komplexen mathematischen Wegen berechnen können. Aber sie haben ignoriert, dass der CEO einen Vertrag hatte, der ihm 154 Millionen Dollar garantiert, wenn er versagt. Und viel mehr, wenn er Erfolg hat.«[326]

Rechtsprofessor William Black schätzt das Volumen der »Lügenkredite« auf 720 Milliarden Dollar. Perfektioniert wurde das falsche Geschäft durch die Ratingagenturen. Sie gaben den meisten verbrieften Wertpapieren, die auf den Markt kamen, eine Triple-A-Note. So wurden die Schuldner des untergegangenen Conduits Ormond Quay, das die Sachsen LB steuerte, von der Agentur Standard & Poor's in Hunderte einzelne Klassen unterteilt, die jeweils Hypotheken im Volumen von hohen zweistelligen Millionenbeträgen hatten. Insgesamt steckten dahinter mehr als 13 000 Darlehen. Jede Klasse wurde in einer 12 Seiten langen Tabelle mit einer Zeile beschrieben – in der vorletzten Spalte das Rating. Es lautete in jeder Zeile »AAA«.[327]

Für die Investoren bedeutete dies: Das Kreditrisiko geht

gegen null. Sie sorgten dafür, dass die ganze Anlageklasse plötzlich als viel sicherer galt als der Aktienmarkt. 64 000 Briefkastenfirmen mit verbrieften Wertpapieren verfügten am Ende über Bestnoten der Ratingagenturen, während weltweit nur ein Dutzend Großunternehmen für ihre Kreditrisiken ein echtes Triple-A bekamen. Eine perverse Verdrehung: Hypotheken auf amerikanische Holzhäuser sollten sicherer sein als die Aktien von Weltunternehmen.

Standard & Poor's beschrieb im August 2001 für ihre deutschen Bankkunden den Verlauf des Ratingprozesses: Im ersten Treffen besprechen die Manager von der Agentur mit den Bankern die Charakteristika, die Struktur, den Datenbedarf und die Zeitplanung. Die Bank wird gebeten, in einer standardisierten Datenbank die Hypotheken mit den wichtigsten Informationen, zum Beispiel über den Darlehensstand und den Immobilienwert, zu erfassen. Dann folgt ein »eintägiger Besuch«, bei dem die Leute von der Ratingagentur die Unterlagen durchsehen. Ein Abteilungsleiter der Bank soll bei diesem Meeting das Programm in einer Präsentation vorstellen. Die Agentur wirbt damit, dass sie zu diesem Meeting deutschsprachige Mitarbeiter aufbietet, so dass die Gespräche in der Landessprache geführt werden können. Anschließend erstellt die Agentur ihre Risikoanalyse, vergibt das Rating und verfolgt das Programm in ihrer Überwachungsabteilung. Und das Wichtigste: Das Honorar orientiert sich an der Größe der Transaktion.[328]

So war auch die Praxis in den Banken: Ein Tag mit den Ratingspezialisten, und schon war das Paket mit einem Triple-A geschnürt. Die Bank übergab nur die Tabelle; die Dossiers der einzelnen Hypotheken blieben im Schrank. Ob diese Teams überhaupt die erforderliche Größe und Kompetenz besaßen, die Milliardenpakete sorgfältig zu beurteilen, müssen die Gerichte klären.

Es bestehen jedenfalls Zweifel. Im Oktober 2009 berichtete

der kritische Hedgefonds-Manager David Einhorn von einem Meeting seiner Firma mit dem Risikoteam einer großen Ratingagentur, das insgesamt zwanzig Länder in Asien und Nahost bewertete. »Sie haben nur vier Profis, die die ganze Region bearbeiten«, erklärte Einhorn. Er fand heraus, dass die Agentur keine langfristigen quantitativen Modelle habe, um Veränderungen der Bevölkerungszahlen, der Einkünfte, der erwarteten Steuerquoten und so weiter zu verarbeiten. Dennoch veröffentlicht das Ratingunternehmen Fünfjahres-Ausblicke für jedes Land. »Sie werden wieder zum letztmöglichen Moment ihre Kreditbewertungen herabsetzen«, sagt Einhorn voraus, »damit eine schwierige Situation noch schwieriger machen und es den Regierungen noch schwerer machen, die Krise zu managen.«[329]

Selbst nachdem die Immobilienblase in den USA geplatzt war, haben die Agenturen den Markt weiter eingelullt. Bis zum 12. April 2007 hatte Standard & Poor's zum Beispiel nur 0,3 Prozent der Ratings im Subprime-Markt korrigiert. Lediglich Fitch veröffentlichte im November 2007 eine kleine, selbstkritische Untersuchung. Sie hatten – mit einer schmalen Datengrundlage von nur 45 Subprime-Kreditverträgen – herausgefunden, dass 66 Prozent der Verträge wahrheitswidrig deklariert waren, dass der Besitzer das Haus selbst bewohne. 51 Prozent gaben den Immobilienwert falsch an, und 48 Prozent verheimlichten frühere Darlehen. Sie entdeckten einen hohen Anteil weiterer Falschdarstellungen, vom überhöhten Einkommen der Darlehensnehmer bis hin zum Identitätsdiebstahl.[330]

Wenn sich Ratingagenturen wegen falscher Aussagen verantworten mussten, beriefen sie sich gern auf das Recht der freien Meinungsäußerung. Das ging lange Zeit gut, bis im September 2009 ein New Yorker Gericht entschied, dass sie sich bei ihren Ratingeinstufungen eben nicht auf das Recht der freien Rede berufen können.[331]

Banken, Händler, Ratingagenturen und Wirtschaftsprüfer stehen nun vor harten Rechtskämpfen über ihre Geschäfte aus den Boomjahren. Die nächste Runde der Auseinandersetzung findet vor den New Yorker Bezirksgerichten statt. Hunderte Klageschriften wurden von Aktionären, Bond-Käufern, Fonds, Vermögensverwaltern, Pensionskassen, Banken und auch Privatpersonen eingereicht, oft auch als Sammelklagen, bei denen sich weitere Kläger anschließen können. In der Regel wollen sie Schadensersatz, weil sie sich übers Ohr gehauen fühlen. Oft kommt in den Klagen das Wort »betrügerisch« vor. Die Vorwürfe reichen vom Verdacht des illegalen Insiderhandels und der Marktmanipulation bis hin zur Veruntreuung von Kundengeldern, nicht selten in der amerikanischen Strafrechtstradition schlicht »Diebstahl« genannt. Vor den New Yorker Gerichten müssen sich die modernen Bank-Räuber verantworten: Manager, die ihre Geldhäuser als moderne Transfergesellschaft verstanden haben, deren einzigen Zweck sie darin erblickten, möglichst hohe Anteile der Erträge in die eigenen Taschen umzulenken. Manches davon galt jahrelang als ganz gewöhnlicher Managerbrauch. Für Investmentbanker wurde es selbstverständlich, dass sie mit der Bank fifty-fifty machten: Oft floss in den Investmentbanking-Abteilungen die Hälfte der Erträge in Form von Gehältern und Bonuszahlungen in die Taschen der Manager. Die Gerichte müssen wie beim AIG-Manager Martin Sullivan im Einzelfall entscheiden, ob das rechtens war. »Das professionell Übliche bietet keinen Maßstab für das normativ Richtige«, schrieb der Generalbundesanwalt, als er 2005 im berühmten Mannesmann-Fall über Geldgeschenke an abtretende Manager zu entscheiden hatte.[332] Das anschließende Urteil des Bundesgerichtshofes macht danach klar, dass Geldgeschenke illegal sind, wenn sie vertraglich nicht vereinbart waren und dafür keine erkennbare Gegenleistung erbracht wurde.[333]

In den New Yorker Gerichtsverfahren werden als Beklagte auch Vertreter deutscher Banken Platz nehmen müssen. Zahlreiche Sammelklagen richten sich auch gegen deutsche Institute, wie zum Beispiel Klagen gegen die Lehman-Verantwortlichen, die sich auch gegen die Commerzbank und die Deutsche Bank als Mitbeteiligte richten.[334]

Auch die Börsenaufsicht SEC verklagt die Beschuldigten wegen Börsendelikten in der Regel in Zivilverfahren. Mehr als 1800 Verfahren waren es 2009, darunter auch deutsche Beklagte wie ein ehemaliger Manager der Deutschen Bank in New York mit einer zweifelhaften Premiere. Er musste sich als Erster wegen eines Insidervergehens mit Credit Default Swaps verantworten. Er soll Insiderwissen der Deutschen Bank über Bond-Geschäfte mit einem Medienunternehmen an einen Hedgefonds-Manager weitergegeben haben. Der ehemalige Wrestler im Schwergewicht beteuerte seine Unschuld. Sein Anwalt verteidigt ihn auch mit dem Argument, dass die SEC für den CDS-Markt gar nicht zuständig sei.[335]

Die Deutsche Bank selbst ist in einem schwerer wiegenden Fall von der SEC wegen der Täuschung ihrer Kunden mit so genannten »Auction Rate Securities« (ARS) im Visier, einem speziellen Anleiheprodukt. Sie soll ihre Kundschaft zwischen Herbst 2007 und Februar 2008 über Wertverluste dieser Papiere im Unklaren gelassen haben. Insgesamt geht es um Geschäfte im Volumen von 1,3 Milliarden Dollar.[336] Die Deutsche Bank hat in einem Vergleich eine Geldbuße in Höhe von 15 Millionen Dollar akzeptiert, Lösungen mit den Kunden zugesagt und den Rückkauf von Anleihen im Wert von 1 Milliarde Dollar versprochen, ohne dass sie damit ihre Schuld eingestanden hätte. Weitere 13 Einzelklagen, darunter auch Sammelklagen, laufen gegen die Deutsche Bank; eine Sammelklage wirft ihr eine Kartellbildung bei den ARS-Geschäften mit anderen Großbanken vor. In weiteren Fällen wurde die Deutsche Bank von US-Staatsanwälten vorgeladen. Im dritten Quartalsbericht 2009 teilte die Bank mit: »Die Deutsche Bank kooperiert in Bezug auf diese Vorladungen und Informationsanfragen in vollem Umfang mit den Behörden.«[337]

Die Fülle der Klagen kommt nicht überraschend. Die Deutsche Bank war einer der weltgrößten Mitspieler im Verbriefungsmarkt. Im Jahr 2005 war sie als Konsortialführer (»Bookrunner«) mit 93 großen Deals im Geschäft mit Verbriefungen von US-Hypotheken dabei. Das Volumen dieser Deals betrug damals 51 Milliarden Dollar, und sie stand auf der Liste der marktführenden Banken in dieser Rolle an achter Stelle. Ein Jahr später war sie mit 118 Deals und 57 Milliarden Dollar Volumen dabei; inzwischen steht sie auf Platz 5 der Weltmarktführer in diesem merkwürdigen Business. Im Jahr 2008 waren es nur noch 26 Deals. Ähnlich ging es in ihrem Engagement als Treuhänder im Verbriefungsgeschäft bergab.

Die Erfindungen der Verbriefungsbranche waren im Laufe der Zeit immer komplizierter geworden, die Finanzprodukte immer esoterischer: CDO, ABS CDO oder gar Ableitungen davon unter dem Kürzel CDO^2. Aber kaum etwas in dieser Buchstabensuppe der Verbriefungsindustrie hatte einen realwirtschaftlichen Wert. Ende 2009 nahm der Internationale Währungsfonds diese Welt unter die Lupe – mit einem vernichtenden Urteil: »Die meisten dieser Produkte existierten nur, um damit Gebühreneinnahmen zu generieren. Es ist unwahrscheinlich, dass sie wiederkehren.«[338]

Mehr als zwei Jahre nach dem Ausbruch der Krise suchen die Experten im Finanzsektor immer noch nach einem Weg, den echten Wert für die verbrieften Hypotheken zu berechnen. Im Oktober 2009 erschien die Rechtsprofessorin Patricia McCoy vor dem US-Senat zu einer Anhörung über die Krise in der Verbriefungsindustrie. Die Wissenschaftlerin fand klare Worte über den Stand der Dinge: »Der Markt für verbriefte Privathypotheken und CDOs ist tatsächlich tot.« Der einzige Markt bestünde nur aus verpackten, alten Verbriefungen.[339]

Hin und wieder schafft es eine Bank, einen Teil der faulen Papiere loszuschlagen – zum Beispiel die HSH Nordbank, die Bonds von Lehman Brothers im ursprünglichen Wert von 50 Millionen Dollar für 5,8 Millionen verkaufte.[340] Große Banken haben bereits damit begonnen, ganze Verbriefungsabteilungen zu schließen. So löste JPMorgan ein Team auf, das 2006 auf dem Höhepunkt des Spiels 20 Milliarden Dollar in den Büchern hatte.[341]

Die Branche befinde sich in einer »düsteren Gemütslage«, schrieb der Fachinformationsdienst *Asset-Backed Alert* Ende Oktober 2009. Die Conduit-Geschäfte, die vor der Krise ein luftiges Volumen von 1,2 Billionen Dollar hatten, standen Ende 2009 bei nur noch 482 Milliarden Dollar. Die Manager der Conduits sehen allmählich ein, dass ihr Geschäft keine Zukunft besitzt, seitdem klar ist, dass mit neuen Bilanzierungsregeln eine wahrhaftige Erfassung und Bewertung ihrer Produkte Pflicht wird. »Es mag sein, dass wir gegen Null gehen«, realisierte ein Investmentbanker. »Das Leben nach den neuen Regeln ist die Pensionierung«, sagt ein anderer. Es ist die späte Erkenntnis, dass ihr ganzer Geschäftszweig auf einer Lüge aufbaute.[342]

Kreative Hedgefonds – made in Germany

»Bitte, wer verkauft schon Aktien eines Bergwerks, das ist doch ein uralter Trick.«
FRIEDRICH DÜRRENMATT: FRANK DER FÜNFTE – KOMÖDIE EINER PRIVATBANK[343]

Augenzeugen haben ihn zuletzt im Zürcher Kaufleuten-Club gesehen, dem angesagten Nightlife-Treff des Jetsets, wenige Gehminuten von der Bahnhofstraße entfernt. Florian Homm tanzte dort ausgelassen bis tief in die Nacht. Seitdem ist er weg, einfach abgetaucht. Der lauteste Hedgefonds-Manager Deutschlands steht seit dem 18. September 2007 auf der Vermisstenliste der Finanzwelt. Ein Absprung in letzter Minute.

»Ich gehe schlafen, damit ich für Morgen frisch bin«, hatte er sich von einem Geschäftspartner verabschiedet. Mitarbeitern und Kunden hinterließ er nur ein Blatt Papier, auf dem er seinen sofortigen Rückzug aus der Führung seiner Fonds erklärte. Aus der Verwaltungsfirma Absolute Capital Management (ACM) mit Domizil auf den Cayman-Inseln steige er ebenfalls aus.[344]

»Ich bin über die Performance einiger unserer Fonds enttäuscht«, schrieb Florian Homm, nachdem er Wochen zuvor noch in einer Telefonkonferenz beteuerte, dass die Fonds sich recht gut entwickeln würden. Sein eigenes Geld zog er abrupt heraus. Die Aktionäre ließ er mit einem gewaltigen Kurseinbruch im Regen stehen. Selbst seine Manager berichten, dass sie weder eine Adresse noch eine Telefonnummer von Homm hätten. Er rufe lediglich hin und wieder bei seiner ehemaligen

Assistentin an – mit anonymer Handynummer und von unbekanntem Ort.[345]

»Das kam völlig überraschend«, sagt der Ire Sean Ewing, ein langjähriger Weggefährte, »ich weiß nicht, was dahintersteckt.« Eine heikle Lage für einen der größten Hedgefonds-Anbieter Europas, der 3,2 Milliarden Euro Kundenvermögen verwaltet und den 2006 das Fachblatt *Hedge Fund Review* noch als »Best European Hedge Fund Group« prämierte. Über eine liechtensteinische Briefkastenfirma hielt Florian Homm die Mehrheit an der Fondsverwaltung Absolute Capital Management (ACM) mit Sitz auf den Cayman-Inseln. In ihren Büros auf Mallorca und in der Schweiz managte ACM acht Hedgefonds, die ebenfalls ihr Firmendomizil auf den Caymans haben. Rund siebzig Leute arbeiteten auf dem Höhepunkt für die Homm-Firmen.

Bis dahin war Homm für das deutsche Publikum das Gesicht der Hedgefonds-Szene. Auf nahezu allen Fernsehkanälen wurde er über Jahre hinweg als prominenter Hedgefonds-Manager befragt. Er war der Experte, der den Deutschen erklärte, wie das internationale Finanzgeschäft funktioniert, wie man mit Geld umgeht, was von Private Equity und sozialer Marktwirtschaft zu halten ist. Homm wusste stets eine Antwort. Eine bizarre Situation: Tatsächlich betrieb Homm seine Börsengeschäfte nicht in der renommierten internationalen Finanzwelt, sondern meist im Börsenuntergrund mit amerikanischen Billigstpapieren, so genannten Penny-Stocks, schwer bewertbarer Börsenramsch, der nur im außerbörslichen Freiverkehr gehandelt wird.

Gut zwei Jahre später wurde in Aschaffenburg Helmut Kiener verhaftet. Wieder ein selbsternannter Hedgefonds-Manager. Sein Imperium: zwei Anlagefirmen auf den Britischen Jungferninseln in der Karibik, Hunderte Verkäufer, Tausende Kunden, ein Businessjet im Wert von 23 Millionen Dollar und angeblich 450 Millionen Euro Kundenvermögen, angereichert mit Bankdarlehen in Höhe von 280 Millionen Dollar. Großbanken wie Barclays, BNP Paribas fielen auf ihn herein, Geldhäuser wie die ING oder die BayernLB stellten ihm Konten zur Verfügung, und die Beamten der BaFin prozessierten jahrelang mit seinen angeblichen Fonds. Sie versäumten es offenbar, mit einer einfachen Nachfrage bei der karibischen Finanzaufsicht zu erkunden, ob die Kiener-Fonds überhaupt Publikumsfonds waren. Es gab ein paar »Missverständnisse« ließ Kiener aus der U-Haft mitteilen, »keinen Vermögensschaden«.[346]

Zwei Fälle, eine Erkenntnis: In Deutschland wird viel über Hedgefonds-Regulierung diskutiert und politisiert, aber jeder kann unter dem Label Hedgefonds jedes erdenkliche Investment verkaufen – ohne inhaltliche Prüfung und Überwachung. Eine Analyse der Finanzprodukte im Verkäuferumfeld der beiden zeigt: Nirgendwo wird so skrupellos so viel Finanz-Schrott verkauft wie in Deutschland.

Florian Homm, Jahrgang 1959, hatte einen glänzenden Abschluss in Harvard abgelegt. Seine ersten Berufsjahre verbrachte er bei der Investmentbank Merrill Lynch, dann als Analyst bei der Fondsgesellschaft Fidelity. Später erschienen Porträts über Homm, in denen der berühmte Harvard-Professor Michael Porter und der legendäre Fidelity-Fondsmanager Peter Lynch zu seinen Mentoren gezählt werden. Doch Porter kann sich heute an Homm nicht erinnern, und Lynch hat mit Homm seit dessen Ausscheiden bei Fidelity im Jahr 1990 keinen Kontakt mehr, wie eine Sprecherin des Unternehmens erklärte.[347]

1990 stieg Homm bei der Deutschlandtochter der Schweizer Bank Julius Bär ein. 1993 machte er sich mit der Firma Value Management & Research (VMR) selbstständig, die er 1998 an die Frankfurter Börse brachte – wie so vieles andere auch. »Ich war eine wichtige Figur bei sechzig Börsengängen«, sagte Homm. Es war die Boomzeit des Neuen Marktes.

Auf dem Höhepunkt des deutschen Tech-Bubbles war seine VMR an der Börse 500 Millionen Euro wert – und stürzte ab, als die Blase platzte.

Seine ersten Hedgefonds RR Fund und EVT Fund verwaltete er bis Januar 2001. Er feierte sie als großartige Performance-Renner, doch am Ende wurden sie still und leise eingestellt. Ein so genannter »Stockpicker-Fonds«, der sich auf die Fahnen geschrieben hatte, an der deutschen Börse die Rosinen herauszupicken, hatte als wichtigstes Investment ganz banal die »Volksaktie« der Deutschen Telekom.[348]

In Geschichten über Homm fehlte selten der Hinweis auf seine Herkunft aus gutem Hause. Er sei ein Großneffe des Versandhauskönigs Josef Neckermann. Seine Großmutter war die Schwester des Patrons. Doch Homm wuchs tatsächlich in kleinbürgerlichen Verhältnissen auf, sein Vater hatte einen Handwerksbetrieb, und Florian musste sein Taschengeld auf dem Bau verdienen. Doch schon seine frühen Geschäftspraktiken ließen keine gute Kinderstube erkennen. Nachdem ein Investor der Schweizer Firma United Zurichfinance, einem Unternehmen aus dem Homm-Imperium, im Jahr 2003 sein Geld zurückhaben wollte, knirschte es plötzlich. Der Mann musste einen Zahlungsbefehl über 5,5 Millionen Franken beim Gericht einreichen, doch dann meldete die Firma kurzerhand Konkurs an.[349]

Solche Misslichkeiten beeindruckten Homm wenig. Er gründete im August 2004 die ACM als Fondsmanagerfirma mit Sitz auf den Cayman-Inseln und brachte wenig später über seine frühere Fondsverwaltungsfirma FM Funds Management Ltd. verschiedene Vermögenswerte ein, die zunächst auf 22,9 Millionen Euro taxiert wurden. Ein Jahr später musste der Betrag auf 6,1 Millionen Euro korrigiert werden.[350]

»Ich bin ein Krieger!«, posaunte Homm in einem Interview, er schien sich in der Rolle als Buhmann zu gefallen. In seiner Villa C'an Girasol auf den Hügeln über Palma de Mallorca präsentierte er sich als »Zerleger von Malle«. Klatschreportern zeigte er in der Garage seinen Rolls-Royce Corniche Cabrio. Seine Frau Susan, eine dunkelhaarige Schönheit mit amerikanischem Pass, führte durch die Impressionistensammlung im Haus und genehmigte einen Blick in des Meisters Arbeitszimmer mit Billardtisch. Zwischen Pool und Palmen durften Besucher den atemberaubenden Blick auf die Bucht von Palma genießen. Zwei-Meter-Mann Homm paffte dabei eine Monte Cristo und philosophierte über seine nächsten Angriffsziele.[351]

Analysen seiner Aktiendeals, Börsendokumente, Bilanzen und Gerichtsakten zeigen ein trauriges Resultat: Entgegen vollmundiger Verlautbarungen pickte hier ein Hasardeur für seine Kunden oft heraus, was sich nachträglich als der Ramsch der Weltbörsen entpuppte – und nicht als Gold.[352]

Zum ersten Mal knirschte es im Sommer 2004, als ihn die BaFin maßregelte. Mit einem frechen Börsenbrief hatte er den Autovermieter Sixt öffentlich schlechtgeredet und zugleich auf einen fallenden Kurs gewettet. Im Dezember 2005 endete seine Attacke gegen den Immobilienkonzern WCM vor Gericht mit einer Geldstrafe. Homm zeigte sich unbeeindruckt, die Bußen behandelte er wie Falschparkerknöllchen. Arroganz war sein Markenzeichen, 15 Prozent Jahresrendite sein Tarif. Wer mitverdienen wollte, durfte in seine Fonds investieren oder Aktien seiner Fondsverwaltungsfirma ACM kaufen.[353]

Im Frühjahr 2006 begann das Homm-System bereits merklich zu stottern. Vertrauliche, interne E-Mails erlauben einen Einblick in seine Geschäftspraktiken.[354] Jim H., Manager eines amerikanischen Fonds, der seinerseits bei Homm investiert hatte, mahnte am 17. April die Bilanzen von vier Fonds an. Seine Wirtschaftsprüfer würden die Unterlagen benötigen. »Dear Jim«, antwortet eine ACM-Mitarbeiterin eine Woche später, die Bilanzen für zwei Fonds würden bald eintreffen, sie würden gerade fertiggestellt. Die Bilanz von zwei weiteren Fonds könnten erst Ende des Jahres geliefert werden, weil der Fonds erst im Sommer 2005 gegründet worden sei und daher erst das Ende des Geschäftsjahres abgewartet werden müsse.

»Unsere Prüfer machen nun Druck«, antwortete Jim H., wieder an die Abschlüsse für den 31. Dezember 2005 mahnend. Wenigstens Statements mit geschätzten Zahlen sollten geliefert werden. Er würde die Gelder seiner Firma aus den Homm-Fonds abziehen, drohte er.

Am 16. Mai meldete sich Charles B., ein weiterer Investmentmanager, wegen eines Problems mit dem European Catalyst Fund. Er kündigte und wollte sein Geld spätestens Ende Juni zurückgezahlt haben, ohne Abzug von Gebühren.

»Irgendein Wort über die Statements für diese Fonds?«, fragte Jim H. einen Monat später wieder nach. Am 23. Mai mahnte er ein weiteres Mal.

Am 6. Juni 2006 meldete ACM in Rundbriefen wieder wunderbare Performance-Zahlen für die Homm-Fonds: 47 Prozent, 34 Prozent, 76 Prozent und so weiter.

Zwei Tage später trifft eine neue E-Mail von Jim H. im Zürcher Homm-Büro ein: »Vor mehr als einem Monat hatte ich Ihnen das Formular für mein Webseiten-Passwort gefaxt«, schrieb er. Ihm war der Online-Zugang zu den wichtigen Daten über die einzelnen Fonds versperrt. »Wann wird es da sein?«

»Der Prüfbericht kommt, sobald die Bilanzen fertiggestellt sind«, vertröstete ein ACM-Manager am 13. Juni erneut. Jim H. bedankt sich erst einmal. Einen Monat später hat auch Kunde Charles B. noch keine befriedigende Antwort. Er bittet nochmals um Rückzahlung. Im Juli 2006 kann Jim H. endlich den Eingang des Berichts für den Germany-Fund bestätigen, allerdings ist dieser »nicht unterzeichnet«. Und: »Ich habe gar nichts vom Ab Return Europe. In unserer Korrespondenz haben Sie gemeint, dass sie jetzt fertiggestellt wären. Irgendeine Nachricht? Meine Wirtschaftsprüfer warten unruhig.«

»Irgendwelche neuen Informationen über den Ab Europe Fund?«, hakte Jim H. drei Tage später, am 13. Juli, nochmals nach. Ein neues Problem tauchte auf: »Unsere Prüfer haben bei Ihrer Fondsverwaltung keinen Erfolg gehabt, eine Bestätigung für unsere Bilanzen zu erhalten.«

»Unsere Prüfer sind unruhig«, mahnte Jim H. am 7. August schon wieder. Immer noch nichts vom Return Europe Fund. »Unsere Prüfer benötigen nach wie vor eine unterschriebene Bestätigung.«

Das gleiche Problem hatte Investor Charles B.; am 24. August schrieb er »sehr besorgt und ungeduldig« an das Zürcher Homm-Büro. Eine Mitarbeiterin vertröstete ihn, die Berichte seien jetzt fertiggestellt und bei den Fondsdirektoren auf den Cayman-Inseln: »Wenn diese unterzeichnet haben und sie zu unserem Rechnungsprüfer in Mallorca gesendet haben, werden wir Ihnen eine Kopie zuschicken.« Spätestens bis Anfang der kommenden Woche, fügte sie hinzu.

Am 21. September 2006 schrieb Jim H. erbost zwei Zeilen an den deutschen Manager Ullrich Angersbach, einen langjährigen Wegbegleiter Homms. Er wolle nicht mehr von Assistenten abgefertigt werden: »Wir haben den European Catalyst Fund zum Monatsende Juni gekündigt. Dennoch haben wir immer noch kein Geld zurückerhalten. Wann erwarten Sie, dass diese Gelder überwiesen werden? Wir benötigen sie so schnell wie möglich. Thanks, Jim.«

Das fruchtlose Hin und Her um Bilanzen, Prüfberichte und angekündigte Rückzahlungen geht in den E-Mails zwischen den US-Kunden und den Homm-Büros weiter bis in den Sommer 2007. Der Papierkram mit den Wirtschaftsprüfern gehörte offenbar nicht zu den Stärken von Homms Managern. Ullrich Angersbach zum Beispiel hatte andere Aufgaben; er galt als Homms bester Kundenfänger. Unentwegt jettete er mit dichtem Terminplan von Finanzplatz zu Finanzplatz: Monte Carlo, Hongkong, New York.

»Dear Investors and Friends«, kündigte Angersbach seine Trips per Mail an und versprach einen »VIP Service«. Er packte mitunter ein Dutzend Gesprächstermine mit Fondsmanagern und Bankern ins Tagesprogramm. Angersbach, der sich bei diesen Treffen als »Direktor und Gründer« vorstellte, hatte eine Truppe von rund fünfzig Vermittlern für die weltweite Jagd nach der Profi-Kundschaft im Einsatz. Mehr als vierhundert institutionelle Investoren wie Banken, Investmentfonds oder Vermögensverwaltungen hatte er begeistern können, bei den Homm-Fonds anzulegen. Rund 2 Milliarden Dollar vertrauten sie ihm laut späteren Angaben der Fondsabwickler an.[355]

Amerikanische Gerichtsakten belegen am Beispiel eines Homm-Investments das kreative Vorgehen: Im Hintergrund wickelte Florian Homm mit den Kundengeldern sehr ungewöhnliche Transaktionen ab, die später in einer amerikanischen Klageschrift dokumentiert wurden, zum Beispiel am Börsentag 27. April 2007, einem Freitag. Homm hatte von den neun Fonds eine Generalvollmacht, so dass er die Fondsvermögen an den Weltbörsen platzieren durfte. Er veranlasste zunächst, dass der Absolute Return Europe Fund drei Millionen Aktien einer amerikanischen Internet Firma namens ProElite an den Absolute European Catalyst Fund zum Preis von 3,25 Dollar verkaufte. Das war zunächst ein Verstoß gegen die erklärte Strategie der Fonds, die ihre Kundengelder laut Prospekt in Deutschland oder Europa anlegen mussten. Als bedeutende Aktionäre waren bei der ProElite gleich sechs Homm-Fonds vertreten, dazu die Brokerfirma Hunter World aus Beverly Hills, die häufiger als Investor an der Seite der Homm-Fonds erscheint.

Das war kein Zufall – man kannte sich. Hunter World gehörte zur Hälfte Homm, die andere Hälfte dem Hunter-

World-Manager Todd Ficeto aus Malibu in Kalifornien, der den amerikanischen Behörden bereits wegen der Verletzung von Börsenregeln aufgefallen war. Ficeto übernahm bei den Deals häufig die Rolle des Börsenhändlers, der Aktienverkäufer und -käufer zusammenbrachte. Beim Verkauf der ProElite Aktien von Fonds 1 an Fonds 2 konnten Homm und Ficeto auf diese Weise zweimal eine Börsenkommission abkassieren. Ihr Tarif war ziemlich hoch: 150 000 Dollar für den Verkauf von Fonds 1 und 150 000 Dollar für den Kauf von Fonds 2.

Das Investment selbst war eher weniger werthaltig. Die Firma ProElite fungierte als Holding für neue Internetengagements und wies Ende Juni 2007 11,9 Millionen Dollar Verluste aus. Die Aktien waren eigentlich wertlos, die Zukunft der Firma hoffnungslos. Ende Juni 2008 legte sie ihren letzten Quartalsbericht mit 24 Millionen Dollar Verlusten vor, danach meldete die Firma, dass sie nicht in der Lage sei, die Bilanz termingerecht vorzulegen.[356]

Die wertlosen Aktien machte Homm auf eine andere Tour zu Geld – die doppelt kassierte Kommission war erst der erste Streich, sozusagen nur die Wochenendeinnahme. Am darauf folgenden Montagabend, dem 30. April, wiesen Homm und Ficeto nach Börsenschluss die Fonds an, 100 ProElite-Aktien zum Preis von 12 Dollar das Stück »an den Markt« zu verkaufen. Der »Markt« für frei gehandelte ProElite-Aktien – das war allerdings wieder niemand anderes als die Firma Hunter und die Homm-Fonds. Der Effekt: An der Börse stieg der Preis der ProElite-Papiere um mehr als das Vierfache. Homm und Ficeto spülten mit dieser Masche wiederum auf zwei Wegen Geld in ihre Taschen: Homm bekam als Angestellter der Fondsverwaltungsfirma Absolute Capital Management (ACM), auf monatlicher Basis berechnet, eine im Geschäft übliche Erfolgsbeteiligung – die Performance-Fee für die Arbeit mit seinen Fonds. Stiegen die Aktien im Depot der Fonds, klingelte bei ihm die Kasse. Die beiden kassierten ein zweites

Mal bei einer Serie von Käufen der überteuerten Aktien »vom Markt«. So kauften fünf Fonds am 15. Mai 940 000 Aktien zum Preis von 8 Dollar. Verkäufer waren ihre Firma Hunter und weitere Firmen, die mit der Hunter verbunden waren. Das brachte Homm und Ficeto 7,52 Millionen Dollar Kursgewinn, weil sie selbst ihre Aktien vor der ganzen Operation für ein paar Cents gekauft hatten. Und beim Verkauf fiel natürlich noch eine Börsenkommission für Hunter ab: 47 000 Dollar.

Die guten Geschäfte beflügelten die Stimmung. Am 16. Juni kauften sie sich zusammen mit einem kanadischen Börsenhändler, der hin und wieder bei ihren Geschäften mitmischte, ein Schiff. In E-Mails debattierten sie, wie sie das Boot taufen sollten. »Schwarzblende«, schlug Ficeto vor, oder »Traurig, aber Wahr«. Dann kam ihm ein besserer Einfall: »Ich denke, ›Ohne Gewissensbisse‹ (›No Remorse‹) ist der beste Name. Irgendwie trifft es unser Leben. Speziell Florians.« Der kanadische Broker antwortete: »No Remorse is it! I love it!«[357]

Am 29. Juni organisierten Homm und Ficeto einen zweiten Kauf von ProElite-Aktien durch fünf Homm-Fonds. Diesmal setzten sie 25 Millionen Dollar aus den Fondskassen für das Billigpapier ein – zum Kurs von 7 Dollar das Stück. Der Betrag landete direkt in ihren Taschen. Das brachte ihnen eine Transaktionsprovision von 178 500 Dollar und eine Vermittlungsprovision von 10 Prozent auf die Erträge von 2,5 Millionen Dollar. Zusätzlich kassierten sie bei dem Deal über einen Optionsschein 3,5 Millionen.

Zusammen brachten die ProElite-Aktiengeschäfte über den »Markt« bis zum 7. September 2007 Homm und Friends insgesamt 29 Millionen Dollar ein, plus 25 Millionen durch den zweiten Kauf, eine Million an Kommissionen und 3,5 Millionen an Platzierungsgebühren. Unter dem Strich 58,5 Millionen Dollar. Dazu kamen für Homm noch Bonuszahlungen, Performance-Fees und Dividenden, die er als Manager und Aktionär der ACM für die Luftgeschäfte kassierte. Nach ihrer Operation fiel der Aktienkurs der ProElite-Papiere auf 2 Cent das Stück.

Gut eine Woche nach der zweiten Kaufaktion veröffentlichte Sean Ewing, der als ACM-Geschäftsführer auftrat, eine Medienmitteilung über das »signifikante organische Wachstum«, das die Fonds während des ersten Halbjahres 2007 hinter sich hätten. Kurze Zeit später kündigte Ewing an, dass er den CEO-Posten aufgeben und auf den Posten des Aufsichtsratschefs wechseln werde. Das klang nach einer regulären Veränderung, wie sie in vielen renommierten Konzernen vorkam. Doch die Fonds befanden sich zu diesem Zeitpunkt schon in Schieflage.

Homm kündigte nun an, zur Überbrückung der Probleme den Fonds fünf Millionen seiner ACM-Aktien zu schenken – eine witzige Idee. Die ACM-Papiere waren nur so lange etwas wert, wie das Geschäft mit den Fonds reibungslos und profitabel verlief. Das konnte nur ein paar Wochen gutgehen. Im September 2007 verkaufte Homm bis auf einen geringen Anteil sein ACM-Paket – zuvor hielt er mit seiner Ehefrau die Mehrheit. Gleichzeitig erklärte er gegenüber einem Börseninformationsdienst seinen Rücktritt. Die Aktie der in London notierten Firma verlor danach innerhalb eines Tages 84 Prozent. Als daraufhin Kunden versuchten, Millionenbeträge aus den ACM-Fonds abzuziehen, schlossen die Manager die Fonds. Es blieb ein Scherbenhaufen.

Für andere war es ein Déjà-vu. Homm hatte sich schon einmal ähnlich abrupt von seinen Kunden abgemeldet. Gebeutelte Aktionäre erinnern sich, wie er sich im Februar 2001 als Manager der Fondsverwaltungsfirma VMR im Taunus wegen »persönlicher Gründe« verabschiedete. In den Boomjahren hatte er den Börsenwert der Firma auf 500 Millionen Dollar hochgetrieben. Nach seinem Ausstieg verloren die Aktionäre 98 Prozent ihres Kapitals. »Es gibt so Phasen«, sagte Homm einmal, »da muss man sich entweder von Leuten trennen, oder man sucht die Schuld bei sich selbst.« Und fügte hinzu: »Letzteres ist allerdings nicht unbedingt meine Stärke.«[358]

Allmählich fragten sich beunruhigte, aber immer noch ahnungslose Kunden, ob alles nur ein großer Bluff war. Die Manager, die Homm zurückgelassen hatte, lieferten reihenweise nun schlechte Nachrichten. Einen Tag nach seinem Verschwinden verkündeten sie plötzlich, dass bis zu 530 Millionen Dollar der Kundenvermögen in US-Penny-Stocks investiert seien. Und sie räumten ein, dass sie einzelne US-Titel, die Homm mit Kundengeldern kaufte, nicht überprüft hatten.

Seine Praxis, gleichzeitig Kundengelder über Fonds und über ihm zugerechnete Privatfirmen in die gleichen Aktien zu investieren, war auch in Deutschland zu beobachten, zum Beispiel bei Borussia Dortmund. »Was ist das für eine Schlafmützenveranstaltung?«, schimpfte er, nachdem er 2006 rund 25 Prozent der Aktien gekauft hatte. »Matsch aus der Birne! Kämpfen, kämpfen, kämpfen!«, feuerte er die Spieler an. »Ohne mein Investment wäre der Verein reif für die Regionalliga«, triumphierte Homm. »Mein Investment«, sagte er, aber der Blick in die Akten zeigt, dass verschiedene Firmen in Homms Auftrag Borussen-Aktien kauften: die ACM und der Absolute Return Europe Fund sowie die CSI Asset Management aus Liechtenstein.

Für seine Investments suchte er sich auch in Deutschland illustre Geschäftspartner, darunter den Jungunternehmer Lars Windhorst, der mehrfach mit kreativen Deals auffiel und wegen eines deftigen Betrugsfalles verurteilt wurde,[359] oder den Geldjongleur Peter Michael Zimmermann, der sich im November 2004 in seiner Villa am Starnberger See erschoss, nachdem die Staatsanwälte wegen Betruges gegen ihn ermittelten.[360] Eines seiner ältesten Investmentvehikel war die in Dortmund aufgetauchte CSI, eine 1997 in Liechtenstein gegründete Briefkastenfirma. Homm nutzte sie privat, wenn er mit seinen Fonds in eine Firma einstieg. Ihr langjähriger Verwaltungsrat, der Treuhänder Beat Kranz, erteilt keine Auskunft. Ebenso verschwiegen operiert die Vaduzer Loyr-Stiftung, die auch als Investor in Homms Auftrag auftauchte.[361]

Fast alle seine jüngeren Investments waren obskur – wie jenes bei der US-Firma Davi Skin Inc., früher unter dem Namen MW Medical firmierend. Die Firma trat 1997 mit einer grandiosen Erfindung an. Sie wollte mit einer Mikrowellenmaschine Haare entfernen. Ihre verheißungsvollen Maschinen stießen auf Bedenken bei der Zulassungsbehörde, und die Börsenaufsicht verlangte Bilanzkorrekturen. Homm-Fonds investierten bei der MW Medical. 2004 baute die Firma unter neuem Namen ein aussichtsreicheres Geschäft mit Anti-Aging-Cremes auf – immer noch mit Millionenverlusten. Bei der amerikanischen Zulassungsbehörde entschuldigte sich ein Manager für »unethische Aktivitäten« und »kuriose Geschäftspraktiken«. Acht weitere, auffällige Ramsch-Investments sind in den Unterlagen der amerikanischen Börsenaufsicht SEC, in Firmenbilanzen und Gerichtsakten dokumentiert.[362]

ACM lieferte nach Homms Untertauchen trotz mehrmaliger Aufforderung keine Bilanzen oder testierte Finanzberichte der Fonds. Performance-Daten, die Homms Leute auf den Internetseiten von ACM präsentierten, enthielten keinen Hinweis, wer sie erstellt und geprüft hat. Dort waren nur die testierten Geschäftsberichte von ACM zu lesen, der Fondsverwaltungsfirma mit rund 52 Millionen Euro Umsatz im Jahr 2006. Sie machte damals 27 Millionen Euro Gewinn, aber ihr Erfolg sagt nur etwas über eingenommene Fondsgebühren aus, nicht über die einzelnen Investments der Fonds.

Nach dem Ausstieg von Homm stimmten einige Kunden der Fondsgesellschaften laut Verlautbarungen der Fondsverwaltungsfirma ACM in einer eilig einberufenen Generalversammlung zu, ihre Gelder ein Jahr lang in den Fonds zu belassen. Sie wurden mit der Zusage vertröstet, dass eine Sonderprüfung durch die Revisionsgesellschaft PricewaterhouseCoopers (PwC) stattfände. Der Revisionskonzern Ernst & Young legte sein Mandat als Prüfer bei Absolute Capital nieder. Die Firma wurde umfirmiert in ACMH Limited und von der Börse genommen, die Fonds wurden teilweise geschlossen. Die SEB-Bank kündigte den Kunden die Homm-Zertifikate wegen der »großen Unsicherheit über die weitere Entwicklung bei den Zielfonds«. Rechtliche Schritte leitete sie allerdings nicht ein. Sie habe auch »keine Anhaltspunkte, welche die Grundlage für eine Geldwäsche-Verdachtsmeldung sein könnten«, erklärte die Bank. Die an der Londoner Börse gehandelte ACM-Aktie verlor 84 Prozent des Wertes, nachdem Homm seine Anteile abrupt verkauft hatte. Nach seinem Abgang stellte sich heraus, dass die Fonds bis zu 45 Prozent in illiquide Werte investiert hatten. Was aus den Werten vor Homms Abgang in Höhe von angeblichen 1,8 Milliarden Euro geblieben ist, ist nun das Geschäftsgeheimnis einer Privatfirma. Der Fachinformationsdienst informierte seine Kunden im Frühjahr 2009 über ein verwaltetes Restvermögen von 2,3 Millionen Dollar. Das Ergebnis der Sonderprüfung wurde nicht veröffentlicht.[363]

Einige seiner Kunden wollten ihn dieses Mal nicht ungestraft ziehen lassen. Zwei Investoren reichten in den USA eine Anklage wegen Betruges ein, und im Oktober 2009 zogen auch die Direktoren der Homm-Fonds mit einer Betrugsklage vor das New Yorker Bezirksgericht.

Der erste Kläger war der amerikanische Großinvestor Jack Grynberg, ein bekannter Ölmilliardär aus Denver im Bundesstaat Colorado. Grynberg warf dem Hedgefonds-Manager vor, seine Gelder entgegen der Angaben in den Fonds-Prospekten statt in werthaltige Aktien in so genannte Pink

Sheets gesteckt zu haben – außerbörslich gehandelte Billigstaktien von zweifelhaftem Wert. Er fordert die Rückzahlung der »gestohlenen Gelder« und Schadensersatz. In der Klageschrift vom 3. Januar 2008 schilderte Investor Grynberg, dass er nach einem Treffen mit Homm im Sommer 2005 in Barcelona insgesamt 12 Millionen Dollar in die drei Fondsgesellschaften Absolute East West Fund, Absolute Octane Fund und European Catalyst Fund investiert hatte. Homms Fondsmanager hielten demnach den Investor lange Zeit bei Laune. Noch im Juli 2007, so berichteten die Manager Grynberg in Kontoauszügen, sollten seine Anteile angeblich 16,8 Millionen Dollar wert sein, doch im September 2007 berichtete Homm plötzlich über eine Schieflage bei seinen Fonds. Danach tauchte er ab.[364]

Grynberg wirft Homm falsche Angaben in seinen Fondsprospekten vor. Dieser habe in den Dokumenten für die Investoren behauptet, höchstens 10 Prozent in außerbörslich gehandelte Papiere anzulegen, tatsächlich aber in betrügerischer Absicht große Teile der Kundengelder in illiquide Billigpapiere investiert. Homm habe eine Verschwörung mit dem Hunter-World-Manager und Mitgesellschafter Todd Ficeto gebildet, gegen den Grynberg ebenfalls klagt.[365]

»Hunter ist nicht mehr als eine Lizenz zum Aktienhandel für Homm und Ficeto und in diesem Fall eine Lizenz zum Betrügen und Stehlen«, schrieb Grynbergs Anwalt in der Klageschrift. Die Angaben über die Kurse der Fonds würden daher keinen fairen Marktwert wiedergeben. Verluste habe Homm den Kunden nicht gemeldet, stattdessen seien die Werte zu den Einkaufspreisen der Aktien in den Büchern der Fonds gemeldet worden. Beide hätten sich dabei über Kommissionen der Brokerfirma auf Kosten der Fonds bereichert, unter anderem bei der Platzierung der Aktien. »Keine schwierige Platzierung für Homm«, schreibt der Kläger, wenn er nahezu alle ausstehenden Aktien mit den Homm-Fonds gekauft hat. Homm hat nach Ansicht von Grynberg außerdem zu Unrecht für die angeblich gute Performance der Fonds Gebühren kassiert. Auf diese Weise habe er rund 40 Prozent seiner Investments veruntreut, schrieb der Kläger.

Homms Anwälte verteidigten sich gegen die Klage mit dem Argument, dass amerikanische Gerichte gar nicht zuständig seien. Sein ständiger Aufenthaltsort liege in Europa. Genaue Angaben über seine ladungsfähige Anschrift und seine Wohnadressen machten allerdings weder Homm noch sein US-Anwalt. Grynberg ließ er grüßen: »Ich bin heute pensioniert, und ich habe kein Geschäftsbüro. Wenn ich nicht gerade reise, dann verbringe ich meine Zeit in Alicante und Zürich.« In einer persönlichen Erklärung lehnte er die Verantwortung für Investments seiner Hedgefonds ab. Für die Geschäfte seiner früheren Fondsmanagementfirma Absolute Capital Management (ACM) fühle er sich nicht verantwortlich: »Als ich ausschied, hatte ACM rund 80 Mitarbeiter«, beschwichtigte er. Für die Investitionsentscheidungen seien seine Mitarbeiter oder Geschäftspartner verantwortlich gewesen.

Am 30. Juni 2008 reichte der amerikanische Cascade Fund eine Sammelklage gegen Florian Homm, die Absolute Capital Management sowie einige seiner früheren Mitarbeiter ein, darunter gegen den deutschen Fondsmanager Ullrich Angersbach, den Wegbegleiter Homms. Der Vorwurf: »ein internationales Betrugssystem«. Homm habe – im Gegensatz zu seinen verbindlichen Prospektangaben – fast eine halbe Milliarde Dollar in illiquide Penny-Stocks investiert und einen klassischen Börsenschwindel angewendet, genannt »pump and dump«: erst aufblasen und dann verklappen. Die Performance-Berichte seien falsch und irreführend gewesen, die Fondspolitik eine Täuschung. Die Klage hatte aber einen entscheidenden Makel: Die Kläger konnten Homms Wohnort nicht herausfinden.[366]

Am 19. Oktober 2009, mehr als zwei Jahre nach Homms

Abtauchen, begann der dritte und wohl entscheidende Gerichtsakt in der Sache Homm. Die ehemaligen Homm-Fonds klagten nun gegen Florian Homm, Todd Ficeto, Ullrich Angersbach, Sean Ewing und weitere ehemalige Homm-Mitarbeiter.[367] Ihre Vorwürfe: Betrug, Verschwörung zum Betrug, Marktmanipulation, Irreführung und Provisionsschneiderei, in der Fachwelt der Kriminalisten »Churning« genannt. Mit einem ausgeklügelten System sollen die Beschuldigten die Fondsgesellschaften bestohlen haben, indem sie diese dazu verleiteten, Milliarden wertloser Aktien zu völlig überhöhten Preisen zu kaufen und dabei letztlich die Gelder in ihre eigenen Taschen schleusten: »Die Beschuldigten haben von den Fonds bis zu 100 Millionen Dollar oder sogar noch mehr gestohlen.«[368] Laut Klageschrift untersucht die amerikanische Börsenaufsicht SEC den Fall.[369]

Zur Frage nach Homms Fluchtort blieben auch diese Kläger vage: Er verfüge über Residenzen in Mallorca, Alicante, Paris und London. Das Firmendomizil auf den Caymans, die Revisoren auf der Isle of Man, der Aktienhandel, die Brokerbanken in London und die Büros in der Schweiz: In keinem Land überblickte die Bankenaufsicht alle Geschäfte. So segelten Homms Fondsgesellschaften stets unter dem Radar der Aufsichtsbehörden.

Undercover in Miami: der Fall Kiener

»Du kannst nur herausfinden, wer nackt schwimmt, wenn die Ebbe kommt.«
WARREN BUFFETT

Helmut Kiener, Jahrgang 1959, ahnte nicht, dass der 10. Juli 2007 sein Schicksalstag war. Die beiden darauf folgenden Jahre waren ein einziger Höhenflug in seinem Leben – berauschend luxuriös, unermesslich erfolgreich und weit entfernt von seiner Heimat Aschaffenburg in Unterfranken. Ein schönes Gutverdiener-Einfamilienhaus, sonntags adrett in die Kirche, verheiratet mit einer Lehrerin, bloß nicht auffallen. Die Freunde im Kirchenchor hielten ihn für solide, das Wort »gütig« war oft zu hören, hatte er doch 120 000 Euro für den Kirchturm gespendet.

An diesem 10. Januar 2007 trafen sich der Anwalt Stefan S. und der Versicherungsmakler Thomas M. im Renaissance Hotel am Flughafen von Philadelphia mit einem neuen Kunden. Der vorgebliche Geschäftsmann hatte spezielle Wünsche: Er suche dringend nach diskreten Möglichkeiten, so erklärte er ihnen unverblümt, wie er große Summen aus den USA herausschaffen könne. Das Geld stamme aus dem Verkauf von illegal kopierten DVDs, CDs und Software-Programmen. M. und S. wussten einen Weg und versprachen: »Die Behörden werden das Geld nicht finden.« Was sie nicht wussten: Die Geschichte war frei erfunden und der Mann ein Undercover-Agent des FBI.

Das nächste Treffen mit dem Agenten fand am 12. Februar

2008 in einem Büro in Ponte Vedra Beach in Florida statt. Die Sache wurde konkreter. Der Mann wollte eine erste Tranche von 500 000 Dollar verschieben. M. verlangte für den Job 15 000 Dollar, inklusive Offshore-Firmengründung und Konto. Im Mai 2008 machte M. eine weitere Offerte; die Details wollte er in New York besprechen.

Der Rest war Fahnder-Routine. Die beiden wurden festgenommen; der Ausgang der Agenten-Story ist nun in der Anklageschrift gegen S. und M. nachzulesen. Sie wurde am 21. Oktober 2009 von der Staatsanwaltschaft beim Bezirksgericht von Pennsylvania eingereicht. Der Vorwurf: Verschwörung zur Geldwäsche, allein der Versuch ist bereits strafbar. Versicherungsmakler M. erklärte, er sei unschuldig und wurde gegen Kaution auf freien Fuß gesetzt.

Laut Anklageschrift erzählten S. und M. dem FBI-Agenten freimütig, dass sie für ihre Klienten Firmen auf den Britischen Jungferninseln einrichten, Konten eröffnen und diskrete Trusts gründen – ein normales Offshore-Geschäft, wie es viele Anwälte in Miami anbieten. S. soll anschließend über die Geldgeschäfte des Aschaffenburgers Helmut Kiener geplaudert haben: So erfuhr das FBI, wie Helmut Kiener Großbanken wie Barclays und BNP Paribas 280 Millionen Dollar abluchste und mit diesem Geld sein Luxusleben finanzierte: eine Villa in Palm Beach, ein Global-Express-Düsenjet, eine Piaggio-Avanti-Propellermaschine, einen Helikopter. Mit den Firmen, die S. einrichtete, soll Kiener mehr als 200 Millionen Dollar verschoben haben.[370]

Am 28. Oktober 2009 wurde Kiener verhaftet. Die Staatsanwaltschaft Würzburg ermittelt gegen ihn, ebenso das FBI, die Behörden in Liechtenstein, der Schweiz und den Britischen Jungferninseln.[371] Der Verdacht: Betrug. Kiener soll mit etlichen Gehilfen mehrere hundert Millionen aus seinem Fonds-System abgezweigt und womöglich die Gelder der Anleger nicht wie versprochen in Hedgefonds investiert haben. Die Rede war von Kundengeldern im Buchwert von mindestens 450 Millionen Euro. Auch soll er sich einen Privatjet gekauft haben, um diesen der Credit Suisse in Zürich als Sicherheit für ein Darlehen zu übereignen, was ihm 26 Millionen Dollar einbrachte. »Die weitere Verwendung des Geldes ist nicht geklärt«, hieß es lapidar im Haftbefehl. Eine Frage, für die sich mehr als 8000 deutsche Investoren interessieren.

Wo war das ganze Geld? Und wo genau war eigentlich Kieners Firma? Vor allem: Wo waren seine Portfolio-Manager, die diese Superrenditen erzielten, die wahre Börsengenies sein mussten, in allen Anlageklassen besser als der Rest der Finanzwelt? Die Spurensuche führte von Aschaffenburg über die Schweiz in die Karibik, nach Mallorca und zurück in die Schweiz. An ihrem Ende wird man das Gefühl haben, einem Schatten nachgejagt zu sein: Helmut Kiener, der irgendwann vor 13 Jahren wie aus dem Nichts auf dem deutschen Geldanlagemarkt auftauchte, der ein Vertriebssystem mit immerhin 800 Maklern aufbaute sowie 8400 Kunden anwarb und der mit seinem »semiautomatischen Programm« (O-Ton Kiener), dem »K1 Allocation System«, angeblich die perfekte Gewinnmaschine entwickelt hatte. Schon 1996, als er noch mühsam seine Brötchen als Anzeigenverkäufer verdiente, wollte er damit eine Performance von 39 Prozent geschafft haben, 1997 waren es 42, 1998 dann 36 Prozent. Später wurde es etwas weniger, aber immer schlug er seine Konkurrenten um Längen, so belegten es Depotauszüge und Performance-Kurven, die er brav regelmäßig an seine Finanzvermittler und seine Kunden schickte.[372] Glaubt man dem studierten Psychologen, dann war er – nach kurzen Stationen als Assistent in der Marktforschung und einer Ausbildung zum Gesprächstherapeuten – von 1990 bis 1995 als freier Anzeigenverkäufer für die *Gelben Seiten* tätig. Während dieser Zeit will er mit seiner Anlagemethode große Profite erwirtschaftet haben.

Nach Angaben seines Arbeitgebers war er allerdings bis zum Jahr 2000 immer noch als Anzeigenverkäufer unterwegs.[373]

Der Ertrag seiner Investments seit der Gründung: angeblich 844 Prozent, im Schnitt 18 Prozent Jahresrendite. »Real erzielt«, sagte Kiener. Seine Portfolio-Manager würden zielgenau die ertragreichsten Hedgefonds auswählen und mit allem handeln, was der Markt so hergäbe: Aktien, festverzinsliche Wertpapiere, Devisen, Futures, Mortgage-backed Securities, Optionen, Swaps. So steht es in Kieners Verkaufsprospekt. Weitere Fragen nach seinen Brokern wehrte Kiener ab: Geschäftsgeheimnis.[374]

Erste Station: Aschaffenburg, Kieners Haus in der Yorckstraße. Oben, im Wohnzimmer, empfing er seine besten Verkäufer, im Souterrain der Villa hatte er ein Home-Office mit Platz für gerade zwei, drei Assistentinnen. Alles leer geräumt von den Staatsanwälten: Aktenordner, Computer, USB-Sticks – alles haben sie mitgenommen. Für 450 Millionen Kundenvermögen braucht man gut zwanzig erfahrene Broker, einen modernen Händlerraum mit Dutzenden Schreibtischen, auf jedem zwei Bildschirme des Bloomberg-Börseninformationsdienstes. Doch nichts von alledem: Hier gab es nur die Niederlassung einer Firma für Verkaufskoordination, die in London gemeldete Nito UK Asset Management. Im vergangenen Geschäftsjahr machte sie laut Bilanz keine 200 000 Pfund Profit – eine kleine Vermittlerbude.[375]

Hamburg, Rödingsmarkt 39. Das Büro der X1 Fund Allocation GmbH. Hier saßen die Asset-Manager von Kieners X1 Global Index Zertifikat. Der Wert des Zertifikats richtete sich nach dem X1 Global Euro Index, und dieser Index war so viel wert wie die Fonds, die nach der Kiener-Erfindung arbeiten. Das Zertifikat wurde von der Barclays Bank herausgegeben. Auch die Briten vertrauten Kiener ebenso wie die Großbanken BNP Paribas, Bear Stearns und JPMorgan.

Seit dem Einstieg von Barclays ging es bei den Managern

am Rödingsmarkt rasant voran. Hauptsächlich mit dem X1 Index Zertifikat erlösten sie 2006 rund 3,6 Millionen Euro an Provisionen, notierten sie in ihrer Bilanz. Dann kam der X1 Global Sub Trust hinzu, und die Provisionseinnahmen stiegen 2007 auf 8,6 Millionen. Das Büro zählte zwei Mitarbeiter und eine Aushilfe, inklusive Geschäftsführer Ulrich M., und zahlte 252 000 Euro an Gehältern. Auch dies konnte nicht der Ort sein, an dem auf höchstem Niveau Portfolios gemanagt werden: Top-Broker, zumal die Kiener-Cracks, müssten ein Vielfaches verdienen.[376]

Vielleicht wissen die K1-Finanzmakler mehr. Zum Beispiel Karl-Heinz L.: Seine Firma hatte ihren Sitz in Flühli, einem Dorf in den Schweizer Voralpen, Kanton Luzern. Das Telefon war weitergeleitet auf ein deutsches Handy. »Im Moment« lebt L. in Deutschland, bei seinen Kunden, denn in der Schweiz durfte er die K1-Fonds nicht verkaufen. »Kiener hat endlich ein Produkt entwickelt, das keine Kosten geltend macht, wenn es ins Minus geht«, sagte L. So viel Kundennähe habe er sich immer schon gewünscht. Besonders gut fand er, dass Kiener mit der »Wieeena Krupp« kooperierte.

Was Makler L. meinte, ist die Vienna Group. Sie bot eine moderne Fondspolice speziell für K1 an. Sie investierte nach der K1-Strategie von Kiener und durfte auch in Deutschland verkauft werden. Einzahlungskonto bei der Bayerischen Landesbank. Ab 2500 Euro konnte jeder mitmachen. Am Wiener Schottenring, in der Konzernzentrale der Wiener Städtischen, kommt man nicht weiter. »Für die Veranlagungsseite ist ausschließlich K1 verantwortlich«, sagte Günter Geyer, der Konzernchef. Vienna Life trägt nur das Versicherungsrisiko, wenn der Kunde stirbt. Den lebenden Kunden hilft das nicht. Also weiter.[377]

Anruf bei einem erfahrenen Fondsverwalter in der Nähe von Zürich. Seinen Namen will der auf keinen Fall genannt wissen – aber ja, ihn habe Kiener ebenfalls besucht. Ein Verkäufer habe den Termin so gewichtig wie eine Audienz mit Alan Greenspan eingefädelt, Kiener käme eigens mit dem Privatjet eingeflogen. Das Treffen dauerte dennoch nicht lange. »Kein Interesse«, erklärte der Gesprächspartner nach einer halben Stunde. Kiener fauchte giftig zurück: »Sie wollen wohl kein Geld verdienen.« Geprüft hatte der Fondsmann nichts, Kiener war ihm einfach nur suspekt: »ein Großmaul«.

Kiener im Düsenjet auf Verkaufstour, Kiener mit Münchner Promis in der Audienzhalle des Vatikans, Kiener im Golfclub Eagles Charity, Kiener auf den Partys der Münchner Schickeria, mit Rosi Mittermaier (Ski), Peter Kraus (Schlager) und Elmar Wepper (Fernsehen). Kiener, der Sonderdiplomat von Guinea-Bissau. Kiener im Höhenrausch.

Sein Start ins Finanzgeschäft war hingegen bescheiden. Vor acht Jahren gründete er eine Gesellschaft bürgerlichen Rechts, eine GbR und nannte sie K1 Invest. Das ist die einfachste Gesellschaftsform in Deutschland, die ohne große Formalitäten eingerichtet werden kann. Die Kunden investierten ihr Geld als Gesellschafter in die GbR, die GbR investierte in einen Dachfonds, der Dachfonds steckte das Geld in einzelne Hedgefonds, und am Ende würden alle reich. Eine raffinierte Idee, fanden die Kunden.

Nur die Bürokraten von der Finanzaufsicht BaFin bockten. 2001 untersagten sie den Vertrieb über die Kiener-GbR zum ersten Mal, 2003 nochmals. Kiener legte Widerspruch ein und entwickelte gleichzeitig einen neuen Dreh – mit der im Juli 2003 gegründeten K1 Invest Ltd. auf den Britischen Jungferninseln: Die Kunden überwiesen ihr Geld auf ein Konto der ING-Bank in Amsterdam und bekamen dafür Genussscheine der K1-Fonds auf den Britischen Jungferninseln. Mit dem Wert der Fonds stieg auch der Wert der Genussscheine. Doch die BaFin-Beamten kamen schon wieder mit einem Verbot: Im Juni 2004 untersagten sie Kiener wiederum den Verkauf. Kieners Anwälte legten Widerspruch ein. Parallel ermittelten auch die Staatsanwälte in Würzburg zum ersten Mal gegen ihn wegen Verstoßes gegen das Kreditwesengesetz. 2004 stellten sie das Verfahren ein – wegen Geringfügigkeit. Im Januar 2008 gaben auch die Verwaltungsrichter in Frankfurt am Main Kiener Recht. Im September 2008 wurde das Urteil rechtskräftig, die Verfahrenskosten blieben beim Steuerzahler hängen: das Ende eines formaljuristischen Streits über Finanzkommissionsgeschäfte und das Wesen des Genussrechts.[378]

Kiener konnte nun Genussscheine von der K1 Global Ltd. und von K1 Invest Ltd. ins Angebot nehmen, zusätzlich die Fondspolice der Vienna sowie das Zertifikat von Barclays – ein Papier, bei dem die Kunden den Eindruck gewinnen konnten, dass ihr Geld sich genauso rasch vermehren würde wie das der K1-Fonds. Das Geschäft fing an, auf Hochtouren zu laufen.

Ein Maklerbüro im Schwäbischen verwies auf das Gerichtsurteil – ein Persilschein offenbar. Und auf die guten Adressen: Barclays, Vienna und so weiter. Es lieferte sogar einen »Kontenprüfungsbericht der K1 Invest Ltd.«. Der Verfasser: ein Pfälzer Steuerberater.

Frankenthal in der Pfalz. Hier saß Steuerberater Josef Augustin Becker in einem Anwaltsbüro an der Bahnhofstraße. Becker trug einen Titel: Er war Fachhochschul-Professor in Ludwigshafen, und er war viel herumgekommen. Er sei Wirtschaftsprüfer auf den Britischen Jungferninseln, schrieb er in seinem Lebenslauf, der von der Fachhochschule auf deren Internetseite bis zum Auffliegen des Kiener-Falles veröffentlicht worden war. »Studieren Sie die Prospekte genauestens, dann wird alles transparent«, empfahl Becker in einem Schreiben an den Autor.[379]

Becker stellt für das Geschäftsjahr 2004 fest: Die Kontoführung bei K1 Invest war »richtig, ordnungsgemäß und vertraglich einwandfrei«. Sein Prüfbericht war allen zugänglich, die mit Kiener Geschäfte machten: Barclays, BNP Paribas, Bear Stearns der Vienna Life, den Zahlstellen BayernLB und ING Bank.

Becker stand als »Auditor« im K1-Prospekt, und er sah fast alles: die Konten, die Buchführung, die Bilanz. Er bestätigte »die richtige Mittelverwendung«: Die Gelder seien »ordnungsgemäß angelegt«. Becker segnete alles ab, nur eines nicht: die K1-Rezeptur. »Die Untersuchung der Anlagen selber war nicht Auftragsgegenstand«, schrieb der Professor, »die Aktivitäten der Portfolio-Verwalter wurden von uns nicht überprüft.« Im Klartext: Die Kunden konnten nicht sicher sein, dass die von Kiener behauptete Rendite wirklich erzielt wurde. Aber Becker lieferte zumindest in seinem Prüfbericht für den zweiten Fonds K1 Global einen beruhigenden Hinweis: »Die Buchführung und der Jahresabschluss wurden von der Administrationsgesellschaft PricewaterhouseCoopers AG (PwC) in Zürich angefertigt.« Eine verlässliche Adresse, die sich gut in den Verkaufsprospekten machte.[380]

Zürich, Oerlikon, die PwC-Zentrale in der Schweiz. Ein Blick in die Klientendatenbank: Für die K1 Global hatte PwC nur einfache Buchhalterarbeiten erledigt, revidiert und geprüft hatte PwC aber nur eine Vorgängerfirma, und das war acht Jahre her. Und die K1 Invest? Die gab es gar nicht in der PwC-Datenbank.[381]

Road Town auf Tortola, der größten der Britischen Jungferninseln in der Karibik. 14000 Einwohner, ein Flughafen, Hunderte Treuhandbüros und ein Handelsregister mit 700000 Firmeneinträgen. Hier müsste das Herz des Kiener-Systems schlagen. In einem Treuhandbüro der Inselhauptstadt haben die K1 Global Ltd. und K1 Invest Ltd. ihren Sitz. Das ist normal, denn die meisten Hedgefonds sitzen in der Tax-free-Karibik.

Offizielle Adresse: die Anwaltsfirma Harneys. Sechzig Anwälte arbeiten dort, und Ross Munro, der Chef für das Fondsgeschäft, erklärt: »Es tut mir leid. Ich kann Ihnen in dieser Sache leider nicht helfen.« Die im Fondsprospekt genannten Herren hätten – nach damaligem Recht des Inselstaats – die Gründungsurkunde zwar unterzeichnet wie Notare, aber sie seien nicht als Direktoren verantwortlich.[382]

Beim offiziellen Register für Publikumsfonds auf der Insel kommen wir endlich weiter – mit einer großen Überraschung: Weder K1 Global noch K1 Invest sind dort eingetragen. K1 Global ist nur im Register für »Private Funds« eingetragen, und K1 Invest ist als Fonds überhaupt nicht registriert. Die Firma sei »weder lizenziert noch anderweitig bei der Finanzaufsicht reguliert«, erklärt die Financial Services Commission (FSC) der Insel, das Pendant zur BaFin. Und: »Professor Becker ist als Buchprüfer nicht zugelassen«, ergänzt die Behörde.[383]

Das klingt nicht gut. Nach dem Fondsgesetz der Britischen Jungferninseln sind »Private Funds« nur für maximal fünfzig Investoren zugelassen, und diese dürfen ausdrücklich nur auf privater Basis angeworben werden. Die Global-Kunden verfügten daher nur über eingeschränkte Rechte. Für die Invest-Kunden heißt das: Sie besaßen Genussscheine einer Privatfirma, die gar kein Fonds war. Keiner überwachte diese Firma, Absicherung gleich null.[384]

An der deutschen Finanzaufsicht ging das vorbei: »Erkenntnisse über mögliche Erlaubnisse aus anderen Jurisdiktionen hat die BaFin nicht«, erklärte die Bonner Behörde. Mit anderen Worten: Die BaFin hat trotz jahrelanger Gerichtsprozesse bei der FSC der Jungferninseln nicht konkret erfragt, welche Bewilligungen vorliegen. Eine E-Mail hätte dazu genügt. Die Behörde hatte ihre Beschlüsse dem Inselstaat zwar übermittelt, in Deutschland ließ sich die BaFin aber von dem angeblichen Fonds als Kläger vorführen, obwohl schon allein die Rechts- und Parteifähigkeit dieser Firma vor einem deutschen Gericht höchst zweifelhaft war.[385] Die BaFin-Anwälte, die Richter und die K1-Anwälte verhandelten über eine »Fondsgesellschaft«, die es nicht gab. Sie ließen falsche Prospekte als Beweismittel zu, die sich schon bei einem gründlichen Plausibilitätscheck als Humbug erwiesen hätten, aber dennoch Grundlage des späteren Urteils waren.[386] Dabei hat die Behörde Befugnisse, über die nicht einmal ein Staatsanwalt verfügt. Sie darf zum Beispiel die Büros von Finanzfirmen jederzeit betreten, Kopien von Geschäftsunterlagen erstellen sowie Auskünfte und Unterlagen über die Geschäfte oder die hinter diesen stehenden Personen verlangen. Ihre Kernaufgabe steht im Wertpapierhandelsgesetz: »Missstände beseitigen oder verhindern«.[387]

Die Nachlässigkeit verärgerte auch die Beamten bei der FSC: Sie betonen ausdrücklich, dass ausländische Aufsichtsbehörden auf der Basis eines »robusten Arsenals« von Rechtshilferegeln in solchen Fällen umfassend unterstützt würden, wenn sie anfragten. Die BaFin fragte offenbar nicht, also überwachte niemand umfassend.[388] Der Fall Kiener war keine Sternstunde der deutschen Finanzaufsicht, sondern eine Justizposse.

Wo und wie denn nun eigentlich die 450 Millionen Euro Kundenvermögen verwaltet werden, müsste uns auf der Insel doch jedenfalls einer beantworten können: Dieter Frerichs, vertretungsberechtigter Direktor von K1 Global, Chef der FISI – Financial Investment Services International auf Tortola. Er hat vor vier Jahren die Internetadresse des Fonds eingerichtet.[389] Frerichs Büro hat eine Adresse in Tortola, aber merkwürdigerweise eine spanische Telefonvorwahl. »Bin ich richtig verbunden mit K1 in Road Town?« Eine deutsche Telefonistin meldet sich: »Nein, das ist ein virtuelles Büro.« Und der echte Herr Frerichs? »Wir sind hier immer per E-Mail und Telefon mit ihm in Kontakt, da ist nichts Verwerfliches. Herr Frerichs ist Resident von Gibraltar.« Und wo befindet sich der virtuelle Service? »Palma de Mallorca. Und Herr Frerichs hat für Sie sicher keine Zeit. Mehr muss ich Ihnen nicht erzählen, das geht Sie nichts an!« Und die Portfolio-Manager? Fehlanzeige, auch auf Mallorca.

Fehlanzeige auch bei der Firma Treukapital. Laut »Auditor« Becker erstellte sie die Bilanz der K1 Invest. In einem Vorort von Mainz hatte sie ihr Domizil, aber dort schien das große Geschäft nicht zu laufen. Das Geschäftsjahr 2007 beendete die GmbH mit einem Minus von 94 000 Euro. Das Geheimnis: Es gibt noch zwei weitere Treukapital-Firmen, eine auf Tortola und eine in der Schweiz.[390]

Schlaue Kontrolleure, die nicht kontrolliert wurden

Letzte Station: Göschenen, Kanton Uri. Ein 440-Seelen-Bergdorf, auf 1100 Meter Höhe, kurz vor dem Gotthardtunnel. In einem Haus am Bahndamm residiert die Treukapital mit vier Managern – alles Deutsche. Georg P., der Chef, ein Bankdirektor a. D., war bis zur Pensionierung Filialleiter der Dresdner Bank, ein Bankbeamter von altem Schlage. Drei knochentrockene Juristen stehen ihm zur Seite, und die Stimmung ist gedrückt: Der Staatsanwalt war auch schon hier und hat alles mitgenommen. Seitdem hätten sie eine Anrufweiterleitung nach Deutschland geschaltet, bestätigt ein Mitarbeiter. In einer Broschüre erklärt die Treukapital ihr Geschäft: Sie lieferte die Performance-Zahlen von den Fonds an die Börseninformationsdienste, erstellte die monatliche Genussrechtsbewertung für die Kunden und machte die Provisionsabrechnung für die Makler. Das sind stolze Zahlen, aber Kieners Geheimnis kann auch in Göschenen nicht gelüftet werden. »Wir haben keine Einsicht in die Anlagegeschäfte«, sagt ein Treukapital-Jurist.

Ein Blick ins Handelsregister zeigt zudem: Die Treukapital selbst »untersteht keiner ordentlichen Revision und verzichtet auf eine eingeschränkte Revision«. Im Klartext: Die Bücher der Treukapital werden nicht von einer Revisionsgesellschaft testiert – äußerst ungewöhnlich für Schweizer Unternehmen, die mit Kundenvermögen oder Finanzgeschäften umgehen. Göschenen, Endstation?[391]

Nicht ganz, ein Insider hilft. Der Informant erlebte das K1-Geschäft vor vielen Jahren, er will nicht genannt werden. Er verfügt über interne Dokumente, deren Echtheit von Beteiligten bestätigt wird. Demnach wurde im Sommer 2002 eine Schweizer Revisionsfirma mit der Prüfung der RIWA Futures Limited beauftragt, die anschließend in K1 Global Ltd. umgetauft wurde. Der Auftraggeber war aber nicht Kiener, sondern der Hamburger Jungbanker Yasin Qureshi, der schon mit 25 Jahren das Broker-Institut Varengold AG gegründet hat. Qureshi gibt zu: Er hat für die RIWA Wertpapiere gehandelt, bis 2002. Später hatte er seinen Kunden ein K1-Fonds-Zertifikat verkauft – bis zum Zusammenbruch des Systems Kiener.[392]

Die Prüfung von K1 Global bereitete große Probleme: Zum Abschlusstag des Geschäftsjahres am 15. Juni 2001 lag ein Bilanzverlust von 283 350 Euro vor. Am 16. Juni, dem Eröffnungstag des neuen Geschäftsjahres, hatte sich das Minus in ein Plus verwandelt: 168 913 Euro. »Die Differenz von 452 263 Euro konnte im Nachhinein nicht mehr eruiert werden«, schrieb der Prüfer. Der Rest gefiel ebenfalls nicht. Für die Bewertung der Handelskonten, so der Prüfer im Testat für den Abschluss 2002, »lagen uns ausschließlich Faxbestätigungen der kontoführenden Gesellschaft vor, während die Urbelege fehlten«. Frerichs, der Bevollmächtigte des Fonds aus Palma de Mallorca, wurde mehrfach aufgefordert, Originale vorzulegen, doch er lieferte nicht. Der Revisor kündigte das Mandat.

Die Zahlen sind dennoch interessant: 2001 und 2002 beendete K1 Global mit einem Minus. Kiener meldete aber für 2001 eine hervorragende Performance von plus 8,46 Prozent und für 2002 von 11,54 Prozent. Kieners Performance-Zahlen sind also schlicht falsch.

Wo ist das Geld? Auf eine Antwort müssen die Kunden wohl noch lange warten. Die K1-Firmen werden jetzt abgewickelt. Der im Auftrag der Behörden eingesetzte Liquidator muss mühsam Konten suchen, den Abfluss der Gelder, Empfängerkonten und Kontoinhaber prüfen, Wertpapiere berechnen, nachzählen, was noch da ist. Nach einer ersten Untersuchung der Konten kamen die Gutachter vom Liquidator Grant Thornton zu einem ernüchternden Resultat: Sie entdeckten nicht genügend Gelder zur Deckung ihrer Untersuchungskosten; sie fanden lediglich 260 000 Euro bei der Rabobank in den Niederlanden.[393] Am 23. Dezember 2009 reichten die BNP Paribas und die US-Investmentbank JPMorgan eine Klage vor dem New Yorker Supreme Court ein. JPMorgan beklagt einen Verlust von 82 Millionen Dollar, BNP Paribas von 70 Millionen Dollar. Es gäbe »keine Vermögensschäden«, behauptet Kieners Anwalt. Allenfalls ein paar »Missverständnisse«.

Strenge Hedgefonds-Gesetze in der fondsfreien Zone

Florian Homm, Helmut Kiener – zwei unterschiedliche Fälle und einige Gemeinsamkeiten. Homm wird nur zivilrechtlich ein Betrug vorgeworfen. Kiener und seine Gehilfen hingegen haben eine Großermittlung über Ländergrenzen hinweg ausgelöst; ihnen wird Betrug und Geldwäsche vorgeworfen. Gemeinsam ist beiden Fällen: Sie haben enormen Schaden verursacht, und die Schäden wären leicht vermeidbar gewesen.

Eine angemessene Kommunikation der deutschen BaFin-Beamten mit ihren Kollegen auf den Britischen Jungferninseln hätte genügt, um Kieners Fondsbluff aufzudecken. Seit vielen Jahren macht die BVI-Finanzaufsicht alle Fondszulassungen öffentlich. Die Datenbank der bewilligten Fonds in der Karibik ist nur noch ein paar Mausklicks entfernt. Die großen Offshore-Zentren wie die Britischen Jungferninseln, die Bahamas, die Cayman-Inseln oder auch das Fürstentum Liechtenstein waren jahrelang als Bananenrepubliken ohne funktionierende Aufsichtsbehörden verpönt, doch inzwischen verfügen sie über pragmatische, liberale Aufsichtsbehörden mit finanzmarkterfahrenem Personal, die oftmals schneller reagieren als ihre Partnerinstitutionen in den großen Industrieländern.

Nicht nur die Aufsichtsbehörden sind in der Verantwortung. Noch viel mehr zählt es zu den Sorgfaltspflichten der Banken, darauf zu achten, dass sie ihre Konten nicht den zwielichtigen Finanzjongleuren zur Verfügung stellen. Das verlangen schon allein die internationalen und nationalen Anti-Geldwäsche-Regeln.[394] Sie üben aber auch mit ihrem guten Namen eine faktische Garantenstellung aus.

Gesetze und Regeln, Aufsichtsbehörden und Selbstregulierungsorganisationen, gute Vorsätze und wohlklingende Verhaltensrichtlinien – von all dem gibt es genug. Es mangelt nur an korrektem Verhalten im Geschäftsalltag. Und es mangelt den Beamten an Amtscourage.

Immer wieder fallen bekannte Großbanken bei vielen dubiosen Finanzvehikeln als Depotbanken auf. Was die Kunden nicht wissen: Die Geldflüsse auf den Konten werden von diesen Banken nur selten unter die Lupe genommen. Allenfalls bei klaren Hinweisen auf Geldwäsche ist damit zu rechnen, dass sich die Compliance-Abteilungen die Bewegungen auf den Konten genauer anschauen – obwohl ihre Sorgfaltspflicht eine Kontrolle verlangt. Sie müssten bei der Eröffnung der Depotkonten ihre neuen Kunden und die Finanzvehikel auf Herz und Nieren prüfen. Sie tun es offenbar nicht – selbst die wenigen Mausklicks auf der Webseite der Finanzaufsichtsbehörde in der Karibik scheinen ihnen zu viel Aufwand zu sein, um ihrer Pflicht der genauen Identifizierung ihrer Kunden nachzukommen. Stattdessen verlassen sie sich auf handelsübliche Personendatenbanken, die von den Anti-Geldwäsche-Abteilungen der Banken als bequeme Checklisten eingesetzt werden. »Know your customer« – kenne deinen Kunden: Das ist das hehre Prinzip aller Banken auf der ganzen Welt, seit es international abgestimmte Geldwäsche-Regeln gibt.

Doch ausgerechnet die Geldinstitute an den Onshore-Finanzplätzen – den inlandsorientierten Bankenzentren in den Industrieländern – erfüllen die primitivsten Standards nicht. Wer heute unentdeckt Gelder waschen will, der findet in Frankfurt, Hamburg oder Wien schnell ein Haus, in dem er willkommen ist. Der große Korruptionsskandal im Siemens-Konzern wurde nicht von Geldwäsche-Kontrolleuren in Deutschland, sondern in Liechtenstein entdeckt, und die Ironie der Geschichte: mit Hilfe von Siemens-Software zur Analyse von Geldströmen und Finanzdatenbanken. Obwohl die Millionen-Transaktionen für Bestechungsgeldzahlungen in Nigeria, Russland, Argentinien oder Griechenland jahrelang über deutsche Großbanken liefen und dort auch auffällige Bargeldgeschäfte abgewickelt wurden, kam es nie zu Geldwäscheverfahren in deutschen Gerichten – auch nicht nach Beginn der Untersuchungen der Münchner Staatsanwaltschaft.[395]

Die Folgen der Finanzkrise haben den Trend zur Laxheit in der Geldwäschekontrolle sogar verschärft, in einigen Ländern bis zur Öffnung der Schleusen. Argentinien hat ein Repatriierungsgesetz erlassen, um die Bürger zu animieren, ihre auf ausländischen Konten gebunkerten Gelder wieder ins Land zu holen. Die Herkunft der Gelder wird dabei ausdrücklich nicht kontrolliert – eine eklatante Verletzung internationaler Standards. Weniger laut, aber mit dem gleichen Effekt hat Italien ein neues Steueramnestiegesetz erlassen, das ebenfalls Schwarzgelder ins Land zurückbringen soll. Den Bürgern wird dabei Anonymität zugesichert, die Amnestie gilt sogar für Gelder, die durch Betrug oder falsche Bilanzierung erwirtschaftet wurden oder aus Geldwäschegeschäften stammen.[396] Beim Thema Hedgefonds betätigen sich deutsche Politiker seit Jahren besonders lautstark, wenn auch nicht sehr zielgenau in der Sache. Ex-SPD-Vormann Franz Müntefering befeuerte die Debatte mit dem Heuschrecken-Begriff, der in Deutschland fortan als Synonym für Hedgefonds galt, wobei es gar nicht die Hedgefonds waren, sondern Private-Equity-Gesellschaften, die er wegen ihrer aggressiven Beteiligungspolitik kritisierte. »Wir brauchen ein Verbot von Hedgefonds«, forderte Oskar Lafontaine von der Links-Partei im Bundestag, und wieder waren nicht die Hedgefonds, sondern die Private-Equity-Fonds gemeint. Kanzlerin Angela Merkel wetterte auf internationalen Konferenzen immer wieder gegen die Hedgefonds, die es besser zu regulieren gelte, und verwies auf die fortschrittliche Politik ihrer Regierung in dieser Frage.[397] Und Ex-Finanzminister Peer Steinbrück forderte in seiner Regierungserklärung im September 2008 »neue Verkehrsregeln«. Was ist Propaganda, was ist Praxis?

Ein Blick in die Gesetzbücher: Ein Hedgefonds-Regulierungsgesetz wurde in Deutschland bereits 2004 mit großem Tamtam erlassen. Auf eine parlamentarische Anfrage zu weiteren nationalen Regulierungsschritten reagierte die Bundesregierung ausweichend. Man habe die Sache erfolgreich auf dem G20-Gipfel thematisiert. Die Branche habe in den USA und Großbritannien Wohlverhaltensregeln – »Best Practices

Standards« – erarbeitet, was die Bundesregierung tatsächlich als ihren Erfolg betrachtete. Weiter gehende Forderungen wie zum Beispiel jene nach einem globalen Kreditregister für die Hedgefonds, wie dies die Fünf Wirtschaftsweisen seit 2007 bereits zum zweiten Mal vorschlugen, machte sich die Bundesregierung aber nicht zu eigen.[398]

So begrüßte der Bundesrat im Juli 2009 einen Richtlinienentwurf der EU zur Verschärfung der Hedgefonds-Regeln, doch wollte er weiterhin die Fonds national geregelt wissen: »Der Übergang der Regelungskompetenz auf die EU-Kommission in solch umfassenden Ausmaß ist nicht akzeptabel.«[399] Der Bundesrat fürchtete nicht so sehr eine zu scharfe Regelung der Hedgefonds, sondern negative Folgen für die »geschlossenen Fonds«, eine deutsche Steuersparspezialität, die besonders im grauen Markt beliebt ist. Denn die neuen EU-Regeln würden auch diesen Sektor mit erfassen.

Aber wie steht es eigentlich um die deutschen Hedgefonds? Oberflächlich betrachtet sieht alles perfekt aus. Es gibt ein deutsches Investmentgesetz für Hedgefonds, es gibt deutsche Hedgefonds-Konferenzen, deutsche Hedgefonds-Experten, deutsche Hedgefonds-Überwachungsbeamte, einen deutschen Hedgefonds-Index, und es gibt natürlich auch eine Lobbyorganisation, den Bundesverband Alternative Investments in Bonn mit 130 Mitgliedern, fünf Vorständen, vier Mitarbeitern und 19 Sponsoren von Deutscher Bank bis Superfund. Aber es gibt so gut wie keine deutschen Hedgefonds.

Von der BaFin sind gerade einmal 17 echte Hedgefonds, so genannte »Single Hedge Funds«, zugelassen. Damit werden die Originalvehikel bezeichnet, die tatsächlich Investorengelder mit ihren unterschiedlichen Anlagetechniken verwalten. Weitere acht Dachfonds sind in Deutschland bewilligt, auch »Umbrella Funds« genannt, die ihre Gebühren damit verdienen, dass sie lediglich Investorengelder einsammeln, diese dann an verschiedene Single Hedge Funds weiterleiten und dort investieren lassen – was für die Investoren bedeutet, dass sie mehrfach Gebühren bezahlen. Von den deutschen Single Hedge Funds werden wiederum nur vier öffentlich gehandelt, die restlichen zwölf werden nur institutionellen Investoren wie Banken, Versorgungswerken, Vermögensverwaltern oder anderen Fondsgesellschaften angeboten, oder sie sind wegen Erfolglosigkeit aufgelöst und vom Markt genommen worden.[400]

Das deutsche Regelungsproblem ist also ziemlich überschaubar, Lafontaines aberwitzige Forderung in Deutschland so gut wie erfüllt. Der Regulierungseifer deutscher Politiker in Sachen Hedgefonds erscheint daher etwas bizarr, sie bemühen sich letztlich um die Regelung der Geschäfte anderer Länder: Rund 10 000 Hedgefonds werden weltweit gezählt, davon mehr als 2000 Single Hedge Funds. Sie verwalten etwa 1,5 Billionen Dollar Kundenvermögen und beschäftigen weltweit 150 000 Menschen, allein in Großbritannien rund 40 000. Neben London sind New York, die Bundesstaaten Connecticut und Kalifornien sowie die Cayman-Inseln und Genf die wichtigsten operativen Hedgefonds-Zentren. Ihr offizielles Domizil haben sie häufig an Offshore-Finanzplätzen, weil sie ihr Geschäft gewöhnlich steuerfrei betreiben. Echte Hedgefonds-Manager existieren daher in Deutschland kaum, es gibt lediglich Hedgefonds-Verkäufer.[401]

Der Graumarkt blüht

Was auf dem deutschen Finanzmarkt unter dem Namen Hedgefonds angeboten wird, schmückt sich in der Regel mit fremden Federn. Der Begriff ist nicht geschützt, nicht einmal übereinstimmend definiert. Oft sind es Dachfonds und manchmal reine Aktienfonds, die mit dem Geschäft der Hedgefonds gar nichts zu tun haben oder aber Zertifikate auf Dachfonds von Hedgefonds, die dem Käufer mit einem Stück Papier eine Gewinnbeteiligung versprechen, freilich nach Abzug der Kosten für eine Gebührenkaskade, an der hintereinander oft drei und mehr Finanzfirmen beteiligt sind. Viele ausländische Vehikel werben damit, dass ihre Verkaufsprospekte bei der BaFin hinterlegt sind – was die Kunden oftmals beruhigt und zum Kauf verleitet. Doch dies ist eine trügerische Sicherheit: Solche Prospekte werden von der BaFin nur formal geprüft, nicht inhaltlich. Und wenn die Prospekte bei einer Aufsichtsbehörde im EU-Ausland hinterlegt sind, werden sie in Deutschland ohne Einsicht und Kenntnis der Unterlagen genehmigt. Die Folge: Deutsche Finanzvermittler führen Tausende verschiedene Vehikel aus dem Ausland im Angebot, deren Investments nur schwer durchschaubar sind. Was die Vermittler beim Verkaufsgespräch über die Produkte erzählen, entspricht oftmals nicht den Tatsachen. Sie machen sich selbst gar nicht einmal die Mühe, die Prospekte zu studieren, und häufig fehlt ihnen die Kompetenz, die komplexen Produkte zu durchschauen. Noch weniger sind sie geschult, versteckte Marktrisiken, Währungsrisiken, Gegenparteirisiken und operative Risiken zu bewerten oder die Haftungssituation im Fall eines Zusammenbruchs des Anbieters zu verstehen. Der Fall der liquidierten Kiener-Firma zeigt: Nach dem Crash bleiben Hunderte ratlose Vermittler zurück, die ihren Kunden nur mit tröstenden Worten helfen können. Vom Hedgefonds-Geschäft hatten sie schlicht keine Ahnung. Die Investoren können daraus nur einen Schluss ziehen: Auf die Aufsichtsbehörden ist kein Verlass. Sie müssen selber lesen.

Ein Blick auf die Angebotspalette vieler Vermittler von Helmut Kiener bringt Hunderte obskurer Produkte zum Vorschein, deren Wert erst nach mehrtägiger gründlicher Analyse festgestellt werden kann. Nicht selten sind es die Angebote von Pleitiers, Halunken und Hasardeuren.

Besonders beliebt: eine Adresse in der Schweiz. Das klingt nach Solidität, duftet nach großer Finanzwelt, sieht nach einer seriösen Adresse aus wie im Fall der Saxonia Sparkasse Inc.: Rue du Rhône Nummer 14, in feinster Genfer Geschäftslage. Der Rest war ein schlichter Bluff. Der Name Saxonia Sparkasse Inc. klang nach Geld, in Wirklichkeit handelte es sich um eine simple Firma ohne Banklizenz. Die Internetseite der »Sparkasse« hatte im Juni 2008 ein Mann aus dem pfälzischen Bundenthal eingerichtet, einem Dorf mit 1200 Einwohnern. Dennoch fanden sich Kunden, die bei Saxonia »Genussscheine« von US-Unternehmen mit angeblich großer Zukunft kauften. Es handelte sich oft nur um Briefkastenfirmen.

Die Masche machte inzwischen Schule. Auch Geschäftspartner von Helmut Kiener nutzten Schweizer Büroadressen und ließen von dort Telefonate nach Deutschland weiterleiten. Eidgenössische Ermittlungsbehörden beobachten, dass deutsche Anlageschwindler vermehrt mit Schweizer Adressen auf Kundenfang gehen. Sie nutzen dabei die Vorzüge der Niederlassungsfreiheit für EU-Bürger. Der Zürcher Anwalt Daniel Fischer spricht von der »deutschschweizerischen Achse der Betrügereien«. Als Rechtsprofessor untersucht er die Fälle, als Anwalt vertritt er viele Opfer – auch die der Saxonia und der Kiener-Fonds.

Die Finanzbetrüger operieren mit schicken Internetseiten und illustren Firmennamen wie »Bürgschaftskasse«, »Swiss Chillmi«, »Helvetia Treuhand«, »Equity Trade Service«, »Ocean's Continental«, »GlobalSuisseCapital«, »AAA Assets Management« oder »Schweizerische Börsenabwicklungsgesellschaft«. Im Hintergrund: immer Deutsche. Mit dubiosen Investmentversprechen locken sie Anleger in die Falle – meist ebenfalls Deutsche. Hinter den Tarnadressen steckt oft nicht mehr als ein Büroserviceanbieter, über den die Post und

Faxe weitergeleitet werden. Die Eidgenössische Finanzmarktaufsicht Finma verfolgt die kriminellen Einwanderer jedoch mit zunehmender Härte. Neben Strafverfahren droht ertappten Finanzschwindlern der Zwangskonkurs.[402]

Manchmal trifft der Fluch des Anlagebetruges auch eine sehr illustre Kundschaft. Raymond Pousaz, ein Schweizer Ex-Banker mit Wohnsitz auf den Bahamas, plante im Oktober 2003 einen neuen Dachfonds. Es sollte eine geheimnisvolle »Split-Strike-Strategie« angewendet werden, die in den vergangenen Jahren sehr erfolgreiche Renditen zwischen 9,7 und 13,4 Prozent einbrachte. Zusammen mit einem Treuhänder von den Bahamas wollte Pousaz sich selbst als Direktor für das erfolgversprechende Fondsgeschäft einsetzen. Er hatte auch schon eine Idee für den Namen dieses Dachfonds: Almyx Fund. Der New Yorker Hedgefonds-Manager mit der Split-Strike-Strategie würde eigentlich keine Neukunden mehr annehmen, machte Pousaz das Investment schmackhaft.

»Ich habe für euch Jungs schon ein 10-Millionen-Paket reservieren lassen«, schrieb er zwei Schweizer Investoren am 22. Oktober 2003. »Eine exzellente Wahl (wenig volatil mit einer zweistelligen Rendite, eine gute Balance mit einem Mix mächtiger Hedgefonds).« Zur Einschätzung des Single Hedge Funds, in den er investieren wollte, legte er eine »rechtliche Bewertung« der Investment-Programme des New Yorker Hedgefonds-Managers von einer renommierten amerikanischen Anwaltskanzlei vor. Pousaz wurde mit der Investmentidee nicht mehr glücklich. Ein Jahr später meldete sich sein Geschäftspartner und Chefverkäufer, der selbsternannte Basler Hedgefonds-Manager Dieter Behring, mit einer ungewöhnlichen Offenbarung bei der Kantonspolizei in Zürich: Alle Kundengelder seien weg, rund 800 Millionen Franken. Die von Pousaz und anderen Beschuldigten in der Karibik verwalteten Behring-Fonds stellten sich als Anlagebetrug heraus.[403]

Pousaz wäre auch ohne dieses Schicksal mit seiner Idee nicht sehr weit gekommen: Der New Yorker Hedgefonds-Manager mit der Split-Strike-Strategie war Bernard L. Madoff, der größte Betrüger aller Zeiten.

Bernard Madoff und die Mini-Madoffs

»Er war ein Schurke zwar, doch was für Schurken wirst du nach ihm schauen. Bitte sehr, die ersten kommen schon.«
FRIEDRICH DÜRRENMATT: FRANK DER FÜNFTE – KOMÖDIE EINER PRIVATBANK.[404]

Am 11. Dezember 2008 hatten zwei FBI-Beamte zum ersten Mal Bernard Madoff in seinem New Yorker Apartment aufgesucht. Sie waren von einem Anwalt der Söhne, Andrew und Mark Madoff, alarmiert worden. Was sie mitgeteilt hatten, hörte sich wie ein schlechter Witz an. Madoff, eine Säule der Wall Street, soll seine Kunden betrogen haben. Vielleicht um 50 Milliarden Dollar oder mehr.

»Wissen Sie, warum wir hier sind?«, fragten die Beamten Madoff, als sie im Raum standen und Madoff in die Augen schauten: »Wir sind hier, um herauszufinden, ob es eine harmlose Erklärung gibt.«

»Es gibt keine harmlose Erklärung«, antwortete Madoff. Seine Brokerfirma Madoff Securities, die er seit 1960 betrieben hat, war in Ordnung, aber sein Hedgefonds war eine »Lüge«, ein »gigantisches Ponzi-System«, das ein Vierteljahrhundert lang funktionierte. Madoff erklärte, er sei bankrott. Die Beamten hatten keine Wahl mehr. »Sie sind festgenommen«, sagten sie, bevor sie ihn über seine Rechte aufklärten. Das war der Auftakt der Ermittlungen im schwersten Betrugsfall der Neuzeit.[405]

Mitte Januar 2009 erhielt der luxemburgische Finanznachrichtendienst eine Geldwäsche-Verdachtsmeldung einer Luxemburger Bank. Das war nicht sehr überraschend, denn nach einem Medienrummel wie im Fall der Verhaftung Madoffs untersuchen viele Bankhäuser ihre Datenbanken nach den Namen der publizierten Beteiligten. So war auch das Luxemburger Institut bei einem Konto der Fondsverwaltungsgesellschaft Herald Asset Management Limited auf eine verdächtige Transaktion gestoßen. Die Firma hatte ihren offiziellen Sitz auf den Cayman-Inseln, sie war Investment-Manager für den Herald Fund SPC, der wiederum ein Konto bei der Brokerfirma Madoff Investment Securities LLC in New York besaß. Die Fondsverwaltungsgesellschaft hatte alle Guthaben – jeweils 6,5 Millionen in Dollar und in Euro – auf ein Konto der Rechtsanwälte Hassans in Gibraltar überwiesen. Eigentümerin der Fondsverwaltungsgesellschaft war die sechzigjährige Bankchefin Sonja Kohn aus Wien.[406]

Drei Monate später musste Sonja Kohn in Wien zur Vernehmung bei der Staatsanwaltschaft antreten. Der Sitzungssaal war voll besetzt, als sie an diesem 21. April 2009 erschien. Staatsanwalt Michael Radasztics begrüßte die Gäste aus Amerika: die Staatsanwälte Marc Litt und Lisa Baroni, Robert DiBrienza und Paul Takla vom FBI, Kristine Zaleskas und Scott Black von der SEC. Aus Wien waren drei Beamte von der Finanzaufsicht gekommen, drei Polizisten vom Landeskriminalamt, Barbara D'Olivier von der Bundespolizei und als Strafverteidiger der Anwalt Wolfgang Brandstetter. Marc Litt war der Chefermittler des Madoff-Falles, ein schlanker Mann mit randloser Brille und schütterem Haar, blass im Gesicht, angestrengt im Blick.[407]

Sonja Kohn trägt eine auffällige rotbraune Perücke und auffälligen teuren Ohrschmuck, der ins Auge sticht, sie unterschreibt stets mit einer weit gezogenen Schleife. Sonja Kohn ist eine auffallende Erscheinung in der Finanzwelt: Sie war Gründerin und Mehrheitsaktionärin der kleinen Wiener

Medici-Bank, einer feinen Adresse für feine Leute. Sie war die Grand Dame im Wiener Private Banking, Jahrgang 1948, Österreicherin, Trägerin des goldenen Ehrenzeichens für Verdienste um die Republik Österreich, Mutter von fünf Kindern und Großmutter von 24 Enkelkindern, seit Jahr und Tag verheiratet mit dem Immobilienmakler Erwin Kohn, gesellschaftlich hoch angesehen, vor allem in der einflussreichen jüdischen Gemeinde der Stadt. Sie war eine äußerst rührige Vermögensverwalterin, deren Beziehungsnetz von Mailand über Dubai und Shanghai bis an die Wall Street gespannt war, wo sie lange im Wertpapiergeschäft gearbeitet hatte. Während dieser Zeit hatte sie in Manhattan Bernie Madoff kennengelernt. Seit Anfang der Neunzigerjahre regelmäßiger Gast bei Bernie Madoff in New York, hatte sie Madoff große Kundenvermögen zugeführt – der gerichtlich eingesetzte Masseverwalter spricht von Milliardenbeträgen. Sie besaß ein Händchen für die Reichen und Superreichen, und diese vertrauten ihr alles gerne an. Ihre Wochenenden verbrachte sie in ihrer großen Villa in Zürich, im alten, sehr gediegenen Enge-Quartier, und hier besuchte sie auch regelmäßig die Synagoge.

Der Fall spielte hauptsächlich in der jüdischen Welt: Madoff ist Jude, Kohn ist Jüdin. Madoff hatte die Vertrautheit unter den Mitgliedern der jüdischen Gemeinschaften an der amerikanischen Ostküste wie in Europa ausgenutzt, er nutzte sie als Marketinginstrument. An dieser Stelle muss betont werden: Für antisemitische Erklärungsmuster, die das Demagogenklischee der jüdischen Hochfinanz aufleben lassen, bietet der Fall keine Grundlage. Dass Betrüger ihre Opfer über religiöse Gemeinschaften ansprechen, ist nichts Neues. Zahlreiche Anlagebetrüger haben dies so praktiziert, genauso häufig in christlichen, muslimischen oder anderen Glaubensgemeinden wie in jüdischen.

Soweit der unstrittige Teil ihrer Beziehung zu Madoff.

Aber hier, im Vernehmungszimmer des Magisters Radasztics, drehte sich alles um die völlig ungeklärte Frage, ob Sonja Kohn eine unschuldige Zuträgerin für Madoff war, also selbst ein Opfer, oder doch eine Gehilfin, die das Betrugssystem förderte und unterstützte. FBI-Beamte erklärten in Wien, dass 5 bis 8 Milliarden Dollar von der Medici-Bank oder über Frau Kohn an Madoff geflossen sind. Sonja Kohn habe dabei pro Quartal Provisionen in Höhe von 900 000 Dollar erhalten.[408] Eine Gruppe schwerreicher Madoff-Kunden hatte in den USA gegen sie geklagt und warf ihr Untreue und Betrug vor. Eine weitere Klage wurde in Österreich vorbereitet: Der Masseverwalter fordert von ihren Fonds eine halbe Milliarde Dollar zurück, und auch der Wiener Staatsanwalt Radasztics ermittelte gegen sie.[409] Im Vernehmungszimmer wurde ihr ein Beratervertrag vorgelegt, den sie mit Madoff geschlossen haben soll. So soll sie von Madoff bis 2007 insgesamt 7 Millionen britische Pfund erhalten haben.

»Ich persönlich habe kein Geld erhalten«, antwortete Sonja Kohn: »Ich bin auf diese Frage nicht vorbereitet, und ich möchte derzeit dazu keine nähere Stellungnahme abgeben.« Ob ihr die Firma Erko Inc. bekannt sei? »Ich kann mich nicht erinnern«, sagte Kohn. Und die Tecno Development & Research S. r. L. in Italien? »Ich möchte diese Frage derzeit nicht beantworten, sondern mich in Ruhe informieren«, erwiderte die Beschuldigte.

Die Ermittler warfen Sonja Kohn vor, über Fonds in Luxemburg Gelder ins Madoff-System gepumpt zu haben. »Feeder-Funds« nannten sie diese – Einspeisefonds. Frau Kohn beteuerte, dass sie sich stets auf die britische Depotbank HSBC verlassen habe. »Wir haben ja sehr detaillierte Informationen von HSBC erhalten«, sagte Sonja Kohn. »Es ist mir unbegreiflich und für mich unvorstellbar, wie Madoff an allen Kontrollinstanzen vorbei diesen Betrug begehen konnte, ich kann mir auch nicht vorstellen, dass sonst niemand eingeweiht war.« Wieder fragen die Madoff-Ermittler, wie sie sich das Betrugsmanöver erklären kann. Sonja Kohn antwortet: »Ich kann hier eigentlich nur raten, dass im Madoff-Unternehmen Personen involviert gewesen sein müssen, die die Transaktionen manipulativ verwaltet haben.«

Die Bilanzen der Medici-Bank waren jahrelang vom Revisionskonzern KPMG geprüft worden. Abschlussprüfer Bernhard G. berichte den Staatsanwälten, dass sie die Depotauszüge der HSBC immer online bekamen und dann für Stichproben-Analysen ausdruckten. Die Geldwäschekontrolle erledigten für die Medici-Bank die Compliance-Leute bei der Bank Austria Creditanstalt, die auch mit einem Drittel der Aktien an der Medici-Bank beteiligt war.[410] Zweifel machten sie nicht geltend.

»Die Kurse als solche wurden von der Bank nicht überprüft, vielleicht beim Durchschauen auf Plausibilität«, erklärte der Prüfer. »Für mich waren die Erklärungen plausibel.« Auch Kohns Ex-Bankvorstand Helmuth Frey schöpfte keinen Verdacht. »Unsere Partner waren das *Who's Who* der Finanzwelt, und diese haben die Fonds selbst durchleuchtet«, sagte Frey. Ein halbes Jahr vor dem Zusammenbruch des Systems hatte er noch die Gründung des Herald (Lux) US Absolute Return Funds angeschoben. Europäische Kunden investierten dort, darunter auch »eine Handvoll renommierter Vermögensverwaltungen, hauptsächlich aus Deutschland«.[411]

Das System funktionierte reibungslos. Die Leute von der Medici-Bank oder von anderen Banken sorgten dafür, dass die Kundengelder auf das Depotkonto bei der HSBC kamen, die HSBC überwies der Firma Bernhard Madoff Securities die Gelder für die vermeintlichen Börsentransaktionen. Madoff meldete regelmäßig und scheinbar korrekt die Kurse der gekauften Wertpapiere an die Depotbank, diese gab sie über die Vermögensverwalter und andere Banken an die Kunden. Die Trading-Belege waren »marktkonform«, sagte ein weiterer Medici-Vorstand. Die HSBC bekam sie per Fax, die Medici-Bank per Post drei bis vier Tage später.[412]

Die Untersuchungen im Fall Medici waren Ende 2009 noch längst nicht abgeschlossen, eine Mittäterschaft Sonja Kohns keineswegs bewiesen. Weltweit wird inzwischen im Fall Madoff ermittelt. In Miami, Genf, Luxemburg und London begeben sich Fahnder auf die Fährten nach den »Feeder-Funds«, die Madoff Kundengelder zuführten, und sie untersuchen auch, wohin die Gelder abgeflossen sind. Die Liste seiner Opfer füllt 162 eng beschriebene Seiten, eine PDF-Datei mit 1,5 Megabyte Daten. Hunderte Dachfonds hatten ihm Kundengelder zugeführt, seriöse wie obskure. Der Schaden: mehr als 65 Milliarden Dollar. Unter den Opfern: die Banken oder Bankkunden von BayernLB, Bayerischer Vereinsbank, Bayerischer Hypo- und Vereinsbank, Vereins- und Westbank, Commerzbank, Deutscher Bank und Dresdner Bank. Viele deutsche Privatpersonen versteckten ihre Investments hinter Finanzgesellschaften und Briefkastenfirmen mit Offshore-Domizil, weil es sich um unversteuerte Gelder handelte.

Dein Geld, mein Geld

Madoff hatte sich schuldig erklärt. Er behauptete, alles alleine orchestriert zu haben. Für sein Strafmaß war ohnehin nicht mehr relevant, ob und wie viele Mittäter er hatte, aber damit wollte er erreichen, dass in seinem Verfahren nicht intensiv und tiefschürfend ermittelt wurde. Tatsächlich wurde er rasch zu 150 Jahren Gefängnis verurteilt, aber die Staatsanwälte und vor allem die Fahnder der SEC ermittelten weiter – wohl auch, um die Schmach vergessen zu machen, dass sie jahrelang alle Warnungen missachtet hatten.

So wurden die Computerspezialisten Jerome O'Hara und George Perez angeklagt, weil sie im Verdacht standen, 15 Jahre lang für Madoff hervorragende Fälschungen von mehreren tausend Seiten mit Trading-Berichten, Kurstabellen und Kontoauszügen erstellt zu haben, mit denen er Kunden und Banken täuschte. Die Dateinamen der Programme, die sie für die Fälschungen entwickelt hatten, begannen jeweils mit dem Kürzel SPCL. Das stand für »Special«. Einen Computer, den sie für ihre Fälschungen einsetzten, nannten sie »House 17«. 2006 stürzten die beiden in eine Loyalitätskrise. »Ich will nicht mehr länger lügen«, notierte O'Hara handschriftlich auf einen Zettel für Madoff. Daraufhin soll Madoff seinen engsten Vertrauten Frank DiPascali angewiesen haben, die zwei besser zu bezahlen. Sie bekamen einen Extra-Bonus, und ihr Gehalt stieg um ein Viertel. Ihnen droht jeweils eine Strafe bis zu 30 Jahren Gefängnis.[413] Im November 2009 wurden die beiden Computerspezialisten verhaftet und auf Kaution wieder freigelassen. Ihre Strafverteidiger sagten, sie seien als unschuldig zu betrachten, solange ihre Schuld nicht erwiesen sei.[414]

Durch Abschottung hielt Madoff sein Betrugssystem unter Kontrolle. In ihrem lesenswerten Buch über den Fall beschreibt die New Yorker Journalistin Erin Arvedlund, wie er die Händler in seiner großen Brokerfirma, die in Büros auf einem anderen Stockwerk des New Yorker Bürohauses an der Third Avenue arbeiteten, von seinem Hedgefonds-Geschäft fernhielt.[415] In seinem Büro hatte er ein uraltes Computerungetüm stehen, einen IBM AS/400-Rechner, der nicht mit dem Computernetz seiner Brokerfirma verbunden werden konnte. Alle Daten, die von der Händleretage kamen, mussten in den IBM-Rechner von Hand eingegeben werden. »Wenn er irgendwann im November 2008 entschieden hatte, dass alle Kundenkonten 1 Prozent Gewinn haben sollten, dann musste er rückwärts rechnen«, schreibt Arvedlund. »Er musste herausfinden, welche Aktien er hätte handeln müssen, um während des Monats November 1 Prozent Gewinn zu erzielen.« Wenn er die Daten recherchiert hatte, dann musste er nur noch Börsentransaktionen mit realen Preisen in seinen IBM-Rechner eingeben, und fertig war der Zauber. Nun konnte er der Depotbank die »korrekte« Liste mit seinen Börsen-Trades vorlegen. Niemand konnte an diesen Daten leicht erkennen, dass etwas nicht stimmte. Anschließend konnte er mit einer einfachen Excel-Tabelle alle 23000 Kundenkonten automatisch aktualisieren. Das war der ganze Zaubertrick.

Madoff wickelte seine Optionsgeschäfte nicht nur über amerikanische und britische Banken ab, auch vier deutsche Banken wurden von ihm benutzt: die HypoVereinsbank in München, die Commerzbank, die Dresdner Bank und die Mainfirst Bank in Frankfurt.[416]

Die Fälle von Madoff, Kiener und Homm sind sehr unterschiedlich gelagert, aber gemeinsam sind ihnen die schwachen Sicherheitsstrukturen in der extrem vernetzten Finanzbranche. In allen drei Fällen erhielten die Kunden online Informationen, mit denen die Wirklichkeit im Trading-Raum falsch abgebildet wurde. So wie sich das Geld der Kunden auf dem Weg über die Depotbank zu den Brokern verirrte, so wanderten die falschen Informationen über den vermeintlichen Besitz und Handel mit Wertpapieren über die gleichen Stationen zurück zum Kunden. In Zeiten, in denen der Nachweis über das Eigentum an einer Aktie praktisch nur noch aus einem Datenbankeintrag in einem Rechner besteht, sind Manipulationen genauso einfach zu bewerkstelligen wie zu den Zeiten des Barings-Händlers Nick Leeson, als die Belege über die Transaktionen noch auf kleinen Formularen notiert und per Fax durch die Welt gesendet wurden. Dieses System flog bis zum Schluss nicht auf.

Vor dem Bezirksgericht von Manhattan berichteten Kläger allerdings über den bösen Verdacht, dass eine Großbank Madoff schon Monate vor seiner Selbstaufgabe auf die Schliche gekommen war – allerdings ohne dem Spuk ein Ende zu bereiten: JPMorgan Chase. Der Bankgigant bestand nämlich aus dem Investmentbanking-Bereich JPMorgan und dem traditionellen Kommerzbankgeschäft bei Chase. Bei der Chase-Gruppe führte Madoff ein Konto mit zuletzt rund 7 Milliarden Dollar. Doch während der turbulenten Monate nach den ersten Einbrüchen bei Bear Stearns im Frühsommer 2008 zeigte das Madoff-Konto gewaltige Auf- und Abwärtsbewegungen, oft sogar bis zur Null. Gleichzeitig hatte Chase Einblicke in einen Madoff-Fonds, den sie für ein eigenes Derivateprodukt nutzte: den Fairfield Sentry Fund. Während im Sommer die wichtigsten Aktienkurse allesamt 30 Prozent und mehr gefallen waren, berichtete der Sentry Fund immer noch einen Gewinn von 5 Prozent. Das konnte nicht aufgehen, denn Madoffs erklärte Strategie war es, nur Titel aus dem S-&-P-500-Index zu traden. Auch seine Behauptung, Aktienkursverluste durch Gewinne mit Optionsgeschäften auszugleichen, konnte nicht stimmen. Der Optionsmarkt, das wussten die Leute bei JPMorgan Chase, war viel zu klein für seine behauptete Optionsstrategie mit einem Multi-Milliarden-Volumen.

Vertreter von Chase befragten daher Madoff bei einem Treffen nach den Hintergründen seiner Kontobewegungen, seiner Kredite, seiner Gegenpartien und seiner Strategie. Madoff verweigerte die Auskunft. Daraufhin entschieden sich die Leute von JPMorgan Chase, selbst intensiver zu recherchieren. Im eigenen Haus verfügten sie über neue Informationen, nachdem ihr Konzern die krisengeschüttelte Investmentbank Bear Stearns Ende Mai 2008 übernommen hatte. Bei den Börsenhändlern der Investmentbank Bear Stearns wiederum war Madoffs Brokerfirma auf einer bevorzugten Liste für die automatische Ausführung der computerisierten Kauf- oder Verkaufsorders der Händler. Sie hatten nun Einblick in das

7-Milliarden-Depotkonto und die Transaktionskonten seiner Broker. Sie stellten verblüfft fest, dass Madoff seine behaupteten Gewinne von 10 bis 12 Prozent während des Jahres unmöglich mit seinem Depot hätte erzielen können. Als die Kurse einstürzten, hatte Madoff hohe Bargeldpositionen, er konnte also auch nicht mit Wetten auf fallende Kurse gewonnen haben. »Es war evident: Madoff war ein Betrugsfall«, resümierte Arvedlund das Fazit der Banker von JPMorgan Chase. Was machten die Leute von JPMorgan Chase daraus? Sie zogen allmählich ihre Gelder aus dem Sentry Fund ab, insgesamt 250 Millionen Dollar – und blieben im Übrigen ziemlich still.[417]

Die Ermittler erfuhren von dem Schwindel erst Monate später – durch Madoff selbst. Mindestens 13 Jahre lang, so klärte das FBI auf, vermutlich sogar über Jahrzehnte hinweg, hatte Madoff in den Kundenkonten keinen einzigen Börsenhandel durchgeführt. Madoff hat dem Anlagebetrug ein neues Synonym gegeben, er hat Charles Ponzi als Namenspaten verdrängt. Nun heißen alle Anlagebetrüger nur noch Mini-Madoffs.

Die großen Mini-Madoffs

Mini-Madoff, das klingt harmlos. Was bedeutet schon ein 300-Millionen-Betrug angesichts der unvorstellbaren Schadenssumme von 65 Milliarden Dollar? Die Mini-Madoffs stehen im Schatten ihres großen Bruders Bernie, sie finden auf den Zeitungsseiten nur noch Platz auf wenigen Spalten, werden nur dann registriert, wenn prominente Opfer im Spiel sind, ihre Masche besonders kurios war oder sie sich selbst ins Rampenlicht gestellt hatten. Alle anderen geraten in

Vergessenheit. Der Effekt in der öffentlichen Wahrnehmung: Der Fall Madoff wirkt wie ein Ausrutscher, ein Ausnahmefall in riesiger Dimension. Wie ein Fehler an der gigantischen Wall Street, der sich mit einem raschen »Sorry« entschuldigen lässt. Tatsächlich sind aber im Schatten von Madoff die Betrügereien in der Hedgefonds-Branche während der Finanzkrise explodiert, oder besser gesagt, am Ende der Finanzkrise in Serie aufgeflogen. Täglich kommen neue Meldungen von einem oder mehreren Hedgefonds-Managern, die eines Multimillionenbetruges verdächtigt werden oder wegen gravierender Insider-Straftaten ins Visier der Ermittler geraten.

Dieses Phänomen ist nicht neu. Auch in der Endphase der Dotcom-Krise wurden einige schwere Fälle von Betrug, Bilanzfälschung oder Irreführung der Aktionäre in den USA (Enron, WorldCom, Tyco, Adelphia) und in Europa (Flowtex, Refco, Parmalat, Ahold, Antonveneta) durch zahlreiche »kleine« Fälle abgelöst, die längst in Vergessenheit geraten sind oder nur noch – von der Öffentlichkeit weitgehend unbemerkt – in dritter Instanz vor Berufungsgerichten verhandelt werden. Das Publikum wird müde, mit immergleichen Falldarstellungen konfrontiert zu werden. Daher ist klar, dass sich in den Massenmedien nur die großen Fische »verkaufen« lassen.[418] In der Fachpresse hingegen werden neu aufgeflogene Betrugsfälle zur täglichen Nachrichtenware. Die Kriminalnachrichten über Hedgefonds reißen seitdem nicht ab.

Die »kleinen Fische« verursachten während der aktuellen Finanzkrise eine Schadenssumme, wie wir sie noch nie gesehen haben. Die Liste der verdächtigten Hedgefonds-Manager ist beachtlich, die sich wegen Anlagebetrugs, Kreditbetrugs, Veruntreuung, Irreführung, Täuschung, Bilanzfälschung, Marktmanipulation, verbotenen Insiderhandels oder anderer Börsendelikte in gerichtlichen Strafverfahren oder Ermittlungen der Finanzaufsichtsbehörden verantworten müssen. In den öffentlichen Berichten von Aufsichts-, Justiz- und

Polizeibehörden, Medien, Fachorganen und Unternehmen zählte der Autor in den Jahren 2008 und 2009 rund neunzig Hauptbeschuldigte, gegen die zivil- oder strafrechtliche Verfahren eröffnet wurden. Die Deliktsumme all dieser Fälle beträgt 25,4 Milliarden Dollar – und hierbei sind nur die bedeutendsten Fälle erfasst, die publikationswürdig waren und mindestens einen Einzelschaden von mindestens 1 Million Dollar erreichten.

Sowohl die Zahl der Fälle als auch die geschätzten Schadenssummen besitzen ein bisher nicht erlebtes Ausmaß. Dabei muss berücksichtigt werden, dass in den Fällen des verbotenen Insiderhandels nur unmittelbare Schadenskosten genannt sind. Die mittelbaren Kostenfolgen für geschädigte Marktteilnehmer, die von den Insidern an der Börse benachteiligt wurden, können sehr viel höher liegen.

Dies macht deutlich, dass die sonnigen Performance-Zahlen für die gesamte Hedgefonds-Branche, die in den vergangenen Jahren publiziert wurden, ebenso hinterfragt werden müssen wie die Resultate verschiedener Hedgefonds-Indizes, die jeweils den durchschnittlichen Erfolg einer Sammlung von Hedgefonds berechneten. Wenn sie faule Eier im Korb hatten, dann waren ihre Performance-Zahlen folglich wertlos.

Alles nur Probleme der Wall Street? Keineswegs. Schon die Fälle Homm und Kiener demonstrieren, dass auch deutsche Hedgefonds-Manager zwischen den berichteten und den tatsächlichen Vermögenswerten in ihren Kundendepots zu unterscheiden wissen. Es darf aber auch nicht vergessen werden, dass verdächtige Hedgefonds-Manager eifrig ein paar gutgläubige deutsche Banken für ihre Geschäfte nutzten.

Ein Paradebeispiel dafür sind der Fall Samuel Israel und die Bayou Funds. Der New Yorker Hedgefonds-Manager Israel sitzt seit Juli 2008 im Gefängnis. Er hatte seine Fonds 1996 gegründet und 2003 reorganisiert. Für die Fondsverwaltung hatte er die Bayou Management LLL, für den Handel mit den Kundengeldern die Brokerfirma Bayou Securities LLC – alles in einer Hand, in der Hand von Sam Israel. Zusammen mit seinem Finanzchef gründete er 1999 eine fiktive Revisionsfirma, die er Richmond-Fairfield Associates nannte. Dann begann das bekannte Spiel: Die »Revisoren« testierten falsche Performance-Berichte und falsche Konto-Statements. Die Kunden waren zufrieden – bis zum Kollaps am 31. August 2005. Der Betrugsschaden: 218 Millionen Dollar. Ein klassischer Fall soweit, auffallend war daran nur die Geldwäscheroute, die Sam Israel wählte, um die Gelder unerkannt und geräuschlos abzuzweigen: Sie führte über Konten der gutgläubigen Postbank in Deutschland. Am 8. Juli 2004 hatte Israel von einem Konto der Bayou Management 120 Millionen Dollar auf ein Postbank-Konto in Hamburg transferiert, das auf seinen Namen lautete. Am 19. Juli überwies er erst 10 Millionen Dollar an einen Gehilfen, und rund 100 Millionen schleuste er zunächst auf das Konto einer weiteren deutschen Bank und von dort auf sein Konto bei einer britischen Brokerfirma, von dort wieder zurück auf ein Konto bei der Wachovia Bank in New Jersey. Ihre Überweisungen begründeten sie mit Scheingeschäften unter Bezeichnungen wie »Prime Bank Instrument«, die Geldwäschefahndern seit vielen Jahren als betrügerische Masche bekannt sind. Erst spät flog der primitive Geldwäsche-Transfer auf.[419]

»Ein paar negative Überraschungen« nannte Pascal Botteron, Hedgefonds-Experte der Deutschen Bank, im November 2007 die Ausfälle in der Branche. Da war schon länger bekannt, dass die Hälfte aller Hedgefonds-Insolvenzen auf Betrugsfälle zurückgeht.[420] Eine weitere merkwürdige Beobachtung wird von der Forschung als »Dezember-Spitze« beschrieben. Vikas Agarwal von der Georgia State University und zwei seiner Kollegen untersuchten das Rätsel, dass Hedgefonds im Durchschnitt immer im Dezember ihre höchsten Renditen meldeten. »Warum ist der Weihnachtsmann so gütig zu den Hedgefonds?«, fragten sie in ihrer Studie. Ihre Resultate, die sie noch im März 2007 – also vor der Krise – publizierten, hätten Investoren und Aufsichtsbehörden aufschrecken müssen. Sie entdeckten, dass die Fonds, die ihren Managern die höchsten Bonus- und Gebührenzahlungen versprachen, auch die größten Dezember-Spitzen verzeichneten. Weil diese Extrazahlungen im Dezember auf der Basis der Performance der Fonds berechnet wird, liegt der Verdacht der Manipulation nahe. Die Forscher vermuteten zudem, dass Manager heimlich auch einen Teil der Januar-Gewinne im Dezember verbuchen, um im Abrechnungsmonat besser dazustehen. Das Fazit: Die gemeldeten Werte der Fonds entsprechen oft nicht deren wahren Werten.[421]

Ein weiteres Problem der Hedgefonds-Szene sind verbotene Insider-Deals. Sie sind nicht erst seit dem prominenten Fall des Hedgefonds-Managers Raj Rajaratnam von der amerikanischen Galleon Group ein Thema, der im Herbst 2009 aufflog, zusammen mit Dutzenden seiner Freunde, die an den Spitzen von Weltunternehmen saßen. Rajaratnam erklärte, er sei unschuldig, während sieben seiner Mitangeklagten sich schuldig bekannten.[422] Es ist gar kein Geheimnis, dass viele reiche Investoren jahrelang insgeheim auf diese besondere »Qualität« der Hedgefonds-Manager setzten, wenn sie ihnen ihre Millionen anvertrauten. Sie hofften darauf, dass die Manager mit geheimen, internen Informationen über geplante Unternehmenskäufe, drohende Gewinnwarnungen oder ähnliche kursverändernde Tatsachen ausgestattet waren, die sie im Börsenhandel besserstellten. Und alle diese Kunden wussten natürlich, dass dahinter immer eine Straftat stand.

Ein typischer Fall, der das schwer zu ermittelnde Insiderproblem verdeutlicht, spielte sich im März 2006 ab: Die Firma Movie Gallery, zweitgrößter Filmverleiher in den USA, hatte zweihundert Teilnehmer aus dem Kreis ihrer Kreditgeber zu einer vertraulichen Telefonkonferenz geschaltet, darunter auch viele Hedgefonds-Manager. Über die Konferenz und das dort Gesagte gab es keine öffentlichen Mitteilungen, trotzdem stürzte der Kurs der Movie-Gallery-Aktie zwei Tage später um 25 Prozent ab. Irgendjemand musste verbotenerweise Insiderdaten verraten haben.

Victoria Ivashina von der Harvard Business School und Zheng Sun von der kalifornischen Universität in Irvine untersuchten diese Geschäfte an der Schnittstelle zwischen Hedgefonds, Investmentbanken und Börsen. Sie fanden heraus, dass kreditgebende Banken regelmäßig interne Informationen, die sie über ihre Darlehensnehmer haben, für ihre eigenen Handelsgeschäfte mit Aktien dieser Firmen oder mit Kreditversicherungen auf diese Firmen, den so genannten Credit Default Swaps, einsetzten. Das gleiche Resultat ergab eine Untersuchung über die Nutzung von Insiderinformationen beim Handel mit Unternehmensanleihen während der Phase von Unternehmensübernahmen. Das Handelsvolumen mit den Unternehmensanleihen stieg in den untersuchten Fällen vor der öffentlichen Ankündigung ungewöhnlich an.[423]

Der Ökonom Andriy Bodnaruk aus Paris sowie die Londoner Forscher Massima Massa und Andrei Simonov untersuchten mehr als 4000 Transaktionen von Unternehmensfusionen in einem Zeitraum von neun Jahren. Im September 2008 publizierten sie ihr Resultat: In einem Viertel der Fälle hielten die Beraterbanken direkt oder indirekt Anteile an der Firma, die übernommen werden sollte. Sie waren also mit geheimen Insiderinformationen über das Zielunternehmen ausgestattet. Sie beobachteten in der Regel auch, dass Banken ihre Anteile an der Zielfirma in den drei Monaten vor der Ankündigung der Übernahme deutlich ausbauten. Diese Insider-Positionen in den Aktien der Kaufobjekte brachten den Banken deutlich höhere Handelsgewinne als andere Deals. So verdienten sie doppelt: über die Honorare für ihre Take-over-

Beratung und über die Kapitalgewinne mit den Aktien der übernommenen Firma. Der Effekt ist klar: Die Kunden der Beraterbanken zahlten als Unternehmenskäufer zu viel.[424]

Hinter den Zahlen dieser nüchternen statistischen Analysen stehen Straftaten. Die Justiz ist längst damit überfordert, dieses massenhafte Fehlverhalten zu ahnden. Eine publikumswirksame Verhaftung wie die des Hedgefonds-Managers Raj Rajaratnam täuscht nur darüber hinweg, dass illegaler Insiderhandel ein Massenphänomen geworden ist. Dass die Justiz die ehrlichen Marktteilnehmer nicht mehr schützen kann, erkennen inzwischen schon Beratungsunternehmen wie die Firma Measuredmarkets in Toronto als Marktlücke. Sie verkaufen Frühwarnmeldungen an interessierte institutionelle Investoren. Mit hoher Rechnerleistung erstellen sie statistische Börsenanalysen, die ihnen Hinweise auf Unregelmäßigkeiten liefern. Das sind wiederum wertvolle Informationen für clevere oder professionelle Investoren, um besondere Ereignisse im Voraus zu entdecken: Unternehmensfusionen, Käufe und Verkäufe. Ihre Daten zeigten schon im Spätsommer 2006 einen Anstieg der verdächtigen Handelsaktivitäten in den USA auf 49 Prozent, bei den größten Unternehmenstransaktionen waren es sogar noch mehr. Das heißt, vor der Hälfte aller größeren Firmentransaktionen war deviantes Verhalten im Spiel. Im Herbst 2009 ermittelte Measuredmarkets, dass in den vergangenen 12 Monaten immer noch bei 41 Prozent der größten Unternehmensakquisitionen illegal Aktien gehandelt wurden.[425]

Im Oktober 2009 kamen vier amerikanische Ökonomen zu dem Ergebnis, dass mehr als 20 Prozent der Hedgefonds-Manager gegenüber ihren Kunden falsche Angaben über ihr Geschäft machten. Das Forscherquartett untersuchte 444 Prüfberichte, so genannte Due-Diligence-Reports von 403 unterschiedlichen Hedgefonds-Managern, die zwischen 2003 und 2008 von Investoren in Auftrag gegeben worden waren.

Solche Berichte, typischerweise zwischen 100 und 200 Seiten lang, sollen den Großinvestoren, bei denen es oft um hohe Geldeinsätze geht, helfen, die Qualität und Seriosität der Hedgefonds-Manager einzuschätzen.

21 Prozent der Hedgefonds-Manager hatten demnach frühere rechtliche Probleme oder Konflikte mit den Aufsichtsbehörden verschwiegen. Und drei von zehn Managern hatten falsche Angaben über den Vermögensstand oder die Renditen gemacht. 42 Prozent der Berichte enthielten »Verifikationsprobleme«. Die Hälfte davon waren Fälle, bei denen die Manager verbal falsche Informationen mitgeteilt hatten. In 19 Prozent der Fälle waren die Angaben über die Vermögenswerte der Fonds nicht überprüfbar oder widersprachen den alternativen Belegen. In 14 Prozent der Fälle waren die Performance-Berichte falsch, und in 20 Prozent der Fälle hatten die Manager große Mühe, sich an grundlegende Daten über den Vermögensstand oder die Renditen zu erinnern.[426] Der SEC-Chefermittler Robert Khuzami hegte nach den ersten Ermittlungswochen in dem weit gespannten Insider-Fall Raj Rajaratnam den Verdacht, dass dieses Delikt unter den Hedgefonds »systemisch« sei.[427]

Viele Aspekte der Kriminalitätsentwicklung in der Hedgefonds-Industrie sind noch nicht erforscht, viele Fälle sind noch nicht ermittelt und auch nicht gerichtlich beurteilt. Aber die vorliegenden Studien lehren uns bereits, dass wir es, weit über gewöhnliche, erträgliche Kriminalitätsraten hinaus, mit einer ernsten kriminellen Durchdringung der Finanzbranche zu tun haben. Und wir müssen damit rechnen, dass wir eine hohe Dunkelziffer von unentdeckten Fällen haben: Viele Mini-Madoffs warten wohl noch darauf, enttarnt zu werden. Die Branche ist nicht mit einer kleinen Zahl verkraftbarer »schwarzer Schafe« konfrontiert. Sie hat ein endemisches Kriminalitätsproblem.

Die Lehrstücke: Leeson, Kerviel und die Nobelpreisträger

»Das Publikum ist manchmal vergesslich.«
FERDINAND PECORA, CHEFERMITTLER DES US-SENATS ZUR UNTERSUCHUNG DES WALL STREET CRASHS VON 1929[428]

»Alles im Leben ist auf Vertrauen begründet.«
IVAR KREUGER, DER RAFFINIERTESTE FINANZBETRÜGER DER BÖRSENGESCHICHTE UND VERURSACHER DER HEUTE GELTENDEN BÖRSENGESETZE[429]

Der berühmte britische Devisenhändler Nick Leeson gilt inzwischen als eine kleine Nummer. Er hatte 1995 mit betrügerischen Spekulationen der Bank Barings einen Handelsverlust von 827 Millionen Pfund beschert. Das Traditionshaus ging daraufhin nach 233 Jahren unter.

Im Januar 2008 löste der Bretone Jérôme Kerviel den Weltrekordhalter Leeson ab. Als 31-jähriger Händler hat er alleine 4,9 Milliarden Euro verzockt. Es ist die höchste Summe, den ein fehlbarer Angestellter jemals verbrannt hat. Seine Arbeitgeberin, die französische Bank Société Générale, konnte das ohne Milliarden-Kapitalspritze nicht überstehen: Zwei Monate nach dem Vorfall musste die Bank ihr Kapital um 5,5 Milliarden Euro erhöhen.

Leeson, Kerviel: zwei Fälle, eine Masche und ein Riesen-Schaden. Aber wie ist das möglich, dass ein Angestellter im Börsenhandel an allen Kontrolleuren vorbei solche Verluste produzieren kann? Und warum konnte dieses Schurkenstück nach dem Fall Leeson noch einmal gelingen?

Leesons Fall gilt heute als Lehrstück. Sein Fall wird an Universitäten behandelt, und jeder engagierte Risikomanager hat die Analysen über das Barings-Fiasko studiert. Leeson war am 2. März 1995 am Frankfurter Flughafen mit einem Tom-Clancy-Thriller unterm Arm festgenommen und im darauf folgenden Dezember in Singapur zu sechseinhalb Jahren Gefängnis verurteilt worden. Er war erst zwei Jahre lang Börsenhändler für Barings in Singapur und noch keine 28 Jahre alt, als er mit einem ärmlichen Abschiedsbrief untertauchte: »Meine aufrichtigen Entschuldigungen für die schlimme Lage, in der ich euch zurückgelassen habe«, schrieb er seinen Kollegen, »aber der Druck, dem ich geschäftlich wie privat ausgesetzt war, ist zu stark geworden, als dass ich ihn noch ertragen könnte.«

Seine letzten Wochen bei Barings hatte er nur unter Magengeschwüren ausgehalten. Immer wieder musste er von seinem Platz im Handelsraum zur Toilette eilen, um sich zu übergeben. Er war körperlich am Ende. Er handelte mit Derivaten, einer sehr risikoreichen Disziplin, bei der auf einen künftigen Termin eines Wertpapiers gewettet wird. Diese Finanzinstrumente werden mit hohen Kreditbelastungen gehandelt, weil sie gewöhnlich zu einem Bruchteil der zugrunde liegenden Papiere gekauft werden, die auf gewöhnlichen Aktien, Obligationen, Devisen, Börsenindizes oder auch Rohstoffen basieren können. Entsprechend gravierend kann eine »Hebelwirkung« zu enormen Kursbewegungen der Derivate führen.

Leeson hatte mit Derivaten gehandelt, die auf japanische Werte setzten. Sein Milliardenspiel kam im Januar 1995 ins Trudeln, als der Nikkei-Börsenindex nach dem schweren Erdbeben von Hanshin zu stürzen begann. Über seinen letzten Börsentag erzählte Leeson in seinen verfilmten Zocker-Memoiren: »Ich hatte mit den Armen gefuchtelt, gebrüllt, gegrinst, Händlerzettel ausgefüllt und sie ins Backoffice geschickt. Ich hatte noch mehr Geld verloren, weiß der Himmel wie viel. Ich hatte versucht, meine Bestände abzubauen, und am Ende doch um 4000 Kontrakte erhöht. Ich versuchte, klaren Kopf zu behalten: Heute war Donnerstag, und in zwei Tagen hatte ich Geburtstag. Die Singapore International Monetary Exchange (SIMEX) würde morgen einen Nachschuss von mindestens 40 Millionen US-Dollar auf meine Kontrakte erheben. Das war das Ende. Ich gab den Kampf auf.«[430]

Auch in der Rückschau war ihm die Selbstüberschätzung geblieben: »Ich hatte heute alles gekauft, was der Markt hergab. Der Nikkei-Index war um 330 Punkte gefallen, aber ohne mich wäre er 1000 Punkte abgesackt.« Es war das typische Selbstzeugnis eines Wirtschaftsstraftäters, der nach anderen Schuldigen für seine Geschichte suchte, nach höheren Kräften, die sein Schicksal besiegelt hatten: »Ich war überzeugt, dass unsere Telefone angezapft waren: Es war einfach unfassbar, dass mir die anderen jedes Mal um Sekundenbruchteile zuvorgekommen waren.«

Seit Jahren hatte er seine riskanten Einsätze aufgebläht, die er der Bank verheimlichte, indem er die Verluste einem »Fehlerkonto« zuschrieb, das gewöhnlich für geringfügige Fehlbuchungen vorgesehen ist. Er konnte dafür sorgen, dass das Konto mit der chinesischen Glücksnummer 88888 von der Konzernbuchhaltung elektronisch nicht korrekt erfasst wurde, weil er zugleich für die Abrechnungsarbeiten und die Geschäftsabschlüsse verantwortlich war. Leeson saß somit zugleich am Frontdesk wie auch im Backoffice. Auf dem Papier wurden nur Gewinne verzeichnet, so dass die Bank – aufgrund der falschen Zahlen – gewaltige Boni an die Top-Händler und Manager ausschüttete. Alle profitierten von seinen Luftgewinnen. Zum Schluss waren 102 Millionen Pfund für die Prämienzahlungen im Topf. Leeson selbst kassierte im letzten Jahr 450 000 Pfund Bonus.

Sein simples Versteckspiel bescherte ihm intern und auch

am Börsenplatz einen Bombenruf. Vorgesetzte und Kollegen bezeichneten ihn als »Wunderheiler« und »Goldjungen«. Ein Barings-Manager erinnert sich an sein Erstaunen über Leesons Erfolg: »Himmel! Wie macht der das? Wir sollten das restliche Unternehmen schließen.« Gerüchte gingen um, ein geheimnisvoller Großinvestor stecke hinter Leesons Marktmacht; von einem berühmten amerikanischen Milliardär war die Rede.

»Nick war wie jeder andere Händler«, erzählt die britische Finanzjournalistin Judith Rawnsley. Sie hatte früher selbst als Analystin für Barings in Asien gearbeitet und den ersten Insiderbericht über den Fall publiziert.[431] Die Händler würden durch ihre Arbeitsbedingungen verändert. Sie zitiert einen Londoner Derivatehändler, der die »Subkultur aus aggressiven jungen Männern« beschreibt: »Sie sind einfach Kinder.« Arrogant, von dem Gefühl der Unverwundbarkeit beseelt, durch gewaltige Saläre und Vergünstigungen verwöhnt, ohne Gefühl für das richtige Maß: »Geld zu verlieren und zu gewinnen beeinflusst einen. Man kann zurückhaltend sein, aber wo Geld im Spiel ist, verändert man sich.« Selbstüberschätzung der Händler, eine Teufelsspirale fehlgeschlagener Deals, lasche Kontrollsysteme und falsche finanzielle Anreize über kurzfristige Boni – das ist die Melange, in der solche Katastrophen passieren.

Der Werteverlust im Händlerraum wurde durch einen enormen Wertgewinn auf dem Lohnkonto wettgemacht, auch bei Leeson. Sein Vorbild bei Barings war die Händlerlegende Christopher Heath, der schon 1986 in London als Britanniens höchstbezahlter Manager Schlagzeilen machte. Er kassierte damals bereits ein Jahreseinkommen von 2,5 Millionen Pfund und zusätzliche Gewinnbeteiligungen in etwa gleicher Höhe, während Peter Barings, der damals amtierende Patron von Londons ältester Handelsbank, mit der U-Bahn zur Arbeit fuhr. Als das Spitzengehalt bekannt wurde, mokierte sich Heath: »Der Neid betrat die Bühne.« Skrupel waren nicht gefragt, seine Leute strebten konsequent danach, eiligst zu den Stars zu gehören. Das Geld machte aus ihnen kopflose Gestalten. Noch nach dem Zusammenbruch von Barings pochten die Manager in den ersten Krisenverhandlungen mit der Bank of England darauf, dass die versprochenen Bonuszahlungen von insgesamt rund 100 Millionen Pfund ausgezahlt werden müssten, um eine drohende Kündigungswelle abzuwenden.

Leeson war als schüchterner »Twenty-Something« in Singapur eingetroffen. Am Ende hatte er tatsächlich alle Maßstäbe verloren. Im Büro änderte er sein Computerpasswort in »Superman«. Aus dem Kricketklub wurde er wegen rassistischer Angriffe auf das Personal ausgeschlossen. In New York blätterte er nach einem Seminar 600 US-Dollar für eine Trinkwette mit Wodka-Martini auf den Bartisch, als wäre das gar nichts. Und in Singapur landete er nach einer Sauftour in der Gefängniszelle, weil er in einem Restaurant dem Publikum seinen nackten Hintern hinstreckte. Der Job hatte aus ihm eine »multiple Persönlichkeit« gemacht, meinte ein Kollege.

»Was also geschah mit Nick Leeson?«, fragte Biographin Rawnsley. »Ich glaube, sein Wunsch zu gefallen – seinen Kunden, Kollegen und Vorgesetzten – und seine Angst, ihnen zu missfallen, waren so groß, dass er absurde Schritte unternahm, um das zu erreichen, was er wollte.« Die Autorin resümiert: »Er war kein Erzbösewicht.«[432]

Barings Fehler war eine »Kombination aus Betrug, Marktrisiken und ungeeigneten internen Kontrollsystemen«, resümierte das Basler Komitee für Bankenaufsicht. Und die Bank of England formulierte fünf simple Schlussfolgerungen. Die Wichtigste: Die Management-Teams müssen ihr Geschäft voll und ganz verstehen. Die Finanzwelt war also gewarnt.[433]

Jackpot in Paris: Software statt Schere und Kleber

Die Geschichte von Jérôme Kerviel kann erst nach Selbstzeugnissen geschrieben werden; eine Gerichtsverhandlung über seinen Fall steht noch aus. Der 32-Jährige muss sich im Sommer 2010 wegen Vertrauensbruchs, Fälschung und unbefugter Nutzung von Computersystemen vor einem Pariser Gericht verantworten. Lediglich aus einem Gutachten des Prüfkonzerns PricewaterhousCoopers wurde bekannt, dass er bei seinen Taten wohl durch einen Assistenten unterstützt worden war. Anders als im Fall Leeson gibt es keine offiziellen Untersuchungsberichte, doch das Muster kommt irgendwie bekannt vor.

Das erste Mal, das war im Sommer 2005, kurz nachdem Kerviel bei der Société Générale als Händler eingestiegen war. Er hatte eine Position Allianz-Titel und wettete auf einen Marktabschwung. Sein Glück: Die Attentate auf die Londoner U-Bahn, denn plötzlich sanken die Kurse von Versicherungsaktien. »Das bedeutete für mich einen Jackpot von 500 000 Euro«, sagt Kerviel. »Heute sehe ich das Ganze mit gemischten Gefühlen, denn über das Resultat bin ich gleichzeitig irgendwie stolz – aber auch verblüfft. Das Ganze machte Lust auf mehr, da kam es zu einer Art Schneeballeffekt.«[434]

Ende Juli 2007 schlug das Pendel für Kerviel um. Der Markt war in den Strudel der US-Hypothekenkrise geraten. »Mein Gesamtresultat klettert steil nach oben, auf 500 Millionen Euro, und ich befinde mich in exakt derselben Situation wieder wie zuvor, nur in noch größeren Dimensionen – und wohlgemerkt: immer noch in der Gewinnzone.« Nun begann Kerviel, so gab er offen zu, mit Vertuschen. »Ich sehe zu, dass das Resultat nicht offiziell in den Büchern der Société Générale auftaucht, kaschiere es durch ein fiktives

Geschäft. Ich wusste nicht, wie ich das hätte bekanntgeben sollen.«

Kerviel verlor die Selbstkontrolle, und alle seine Händlerkollegen konnten dabei zuschauen: »Ich begann, auch von den Terminals meiner Kollegen aus Orders und Verkäufe zu tätigen – und zwar ganz offen und unter den Augen von allen.« Das war im November 2007. Die Anspannung wuchs rasant, am Ende des Jahres 2007 war sie für Kerviel kaum noch zu ertragen. »Am 31. Dezember 2007 hatte ich keine ruhige Minute mehr, mein ›Polster‹ war auf 1,4 Milliarden Euro angewachsen – von denen die Bank noch immer nichts wusste.« Er fühlte sich »komplett überfordert«. Er sagt, dass er zu diesem Zeitpunkt immer noch im Plus lag, aber er habe nicht gewusst, wie er diese riesige Position beichten sollte. Sie stellte immerhin 50 Prozent des Gesamtresultats der Abteilung Aktienindizes der Société Générale dar. »Wie hätte ich das Ganze zugeben sollen?«

Sein Ausweg: eine Fälschung. Allerdings griff er nicht mehr auf Schere und Klebestift zurück, wie 12 Jahre zuvor sein Kollege Leeson. »Also hab ich weiterhin geschwiegen und entschieden, den Betrag mit Hilfe eines fiktiven Gegengeschäfts im gleichen Umfang zu kaschieren.« Deklariert hatte er in der Bank nur 55 Millionen Euro, den Rest hielt er immer noch geheim. Nun fälschte er E-Mails, die seine fiktiven Geschäfte hätten bestätigen sollen. Er benutzte dafür eine Software, mit der er den Inhalt von an sich adressierten Mails heimlich ändern konnte.

Anfang 2008 kaufte er wieder dazu. Seine Wette: eine Markterholung innerhalb der kommenden drei Monate. »Am Freitag, dem 18. Januar 2008, sah ich den ganzen Handelstag über die Volatilität des Marktes als positiv an – bis meine Position gegen Handelsende ins Negative kippte.« Dann kam – wie bei Leeson – die völlig irrationale Selbstüberschätzung: »Damals redete ich mir ein, dass sich der Markt am Montag darauf schon wieder beruhigen würde, und setzte auf einen Aufschwung des US-Marktes am Dienstag.« Und schließlich suchte er die Schuld bei anderen: »Was ich damals nicht ahnen konnte: An diesem Montag würde ich nicht mehr auf der Gehaltsliste der Société Générale stehen.«

Kerviel erinnert sich, dass er einmal von seinem Chef gefragt wurde, worauf er seine Investitionsentscheidungen genau begründen würde. Er blieb eine ökonomisch fundierte Antwort schuldig.[435] Als der Fall im Januar 2008 bekannt wurde, brach plötzlich eine große Hektik in den Zentralen der Großbanken aus. »Kann uns das auch passieren?«, fragten Bankenchefs ihre Controller. Die Nervosität der Banker und Aufsichtsbehörden überrascht, denn sie hätten längst über funktionierende Kontrollsysteme verfügen müssen, die solche Vorfälle verhindern. Denn nach dem Kollaps von Barings hatten Börsen, Aufsichtsbehörden und Notenbanken weltweit klare Regeln formuliert, um eine Wiederholung auszuschließen. Krisenstudien über den Barings-Fall, Controlling-Analysen und Untersuchungsberichte füllen in den Bibliotheken der Risikomanager ganze Regalmeter.

Die Parallelen zum Leeson-Fall sind frappierend: Die Bank vermutet, dass Kerviel Dokumente im Handelsablauf gefälscht hatte. Er wusste die Systeme auszutricksen, weil er die Abläufe aus dem Backoffice kannte, und er überschätzte seine Handelsmacht maßlos – wie Leeson, der auf dem Höhepunkt seiner schwindelerregenden Spekulationen gemeint hatte, dass er allein den Nikkei-Index bewegen könne.

Richtiges Handeln im falschen Moment

Warum kollabierte Barings, die Société Générale aber nicht? Es war ein wenig Glück im Unglück, gepaart mit einem klügeren Krisenmanagement und der Hilfe moderner IT. Die Leute von der Société Générale wiederholten nämlich einen schweren Fehler ihrer britischen Kollegen nicht.

Beide Banken waren kurz vor einem handelsfreien Wochenende überrascht worden. Weil sämtliche Börsentransaktionen Leesons von Hand geprüft werden mussten, war Barings in den wenigen Tagen der Krisenbewältigung nicht in der Lage gewesen, die Schadenshöhe zu ermitteln. Echte und gefälschte Positionen mussten mühsam herausgesucht werden – und das kostete Zeit. Kerviel hingegen hatte offenbar ausschließlich auf Dax-Futures gesetzt, also Wetten auf den künftigen Kursverlauf des deutschen Börsenindex. Zur Absicherung hatte er nach Darstellung der Bank eine Gegenposition in den Büchern stehen, die gefälscht war. Somit waren seine Handelswerte schnell ermittelt. Am Sonntagmorgen, zwei Tage nach der Entdeckung, hatte die Bank sämtliche Positionen identifiziert, und am Nachmittag war die Belastung errechnet.

Anders als bei Barings 13 Jahre zuvor, zögerten die Manager der Société Générale nicht lange, seine Positionen still und leise glattzustellen, bevor andere Börsenteilnehmer davon Wind bekamen. In nur drei Tagen verkaufte die Bank alle seine Futures-Kontrakte über die Brokerkonten ihrer Clearingbank Newedge, die an der deutsch-schweizerischen Börse Eurex handelte. Die Handelsstatistiken der Eurex zeichneten den dramatischen Verlauf nach: Am Freitag, dem 18. Januar, als der Fall intern entdeckt wurde, bewegte sich der Handel mit rund 294 000 abgeschlossenen Kontrakten in Dax-Futures auf einem hohen, aber normalen Niveau. Am Montag, dem 21. Januar, als die Société Générale mit dem Verkauf begann, stieg die Zahl der Kontrakte auf mehr als 411 000, am Dienstag auf rund 538 000 Kontrakte und am Mittwoch nochmals auf rund 445 000 – absolute Handelsrekorde der Eurex.[436] So konnte Société-Générale-Chef Daniel Bouton anschließend vor die Presse treten und das Desaster beichten. Er hatte verhindert, dass andere Börsenhändler Wetten gegen die Kerviel-Positionen einreichten. Das hätte auch die Société Générale schnell in den Ruin geführt – wie einst die Bankiers von Barings, die bis zum Öffnen der asiatischen Börsensäle mit der Bank of England keine stille Lösung gefunden hatten. Sie konnten, wie die zahlreichen Studien über den Fall zeigen, den Schaden nicht mehr eingrenzen.[437]

Blinde Wissenschaft, dumme Kennzahlen

Die Kernfrage bleibt: Wie kann es sein, dass sich eine solche Katastrophe wiederholt? Wie kommt es, dass die Risikosysteme scheitern, obwohl sie mit modernster Technik operieren? Wie kann es sein, dass hochdotierte Spitzenmanager in den Handelsabteilungen der Bankkonzerne immer noch auf fehlbare oder gar kriminelle Broker hereinfallen, während ihre akademische Ausbildung immer besser wird? Wieso werden sie Opfer simpelster Tricks, während sie Milliarden-Transaktionen verantworten?

An den Universitäten hatten die Mathematiker und Modellierer das Sagen, in deren Denken kriminelles Verhalten nicht vorkommt. In den computerisierten Systemen zur Risikoberechnung, die in diesen herkömmlichen Denkschulen entstanden, wurden Banken und ihr Verhältnis zu Kunden und Gegenparteien auf den Finanzmärkten auf Zahlenmodelle reduziert. Das Paradebeispiel dieser Rechenkunst: die Kennzahl »Value at Risk« (VaR) als eine Maßeinheit, die in der Bankenwelt nicht mehr wegzudenken ist. Sie wurde nach der Krise von 1987 entwickelt, um die Risiken im Handelsgeschäft zu messen. Auch für die Aufsichtsbehörden ist der VaR das universelle Maß für Markt- und Kreditrisiken sowie für Risiken im operativen Tagesgeschäft. Er bildet die Grundlage zur Berechnung des benötigten Eigenkapitals der Banken. Der Value at Risk gibt an, welchen Wert der Verlust einer bestimmten Position, zum Beispiel eines Aktienportfolios, mit einer gegebenen Wahrscheinlichkeit bei einer bestimmten Halteperiode nicht überschreiten wird. Beträgt der VaR bei 99 Prozent für ein Portfolio zum Beispiel 60, dann liegt die Wahrscheinlichkeit von mehr als 60 bei 1 Prozent. Über die Höhe eines Verlustes jenseits der Grenze von 60, das heißt beim Extremfall des letzten Prozentes, sagt die Kennzahl gar nichts aus. Der Verlust könnte 61 betragen, aber auch 1000. »Der Value at Risk ist ein Fieberthermometer, dessen Skala bei 40 Grad aufhört«, erklärt der emeritierte Zürcher Bankenprofessor Hans Geiger, eine Koryphäe auf dem Gebiet der Risikosteuerung von Finanzinstituten. Der VaR ist in seinen Augen »das dümmste Risikomaß«. Geiger demonstriert das Versagen des VaR-Modells am Fall der UBS: »In den 18 Monaten vor Krisenausbruch lag der VaR für die ganze Investmentbank der UBS an keinem Tag höher als 728 Millionen Franken. In den sieben Quartalen seit Mitte 2007 addierten sich die Verluste allein im Bereich Fixed Income auf 58 Milliarden Franken. In keinem Quartal lag der Verlust unter 3,2 Milliarden, 2008 weist die Bank für die toxischen Anlagen gar keinen VaR mehr aus, das Fieberthermometer wird nur noch für die gesunden Bereiche verwendet.«[438]

Die intellektuell beschränkte Zahlengläubigkeit allein jedoch lässt uns das Drama des Finanzcrashs nicht verstehen. Die Mathematiker konnten die Krise nicht erkennen, aber das erklärt noch nicht ganz, warum Gauner und Schurken der Finanzwelt ein solch einfaches Spiel hatten. Ein Blick in die Ausbildungseinrichtungen der Bankmanager offenbart eine überraschende Erkenntnis: Die Gefahr der kriminellen Störung wird an den Ökonomie-Lehrstühlen ebenso wenig gelehrt wie von den modernen Risikosystemen erfasst.

Wie kommt das? Ein Blick in die Universitäten, in die Hörsäle der wirtschaftswissenschaftlichen Institute: Interessant ist, was nicht gelehrt wird. Obschon das Wiederkehren der Wirtschafts- und Finanzkrisen eine klare und banale empirische Wahrheit ist, bleibt die Beschäftigung und die Erforschung der Krisen eine kaum beachtete Disziplin. Gelehrt wird in Modellen, wie die Wirtschaft funktioniert, wenn sie funktioniert – nicht wie sie zusammenbricht, wenn schwere Störungen im System auftreten. Die Wirtschaftswissenschaften sind in den vergangenen Jahrzehnten zu einer Schönwetterdisziplin geworden.

Die empirische Feldstudie zu diesem merkwürdigen Phänomen kann mit einer einfachen Stichprobe erledigt werden: Eine Stunde Schmökern in einer beliebigen Wirtschaftsabteilung einer Universitätsbuchhandlung, ein wenig Blättern in den aktuellen Bestsellern unter den Lehrbüchern zeigt, was nicht gelehrt wird. Die Koryphäen der Krisenforschung Hyman Minsky und Charles Kindleberger kommen in den mitunter kiloschweren Wälzern nicht einmal als Fußnote vor. Ihre Erkenntnisse über den Crash von 1929, über die Große Depression oder die Ölpreiskrise der Siebziger zählen nicht zum vermittelten Grundwissen. Das gilt sowohl für die führenden englischsprachigen Grundlagenwerke wie für die deutschsprachigen. Allenfalls in den Studienbüchern der Abteilung Wirtschaftsgeschichte tauchen die Erkenntnisse der beiden Krisenforscher hier und da auf, die sich bahnbrechend mit dem Phänomen kriminell verursachter Spekulationsblasen beschäftigt haben.[439]

Anders sieht es aus, wenn man im Personenregister der Lehrbücher nach Robert Cox Merton sucht. Seine Arbeiten werden häufig und umfassend zitiert – und unkritisch: Der Mathematiker hatte bahnbrechende Modelle zur Bewertung von Aktienoptionen entworfen, einige dieser Arbeiten hatte er mit seinen Kollegen Myron Scholes und Fischer Black veröffentlicht. Ihre Methode wurde als Black-Scholes-Modell in der Finanzwissenschaft weltberühmt, Merton und Scholes erhielten dafür 1997 den Nobelpreis.

Mertons Praxistest führte allerdings geradewegs in eine milliardenschwere Katastrophe. Als Mitbegründer und wissenschaftlicher Berater des Hedgefonds Long Term Capital Management (LTCM) hatte er bereits 1998 eine der größten Geldblasen der jüngeren Finanzgeschichte fabriziert. Er hatte mit seinen LTCM-Kollegen, darunter der MBA-Ökonom John Meriwether, Finanzderivate im Buchwert von mehr als 1 Billion Dollar angesammelt, bis die Investments der Firma wie ein Kartenhaus zusammenzubrechen und die globale Finanzwelt ins Verderben zu reißen drohten. Seine Künste verursachten eine konzertierte Rettungsaktion der größten Weltbanken und der US-Notenbank mit einer Milliarden-Geldspritze.[440]

Merton darf man heute getrost zu den Unverbesserlichen zählen: »Ja, ich behaupte sogar trotz Finanzkrise«, erklärte Merton Anfang 2009, »dass die ganze Evolution von Finanzinstrumenten per Saldo einen großen Mehrwert gebracht hat.«[441] Sein Kollege John Meriwether machte munter weiter. 1999 gründete er einen neuen Hedgefonds, JWM Partners, mit der gleichen Handelsmethode wie die LTCM, aber mit »besserem Risikomanagement«. Im Juli 2009 musste Meriwether aufgeben, den Fonds nach einem Verlust von 44 Prozent der Vermögen schließen. Meriwether gab nicht auf: Drei Monate später gründete er wieder einen Hedgefonds, diesmal JM Advisors Management genannt.[442]

Aus der Geschichte lernen, das scheint nach wie vor nur ein Thema für die Nischen-Player der Wirtschaftswissenschaften zu sein. Dabei ist das Verstehen der Krisenvergangenheit existentiell für die Gestaltung unseres globalen Finanzsystems. »Die Geschichte wiederholt sich«, schreibt die Wirtschaftshistorikerin Hanan Morsy, nachdem sie sich intensiv mit den großen Betrugsfällen der 1929er-Krise in Deutschland befasst hatte.[443] »Unsere grundlegende Botschaft ist einfach«, schreiben die Wirtschaftshistoriker Carmen Reinhart und Kenneth Rogoff: »Wir waren an diesem Punkt schon einmal gewesen.« Sie haben Kindlebergers Arbeiten mit neuem, umfassendem Datenmaterial fortgesetzt – eine systematische Untersuchung der größten Finanzkrisen der Welt, seitdem es Banken gibt.[444] »Wirtschaftsgeschichte wird kaum mehr unterrichtet«, bemängelt William White: »Das ist alles passé«. Der ehemalige Chefökonom der Bank für internationalen Zahlungsausgleich in Basel, sozusagen der Bank der Notenbanken, erkannte mit seinen Analytikern, dass die aktuelle Krise den gleichen Krisenmustern früherer Crashs folgte. Wie Reinhart und Rogoff kam White zum Ergebnis: Alles schon mal da gewesen. Leeson, Kerviel, LTCM, Enron, Madoff und die Mini-Madoffs – die kriminellen Verhaltensmuster wiederholen sich.

Die Schönwetterperspektive erleben wir nicht nur im Wissenschaftsbetrieb. Auch die Wirtschaftsredaktionen der Massenmedien verhalten sich so. Den Journalisten wird zwar gebetsmühlenartig eine triebhaft professionelle Lust an »schlechten Nachrichten« unterstellt, tatsächlich beschäftigt sich aber die überwiegende Mehrheit mit den positiven Nachrichten, die aus den Kommunikationszentralen und PR-Büros der Wirtschaftswelt gestreut werden. Die Krise als Zuständigkeitsgebiet für Redakteure oder gar die Wirtschaftskriminalität als Themenschwerpunkt, das kommt nur in wenigen Redaktionen vor.

Warum wir diese – existenzgefährdende – Ignoranz vor der

Erkundung der Schlechtwetterseiten des Wirtschaftslebens erleben, hat sicherlich viele Ursachen. Ein simpler Grund, der auch psychologisch nachvollziehbar ist: Die Finanzbranche schätzt die Beschäftigung mit ihrer Schattenseite nicht besonders. Dafür finanziert sie keine Lehrstühle, und dafür spendiert sie keine Werbeinserate in Wirtschaftsmagazinen oder Tageszeitungen. Vielleicht liegt es aber schlicht daran, dass die Ökonomie immer noch eine junge Disziplin ist, die noch viele unerforschte, weiße Flecken auf ihrer Landkarte hat. Die Rolle der Finanzmärkte und die Rolle der Banken im Wirtschaftsgeschehen sind erst in den vergangenen Jahrzehnten untersucht worden. Dabei neigte die Wissenschaft dazu, perfekte, mathematisch modellierte Finanztheorien zu entwickeln, deren Rechenbasis rationale Finanzmärkte mit logisch handelnden Wirtschaftssubjekten waren, die alle wichtigen Informationen schnell verarbeiten, und daher bei der Preisbildung berücksichtigt werden.[445]

»Hier sind ein paar Nobelpreise vergeben worden, die man guten Gewissens zurückgeben oder -fordern müsste«, sagt der liberalkonservative Schweizer Ökonom Silvio Borner, seit mehr als dreißig Jahren Wirtschaftsprofessor an der Uni Basel. Diese letztlich naive Sicht auf die Finanzmärkte war tonangebend. Verdrängt wurde, dass die Geldmärkte völlig versagen könnten, dass sie große Systemrisiken tragen und dabei gleichermaßen regulierungsbedürftig und regulierungsresistent sind. »Die Finanzmärkte sind die Schattenhalde des blühenden Kapitalismus«, sagt Silvio Borner.[446]

Der amerikanische Wirtschaftsnobelpreisträger Paul Krugman, ein politischer Vorkämpfer der US-Demokraten, sieht es ähnlich: »Es geht nur um Ideologie«, sagt er und meint die neoklassische, marktverherrlichende Vormachtstellung in der Wirtschaftspolitik und den ökonomischen Wissenschaften – angefangen vom radikalen Denker Milton Friedman über die ehemaligen Präsidenten Ronald Reagan bis zu George Bush junior. Krugman genießt hohes Ansehen, weil er schon früh vor den verheerenden Folgen der Baskenkrise warnte.

Wie auch immer: Ideologisch oder nicht, das Studium der Krisen sollte dringend und prominent in die Lehrpläne aufgenommen werden. »Die Business Schools sollten Finanzgeschichte lehren, bevor sie Risikomodellierungen trainieren«, sagte Henry Kaufman, einer der früheren Granden des Brokerhauses Salomon Brothers. Er wundert sich, wie schnell die Bankenwelt Krisenereignisse wie den teuren Beinahe-Crash von Mertons LTCM im Jahr 1998 vergessen hat.[447]

Viele führende Vordenker kritisieren die einseitige Denkrichtung an den Wirtschaftsfakultäten, besonders die Business-Schulen sind in die Kritik geraten. »Ich habe vor einigen Jahren in einer Studie berühmte Absolventen der Harvard Business School und ihre Leistung als Chefs untersucht«, erzählt der Ökonom Henry Mintzberg, »Mehr als die Hälfte waren in ihrem Berufsleben komplette Ausfälle.« Tatsächlich führten die großen Versager dieser Krise einen MBA-Titel: Dick Fuld, Ex-Chef von Lehman Brothers, John Thain von Merrill Lynch oder Andy Hornby von HBO zum Beispiel. Mintzberg lehrt an der McGill University in Montreal. Der 69-Jährige rechnet radikal mit dem heute üblichen Modell der Managerausbildung an den elitären Business Schools ab: »Die Idee, man könne Manager im Hörsaal heranbilden, ist falsch«, sagt er. »Die Studenten sind einfach zu unerfahren und jung.« Mintzberg kritisiert die üblichen Fallstudien, mit denen die Studenten an den MBA-Lehrgängen das unternehmerische Leben trainieren, als »fürchterlich oberflächlich«. Eine Studie aus dem Jahr 2006 entwickelte sogar einen interessanten Befund: 56 Prozent der Wirtschaftsstudenten mogelten, verglichen mit 47 Prozent in anderen Disziplinen.[448] Kein Zweifel, die Multi-Millionen-Dollar-Industrie der Managementtheorien hat versagt, die Makroökonomie hat eine dunkle Epoche hinter sich. Doch was sollen die Studenten lernen? Sie sollten beispielsweise mit Philosophie anfangen, meint Mintzberg, oder »irgendetwas, was sie zum Denken bringt«.[449]

Ein Querdenker wie George Akerlof zum Beispiel. Er ist einer der Stars auf einem Banker-Kongress in Venedig. Pioneer, die Fondsgesellschaft der Unicredit, hat eingeladen. Es ist rau und nass an diesen Novembertagen an der Lagune, das Klima passt zur Stimmung der versammelten Banker und Fondsmanager. Der Saal ist voller dunkler Businessanzüge. Akerlof geht zum Rednerpult, ein kleiner Mann mit blondem Haar, dem man seine 69 Jahre gar nicht anmerkt, etwas untersetzt und erfrischend unkonventionell. Als einziger ist er mit dem passenden Schuhwerk für dieses Dreckswetter ausgerüstet, er trägt Nordic-Walking-Schuhe. Akerlof lehrt Wirtschaftswissenschaften an der University of California in Berkley, war zuvor an der London School of Economics und in Indien, beriet die Regierung Clinton und erhielt 2001 den Nobelpreis. Mit einer merkwürdig gepressten Stimme redet er über die Emotionen und Instinkte der Menschen. Über die Zuversicht, die Fairness, die Geldillusionen und über die Korruption. Sein Vortrag ist völlig frei von Numerischem. *Animal Spirits* hat er sein neues Buch betitelt, das er zusammen mit dem Nobel-Laureaten Robert Shiller geschrieben hat.[450]

»Plünderung« war das Thema, mit dem er sich Anfang der Neunzigerjahre beschäftige, die »ökonomische Unterwelt«. Er fragte nach den verbindenden Elementen und Mustern mehrerer großer Krisen der Achtzigerjahre, die scheinbar wenig miteinander zu tun hatten: der Banken-Crash in Chile, die Sparkassenkrise in den USA, ein Kollaps im Immobilienmarkt in Dallas oder der Zusammenbruch am Ramschaktienmarkt. Er kam zum Ergebnis, dass eine ökonomische Unterwelt aufblüht, wenn es sich für Firmen lohnt, auf Kosten der Gesellschaft pleitezugehen. Der »profitable Bankrott« fände dann statt, wenn eine schwache Bilanzierungspraxis, lasche Regulierung und niedrige Strafen gegen den Missbrauch Unternehmensführern einen Anreiz verschafften, sich selbst mehr zu zahlen, als ihre Firma wert sei.

Am Beispiel der amerikanischen Sparkassenkrisen erklärte Akerlof, warum die Sparkassen-Manager alle gewöhnlich geltenden Regeln der Kreditvergabe verletzen: Eine sorgfältige Dokumentation über die Darlehen, Schutz gegen Betrüger und Missbrauch, Prüfung der Angaben auf den Antragsformularen, kurz: ihre Schuldner so lange nerven, bis sie ihre Formulare ordentlich ausfüllen. Akerlof vergleicht die Sparkassenkrise mit einem großen Schneeballsystem, einem riesigen Ponzi-Betrug. »Es war sehr einfach«, fand er, »ein Geldinstitut auszuplündern, das Risiko einer Bestrafung war gering.« Seine Untersuchung zeigte: »Die Sparkassen-Manager handelten so, als ob ihre künftigen Verluste das Problem anderer Leute wäre. Sie lagen richtig.« Der Staat zahlte am Ende für den Schaden. Der Raub durch die Insider verursachte 21 Prozent der staatlichen Rettungskosten, errechnete Akerlof.[451] Einige Regulatoren schätzten sogar, dass letztlich 100 Prozent der staatlichen Rettungsaufwendungen durch direkte und indirekte Betrugsschäden verursacht worden waren.[452]

Akerlof ist ein Kritiker der neoklassischen Lehre von den effizienten Märkten und dem Menschenbild des rational gelenkten Homo oeconomicus, der sich allein von wirtschaftlichen Interessen leiten lässt. Er geht vom unvollkommenen Wirtschaftssubjekt aus und daher auch von unvollkommenen Märkten. Und er hat einen Riecher für fehlerhafte Märkte: Das Platzen der Dotcom-Blase hatte er bereits 2001 vorausgesagt. »Wir müssen auch die dunkle Seite der Wirtschaft ergründen«, sagt Akerlof, »um die Funktionsweise der Wirtschaft zu verstehen.« Das klingt wie eine Binsenweisheit, aber für die Mainstream-Ökonomen ist das neu.[453]

Vielleicht ist es gar nicht eine Frage von rationalem oder irrationalem Verhalten, sondern eine Frage der emphatischen Ermittlung der Verhaltensweisen der wichtigsten Entscheidungsträger in den Unternehmen. Handelt ein Unternehmenschef nicht rational, wenn er die Chance erblickt, unerkannt und ohne nennenswertes Entdeckungsrisiko in kürzester Zeit Firmenvermögen in privates Vermögen zu verwandeln – sein Privatvermögen? Handelt ein CEO nicht rational, wenn er mit seinem Unternehmen illegal handelt, wenn nicht er selbst, sondern nur sein Unternehmen im Entdeckungsfall einen Schaden hat, den er unbemerkt und kaum nennenswert im Bilanzposten »Rechtskosten« verbuchen kann?

Unternehmen besitzen keine Ratio, nur Menschen können rational handeln. In der Kriminologie zählt diese Erkenntnis schon längst zum Allgemeingut. Sie ist eine kleine, interdisziplinäre Nischenwissenschaft, eine Mixtur strafrechtlicher, medizinischer, psychiatrischer, soziologischer und ökonomischer Forschung, die dem Ziel dient, Verbrechen zu verstehen. Von den Ökonomen wird diese Disziplin bisher kaum beachtet. Sie operiert längst mit der Theorie der rationalen Entscheidung, die sie aus der Ökonomie übernommen hat, wendet diese aber auf den kriminellen Täter an.[454]

Die Wirtschaftsfakultäten brauchen jedenfalls viele Akerlofs. Es wäre eine gute Idee, wenn die Studenten der Ökonomie heute die Ursachen der 124 Bankenkrisen verstehen lernten, die seit 1970 rund um den Globus gezählt wurden. Es wäre gut, wenn sie mehr über die Menschen statt über die Kennzahlen lernten. Es wäre noch viel besser, wenn die Wirtschaftsfakultäten regelmäßig einen Teil der Studierenden in den modernen kriminalistischen Erkenntnissen über das Wesen der menschlichen Habgier unterrichten würden. Wenn sie zum Beispiel die Mechanismen erforschen würden, wie kluge, gerissene Betrüger als rational, aber extrem egoistisch handelnde Wirtschaftssubjekte es schaffen, ihre gutgläubigen Opfer auszunehmen, oder wie es ihnen gelingt, die Systeme eines Unternehmens oder einzelner Märkte zu ihrer Bereicherung zu nutzen. Sie sollten mit den Geschichten von Jérôme Kerviel und Nick Leeson beginnen.

Teil III
Zauberbilanzen

Teutonisches Fiasko

»Unternehmen – eine geniale Einrichtung zum Erzielen persönlicher Gewinne ohne persönliche Verantwortung.«
AMBROSE BIERCE, THE DEVIL'S DICTIONARY

Die Rettungseinrichtung SoFFin sollte Ende 2009 ihre Arbeit beendet haben, doch sie wird bis Ende 2010 weiterarbeiten. Das Fondsvolumen ist mit 480 Milliarden Euro fast 200 Milliarden größer als der Bundeshaushalt 2009.[455] Es sieht eher nach einer dauerhaften Aufgabe aus. Die vier großen Landesbanken WestLB, HSH Nordbank, BayernLB und LBBW werden wohl aufgrund von EU-Auflagen während der kommenden Jahre ihre Eigentümerstruktur ändern müssen. Die EU-Politik, in Deutschland von den Landespolitikern mal wieder beschimpft, zielt in eine klare Richtung: Die Banken sollen nicht mehr Spielbanken der Politiker sein, sondern eine überlebensfähige Struktur haben.

Die Ratingagentur Fitch gäbe nur noch der hessisch-thüringischen Helaba und der Landesbank Berlin ein A-Rating, wenn die staatliche Rückendeckung der Länder wegfiele. Bezüglich der Kriseninstitute rechnete Fitch im September 2009 damit, dass weitere Kapitalspritzen durch die Eigentümer notwendig seien. Die Agentur misstraut nach wie vor den Stresstests der Landesbanken, die »überraschenderweise« immer noch zu konservativ gestaltet seien. Sie hält die vier betroffenen Landesbanken für unverkäuflich. Fitch machte sich auch Gedanken über die Sparkassen, die hohe Beteiligungen an den Landesbanken halten und zudem dort mit weiteren Darlehensinstrumenten engagiert sind. Die Summe sei unbekannt, schrieb Fitch, weil die Informationen über das Engagement der Sparkassen teilweise vertraulich seien.[456]

Die Sparkassen, eine der drei wichtigen Säulen des deutschen Bankensystems, zeichnen sich dadurch aus, dass sie in der Regel noch nach dem deutschen Handelsgesetzbuch (HGB) bilanzieren. Eine Ausnahme ist die große Sparkasse Köln-Bonn mit 5300 Mitarbeitern, die das Jahr 2008 nach internationalen Regeln abschloss. Auch sie hatte die Staatsanwaltschaft im Haus.[457] Hohe Abschreibungen musste sie auf ihre Eigenanlagen verbuchen, die ein Volumen von nahezu 4,9 Milliarden Euro besaßen. Fast 950 Millionen hatte die Sparkasse in verbrieften Papieren stecken sowie 880 Millionen in etwas, was sie »Strategische Asset Allocation« nannte. Der Leser der Bilanz erfuhr nicht, was sich hinter der modern klingenden Bezeichnung aus der Welt der Vermögensverwalter verbarg. Nach alten HGB-Regeln schrieb die Sparkasse 198 Millionen Euro Verlust, nach den neuen IFRS-Regeln waren es sogar 627 Millionen Euro. Der Unterschied: Die Wertberichtigungen auf die Eigenanlagen konnten nach HGB weitgehend vermieden werden. Allein ihre Finanzinstrumente verursachten ein Minus von 528 Millionen. Einen Teil ihrer Problempapiere konnte sie vom Handelsbuch auf das Kreditbuch verschieben – bis zur Endfälligkeit. Der Rheinische Sparkassenverband musste mit 300 Millionen Euro Genusskapital helfen, und die Städte Köln und Bonn stützten mit einer stillen Einlage in Höhe von 350 Millionen.[458]

Die Sparkassen hängen auf vielfache Weise vom Wohl der Landesbanken ab – zunächst als Miteigentümer, die häufig mit stillen Einlagen an den Landesbanken beteiligt sind. Wenn es den Landesbanken schlecht geht, erzielen die Sparkassen auf diese Beteiligungen keine Dividenden mehr. Ihnen droht, dass sie auch den Wert ihrer Landesbanken-Beteiligungen berichtigen müssen, was ihre Bilanzen ebenfalls verdüstert. Bis ins Jahr 2009 haben Sparkassen es mit Hilfe der politischen Entscheidungsträger geschafft, diese Korrekturen zu vereiteln. Ihre Einlagen wurden von den Verluste schreibenden Landesbanken weiter bedient – ein politisches Zugeständnis, das von der Europäischen Kommission moniert wurde. Zudem gaben etliche Sparkassen zu Beginn der Krise Garantien für die Rettungshilfen an Landesbanken ab, für deren Risiken sie nun Rückstellungen bilden müssten.[459] Völlig im Dunkeln liegen die vielfältigen Finanzbeziehungen zwischen Landesbanken und Sparkassen. So ist zum Beispiel nicht transparent, ob Landesbanken Problempapiere an Sparkassen weiterverkauft haben. Zudem ist es rechtlich höchst zweifelhaft, wie die Sparkassen als Zwangsmitglieder ihrer Verbände für Entscheidungen in die Pflicht genommen werden, die von den Verbandsfunktionären mit Mehrheitsbeschlüssen gefällt wurden. Denn für die Übernahme der Kosten solcher Beschlüsse sind sie auf der Basis der Sparkassengesetze keineswegs verpflichtet.[460]

Sachsen LB: Desaströse Deals in Dublin

Seine erste Visitenkarte der Frankfurter DGZ-Bank trug Claus Wilsing mit Stolz: »Vice President« stand darauf. Das klang für den Jura-Absolventen von der Uni Bonn fantastisch, doch bald merkte er: Der Titel bedeutet in der Bankenwelt nicht viel. Seine große Chance sah der Jungbanker in seinem nächsten Job: Ab 1999, mit erst 33 Jahren, durfte er für die Sachsen LB in Dublin ein Tochterinstitut aufbauen – die Sachsen LB Europe. Kapitalmarktgeschäfte sollte er anstoßen, Bonds platzieren, ins Refinanzierungsgeschäft einsteigen – alles offshore am irischen Finanzplatz, wo die Steuern niedrig und die Regeln lasch waren.

Ende 2005 wechselte Wilsing plötzlich zur Düsseldorfer Ärzte- und Apothekerbank – und hinterließ ein verhängnisvolles Erbe. Durch die Dublin-Deals stand die Sachsen LB im Sommer 2007 vor einem Fiasko historischen Ausmaßes. Im August mussten Sparkassen und Landesbanken über Nacht in einer Notoperation 17,3 Milliarden Euro als Kreditlinie bereitstellen, um für verbriefte US-Hypothekenkredite geradezustehen, für die es keine Käufer mehr gab. Die Höhe der Liquiditätsspritze stellte alles in den Schatten, was die deutsche Bankenwelt in den vergangenen Jahrzehnten erlebt hatte. Nun waren gewaltige Abschreibungen fällig, denn mehr als 30 Milliarden Euro waren in teilweise unverkäufliche Anlagen investiert. Die Landesbank Baden-Württemberg (LBBW) sagte schließlich zu, das marode Institut zum Jahresende 2007 zu übernehmen – Rettung in letzter Minute. Als Landesbank gibt es die Sachsen LB seitdem nicht mehr. Von ihr blieb nur noch die kleine Sachsen Bank übrig, eine Tochtergesellschaft der LBBW für ostdeutsche Gewerbekunden.

In einer Grundlagenvereinbarung sorgten die Stuttgarter ausdrücklich dafür, dass sie von der größten Schuldenlast der Sachsen LB befreit würden. Der Löwenanteil der Risiken sollte beim Staat bleiben, doch in der Höhe der Risiken hatten sich die Manager der LBBW dennoch stark verschätzt. Schon bald wuchsen ihr die sächsischen Schulden über den Kopf, zusammen mit den Problemen der eigenen Conduits. Am 2. Juni 2008 wurde die EU-Kommission in einer E-Mail aus Deutschland darüber informiert, dass »die LBBW seit dem Ende des ersten Quartals unter den regulatorischen Kapitalanforderungen arbeitet«. Die einst stolze Stuttgarter Landesbank war notleidend.[461] Sie machte 2008 einen Verlust von 2,1 Milliarden Euro. Die Eigentümer, Sparkassen und Land Baden-Württemberg, wurden mit einer Kapitalerhöhung von 5 Milliarden Euro zur Kasse gebeten, zusätzlich gewährten die Eigentümer eine Bürgschaft in Höhe von 12,7 Milliarden.[462] 2500 Arbeitsplätze wurden vernichtet – und dies ist nur die vorläufige Bilanz des Fiaskos.

Was war passiert? Der smarte Claus Wilsing, der in Frankreich und Spanien aufgewachsen war, hatte sechs Jahre zuvor seinen irischen Kollegen Adrian Fitzgibbon, den er aus Frankfurt von der DGZ kannte, nach Dublin gelockt. Bald hatte das Duo ein schlagkräftiges Team für Verbriefungsgeschäfte beisammen. Das Refinanzierungsgeschäft mit forderungsbesicherten Wertpapieren, in Fachkreisen als Asset-backed Securities (ABS) oder Mortgage-backed Securities (MBS) bekannt, wurde ihre Spezialität. Sie versuchten, Anleihen mit kurzfristigen Fälligkeitsterminen, so genannte Commercial Papers, zu platzieren, die wiederum der eigenen Refinanzierung ihrer Conduits dienten. Um die Pakete mit den langen Laufzeiten zu finanzieren, nahmen sie kurzfristige Kredite auf. Aus den Zinsdifferenzen erzielten sie Gewinne. Es waren äußerst komplexe Deals, die schwer zu durchschauen waren.

Die Banker beauftragten Ratingagenturen, die Commercial Papers summarisch zu bewerten. Beim Weiterverkauf der Commercial Papers war die Bonität der Banken wichtiger als der Inhalt der Pakete: Wie hoch war die Wahrscheinlichkeit, dass sie ihre Zahlungsverpflichtungen aus dem Handel mit diesen Papieren erfüllten? Wer die Bestnote erreichte, hatte das Spiel gewonnen. Die Ratingagenturen zierten sich nicht. Soweit das kleine Einmaleins.

In dieses Spiel stieg Wilsing groß ein. Aber der Jungbanker musste zunächst mehrere Hürden überwinden: Das irische Tochterinstitut war mit knapp 200 Millionen Euro Eigenkapital zu schwach für die großen Deals ausgestattet. Der Dreh: Der Vorstand in Leipzig, ausgestattet mit einer Staatsgarantie, gab eine »harte Patronatserklärung« ab. Seitdem übernahm die Sachsen LB »die uneingeschränkte Verpflichtung, dafür Sorge zu tragen, dass die Sachsen LB Europe in der Weise geleitet und finanziell ausgestattet wird, dass sie stets in der Lage ist, allen ihren Verbindlichkeiten fristgerecht nachzukommen«. Ein Persilschein für ein Rating mit drei A. »Insbesondere wegen der Unterstützung der Sachsen LB« erteilte Standard & Poor's die Bestnote für die Commercial-Paper-Programme, vor allem weil die Landesbank als »Liquiditätsbeschaffer« bereitstand.

Wilsings zweite Hürde: Die Sachsen LB Europe konnte die milliardenschweren Deals nicht über ihre Bücher laufen lassen, weil diese dann in ihrer Bilanz aufgetaucht wären. Dazu war ihr Eigenkapital viel zu gering. Sie hätte die Engagements nach den Bilanzregeln mit sehr viel mehr Eigenkapital absichern müssen, als ihr zur Verfügung stand. Der branchenübliche Trick: Bankenjuristen gründeten im Februar 2003 die Aktiengesellschaft Georges Quay Funding, eine Briefkastenfirma, und taten so, als habe diese nichts mit der Sachsen LB zu tun: Ein Treuhänder hielt die Aktien über den Georges Quay Funding Charitable Trust und schob »gemeinnützige Zwecke« vor. Mit diesem Bluff wurden die Bilanzregeln umgangen. »Der Hauptsinn dieser Veranstaltung«, gab Wilsing zu, »war es, dass ich einfach Eigenkapital spare.« Denn in der Bilanz der Landesbank hätten gerade die verbrieften Hypotheken zu 100 Prozent mit Eigenkapital unterlegt werden müssen.

Nach diesen Vorbereitungen konnten Wilsing und Kollegen zur Tat schreiten. Nur ein halbes Jahr später hatten sie schon Wertpapiere für 3 Milliarden Euro im Depot. Im März 2004 gründete das Team nach gleichem Muster die von Treuhändern geführten Firmen Ormond Quay, Ellis Quay, Merchants Quay und Eden Quay – angeblich wieder gemeinnützig. Für die guten Zwecke war allerdings kein Geld da, Dividenden gab es ebenfalls nicht, dafür aber Erträge für die Dubliner Sachsen-LB-Tochter.

»Wir sind profitabel, die Risikovorsorge ist ausreichend«, sagte ein Sprecher der Landesbank im Januar 2005. Damals hatten Georges Quay 5 Milliarden Euro in den Büchern, Ormond Quay 3 Milliarden, Ellis und Eden Quay zusammen 1,75 Milliarden. In Wahrheit haftete die Sachsen LB Europe mit zahlreichen Verträgen für die Geschäfte. Deren Inhalt wollte die Landesbank auf Medienanfragen nicht erklären und verwies auf »Persönlichkeitsrechte, Bankgeheimnis und Vertraulichkeitsvereinbarungen«. Der Hintergrund der Geheimnistuerei: In den Ratingberichten von Standard & Poor's wurden die Verträge mit folgenreichen Haftungsklauseln erwähnt, in den Bilanzen der Quay-Firmen jedoch verschwiegen. »Keine Beziehungen zu nahestehenden Personen oder Unternehmen«, hieß es dort – eine klare Regelverletzung.

Das Rad drehte sich immer schneller. Das Irland-Team musste permanent fällig gestellte Commercial Papers zurücknehmen und sich durch den Verkauf neuer refinanzieren. Der Grund: Die Papiere mussten – laut Bilanzen der Quay-Firmen – im Durchschnitt binnen 73 Tagen »gerollt« werden. Im April 2005 gab es erstmals Schwierigkeiten. Die Prüfer von KPMG lieferten einen kritischen Sonderbericht über Georges Quay: Der Verwaltungsrat habe »keinen Gesamtüberblick über die Geschäftsvolumina und die Summe der bestehenden Erstverlustrisiken«. Ein vernichtendes Urteil: Über Geschäfte dieser Größe müssten Kreditausschüsse, Vorstände und Aufsichtsräte genau unterrichtet sein.

9. März 2005, im Plenarsaal des sächsischen Landtages. »Die Landesbank ist ein Ertragsbringer und kein Sanierungsfall«, rief der Ministerpräsident Georg Milbradt unbekümmert. »Wer anderes behauptet, meine Damen und Herren, muss das beweisen, um ernst genommen zu werden.« Beifall in den Reihen der CDU-Abgeordneten hielt das Protokoll fest. Auch Georg Milbradts eifriger Finanzminister Horst Metz klatschte. Das war die erste Regierungserklärung von

Georg Milbradt zu seiner Landesbank, nachdem diese wegen regionaler Risikogeschäfte in die Kritik geraten war.

Schon frühzeitig hatte das Team Wilsing ein Problem in eigener Sache entdeckt: In Dublin kassierten viele Investmentbanker Millionensaläre – sie nicht. Also gründeten sie im Dezember 2003 zu viert eine eigene Vermögensverwaltung, die AC Capital Partners, die fortan für die Sachsen und andere Kunden die Deals organisieren sollte. 70 Prozent der Aktien zeichneten Wilsing und Fitzgibbon, den Rest teilten sich zwei ihrer Kollegen. Ein Jahr später, als sich der Millionensegen ankündigte, gründeten sie in Zypern die Briefkastenfirma Passmore Holding, die dann die Aktien an der AC Capital hielt. Die Passmore gehörte wiederum weiteren Zypern-Firmen wie der Seabright, der Ludlow oder der Longbridge, die schließlich ihre Dividendenerträge in ihre Konten schleusten.[463]

Ihre Chefs in Leipzig wussten davon, sagen die Beteiligten. Ein »Incentive« für die Manager, murmelt ein Bankensprecher.[464] Die Sachsen LB Europe stellte sogar 400 Millionen Euro Startgeld für die private Firma ihrer Angestellten bereit. Wussten die Sachsen auch, wie viel das Quartett kassierte? Solche Fragen wurden in Leipzig nicht beantwortet. Laut ihrer Bilanzen entwickelte sich das Geschäft der AC Capital jedenfalls prächtig: 2005 wurden 9 Millionen Euro an Dividenden ausgezahlt, ein Jahr später waren es schon 16 Millionen. Wilsings Geschäfte in der AC Capital verliefen so gut, dass er im Herbst 2005 die Ärzte- und Apothekerbank begeistern konnte, sich mit 51 Prozent an der AC Capital zu beteiligen. Der Banker quittierte seinen Dienst in Dublin Ende 2005. Er wechselte zur Ärzte- und Apothekerbank und gönnte sich ein neues Domizil im Wiesbadener Nobelviertel Nerotal. Ende 2008 schied er auch bei der Ärzte- und Apothekerbank aus. Er blieb Aufsichtsratschef bei der AC Capital. Ihre Produkte: ABS, ABS-Fonds, ABS-CDOs, RMBS, die übliche Buchstabensuppe.

Kurz nach Wilsing ging auch Fitzgibbon. Im März 2006 hatten die Quay-Firmen 21,45 Milliarden Euro in den Depots. Der LB-Chef jubelte: »Dublin ist ein Glücksgriff.« Doch Wilsings Nachfolger hinterließen über 30 Milliarden Euro zum Teil unverkäuflicher Wertpapiere. Die fälligen Wertschriften wurden seit August 2007 von den Sparkassen und Landesbanken mit Hilfe des Notfallkredits vorläufig aufgekauft. Die große Bürde blieb am Ende jedoch den Bürgern des Freistaates Sachsen erhalten.

Die sächsische Regierung versteckte sich zunächst hinter nebulösen Erklärungen. Der Finanzminister ließ nur durchblicken, dass gewisse Liquiditätsengpässe bei Verbriefungsgeschäften der Sachsen-LB-Tochter in Dublin entstanden waren. Detaillierte Fragen zum Dubliner Engagement beantwortete der Mediensprecher der Landesbank nicht. Er berief sich im Oktober und November 2007 auf das Bankgeheimnis und vermittelte zudem den Eindruck, dass die Dubliner Firmen völlig unabhängig von der Bank operierten: »Die Sachsen LB oder Tochtergesellschaften der Sachsen LB sind mit diesen Gesellschaften in keiner Weise gesellschaftsrechtlich verbunden.« Seine knappen Antworten schienen auf überschaubare Probleme hinzudeuten: »Das Ergebnis der Sachsen LB zum 30. September 2007 wurde vor allem durch den deutlich gestiegenen Aufwand für Risikovorsorge und Bewertung in Höhe von rund 351 Millionen Euro sowie durch das stagnierende Zinsergebnis in Höhe von 102 Millionen Euro belastet. In diesen Zahlen spiegeln sich überwiegend die Auswirkungen der weltweiten Marktstörungen wider. In den übrigen Geschäftsfeldern konnte die Sachsen LB im Berichtszeitraum die positive Entwicklung des ersten Halbjahres fortführen.«[465] Im November 2007 war klar, dass die Sachsen über 30 Milliarden Euro in teilweise unverkäufliche Anlagen investiert hatten – weit mehr als bisher bekannt.[466]

Der sächsische Finanzminister verharmloste immer noch:

»Das Finanzministerium geht davon aus, dass der Freistaat nicht mit Steuergeldern einspringen muss. Die Liquiditätshilfen haben gerade den Sinn, dass Ausfälle nicht entstehen.«[467] Die Manager der Sachsen LB und der Landesbank Baden-Württemberg setzten auf das Prinzip Hoffnung.

Beim notleidenden Investmentvehikel Sachsen Funding I, das nach den Übernahmeplänen der Stuttgarter Landesbank zum 31. Dezember 2007 in den Anteilsbesitz der LBBW übergehen sollte, wurden erst einmal die Gläubiger gebeten, vorläufig stillzuhalten. Ein Spiel auf Zeit, um eine politische Lösung zu finden. Die Sachsen Funding I gehört zu einer Reihe von Zweckgesellschaften, mit der die Investmentbanker der Sachsen LB in Irland verschiedene Schuldtitel auf verbriefte Hypothekarforderungen herausgaben. Das »Structured Investment Vehicle« (SIV) war am 6. März 2007 in Dublin von Treuhändern gegründet worden. Nach Angaben des sächsischen Finanzministers wurden die Firmengründung und das Investmentprogramm anschließend im April vom Board of Directors der Sachsen LB Europe in Dublin, einer hundertprozentigen Tochter der Landesbank, »genehmigt«. Dennoch erklärten die Treuhänder gegenüber den irischen Behörden, dass die Sachsen LB Europe und die Sachsen Funding I »keine verbundenen Unternehmen« seien. Auf diese Weise wurde der wirtschaftlich beherrschende Einfluss der Landesbank wieder einmal verschleiert.

Das Vehikel wurde erst im März 2007 für Verbriefungsgeschäfte mit US-Hypotheken gegründet. Zu diesem Zeitpunkt war vielen Marktteilnehmern bereits klar, dass die Margen in diesem Geschäft rapide zurückgingen. Denn seit 2006 wurden in den USA immer mehr faule Kredite mit miserablen Schuldnern abgeschlossen, die weder Einkommen noch Vermögen hatten, um künftig steigende Zinsen zu bezahlen. Deshalb gelten die Hypotheken aus 2006 und 2007 als »schlechte Jahrgänge«. Das Gesamtvolumen der Sachsen

Funding I wurde mit 2,5 Milliarden Dollar aufgesetzt. Die Sachsen-LB-Manager kauften über diese Firma dennoch Tausende US-Hypotheken im Gesamtvolumen von mehr als 2 Milliarden Euro, die spätestens im Jahr 2011 fällig werden. 95 Prozent der Hypotheken waren laut Aussagen des Finanzministers AAA geratet, der Rest mindestens AA. Sie finanzierten den Ankauf dieser Papiere durch Anleihen, die durchschnittlich nach 90 Tagen fällig werden. Laut einem Bericht der Ratingagentur Standard & Poor's war von vorneherein klar, dass hohe Verluste eintreten können, wenn die Gewinne aus den kurzfristig fälligen Anleihen unter einen vorher festgelegten Schwellenwert zurückgehen. Dann müssen nämlich diese Verluste durch Verkäufe der Sicherheiten ausgeglichen werden und die Anleihen vorzeitig zurückgekauft werden. Nur ein kleiner Teil in Höhe von 225 Millionen Dollar war durch längerfristig emittierte Wertpapiere refinanziert. Der Rest in Höhe von 2,25 Milliarden Dollar wurde über den Markt für kurzfristig emittierte Commercial Papers refinanziert, die nach wenigen Monaten wieder zurückgenommen werden mussten. Der Markt für diese Commercial Papers war allerdings zusammengebrochen. Selbst Papiere, welche die Bestnote AAA von den Ratingagenturen bekommen hatten, wurden Ende 2007 mit 72 Prozent des ursprünglichen Kaufpreises bewertet. Schlechter geratete Papiere der Tranche AA wurden damals vom ABX-Index, der Kurse auf solche Hypothekarforderungen berechnet, mit 47 Prozent gehandelt. Es drohten also gewaltige Abschreibungen auf das Portfolio.

Wenig später diskutierten die Landesparlamentarier in Leipzig über eine Ausfallbürgschaft in Höhe von 1 Milliarde Euro, um die notleidenden Dubliner Investmentfirmen der Sachsen LB in einer Auffanggesellschaft zu platzieren. Als »durchaus vernünftig« bezeichnete der Finanzpolitiker Ronald Weckesser (Linke) eine solche Lösung, während die Grüne-Abgeordnete Antje Hermenau eine Regierungserklärung zur Finanzlage des Freistaates forderte. Sie rechnete damit, dass Verluste bis zu 2 Milliarden Euro zu erwarten seien, wenn die Sachsen LB ihre Wertpapiere mit verbrieften Forderungen aus amerikanischen Hypotheken jetzt verkaufen müsste. Sie lag mehr als richtig, doch in Stuttgart war man bei der LBBW immer noch guter Dinge. Nur Finanzminister Stanislaw Tillich wollte sich plötzlich nicht mehr festlegen: »Erst wenn die Zahlen vorliegen und die Modalitäten abgestimmt sind, kann ich mich dazu äußern.« Tatsächlich waren die Manager der Sachsen LB gar nicht in der Lage, den Wert ihrer verbrieften Forderungen gegenüber amerikanischen Hypothekenschuldnern sauber zu berechnen. Eine exakte Prüfung der einzelnen Darlehensverträge würde einen immensen Arbeitsaufwand erfordern; ohne Augenschein der Immobilien und einer Analyse der Vermögensverhältnisse der Schuldner wäre sie unseriös. Die Papiere waren bislang zu ihrem Einkaufspreis in den Bilanzen der Briefkastenfirmen notiert. Ein fairer Marktpreis war nicht mehr zu ermitteln.

Ende Dezember spitzte sich die Lage zu. Am 12. Dezember musste Georg Milbradt zu einer nächtlichen Krisensitzung nach Frankfurt eilen. In einem Konferenzraum der Bankenaufsicht BaFin wurde er vom Präsidenten Jochen Sanio empfangen. Axel Weber, der Chef der Bundesbank, saß ebenfalls am Tisch zusammen mit Spitzenvertretern der Girozentralen und Landesbanken, die fürchten mussten, dass ihre Sicherungsreserve auf einen Schlag verbraten würde.

Milbradts neuer Finanzminister Stanislaw Tillich, ein fleißiger Parteisoldat der sächsischen CDU, erklärte, wie es dazu gekommen war. Als im August 2007 ruchbar wurde, wie stark die Landesbank von der Kreditkrise erfasst wurde, hoffte die Regierung zunächst auf eine Beruhigung am Finanzmarkt. Doch der »Markt hat sich nicht verbessert, sondern verschlechtert«, gestand Tillich. Die Marktpreise für ABS-Papiere bewegten sich »derzeit sogar erheblich unter den Werten vom

August und September 2007«.[468] Das entscheidende Problem für die LBBW seien die neuen, internationalen Bilanzierungsregeln, die »zum Ansatz von Marktpreisen für bestimmte Finanzinstrumente« zwängen, erklärte der Finanzminister in einer Tischvorlage, und diese Marktpreise seien im Keller. Kein Wunder, die drohende »bilanzielle Verschlechterung« konnten die Stuttgarter nicht mitmachen, sie hätten selbst um Ruf und Ratings ihrer Landesbank fürchten müssen. »Notverkäufe von Wertpapieren zu den derzeit niedrigen Marktpreisen«, erläuterte Finanzminister Tillich, hätten sogar die Kernkapitalquote der LBBW unter 4 Prozent gedrückt. Damit wäre sie selbst pleitegegangen. Folgerichtig habe die LBBW »eine vollständige Freistellung von Risiken aus den Engagements der Sachsen LB« gefordert, berichtete Tillich.

Es waren »Stunden und Tage, die ich keinem wünsche«, erzählte Milbradt. Es ging darum, die Insolvenz der Sachsen LB abzuwenden, die unmittelbar drohte. Es war die erste Rettungsaktion der staatlichen Bankenwelt: der Zusammenbruch einer Landesbank, die sich mit Asset-backed Securities (ABS), verbrieften Forderungen auf US-Hypotheken, gewaltig verzockt hatte. Das Bundesland musste mit einer Ausfallbürgschaft in Höhe von 2,75 Milliarden Euro für die erwarteten Verluste der Dubliner Verbriefungsgeschäfte der Sachsen LB geradestehen. Die Kostenbilanz war für den Freistaat Sachsen verheerend: Das Land musste das überschuldete Institut zu einem Preis von 328 Millionen Euro an die LBBW verkaufen und verlor bei diesem Deal zudem seinen Anteil am Eigenkapital der Bank. Die LBBW garantierte mit einer Liquiditätszusage von 8,747 Milliarden Euro bis zur Endfälligkeit der Investments. Sollte dieser Sicherheitsschirm nicht mehr ausreichen, dann müssten in gleicher Höhe für die Ausfälle die Girozentralen und Landesbanken garantieren.

Der größte Teil der toxischen Papiere wurde in einer neuen Briefkastenfirma aufgenommen. Was ursprünglich fürs tägliche Handelsgeschäft gedacht war, wurde nun als Wertpapier bilanziert, das bis zum Fälligkeits- oder Verkaufstag gehalten werden und daher nicht mehr mit Marktpreisen ausgewiesen werden muss. In einer Erklärung teilte die sächsische Regierung mit, dass »Institute der Girozentralen und Landesbanken die notwendige Liquidität zur Verfügung stellen, die das Halten der strukturierten Portfolien bis zur Endfälligkeit möglich machen«. Dass diese Papiere, wenn sie dann endlich verkauft werden müssen, richtig zu bewerten sind, ist klar. Genauso klar ist, dass die Bürgschaft des Freistaates dann genutzt werden wird. Nach Abschluss der Rettungsaktion veröffentlichte die Staatsregierung erstmals die wahren Zahlen über das geschätzte Gesamtrisiko bei der Sachsen LB: 43 Milliarden Euro.[469] Ihre Conduits zählten zu den größten der Welt.

Damit hatte die kleine ostdeutsche Landesbank mit einem minimalen Eigenkapital riskante Verbriefungsgeschäfte in einem weitaus höheren Umfang betrieben als zum Beispiel die Deutsche Bank (22 Milliarden Euro) oder die weltgrößte Vermögensverwalterbank UBS in der Schweiz (27 Milliarden Euro) – die über zwanzig- bis dreißigmal so viel Eigenkapital als Puffer verfügten wie die Minibank aus Sachsen. Wenn auch nur 30 Prozent der Werte in den Jahren abgeschrieben werden – was nach den Schätzungen der amerikanischen Regierung über den Häusermarkt naheliegt –, ist in Zukunft mit einer enormen Belastung für die Länderhaushalte von Sachsen und Baden-Württemberg zu rechnen. Doch diese Landeshaushalte können dieses Volumen nicht tragen. Der Bund wird also einspringen müssen.

»Eine ganz einfache Rechnung« präsentierte die grüne Landtagsabgeordnete Antje Hermenau: »Wir haben als Sachsen ungefähr 700 Millionen Euro in die Sachsen LB hineingesteckt. Wir haben dafür 328 Millionen Euro als Kaufpreis bekommen. Wir haben 94 Millionen Euro Gewinn gemacht mit der Sachsen LB. Und wir haben eine Bürgschaft von 2750 Millionen Euro. Das macht auf der Habenseite 422 Millionen Euro und auf der Sollseite 3450 Millionen Euro.« Nun ging es um die Frage, ob und wie Ministerpräsident Milbradt für Niedergang, Beinahepleite und Verkauf der einzigen ostdeutschen Landesbank politische Verantwortung übernehmen, im Zweifel ebenfalls den Sessel freigeben musste.

Milbradt hatte sich fürs Aussitzen entschieden. »Ich bleibe im Amt!«, erklärte er dem Volk des Freistaates im Neujahrsinterview mit der *Bild*. Politische Verantwortung für die Geschäfte einer öffentlichen Bank, so dozierte der Ministerpräsident, sei »nur dann zu übernehmen, wenn man tatsächlich für die Entwicklung verantwortlich war – und zwar nicht in einem höchst abstrakten Sinne«. Milbradt wollte von den Milliarden-Spekulationen seiner Landesbanker kaum etwas mitbekommen haben. »Vom Umfang und den Details der Geldanlagen hatte ich keine Kenntnis. Deswegen bin ich mit mir im Reinen«, verteidigte er sich.

Hatte er tatsächlich als Miteigentümer vom Umfang des Risiko-Portfolios der Sachsen LB, das im November 2007 insgesamt 44,657 Milliarden Euro betragen hat, nichts gewusst? Waren ihm Verbriefungsdeals seiner Landesbank, die gerade einmal 1,6 Milliarden Euro Eigenkapital besaß und damit das entsprechende Geschäftsvolumen von Weltfinanzkonzernen wie der Schweizer Großbank UBS oder der Deutschen Bank weit überragte, verheimlicht worden? Wohl kaum. Jedenfalls spielte die 1992 gegründete Landesbank in Milbradts politischer Karriere eine Schlüsselrolle. Seit November 1990 saß der 60-jährige Sauerländer zehn Jahre lang als Finanzminister im Kabinett Biedenkopf – bis er sich mit dem charismatischen Regierungschef zerstritt und schließlich im April 2002 selbst Ministerpräsident wurde. Als Finanzprofessor, der in Münster und Mainz lehrte, galt er als der Architekt der Sachsen LB. Über die »Theorie der optimalen Schuldenstruktur des

Staates« hatte er 1975 in Münster promoviert, Verwaltungskosten, Schuldenmanagement und die öffentlichen Finanzen waren seine wissenschaftlichen Steckenpferde. Noch im Jahr 2001 verfasste er zusammen mit seinem Ministerialbeamten Bernd Thode ein 300-Seiten-Werk über die »Neuordnung der Sparkassen, der Landesbank Sachsen Girozentrale und der Sächsischen Aufbaubank«.[470] Eine erste Krise der Landesbank wurde erkennbar, kurz nachdem Milbradt als Finanzminister abgetreten war. Die Kreditgeschäfte waren nicht mehr rentabel genug, fasste der damalige Bankchef Michael Weiss in einer Vorlage für die Verwaltungsratssitzung im September 2001 zusammen, sie entsprachen der Strategie der Aufbaujahre. Die Infrastruktur wurde zum Kostenrisiko. Und schlimmer noch: »Bei einem Wachstum entsprechend der Mittelfristplanung der Bank ist die notwendige Ressource Eigenkapital Ende 2002 erschöpft.«

Obwohl es gerade erst nach einer McKinsey-Studie einen Strategiewechsel gab, schlug Weiss eine erneute radikale Wende vor. Er wollte unter anderem in das moderne Kapitalmarktgeschäft »Structured Finance« einsteigen – Deals mit Verbriefungen, zum Beispiel mit Asset-backed Securities. Firmenkreditgeschäfte wollte er nur noch mit bewerteten Unternehmen fortführen, bei denen die Risikovorsorge im Wesentlichen den Ratingagenturen überlassen ist. Klassische Firmenkredite sollte es nicht mehr geben.

Der Sachsen-LB-Manager Eckhard Laible, ein schwäbischer Leasingexperte, war dagegen. Kein einziges sächsisches Unternehmen sei geratet, die Landesbank würde ihre ostdeutschen Kunden verlieren. Er machte auf die Risiken hoher Ertragsschwankungen bei den Kapitalmarktgeschäften aufmerksam; mehr Eigenkapital könnte die Bank – wie in anderen Bundesländern – über stille Einlagen aufnehmen. Sein Alternativmodell setzte sich nicht durch, Bankchef Weiss obsiegte.

Die gerade erst wenige Monate aktive Tochterbank in Dublin wurde zum Standort für die neuen Kapitalmarktgeschäfte. Man half sich mit dem Conduit-Bilanztrick. Die Geschäfte von Georges Quay und den anderen Conduits nahmen ihren Lauf. Aber wurde der Umfang dieser Geschäfte auch vor Ziehvater Milbradt verheimlicht, der seit April 2002 als Ministerpräsident amtierte? Zweifel sind angebracht. Jedenfalls zeigen vertrauliche Korrespondenzen, dass sich Milbradt über weit geringere Probleme im Immobiliengeschäft der Landesbank genauestens unterrichten ließ. Die Dokumente beweisen, dass der ehemalige Finanzminister in seiner Zeit als Ministerpräsident immer noch den kurzen Draht pflegte. So ließ er sich im Sommer 2004 mehrfach vom Büro des Bankchefs oder vom Kommunikationschef aus dem Vorstandsstab über den Verfahrensstand von Strafuntersuchungen und Vergleichsverhandlungen mit einem Geschäftspartner informieren. Damals ging es um gerade einmal 23 Millionen, und doch wurde das Büro des Kabinettschefs »mit der Bitte um Weiterleitung an den Ministerpräsidenten« regelmäßig ins Bild gesetzt. Schon damals wurden auch bei der Georges Quay Probleme ruchbar. Zu den »angeblich unkalkulierbaren Risiken im Kredit- und Beteiligungsportfolio der Sachsen LB, insbesondere in Dublin«, erklärte Milbradt in seiner Regierungserklärung vom März 2005: »Nach allem, was wir wissen und was vor allem unabhängige Wirtschaftsprüfer im Rahmen der Jahresabschlussprüfung, nicht zuletzt bei einer Sonderprüfung der Bundesanstalt für Finanzdienstleistungen, festgestellt haben, ist auch diese Aussage unbegründet und geschäftsschädigend.«

Tatsächlich hatte die BaFin im August 2004 das Wirtschaftsprüfungsunternehmen KPMG mit einer Sonderprüfung beauftragt, deren Abschlussbericht am 29. April 2005 gravierende Probleme auflistete. »Die Mängel sind abgestellt worden – die BaFin hätte nicht zwei Jahre gewartet, wenn auf diesen Bericht nicht reagiert worden wäre«, verteidigte sich Milbradt.[471] »Bundesbank und BaFin sitzen im Verwaltungsrat«. Beamte dieser Behörden nahmen in der Tat regelmäßig als Gäste an den Verwaltungsratssitzungen teil.

So ging das Verantwortungsspiel im Ringelreihen: Händler Wilsing verwies auf den Kreditausschuss und den Vorstand. Der Vorstandschef verwies auf den Verwaltungsrat, insbesondere auf den Landesfinanzminister als Verwaltungsratsmitglied. Und die Regierung verwies auf die Aufsichtsbeamten in Bundesbank und BaFin.

Als Domizil für das Milliardengrab wählten die Landesbanker einen passenden Ort: 1st Floor, 7 Exchange Place, Dublin 1. Dort befanden sich in einem Bürokomplex des International Financial Services Centre die Bad Banks des Freistaates Sachsen. Wieder »in der regulierungsfreien Zone«, feixte die *Irish Times*, erneut halfen verschwiegene Treuhänder. Im Februar 2008 wurde die Sealink Funding Limited in Dublin mit Wertpapieren im Volumen von 15 Milliarden Euro gegründet. Die LBBW stützte diese Bad Bank mit einem Darlehen in Höhe von 6 Milliarden. Das Portfolio wurde durch den ehemaligen Investmentbanker der Lehman Brothers Asset Management verwaltet. Zur Kontrolle der Lehman-Arbeit setzte man auf altbewährte Kräfte: den ehemaligen LBBW-Manager Wolf-Dieter Ihle und den ehemaligen Sonderbeauftragten des Kapitalmarktvorstandes der Sachsen LB Torsten Oetting. Die beiden spielten mit ihrer Leipziger Firma SAM Sachsen Asset Management GmbH die »Vertrauensperson« für die Landesregierung.

Und wieder der alte Dreh, die Geschäfte außerhalb der Bankbilanzen laufenzulassen: Die Sealink wurde rechtlich so konstruiert, dass sie nicht in die Bilanz der LBBW einbezogen werden musste. Aber die LBBW, so teilte sie im Kleingedruckten mit, »stellt die Treugeber sowie die ehemaligen Träger der Sachsen LB im Innenverhältnis von allen Verbindlichkeiten aus der von ihnen übernommenen Gewährträgerhaftung und Anstaltslast bei der Sachsen LB frei«. Das gilt ab 31. Dezember 2010.[472]

Besonders pikant: Sie setzten auf die Künste der Treuhänder von Wilmington-Trust, einem der größten Dienstleister der Offshore-Welt. Die Treuhänder sind spezialisiert auf diskrete Geldgeschäfte für besonders vermögende Kunden und Firmen auf den Kanalinseln, in Luxemburg und Irland oder auf den Cayman-Inseln, wo sie damit werben, dass ihre Briefkastenfirmen zwanzig Jahre »Tax Holidays« genießen. Die neue Konstruktion glich der alten: Eigentümer von Sealink sind drei Briefkastenfirmen mit Sitz in Dublin, London und auf Jersey. Die tatsächlichen Eigentümer bleiben ein Treuhändergeheimnis. Damit ging das Spiel mit dem alten Bilanztrick weiter: Das Engagement wurde außerhalb der Bilanz geführt.

Landtagsabgeordnete begehrten Auskunft, doch ihre Regierungen informierten nur im geheim tagenden Ausschuss. Die Öffentlichkeit wurde nicht über die Lage des Conduits unterrichtet. Zwischenbilanzen gab es bisher nicht, auch keine Daten über die Fälligkeitstermine der Papiere. Obwohl das erste Geschäftsjahr längst beendet war, gab es bis Dezember 2009 noch keine veröffentlichte Bilanz. »Geschäftsgeheimnis«, verteidigte sich der sächsische Finanzminister.

Der Gipfel der Desinformation war aber die Berichterstattung der verantwortlichen Finanzpolitiker der Freistaates Sachsen über die Lage des neuen Conduits. Sie vermittelten in Pressemitteilungen im Juni und Oktober 2009 den Eindruck, dass die Probleme der Sealink Funding nur überschaubare Kostenfolgen habe. Die »Ausfälle« bei der Sealink hätten die Landesbürgschaft nur mit rund 5 Milliönchen Euro in Anspruch genommen. Für das Gesamtjahr rechne man mit Ausfällen in Höhe eines »mittleren zweistelligen Millionenbetrags«.[473] Alles also halb so schlimm, mussten die

Leser denken, und so wurde es auch von den Tageszeitungen aufgenommen. Keine gravierenden Verluste demnach. Tatsächlich waren bei Sealink damals schon Milliardenverluste eingetreten; die verkündeten »Ausfälle« waren nur die unmittelbar auszugleichenden, realisierten Verluste.

Der Trick: Die Vermögensverwalter berechneten den größten Teil des Sealink-Portfolios nach Modellkalkulationen (»Mark-to-Model«), weil echte Marktpreise nicht verfügbar waren und es immer noch keine Käufer für den verbrieften Subprime-Schrott gab. Die Marktpreise wurden mit diesen Modellrechnungen faktisch geschätzt. Ein vertraulicher Prüfbericht klärte über die wahre Lage bei der Sealink auf: Der Nominalwert des Portfolios lag bei 15,8 Milliarden Euro, rund 2 Milliarden unter dem ursprünglichen Wert. Die Differenz ergab sich zum größten Teil aus Währungsverlusten. Also hatten die Vermögensverwalter keinen nennenswerten Verkaufserfolg erzielt. »Dem steht ein Marktwert von rund 11,7 Milliarden Euro gegenüber«, schrieben die Prüfer. Das war die entscheidende Größe, die von den Vermögensverwaltern mitgeteilt wurde: der mit der Modell-Methode ermittelte Marktwert. Anfang Oktober 2008 hatte Sealink demnach schon »unrealisierte Marktwertverluste von rund 4,1 Milliarden Euro« zu verkraften. Und es wurde nicht besser: Bis zum Monatsende am 31. Oktober erhöhten sich die »unrealisierten Marktwertverluste auf 5 Milliarden Euro«.[474] Weil die Sealink-Papiere als »bis zur Endfälligkeit« gehaltene Werte bilanziert wurden, mussten die unrealisierten Verluste so lange nicht in der Bilanz als echte Verluste bezeichnet werden, so lange die Papiere nicht verkauft werden. Das bedeutet umgekehrt auch: Jeder Verkauf eines Wertpapier-Paketes müsste als nennenswerter »Ausfall« vom Finanzminister auch entsprechend mitgeteilt werden. Mit anderen Worten: Alles sieht undramatisch aus, solange die Schrottpapiere im Sealink-Depot bleiben.

Diese Geschäftspraxis ähnelt der des Autohändlers, der eine riesige Gebrauchtwagenflotte auf Halde stehen hat, die seit dem Kauf bis zu 80 Prozent an Wert verloren hat. In der Buchhaltung und Bilanz, die der Händler seinen Aktionären jeweils zum Jahresende vorlegt, bewertet er die Autos aber nach wie vor zum Ankaufspreis. Damit verschweigt er seine faktische Pleite, aber solange er kein Auto verkauft, bemerkt sein Aktionär nichts davon. Denn erst beim Verkauf muss er den Verlust bilanzieren, der durch die Differenz zwischen Einkaufs- und Verkaufspreis entsteht. Der Händler erklärt seinem Aktionär, dass er auf bessere Zeiten warte, bis die Preise wieder das alte Niveau erreicht hätten. Das Spiel geht nur so lange gut, wie sich der Händler in seinem Kontor aufs Däumchendrehen konzentriert – oder bis sein Aktionär sich die Gebrauchtwagenflotte genauer anschaut und dabei feststellt, dass der Händler weitestgehend Schrottkarren auf Halde stehen hat.

Wie lange wird das Spiel im Fall der Sealink laufen? Vermutlich viele Jahre, bis zur Endfälligkeit der meisten Hypothekenpapiere. Die Sachsen und die Baden-Württemberger haben das Problem also nicht gelöst, sondern nur verschoben. So konnte das sächsische Finanzministerium am 7. Januar 2009 berichten: »2008 keine Ausfälle bei den ehemaligen Sachsen-LB-Portfolien.« Mit keinem Wort erwähnte das Ministerium die Marktwertverluste, die bereits bis zum 31. Oktober 2008 eingetreten waren. Für die Marktwertverluste bürge der Freistaat nicht, nur für die Kosten von tatsächlichen Ausfällen bei den Hypotheken müsse er geradestehen, erklärte ein Sprecher des sächsischen Finanzministers. Für die Marktwertverluste müssen aber die Eigentümer der LBBW – darunter das Land Baden-Württemberg und die Landeshauptstadt Stuttgart – geradestehen. So war es 2007 in den politischen Krisensitzungen zur Rettung der Sachsen LB vereinbart worden. Diese Konstruktion ist eine

Verdunklungsoperation, aber das Finanzministerium findet es in Ordnung: »Der Vorwurf der Verheimlichung entbehrt jeglicher Grundlage«.[475] Zur Täuschung und Irreführung der Bürger wird also auf bewährte Tricks zurückgegriffen. So geht das Spiel mit den Lügenkrediten weiter. Der Unterschied: Nicht Banken, sondern Regierungen verstecken jetzt toxische Wertpapiere vor dem Volk.

WestLB: Phoenix Light im Dunkel

Im März 2008 folgte die WestLB aus Düsseldorf den Sachsen. Sie siedelte ihre erste Bad Bank bei den gleichen Treuhändern an. Phoenix Light SF Limited wurde damals mit faulen WestLB-Papieren im Wert von 23 Milliarden Euro gegründet, die zuvor im Wesentlichen von den Briefkastenfirmen Greyhawk, Harrier und Kestrel gehalten wurden. Die Aktien von Phoenix halten drei »Charitable Trusts«, so genannte Wohltätigkeitsfirmen aus Dublin. Wieder gab es keine Bilanzen und keine Mitteilungen über den Marktwert in dem Junk-Conduit, keine Aufklärung über Forderungen und Verpflichtungen gegenüber der WestLB und dem Land NRW als Garantiegeber.

Die Vorgeschichte: Zwischen August 2002 und Oktober 2005 waren der WestLB Kapitalzuführungen in Höhe von 6,2 Milliarden Euro gewährt worden. Die Bank versprach der Europäischen Kommission, die diese Kapitalspritzen genehmigen musste, »mehr Transparenz in ihrem kommerziellen Geschäft«.[476] Am 20. Januar 2008 mussten die öffentlich-rechtlichen Eigentümer der WestLB erneut helfen, also das Land Nordrhein-Westfalen, die Landschaftsverbände und die Sparkassenverbände – diesmal mit 2 Milliarden Euro Eigenkapital. Am 8. Februar 2008 beschlossen die Eigentümer die Ausgliederung von toxischen Papieren, die mit einem »Risikoschirm« von 5 Milliarden Euro abgesichert werden sollten. Die Bank stand vor der Pleite, weil sie gezwungen war, erstmalig ihre Marktwertverluste in der Höhe von geschätzten 1,5 bis 2,5 Milliarden Euro zu bilanzieren. Im Gegenzug erhielt die WestLB Schuldverschreibungen von Phoenix Light, die in zwei Tranchen aufgeteilt wurden. Die schlechte Tranche, Junior Notes genannt, war von Zahlungsausfällen bei den übertragenen Papieren vorrangig betroffen. Wenn der Wert der toxischen Papiere fiel, dann musste die Bank auch den Wert der Junior Notes in ihrer Bilanz korrigieren. Der Rest war in Senior Notes gebündelt, die erst im zweiten Rang von Ausfällen betroffen waren und entsprechend wertberichtigt werden mussten. Diese Korrektur wurde mit dem Einverständnis der Wirtschaftsprüfer ausgesetzt, weil das Land Nordrhein-Westfalen für sie eine Rückzahlungsgarantie erteilte. Die Kosten der Transaktion blieben bei den Eigentümern, stellte die Europäische Kommission nach der Untersuchung der Aktion fest: »Sie hat eine ähnliche Wirkung wie eine Kapitalzuführung durch die Anteilseigner.«[477]

Doch diese erste Bad Bank löste die Probleme der WestLB nicht. Im November 2009 musste sie eine zweite Bad Bank gründen, die Wertpapiere in Höhe von insgesamt 85 Milliarden Euro aufnehmen soll, darunter auch die Schuldverschreibungen, welche die WestLB im Gegenzug von Phoenix Light für ihre erste Auslagerung erhalten hatte.[478]

Die Bank gab an, dass die neue Bad Bank unter dem Arbeitstitel Omega mit einem Anteil von 22 Prozent zusätzlich »strukturierte Finanzierungen« enthalten solle, die sie als »nichtstrategische« Werte bezeichnete. Was auch immer diese Papiere tatsächlich wert sein mögen, erklärte die Bank der Öffentlichkeit jedoch nicht. Der finanzierende Staatsfonds verweigert die Auskunft über Zusammensetzung und Qualität des Portfolios, auch blieb geheim, wer die Bewertung der Papiere vornimmt. Die Landesfinanzpolitiker verschwiegen ebenfalls den Steuerzahlern, was sie diese Operation kosten würde. Über eine Nachrichtenagentur wurde stattdessen – mit anonymer Quelle – gemeldet, die geplante Bad Bank würde künftig »gute Ergebnisse« erzielen.[479] Die Bürger werden die Nachrichten über die Verluste wohl erst Jahre später verdauen müssen, wenn die Abschreibungen nicht mehr verborgen werden können.

Die Auslagerung der WestLB von 85 Milliarden Euro ist nicht nur die größte Bad Bank der Welt, sie ist auch die geheimste. Andere Länder gehen offener mit dem Geld ihrer Bürger um: Der irische Staat hat eine Bad Bank für alle betroffenen Banken der Insel gegründet, die Papiere im Buchwert von 77 Milliarden Euro aufnimmt, dafür aber nur 54 Milliarden in Form von Schuldverschreibungen an die Banken zurückgibt. Dennoch sagte die Dubliner Regierung deutlich, dass sie mit dem Projekt operative Verluste erleiden werde.[480] Die Schweizerische Nationalbank hatte bereits im Oktober 2008 eine Bad Bank für die Problempapiere der UBS gegründet. Anders als im Düsseldorfer Fall legte die Nationalbank und nicht die betroffene Bank fest, welche Wertpapiere ausgelagert werden. Der Kaufpreis wurde von der Nationalbank aufgrund von Bewertungen unabhängiger Experten ermittelt, und sie achtete darauf, dass neben den Giftpapieren werthaltige Aktiva übertragen wurden. Innerhalb von zweieinhalb Monaten war die Übertragung von Papieren im Volumen von 38,7 Milliarden Dollar abgeschlossen.[481] Seitdem informiert die Nationalbank regelmäßig über die Entwicklung ihres StabFunds und veröffentlicht die Ergebnisse der Werthaltigkeitstest, die vorgenommenen Wertberichtigungen sowie die Zwischenabschlüsse. Das Wichtigste: Ihr ist es gelungen, große Teile des Paketes zu verkaufen und ihre Risiken bei der Bad Bank stetig zu reduzieren: Ende Oktober

2009 betrug ihr Darlehen für den StabFund nur noch 20,8 Milliarden Dollar.[482]

Die größte Bad Bank der Welt also. Ihr Schicksal und die Kostenfolgen dürften die Eigentümer der WestLB wohl brennend interessieren, sollte man meinen. So dachte auch Anke Brunn, die sozialdemokratische Vorsitzende des Haushalts- und Finanzausschusses im nordrhein-westfälischen Landtag. Für den 29. Oktober 2009 hatte sie eine Reihe von Experten und Verantwortlichen zu einer öffentlichen Anhörung eingeladen. Von den Eigentümern kam niemand, nur der Frankfurter Bankrechtsprofessor Helmut Siekmann war nach Düsseldorf gereist und bedankte sich für »die Einladung, der Folge zu leisten ich als eine selbstverständliche Bürgerpflicht ansehe«. Das klang etwas steif, aber der Wissenschaftler war sehr irritiert: »Zusätzlich meine ich aber auch«, erklärte Siekmann, »dass das Parlament als der vom Volk gewählte Souverän eine besondere Hochachtung verdient.« Und dann war ihm eine ausführliche Bemerkung zu den abwesenden Eigentümern wichtig: »Die Aktionäre der WestLB AG sind ausschließlich Körperschaften des öffentlichen Rechts. Wenn diese Aktionäre als Körperschaften des öffentlichen Rechts einer Einladung des Parlaments nicht Folge leisten, halte ich das für sehr problematisch. Schließlich unterliegen die hier in Rede stehenden Körperschaften des öffentlichen Rechts der Aufsicht des Landes. Nach meiner persönlichen Meinung ist es letztendlich eine Frage der Rechtsaufsicht, dass Vertreter dieser Körperschaften auch im Parlament erscheinen. Das gehört sich einfach so und ist auch juristisch geboten.«

Siekmann erläuterte den Abgeordneten, was er von der neuen Bad Bank hält: »Der eigentliche Vorteil dürfte darin bestehen, dass keine marktnahe Bewertung erfolgen muss und die bankenaufsichtsrechtlichen Eigenkapitalerfordernisse für die Anstalt nicht gelten.« Das neue Modell ist nach dem Urteil des Rechtsprofessors somit nichts weiter als die

Fortsetzung des alten Bilanztricks mit anderen Mitteln. Und »vorsichtig gesagt«, meint Siekmann zur rechtlichen Konstruktion der Dubliner Bad Bank: »Das haben sich Anwaltskanzleien ausgedacht, die sonst Steuersparmodelle in Irland oder auf den Cayman-Inseln ausarbeiten und die jetzt wohl ein Bundesgesetz formuliert haben, das rechtsstaatliche Anforderungen kaum erfüllt.« Er beklagte auch, dass die Milliardengarantien von der Regierung ohne eine Ermächtigung durch das Parlament erteilt wurden, obwohl dies im Fall der Sachsen schon das dortige Landesverfassungsgericht gerügt hatte: »Es ist staatsrechtlich ein Unding, dass die Haftung des Staates und letztlich der Steuerzahler für ein Unternehmen keiner wirksamen Kontrolle durch die Träger unterliegt.« Waren die Garantien daher verfassungswidrig? Man wisse es schlicht nicht, weil die Regierung über die Details der Garantiegabe nicht informiere. Wenn es so sei, dass der Staat damit für alte Risiken geradestehe, für die er rechtlich ohnehin geradestehen müsse, dann müsse die Regierung nicht mehr ermächtigt werden. Alle öffentlich bekannten Fakten sprächen aber dafür, dass es ein neues Risiko sei, schon allein weil es sich bei den Bad Banks um völlig neue Gesellschaften handele. »Wenn es sich um neue Risiken handelt«, sagte Siekmann, »dann sehe ich einen Verfassungsverstoß.«

Welche Konsequenzen hat das für die Finanzpolitiker in den Landesregierungen? »Im Studium hielten wir es für undenkbar«, erzählte Siekmann, »dass sich zunehmend Regierungen oder – ich sage es allgemeiner – Verfassungsorgane unter Umständen verfassungswidrig verhalten, dass dieses rechtskräftig durch Verfassungsgerichte festgestellt wird und damit keine Sanktionen verbunden sind.« Als Student hatte er noch die Vorstellung, sagte der Jurist, dass eine Regierung im Fall eines erkannten Verfassungsverstoßes zurückzutreten habe. Die Zeiten haben sich offenbar geändert, nur nicht die Bankenpraxis der WestLB. Siekmann: »Wenn man sich das

Geschäftsgebaren im Jahr 1998/1999 etwas näher angeschaut hat, war – vielleicht mit etwas Pessimismus – im Grunde schon damals abzusehen, dass sich das Ganze in problematische Regionen bewegen würde.«[483]

Der Kriminalfall der WestLB ist teilweise bekannt: Ehemalige WestLB-Manager mussten sich mehrfach wegen Strafverfahren vor Gericht verantworten, darunter auch der ehemalige WestLB-Chef Jürgen Sengera. Im November 2009 prüfte die Staatsanwaltschaft Düsseldorf eine Anklage gegen mehrere führende Ex-Manager wegen Verletzung der Informationspflichten gegenüber dem Aufsichtsrat. Gegen zwei Aktienhändler und zwölf weitere Beschuldigte wurde ermittelt, nachdem ihre Fehlspekulationen der WestLB einen Verlust von 600 Millionen Euro beschert hatten.

Weniger bekannt ist die Geschäftspraxis der Landesbank auf dem amerikanischen Markt.[484] Schon vor der Krise waren den amerikanischen Behörden unerlaubte Praktiken der WestLB aufgefallen. Wegen verbotener Koppelgeschäfte wurde ihr von der Notenbank eine Geldbuße auferlegt. Der Mediensprecher hatte eine Ausrede parat: »Solche Geschäfte sind überall, beispielsweise auch in Deutschland, erlaubt, nur in den USA nicht.« Im Frühsommer 2007 mussten zwei leitende Manager der New Yorker WestLB-Einheit Brightwater Capital gehen. Sie waren verantwortlich für die Handelsgeschäfte mit den Conduits Harrier Finance und Kestrel Funding. Ihnen wurde vorgeworfen, Vermögenswerte von Harrier unter dem Marktpreis über einen Broker an Kestrel weiterverkauft zu haben, um sie dann bei Kestrel zum Marktpreis mit einem hohen Profit wieder zu verkaufen. Harrier und Kestrel kollabierten im Frühjahr 2008 mit Buchwerten in Höhe von 15 Milliarden Dollar.[485] Der Ausgang der Verfahren ist offen.

Am 12. November 2009 verklagten vier Banken, darunter die Anglo Irish Bank, die WestLB in den USA auf Rückzahlung von 230 Millionen Dollar. Sie machen die Landesbank für ihre Totalverluste verantwortlich, die sie als Investoren in die Conduits Harrier und Kestrel erlitten hatten. Anders als andere Banken hätte die WestLB sich nicht aktiv um eine höhere Liquidität bemüht. Die WestLB hätte so lange gewartet, bis eine angemessene Reaktion nicht mehr möglich war, beschwerten sich die vier Banken.[486]

Einige ihrer ehemaligen Kunden lassen erkennen, dass die Bank bei der Wahl ihrer Engagements nicht sehr wählerisch war, so beim Kreditversicherungsgeschäft und beim Kauf der Aktien des Medienkonzerns Vivendi. Heute wirft die WestLB deren Ex-CEO Jean-Marie Messier vor, mit seinem Dream-Team ein Betrugssystem betrieben zu haben, einen massiven Bilanzbetrug begangen und den Kurs der Vivendi-Aktie manipuliert zu haben – mit dem Ergebnis drastischer Verluste für die WestLB.[487]

Bei der WestLB haften Sparkassen, Land und Kommunen für 70 Milliarden Euro. Anfang 2009 beschloss die Bank, 1350 Arbeitsplätze abzubauen. Die Europäische Kommission forderte von der Landesbank wegen der staatlichen Beihilfen weitreichende Veränderungen, damit sie wieder auf eigenen Beinen stehen könne: den Abbau zahlreicher Einheiten, den Verkauf der Vermögensverwalter-Tochter Weberbank, das Verbot des Eigenhandels.[488] Die EU-Wettbewerbskommissarin Nellie Kroes zeigte sich schockiert über die desolate Lage des Instituts. Sie sei »erstaunt darüber, wie viel zusätzliche Unterstützung erforderlich ist«. Und sie bezweifelte die Rechtmäßigkeit der Bad-Bank-Gründung.[489]

Die Landeskasse ist ruiniert. Für das Desaster der WestLB, das mehr als ein Jahrzehnt währte, sind nicht nur die Vorstandschefs der Bank verantwortlich, Verantwortung tragen auch die Landesfinanzminister, die während dieser Zeit als Aufsichtsräte wirkten: Heinz Schleußer (SPD), Peer Steinbrück (SPD), Jochen Diekmann (SPD) und Helmut Linssen (CDU).

Deutsche Industriebank IKB: Im Blindflug in die Pleite

Was wird aus dem Finanzplatz Düsseldorf? Da wäre noch eine weitere Bank mit internationalem Geschäft – die IKB Deutsche Industriebank. Doch die IKB besteht nur noch aus einem Rumpfgeschäft, das der »Geierfonds« Lone Star, ein Spezialist für Notleidendes, übernommen hat. Die IKB gehörte einst privaten und staatlichen Aktionären, in ihrem Aufsichtsrat saßen die Regierungsvertreter – allen voran Jörg Asmussen, der Staatssekretär aus dem Bundesfinanzministerium. Er war der verantwortliche Aufsichtsrat, der zugeschaut hat, wie das Institut mit Kreditverbriefungen über ausländische Briefkastenfirmen in die faktische Pleite steuerte. Die laxe Wahrnehmung der Aufsichtspflichten kostete die deutschen Steuerzahler Milliarden.

Wie im Blindflug taumelten Vorstand, Aufsichtsrat und Finanzpolitiker, bis die IKB endlich abstürzte. Am 20. Juli 2007 meldete der IKB-Vorstand noch beste Ergebnisse. Sie seien »sehr gut in das Geschäftsjahr gestartet«, verkündeten die Manager. Die Krise am US-Hypothekenmarkt habe »praktisch keine Auswirkung« auf die Geschäfte der IKB. Die Anleger fanden das toll, sie kauften vermehrt IKB-Aktien. Eine Woche später lag die IKB am Boden, ohne sofortige Hilfe drohte ihr die Insolvenz.

Ein erster Notkredit in Höhe von 3,5 Milliarden Euro wurde ihr zugeführt, 70 Prozent davon wurden durch die staatliche Kreditanstalt für Wiederaufbau (KfW) aufgebracht, weitere Rettungszahlungen folgten. Mehr als 8 Milliarden Euro kostete das die KfW. Die staatliche Beteiligung an dem Bankhaus musste schließlich im August 2008 an den Investor Lone Star verscherbelt werden.[490] Der damalige IKB-Chef Stefan Ortseifen wurde ein Fall für die Staatsanwälte, die ihm in einer Anklageschrift Börsenmanipulation und Untreue vorwarfen. Die Staatsanwälte erheben allerdings keine Vorwürfe wegen der Milliardendeals mit den Conduits. Sie stießen bei ihren Ermittlungen lediglich auf verhältnismäßig belanglose Vorwürfe: Ortseifen habe für die von ihm allein bewohnte Vorstandsvilla eine teure Lautsprecheranlage auf Kosten der Bank abgerechnet – angeblich ohne Genehmigung. Das Verfahren ist nicht abgeschlossen, und Ortseifens Verteidiger geht von der Unschuld seines Mandanten aus.

Als Retter in der Not wurden in den Vorstand der IKB zwei Männer berufen, die zu den Spitzenkräften der kopflosen Verbriefungskunst zählen: Dieter Glüder und Reinhard Grzesik. Glüder forcierte jahrelang eine politische Kampagne zur »Förderung des deutschen Verbriefungsmarktes«. Er war einer der wichtigsten Protagonisten der Hochrisikogeschäfte und kämpfte vehement dafür, dass die verbrieften faulen US-Hypotheken für die Deckung von deutschen Pfandbriefen zugelassen wurden. »Selbst einbrechende Immobilienmärkte können ihnen nichts anhaben«, versicherte Glüder. »Es ist Eile geboten«, warnte er die deutschen Finanzpolitiker, sie würden sonst den Zug verpassen. Das war im Juni 2007. Zwei Monate später stürzte die IKB über ebendiese Geschäfte.[491] Glüder plagte sich dennoch nicht mit Gewissensbissen. Noch im Mai 2009 erklärte er an einer Fachkonferenz, man müsse akzeptieren, »dass die ganze Welt die Krise nicht vorhergesagt hat«.[492]

Sein IKB-Vorstandskollege Reinhard Grzesik war zuvor Finanzchef der Depfa Bank in Dublin, jener Tochtergesellschaft der Münchner Pfandbriefbank Hypo Real Estate, die dem Staat mehrfach milliardenschwere Rettungsaktionen abnötigte, bis die Bundesregierung die Bank faktisch verstaatlichte. Grzesik war fünf Jahre lang in Irland als Finanzchef für die Überwachung der riskanten Depfa-Geschäfte verantwortlich. Auf diesem Posten organisierte und unterzeichnete er Transaktionen in Milliardenhöhe, die nun deutsche Steuerzahler mehrere Jahrzehnte belasten werden.[493] Grzesik schied erst im Juni 2009 bei der IKB aus – »auf eigenen Wunsch«.

Das ehemalige IKB-Conduit Rhineland Funding segelt bilanzrechtlich immer noch im Autopilot-Modus. Für die Lasten ist nun zwar die KfW verantwortlich, aber Rhineland Funding wird in der KfW-Bilanz »nicht konsolidiert«. Ein Sprecher teilte dazu mit, dass die KfW »keine Kontrolle« über das Vehikel ausübe. Wer kontrolliert stattdessen die Rhineland Funding? Offenbar niemand, wenn es nach den Auskünften der KfW geht. Die Aktionäre seien »gemeinnützige Stiftungen nach dem Recht von Jersey«. Die Anteile würden von einem Treuhänder gehalten, die Direktoren würden von einer weiteren Treuhandfirma gestellt. Die Jahresabschlüsse der Rhineland Funding gibt es bei der KfW nicht: »Bitte wenden Sie sich hierfür direkt an die Gesellschaft«, schreibt ein KfW-Sprecher. Es handele sich schließlich um »vertrauliche Informationen«.

Keine Kontrolle? Ist das die ganze Bilanzwahrheit? Keineswegs: Die KfW hält tatsächlich die »Liquiditätslinien« für Rhineland Funding, die früher von der IKB gehalten wurden. Mit anderen Worten: Die KfW hält die Rhineland Funding mit Frischgeld am Leben, sie beherrscht die Firma, weil sie alleine die Risiken trägt. Ohne diese Liquiditätskredite könnte das Conduit nicht überleben; es steht und fällt mit dieser Stütze. Daher ist die KfW folglich auch die wirtschaftlich beherrschende, kontrollierende Gesellschaft, von deren Entscheidungen das Wohl der Briefkastenfirma abhängt. Ihre Interpretation der Bilanzregeln ist daher höchst zweifelhaft, die rechtliche Konstruktion lediglich Camouflage.[494]

Aktionäre der IKB mussten mühsam und kostspielig durch die Gerichtsinstanzen hindurch, um Aufklärung der IKB-Causa kämpfen. Zunächst stützte das Landgericht Düsseldorf ihre Forderung nach einem unabhängigen Sonderprüfer. Die

IKB legte Beschwerde ein. Im Dezember 2009 bestätigte das Oberlandesgericht die Bestellung des Sonderprüfers.[495]

HSH Nordbank: Land unter an der Küste

Schauplatzwechsel in den deutschen Norden. Andere Bank, andere Landespolitiker, das gleiche Fiasko. Eine Landesbank, die in einer Nacht- und Nebelaktion durch eine Kapitalspritze von Milliarden Euro gerettet werden musste: die kleine HSH Nordbank. Wieder eine Zombie-Bank, die aus den Staatskassen künstlich belebt werden muss, weil die Insolvenz unermessliche Folgen hätte. Die öffentliche Hand haftet bei der HSH Nordbank für 100 Milliarden Euro. Die kleine Landesbank war im Sommer 2003 aus einer Fusion der Hamburgischen Landesbank mit der Landesbank Schleswig-Holstein hervorgegangen. 2007 hatte sie 7,3 Milliarden Euro Eigenkapital. Bis zum Sommer 2008 wuchs die Zahl der Mitarbeiter auf rund 5000. Etwa 60 Prozent der Anteile gehörten den beiden Bundesländern, der Rest den Sparkassen und einigen Privatinvestoren. Nun hatte sie nur noch einen Eigenkapitalpuffer von 4,2 Milliarden Euro.

Werner Marnette, der ehemalige Wirtschaftsminister von Schleswig-Holstein, beschrieb in Tagebuchaufzeichnungen, wie er das Siechtum der Landesbank erlebte. Bis er es nicht mehr weiter ertragen konnte und Ende März 2009 seinen sofortigen Rücktritt aus der Landesregierung erklärte. Das Nachrichtenmagazin *Stern* veröffentlichte die persönlichen Notizen von Marnette, einem Unternehmensprofi, der zuvor dreizehn Jahre lang den Kupferkonzern Norddeutsche Affinerie geleitet hatte. Dem Ministerpräsidenten Peter Harry Carstensen (CDU) wirft er vor, die Unwahrheit gesagt zu haben, seinem Ministerkollegen Rainer Wiegard (CDU), der das Finanzressort leitet, macht er den Vorwurf, er habe »seit Herbst 2008 alles versucht, jegliche Information über die tatsächliche Situation der HSH zurückzuhalten, zu verzögern beziehungsweise einer kritischen Prüfung zu entziehen«. Marnette hatte von den beiden mehrfach Informationen über die Lage der Landesbank angefordert, mit langen Fragekatalogen Auskünfte erbeten und um ein vertieftes Krisengespräch ersucht. Doch der Ministerpräsident und der Finanzminister mauerten unentwegt, keine der Fragen wurde hinreichend beantwortet, die Auskunftsverweigerung mit dem Bankgeheimnis begründet. »Sie ließen durch die Gesprächsführung erkennen, dass sie an einer Diskussion über die weitere Entwicklung der Bank überhaupt nicht interessiert waren«, notierte Marnette. Finanzminister Wiegard protestierte sogar noch: »Er beschwerte sich massiv und warf mir vor, dass ich seit Wochen ›seine Leute von der Arbeit fernhalten und ständig eine Sonderbehandlung fordern‹ würde.«

Es war wie bei den Sachsen, den Schwaben und Rheinländern: Die Hanseaten verdunkelten die wahren Verhältnisse bei der kleinen HSH Nordbank, bis die Katastrophe nicht mehr zu verheimlichen war. Nach und nach kam ans Tageslicht, was in der Bilanz verheimlicht wurde: Die HSH hatte mit 105 Milliarden Euro so viele zweifelhafte Wertpapiere in den Büchern wie der Geldgigant Citigroup in den USA, der mit 50 Milliarden Dollar aus dem staatlichen Rettungsfonds der Amerikaner gestützt werden musste. Ihre Problemaktiva waren viermal so hoch wie der Betrag, den die Schweizerische Nationalbank aufbringen musste, um die Großbank UBS zu retten.

Das Beispiel der HSH demonstriert, wie schwer diese Geschäfte die Deutschen belasten werden. Denn für die deutschen Bürger sind die Folgen weit dramatischer als für die Amerikaner oder die Schweizer. Erst im internationalen Vergleich können sie verstehen, wie es um das deutsche Bankensystem bestellt ist. Um die Dimension des Problems deutlich zu machen, das sich die Steuerzahler der beiden norddeutschen Bundesländer aufgeladen haben, sollte man die Ertragszahlen miteinander vergleichen. Die Bankgiganten erzielen in guten Jahren hohe Milliardenerträge, die kleine HSH Nordbank ist davon weit entfernt, allenfalls ein paar hundert Millionen könnte eine völlig genesene HSH Nordbank bei bester Wirtschaftslage erwirtschaften. Doch davon ist sie noch weit entfernt: Es sei nicht nachvollziehbar, wie die HSH im Jahr 2011 wieder Gewinne machen wolle, meinten die Experten vom SoFFin-Rettungsfonds.[496]

Zunächst erwarteten die Manager der HSH Hilfe vom deutschen Rettungsfonds SoFFin. Doch diese Rechnung ging nicht auf. Jeder Unternehmer weiß, dass er für einen Überbrückungskredit der Bank vorrechnen muss, wie hoch seine erwarteten Erträge sein werden, da diese zur Rückzahlung des Darlehens ausreichen müssen. So simpel ist auch der Fall der HSH Nordbank: Wenn sie vom SoFFin einen Notkredit in Höhe von 13 Milliarden Euro erhalten würde, um zunächst die bereits eindeutig als »toxisch« klassifizierten Schrottwerte zu neutralisieren, müsste sie einen Zins von 9 Prozent entrichten. So viel nimmt der SoFFin auch von anderen hilfsbedürftigen Häusern wie der Commerzbank. Die HSH Nordbank müsste in diesem Fall allein im ersten Jahr einen Zinsdienst von 1,17 Milliarden Euro leisten, aber so viel verdient sie gar nicht. An eine Amortisation des Staatskredits wäre dabei überhaupt nicht zu denken. Die Lage ist klar: Die HSH Nordbank ist nicht kreditwürdig. Sie ist mausetot, nichts weiter als eine Zombie-Bank, die künstlich von den Eigentümern beatmet wird.

Die Eigentümer können aber die HSH Nordbank nicht einfach in Konkurs schicken. Die Bundesländer haften für ihre Geschäfte, so dass sich die Gläubiger am Stadtstaat Hamburg und am Bundesland Kiel schadlos halten können. Während die Citibank und die UBS sich – dank Vater Staat – inzwischen allmählich erholen, bleiben die norddeutschen Bürger auf einem gewaltigen Schuldenberg sitzen.[497] Jeder Einwohner Hamburgs und Schleswig-Holsteins – ob Baby oder Rentner, arbeitslos oder gutverdienend – steht daher für Problemkredite im Wert von rund 22 900 Euro gerade. Es ist daher klar, dass die Bürger der beiden Bundesländer mit ihren heutigen Steuerleistungen dieses Problem nicht auffangen können.

Wirtschaftsminister Marnette erzählte, wie HSH-Chef Dirk Jens Nonnenmacher zum ersten Mal über riesige Verluste informierte. Ein halbe Stunde lang referierte Nonnenmacher über Zukunftskonzepte. »Da kam er dann zur Seite 11 der Vorlage und dem entscheidenden Bild«, berichtet Zuhörer Marnette: »Vorläufige Gewinn- und Verlustrechnung 2008 in Milliarden Euro. Operatives Ergebnis: minus 2,8 Milliarden Euro«. Marnette konnte es nicht begreifen: »Das muss man sich mal vorstellen. Und Nonnenmacher behandelte dieses Riesendefizit als eine Art Randnotiz seiner Präsentation. Das ist doch eine Unverschämtheit.«[498]

Nonnenmacher durfte weitermachen. Er war als Risikochef der Bank bereits an Bord, als die Bilanztricks mit den versteckten Verbriefungsgeschäften auf Hochtouren liefen. Zum Beispiel mit dem »Wohltätigkeitstrust« Poseidon. Vertrauliche Dokumente belegen, wie die Deals abliefen: Das Conduit wurde »zur Durchführung von Off-Balance-Finanzierungen eingerichtet«, bemerkte der Revisionskonzern KPMG in einem nicht veröffentlichen Prüfbericht über das Engagement. Off-Balance bedeutet: außerhalb der Bilanz. Die HSH-Manager suchten die verbrieften Wertpapiere aus, die mit Poseidon gekauft wurden. Wegen der Marktverluste, die sich 2007 einstellten, und der Bilanzierungspflicht nach den neuen Regeln musste die HSH Ende 2007 die Poseidon-Werte in die eigene Bilanz aufnehmen. Als die Märkte schon ins Trudeln geraten waren, drehte die HSH bei Poseidon noch richtig auf: Zwischen Oktober 2006 und April 2007 steckte sie noch fast 2 Milliarden Euro in das Poseidon-Conduit.[499] Der vorläufige Verlust bei diesem Engagement bis September 2008: 88,9 Millionen Euro.[500]

Die HSH finanzierte zudem die Conduits anderer Banken, wie die Griffin Park Funding der britischen Investec Bank, die eine Kreditlinie in Höhe von 250 Millionen britischen Pfund erhielt. Die Investments: hoch gefährdete Hypotheken von Schuldnern »mit niedriger oder unzureichender Bonität«. Oder die »Soloso CDO 2005-1 Ltd.« mit Domizil in George Town auf den Cayman-Inseln, ein Conduit von Bear Stearns: Die HSH investierte dort 60 Millionen Dollar. Die Aktiva des Conduits hatten bis September 2008 um 63,5 Prozent an Wert verloren. Bei einem weiteren Subprime-Conduit auf den Caymans hatte sich die HSH mit 331 Milliarden Euro beteiligt. Die Tranchen mit »höchster Bonität« mussten um 80 Prozent wertberichtigt werden, die restlichen Tranchen waren wertlos. Die gesetzlich geforderte Millionenkreditanzeige für dieses Engagement war von der HSH erst verspätet bei der Bundesbank gemeldet worden, monierten die Prüfer. Ein skurriler, sehr komplexer Deal wurde für reiche Privatinvestoren über eine niederländische Stiftung abgewickelt, wobei die Kunden als Sicherheit für Darlehen Ansprüche aus Lebensversicherungspolicen abgetreten hatten, darunter auch Versicherungen vom US-Konzern AIG.

Zu den riskanten Engagements zählten auch hohe Darlehenssummen, die an andere Landesbanken sowie an die IKB und die Hypo Real Estate vergeben wurden: 3,7 Milliarden an die BayernLB, 2,3 Milliarden an die LBBW, 1,4 Milliarden an die WestLB, 119 Millionen an die IKB und 700 Millionen an die HRE.[501] Und dann wäre da noch der Kredit an die Bad Bank der Sachsen, das neue Conduit Sealink Funding Ltd. in Dublin. Die HSH Nordbank gab der Sealink »ein unbefristetes und unbesichertes Darlehen in Höhe von 1,6 Milliarden Euro«, wie interne Unterlagen belegen. Die Kreditlinie ist vollständig in Anspruch genommen worden. Das war im August 2007 eine Solidaraktion für die kleine Landesbank, und die HSH fühlte sich offenbar stark genug, großzügig zu helfen.[502]

Den Gipfel bildeten aber zwei Projekte mit den Namen Omega 52 und Omega 55. Dabei wurden kurz vor dem Jahresabschluss 2007 Wertpapiere im Volumen von nahezu 2 Milliarden Euro in Conduits verschoben, die von der Londoner Filiale der französischen Großbank BNP Paribas in Dublin eingerichtet wurden. Ihre Namen: Omega Capital Investments, Omega Capital Europe und Omega Capital Funding. Es war mal wieder eine komplexe Verbriefungskonstruktion mit Briefkastenfirmen ohne Mitarbeiter. Als Direktoren waren Dubliner Treuhänder eingetragen, in einem Fall ein Direktor, der auch für Conduits der Sachsen tätig war. Und die HSH Nordbank hatte dem Vehikel Liquiditätskredite in Höhe von 600 Millionen Euro gewährt.

Die Funding-Firma gehörte offiziell den angeblich wohltätigen Aktionären »BadB Charitable Trust«, »MedB Charitable Trust« und »Eurydice Charitable Trust«. Die Firma war erst am 18. März 2009 in der Lage, eine Bilanz für das Gründungsjahr 2007 vorzulegen. Über die Bücher liefen Geschäfte im Volumen von 777 Millionen Euro bei einem Eigenkapital von 3 Euro – kein Schreibfehler: 3,00 Euro. Bis Ende November 2009 war auch die Bilanz für 2008 noch nicht erstellt. Im Bericht für das Jahr 2007 tauchte der Name der HSH nicht auf, lediglich die BNP Paribas. Und in der Konzernbilanz der HSH Nordbank für 2007 tauchte die Omega wiederum nicht auf, schon gar nicht die in Dublin festgestellten Bewertungsprobleme. Die HSH-Bilanz spiegelte also nicht die wahren Verhältnisse wider; sie müsste neu erstellt werden. Aber auch die Konzernbilanz für das Jahr 2008, den gesetzlich vorgeschriebenen Offenlegungsbericht für 2008 und den

Finanzstabilitätsbericht 2008 erwähnt Omega nicht, obwohl der Vorgang zwischenzeitlich intern vom Prüfkonzern KPMG höchst kritisch beurteilt und bemängelt worden war.[503]

Im Fall der Omega Capital Investments waren bei einem Eigenkapital von immerhin 40 000 Euro in 2008 immer noch Geschäfte im Volumen von 800 Millionen Euro getätigt worden. Zwischen Dezember 2008 und März 2009 fielen die Marktwerte der gehaltenen Papiere um die Hälfte. Wieder kein Wort über die HSH.

Die Prüfer von PricewaterhouseCoopers machten darauf aufmerksam, dass Kreditausfälle stattfanden, aber keine Wertberichtigungen vorgenommen wurden. Sie erteilten das Testat nur mit einer gravierenden Einschränkung: Der Abschluss zeige eine Überschuldung. Daher müsse von Gesetzes wegen eine außerordentliche Generalversammlung stattfinden. Diese wurde eilig für den 24. März 2009 einberufen.[504] Über das Resultat dieser Generalversammlung teilte die HSH Nordbank nichts mit, aber eine Woche später, am 3. April, stimmten die Hamburgische Bürgerschaft und der Kieler Landtag einer Kapitalerhöhung um 3 Milliarden Euro zu. In einer Pressemitteilung wurde die Geldspritze gewürdigt – mit Nonnenmachers Worten: Vertrauen, Neuausrichtung, Stärke, Verantwortung.[505]

Im Mai 2009 beantwortete der Hamburger Senat die Fragen der Bürgerschaftsabgeordneten zur HSH. Die Parlamentarier wollten wissen, warum die Portfolios mit den verbrieften Wertpapieren nicht stärker abgebaut würden. »Eine aktive Reduzierung« sei nur »unter Inkaufnahme von Verlusten möglich«, lautete die Antwort, »da die Marktwerte für strukturierte Produkte teilweise massiv unter den Fundamentalwerten liegen, die sich bei realistischen Annahmen für die Zukunft ergeben.« Mit anderen Worten: Die Hamburger HSH-Eigentümer rechneten mit der Wiederkehr der Blasenpreise.[506]

Die HSH musste im Oktober und November 2008 den Schaden mit den Omega-Transaktionen auf 539 Millionen Euro beziffern. Das Risikopotenzial war laut Erkenntnissen der Sonderprüfer »unzutreffend erfasst«, der Fall in der Rechnungslegung ebenfalls nicht »zutreffend« dargestellt. Die Bilanz musste korrigiert werden. Der simple, aber gravierende Grund: Die Marktwerte der Papiere waren gar nicht erfasst worden. In einer Nebenvereinbarung mit der BNP Paribas war die HSH ausdrücklich auf ihre Eigenverantwortung hingewiesen worden, insbesondere bei den Risiken, aber auch für die »Accounting- und regulatorischen Themen«. Sie war also gewarnt, dass sie für Verletzungen von Bilanzierungs- und Aufsichtsregeln selbst verantwortlich war. Der KPMG-Prüfbericht kam zu dem Resultat, dass die »Mindestanforderungen an das Risikomanagement« der BaFin »in wesentlichen Teilen« nicht erfüllt waren. Die Staatsanwaltschaft Hamburg hat Ermittlungen aufgenommen.[507]

Ein weiteres Krisenfeld der Hamburger stellt die Schiffsfinanzierung dar. Auf diesem Gebiet ist sie zwar Weltspitze, problematisch ist dabei jedoch, dass der Schiffbau ebenfalls eine globale Spekulationsblase erlebte. Es wurde auf einen rapide wachsenden Transportbedarf mit den asiatischen Ländern spekuliert, auf stetig steigende Tonnagen, auf einen nicht mehr abebbenden Transportboom. Das Beispiel einer Hamburger Reederei verdeutlicht das Problem der Bank: Für mehr als 2 Milliarden Euro reichte die HSH Darlehen an die Reeder aus, hauptsächlich zur Bau- und Endfinanzierung von 32 Reedereischiffen. Zum Zeitpunkt der Kreditgewährung waren laut Prüfberichten bereits 18 Schiffe »ohne Beschäftigung«. Gewöhnlich muss der Reeder einen hohen Eigenkapitalbeitrag leisten, bevor er eine Werft mit dem Bau eines Schiffes beauftragt. Die HSH war im Fall der Hamburger Reederei aber so großzügig, dieser 110 Millionen Dollar Darlehen für die Eigenmittelanteile zu leihen. Ende Oktober meldete der Reeder, dass er die in einem Kreditvertrag vereinbarten Charterverträge für Schiffe nicht einhalten könne, die ab Juli 2009 zu liefern wären. Die Papiere über die Finanzpläne des Reeders waren der Landesbank »nicht aussagekräftig« genug, der Kunde wurde zum Sanierungsfall. Eine Idee war nun, die in den Werften liegenden Neubauten abzubestellen. Dann aber, so stellte sich bald heraus, wären die üblichen Anzahlungen für die Werft verloren – im Fall des Hamburger Reeders immerhin 254 Millionen Euro. Die HSH drohte mit der Kündigung der Kredite, verlangte vom Reeder, dass er anderswo neue Eigenmittel auftreibe. Sie musste erst einmal mit 384 Millionen Euro Rückstellungen für den Kunden rechnen – mit offenem Ausgang.[508]

Dies war kein Einzelfall, denn die HSH ist Kreditgeber einer gewaltigen Frachtschiffflotte. Ihre Zukunft in diesem Markt: fallende Transportraten, sinkender Bedarf, fallende Marktwerte der Schiffe und der Beginn eines mörderischen Preiskrieges in der Container-Schifffahrt. Mehr als sechshundert Frachter liegen weltweit unbeschäftigt vor Anker. In den Werften stehen Schiffe im Wert von 40 Milliarden Euro, die in den kommenden Jahren vom Stapel laufen. Der Hamburger Reeder Peter Döhle forderte eine Bad Bank für Schiffe.[509]

Im November 2008 war die HSH Nordbank ganz knapp an der Zahlungsunfähigkeit vorbeigeschrammt.[510] Ein Jahr später erklärte Nonnenmacher, die HSH sei wieder »absolut wettbewerbsfähig«, sogar einen Börsengang hielt er für ein »attraktives Szenario«. Im November mussten zwei Vorstandsmitglieder die HSH verlassen. Sie sollen ihren Sorgfaltspflichten nicht genügt haben, stritten aber Fehlverhalten ab. Um die Reputation wieder herzustellen, wurde der ehemalige Chef der Deutschen Bank Hilmar Kopper in den Aufsichtsrat berufen. Die EU-Kommission fordert eine Teilprivatisierung und wie immer eine neue Struktur mit tragfähigen Geschäften.

Am 19. November 2009 gab es wieder eine Powerpoint-Präsentation: dezente hellblaue Hintergrundfarben, Bilder von einer Regatta mit HSH-Segel, kraftstrotzende Skipper an Bord. Zahlen, Zahlen, Zahlen. Auf Seite 9 dann die entscheidende Aussage: In den drei Quartalen bis September 2009 hatte die HSH Nordbank ein Minus von 886 Millionen Euro verursacht – trotz milliardenschwerer Staatshilfen.[511] Etwa die Hälfte der Bilanzsumme wurde ab Dezember 2009 in eine »Restrukturierungseinheit« abgeladen, eine Art Inhouse-Bad-Bank. 585 Arbeitsplätze waren innerhalb eines Jahres abgebaut worden. Nonnenmacher konnte all dem sogar noch Positives abgewinnen: »HSH Nordbank bleibt im Plan«, lautete die Überschrift über der Medienmitteilung.[512] Bankenboss Dirk Jens Nonnenmacher durfte bleiben.

BayernLB: Rote Zahlen unter weiß-blauem Himmel

Schauplatzwechsel: Bankenstandort München, stolze Wirtschaftsmetropole, Heimat von Weltkonzernen wie Siemens und BMW. Eine ehrgeizige Pfandbriefbank, eine stolze Landesbank, nach der Bilanzsumme die zweitgrößte Deutschlands, und wieder das gleiche Fiasko: Betrugsvorwürfe gegen die Spitzenmanager der BayernLB beim völlig überteuerten Kauf der Hypo Alpe Adria in Österreich, windige Kundschaft wie der Jungpleitier Lars Windshorst, versteckte Hochrisikogeschäfte in einer kroatischen Leasingfirma, inkompetente Finanzpolitiker in München und Wien, Staatshilfen in Milliardenhöhe und wieder neue Milliardenlöcher. In schwerster Stunde dann wieder eine Powerpoint-Präsentation zur Lage der Bank unter dem Titel »BayernLB – zukunftsfähiges Fundament steht«. Die Mitarbeiter sollten sich das Dokument auf ihren Privat-PC herunterladen und für später sichern. Auf Blatt 10 die entscheidende Zahl: »Erwarteter Jahresfehlbetrag für 2009: über 1 Milliarde Euro.«[513]

In einem Gutachten über die Umstände des Kaufs der Kärtner Tochter stellte die Anwaltsfirma RölfsPartner fest, dass »von der Verkäuferseite Zeitdruck ausgeübt wurde«. Obwohl schon etliche Mängel im Portfolio der Hypo Alpe Adria bekannt waren, wurde das Prüfungsgutachten zur Bewertung der Bank, der so genannte Due-Diligence-Report, vor dem Kauf nicht im Verwaltungsrat der BayernLB beraten – ein unübliches und schwerwiegendes Versäumnis. Die Gutachter von RölfsPartner urteilten: »Aufgrund des dargestellten Sachverhalts ist es fraglich, ob die Beteiligten ihrer Sorgfaltspflicht gerecht wurden.« Die Politiker im Verwaltungsrat akzeptierten den Deal demnach, ohne einen gründlichen Bericht über die Due-Diligence-Prüfung erhalten zu haben.[514]

Die BayernLB musste mit 10 Milliarden Euro Eigenkapital vom Staat gestützt werden, ihre österreichische Tochter erhielt ebenfalls Staatshilfen. Hinzu kamen weitere Garantien des SoFFin-Fonds. Die Hälfte des neuen Kapitals benötigte sie zum Verlustausgleich, die andere Hälfte, um wieder ein Mindestmaß an Kapitalausstattung zu erreichen. Ihr Portfolio verbriefter Giftpapiere blieb in der Bilanz, abgesichert durch eine Kreditversicherung mit Credit Default Swaps des Freistaates Bayern. Das bedeutet: Bei Ausfällen über eine Selbstbeteiligung von 1,2 Milliarden, die von der Bank zu berappen ist, muss das Land zahlen. Sie hatte 2008 Handelspapiere im Wert von 32 Milliarden Euro vom Handelsbuch in das Kreditbuch verschoben, so dass die aktuellen Marktwerte nicht mehr berichtet wurden. Im Dezember 2009 musste die Landesbank ihr Versagen beim Kauf der österreichischen Tochter Hypo Alpe Adria eingestehen. Die Kärntner Tochtergesellschaft musste sie für einen symbolischen Euro der Republik Österreich überlassen und dazu noch auf hohe Forderungen verzichten. Die vorläufig geschätzten Kosten für die Steuerzahler: 3,7 Milliarden Euro.[515] Die ganze Wahrheit über die zu realisierenden Verluste kommt später. Der Fall der Bayern war ein weiteres deutsches Lehrstück: Wie Banken nicht gerettet werden.[516]

Hypo Real Estate: Verstaatlichung eines Pleitiers

Sachsen LB, IKB, KfW, HSH, LBBW, BayernLB – geht es noch schlimmer? Unübertroffen ist immer noch der Fall der Hypo Real Estate (HRE). In seinem letzten Amtsjahr hat Bundesfinanzminister Peer Steinbrück mit dem Geld, das ihm die Steuerzahler anvertraut haben, die Hypo Real Estate in der Not einfach gekauft. Sicherlich würden die Steuerzahler gerne wissen, was sie das Abenteuer kostet. Der Finanzminister vermittelte stets den Eindruck, dass die Sache »im Interesse der Steuerzahler« kostenneutral ablaufe. Der staatliche Rettungsfonds SoFFin verweigert konkrete Auskünfte. Die Aufsichtsbehörden Bundesbank und BaFin schweigen. Ein Blick in die Finanzberichte der Krisenbank hilft nicht weiter. Denn die wirklichen Verlustrisiken der HRE sind nun ein großes Staatsbankgeheimnis.

Ein Stück der Wahrheit liefern interne Unterlagen der HRE.[517] Sie stammen aus den Monaten nach der dramatischen Rettungsaktion im Herbst 2008. Schnörkellos zeichnen darin die Risikomanager der HRE das Bild einer hoffnungslos überschuldeten Bank mit gewaltigen, versteckten Risiken. Sie berechneten den Eigenkapitalbedarf zur Gesundung der Bank auf bis zu 26 Milliarden Euro für den Fall, dass sie den

Wert ihrer Risikopapiere komplett berichtigen würde. Diese Berechnungen sind der Bundesbank bekannt. Sie gehen weit über das hinaus, was die Bank und die Bundesregierung als Eigentümer über den Kapitalbedarf zugeben, und sie offenbaren, wie die HRE durch einen ganz legalen Bilanzkniff ihre dunklen Seiten versteckt hat.

Im Frühsommer 2008 hielt die Krisenbank ihre problematischen Vermögenswerte, darunter verbriefte Kreditpakete, im Handelsbuch. Sie waren in den Bilanzierungskategorien für Papiere erfasst, die zum Verkauf verfügbar sind (»veräußerungsfähige Wertpapiere« oder »available for sale«) oder zu Handelszwecken gehalten werden (»hold for trading«). Das war auch die korrekte Erfassung, denn diese Wertpapiere waren für den Handel auf den internationalen Kapitalmärkten bestimmt. Die HRE-Manager bewerteten ihre Papiere optimistisch. Zum 30. Juni 2008 berichtigten sie nur 800 Millionen Euro nach unten, und ihre Problemkredite bezifferten sie auf nur 1,6 Milliarden Euro. Kurzum: Sie bilanzierten die Wertpapiere immer noch mit Hausse-Preisen, obwohl die Finanzkrise schon ein Jahr lang andauerte und der Markt für die Papiere längst zusammengebrochen war.

Anfang Oktober 2008 war die HRE am Ende. Nach dramatischen Rettungsaktionen musste der Staat mit Kapitalhilfen einspringen, deren Volumen sich seitdem stetig erhöhte, deren Laufzeiten mehrfach verlängert werden mussten und schließlich in die staatliche Übernahme des Instituts führte. Während dieser Herbstwochen kam es hinter den Kulissen zu einem heftigen Gefecht mit den großen Prüfkonzernen, die nun echte Marktpreise in den Bilanzen sehen wollten, nicht die übertriebenen Blasenpreise. Finanzpolitiker und Bankenvertreter lobbyierten bei der Internationalen Rechnungslegungskommission IASB dagegen. Die Banken sollten von der Pflicht zur zeitnahen und marktgerechten Bewertung ihrer Wertpapierpreise befreit werden. Sie setzten sich durch:

Am 13. Oktober erlaubte das IASB die Umwidmung der Wertpapiere aus dem Handelsbuch in die Kategorie »Kredite und Forderungen« (»Loans and Receivables«). Damit konnten diese im Kreditbuch bis zum späteren Verkauf oder Fälligkeitstermin gehalten werden, bilanziert mit dem Buchwert am Umwidmungstag. Wertverluste mussten hier nur noch in Ausnahmefällen in der Bilanz aufgedeckt und mit zusätzlichem Eigenkapital hinterlegt werden. Diese Umwidmung wurde rückwirkend zum 1. Juli erlaubt und offiziell von der EU-Kommission gebilligt. So kamen die überhöhten Preise wieder in die Bankbilanzen.

Das war auch bei der HRE der Fall: Als sie am 17. November ihren Zwischenbericht für das dritte Quartal vorlegte, informierte sie über eine gewaltige Umwidmungsoperation. Rückwirkend zum 1. Juli wurden Papiere zum Buchwert von nahezu 80 Milliarden Euro aus dem Handelsbuch ins Kreditbuch, Abteilung Loans and Receivables, verschoben. Zum Vergleich: Die Deutsche Bank hatte 25 Milliarden Euro umgewidmet.

Für diese Aktiva mussten die HRE-Manager in ihrer Bilanz keine echten Marktwerte mehr publizieren und auch kein Eigenkapital hinterlegen. Gegenüber der Bundesbank waren sie jedoch angehalten, die Höhe der unrealisierten Verluste in ihrem Kreditbuch mitzuteilen. Zudem berechneten sie für die Bundesbank in einem einfachen Stress-Szenario, wie viel zusätzliches Eigenkapital für den Fall benötigt würde, dass diese Verluste zu realisieren wären und somit in der Gewinn- und Verlustrechnung der Bilanz berücksichtigt werden müssten. Sie kalkulierten dabei mit dem Ziel, eine gesunde Bank mit stabiler Kernkapitalquote von 8, 9 oder 10 Prozent zu werden. Die HRE strebte 10 Prozent an, wie Konzernchef Axel Wieandt verkündete.

Am 12. November 2008 berichteten die HRE-Manager, dass ihr Kreditbuch Ende Oktober mit Risikopositionen von mehr als 100 Milliarden Euro und unrealisierten Verlusten in Höhe von 9,5 Milliarden Euro belastet war. Damit sank die Kernkapitalquote unter 6 Prozent. Das Ziel einer Quote von 10 Prozent kostete nach ihrer Berechnung in einem Basis-Szenario bereits eine »notwendige Kernkapitalerhöhung« von 5,1 Milliarden Euro. In diesem Oktober-Szenario waren die Manager immer noch von einer viel zu positiven Entwicklung ausgegangen: So schätzten sie die Verluste auf 458 Millionen Euro. Tatsächlich musste die HRE das Jahr 2008 aber mit einem Minus von 5,4 Milliarden abschließen, und die Rücklage für die verbliebenen Werte im Handelsbuch setzte sie mit 2,8 Milliarden an – am Jahresende lag sie bei 3,1 Milliarden.

Das war erst der kalkulierte Normalfall. Für den Ernstfall, wenn die Wertpapiere verkauft und die Verluste erfolgswirksam bilanziert werden müssten, errechneten sie den zusätzlichen Kapitalbedarf auf 17,4 Milliarden Euro bei einer angestrebten Kernkapitalquote von 10 Prozent.

Das November-Szenario fiel noch dramatischer aus: Die HRE-Leute bezifferten die unrealisierten Verluste nun mit 13,4 Milliarden, und in ihrem Basis-Szenario gingen sie von einem Jahresverlust der Bank von 2,6 Milliarden aus – immer noch zu wenig. So kamen sie bei einer unterstellten Kernkapitalquote von 10 Prozent auf einen Kapitalbedarf von 6,7 Milliarden. In ihrem Ernstfall-Szenario kamen sie nun schon auf 23,4 Milliarden, die der Eigentümer nachschießen müsste, um die 10-Prozent-Quote zu erreichen.

Anfang Januar 2009 teilte die HRE der Bundesbank mit, dass die Kernkapitalquote des Instituts unter 4 Prozent gefallen war: 3,71 Prozent – bei einer immer noch viel zu niedrig angesetzten Schätzung des Jahresverlusts. Damit war der aufsichtsrechtliche Ernstfall eingetreten: Die BaFin hätte die Geschäfte mit einem Moratorium stoppen müssen. Sie tat es nicht, die Bank wurde zur Zombie-Bank.

»Die für eine von der HRE angestrebte Kernkapitalquote von mindestens 10 Prozent notwenige Kernkapitalerhöhung beläuft sich gemäß unserer Berechnung auf 6,3 Milliarden Euro«, notierten die Beamten der Bundesbank am 12. Januar. »Weiterhin hat die HRE einen zusätzlichen Kapitalbedarf von mindestens 3,8 Milliarden Euro zur Abdeckung zukünftiger Belastungen aus Kreditausfällen identifiziert.« Die Bundesbanker resümierten: »Der Aufsichtsrat der HRE plädiert für eine Beantragung von 10 Milliarden Euro an Rekapitalisierung, um nicht ›Nachladen‹ zu müssen.«

Das war allerdings wieder ein Ist-Szenario auf der Basis von viel zu optimistischen Annahmen. Am 6. Februar legten die HRE-Manager einen neuen Stresstest mit den Dezember-Zahlen vor. Obwohl die Risikopositionen inzwischen auf 95 Milliarden Euro gesunken waren, enthielt das Kreditbuch nun schon 16,3 Milliarden unrealisierte Verluste. Wenn diese Wertverluste ergebniswirksam in der Bilanz berücksichtigt würden, dann würden die Eigenmittel der Bank auf minus 13,8 Milliarden sinken, das Kernkapital auf minus 16,4. In diesem Fall müssten die Eigentümer mehr als 26 Milliarden Euro aufbringen, um die Bank wieder auf eine gesunde Kernkapitalquote von 10 Prozent zu bringen.

Am 28. März stieg der Staat mit einer ersten Eigenkapitalhilfe als Aktionär ein. Erst an diesem Tag konnte HRE-Chef Axel Wieandt seine Unterschrift unter den Jahresabschluss setzen. Er musste eingestehen, dass die Bank nach dem festgestellten Jahresabschluss mit 3,4 Prozent ihre »aufsichtsrechtliche Mindestquote nicht erfüllt« hatte; nur die staatliche Eigenkapitalspritze erlaubte das Fortbestehen. Die Buchprüfer schrieben dennoch am 9. April in ihr Testat, dass eine nachhaltige Überschuldungssituation nur vermieden werden könne, wenn »in ausreichendem Umfang Eigenkapital zur Verfügung gestellt wird«.

Die Risiken im Kreditbuch blieben. Das Stress-Szenario

der HRE-Manager spiegelte die Verhältnisse einer Bilanz ohne den Umwidmungstrick wider. Und es zeigte, welche Lasten der ehemalige Bundesfinanzminister den Steuerzahlern aufgebürdet hatte. Irgendwann werden sie irgendwo realisiert – bei der HRE, beim SoFFin oder bei einer Bad Bank, die die Problemwerte übernehmen muss. In jedem Fall zahlt der Steuerzahler.

In einem Gutachten ermittelten die Wirtschaftsprüfer von PwC sogar noch höhere Verluste im Kreditbuch und kamen auf stille Lasten von rund 31,5 Milliarden Euro. Im Ernstfall-Szenario der HRE müsste daher die notwendige Kapitalerhöhung zur Gesundung der Bank die 26 Milliarden Euro sogar übersteigen. Die Marktpreise der Wertpapiere können sich im Aufschwung verbessern, doch auf die Wiederkehr von Blasenpreisen sollte der Staat als konservativer Eigentümer nicht setzen. Die Verluste müssen irgendwann realisiert werden, auch wenn die Werte über Jahre hinweg gehalten werden: bei einem Verkauf der Bank an einen neuen Investor, beim Verscherbeln der problematischen Portfolios an einen Fonds oder nach der Übertragung an eine Bad Bank, wenn diese die Papiere losschlagen will.

Die Erklärung der Bank blieb nebulös: »Der bislang diskutierte Kapitalbedarf stellt eine kalkulatorische Größe dar. Er ist unter anderem abhängig von der notwendigen Einigung mit dem SoFFin über die Zieleigenkapitalquote, der Höhe der das Ergebnis belastenden Faktoren, etwaigen Vorgaben im Rahmen des EU-Beihilfeverfahrens sowie Zeitpunkt und Konditionen, zu denen die HRE nichtstrategische Portfolien werterhaltend abbauen kann.«[518] Im November informierte sie über eine neue »Klassifizierung« ihrer 8,4 Milliarden Euro Problemkredite. Diese kämen nun erst auf die Überwachungsliste, wenn sie 60 Tage Zahlungsverzug hätten statt bisher 30 Tage. Wem hilft das?

Im Juli 2009 deutete Michael Endres, der ehemalige Aufsichtsratschef der HRE, an, was noch zu erwarten sei. In einem Interview zu seinem Abschied sagte er: »Es würde mich nicht wundern, wenn 10 Milliarden Euro Kapitalspritze für die HRE nicht reichen.« Sie habe nicht nur ein Liquiditätsproblem. »Die Bank hat ganz klar auch ein Solvenzproblem«, erklärte Endres. Zuweilen stünde hinter einem Millionenkredit nur eine kleine GmbH mit 100 000 Euro Kapital und sonst praktisch keine Sicherheit.[519]

Nahezu 100 Milliarden Euro hat der Staat an Garantien und »Liquiditätshilfen« gewährt – zur Überbrückung kurzfristiger Geldnöte, wie es anfangs hieß. Dann mussten die Laufzeiten der Garantien mehrfach verlängert werden. Zusätzlich hat der Staat bereits mehr als 3 Milliarden Euro über Aktienkapital hineingepumpt und inzwischen 90 Prozent der Anteile erworben. Eine weitere Kapitalspritze von 3 Milliarden Euro wurde im November injiziert.[520] »Daran ist weder etwas Skandalöses noch Überraschendes«, maulte Ex-Finanzminister Steinbrück. Die Bank machte in den ersten drei Quartalen 2009 fast 1,8 Milliarden Euro Verlust. Auch ohne realisierte Verluste aus ihrem Kreditbuch verbrennt die Hypo Real Estate im Tagesgeschäft ihr Geld. Jeden Werktag des Jahres 2009 schloss sie mit einem Minus von 10 Millionen Euro ab.

Die Bank ging mit Überlegungen ins Jahr 2010, eine Bad Bank zu gründen. In den Planspielen waren Wertpapiere im Volumen von 180 bis 200 Milliarden Euro im Gespräch, die ausgelagert werden sollten. Damit würde Deutschland nach der Bad Bank der WestLB einen neuen Krisenrekord feiern, innerhalb weniger Wochen zum zweiten Mal den weltweiten Spitzenplatz im Bad-Bank-Ranking besetzen.

Bankplatz Deutschland: Sanierungsfall ohne Hoffnung

> »Und die schlimme Krankheit durchzog das ganze Land.«
> Gottfried Keller, Martin Salander[521]

Diese Bankendramen spielten sich vor den Augen der Aufsichtsbeamten von Bundesbank und BaFin ab. »Fest steht«, sagt der Frankfurter Professor für Bankrecht Helmut Siekmann, »dass in keinem Fall die BaFin rechtzeitig eingeschritten ist, gleich ob es privatwirtschaftliche Institute wie Hypo Real Estate oder Commerzbank, Institute in staatlicher Trägerschaft wie Sachsen LB, WestLB, LBBW oder Bayerische Landesbank oder gemischtwirtschaftliche Institute wie die IKB oder die HSH Nordbank betraf.«[522] Der Bankenrechtler kritisiert ebenso das Handeln des Deutschen Bundestages, der im April 2009 auf Vorschlag der Bundesregierung ein untaugliches Rettungsgesetz erlassen hat – das Gesetz zur weiteren Stabilisierung des Finanzmarktes.[523] Nach seiner Auffassung wurde damit das Kernproblem nicht gelöst: »den immensen Abschreibungsbedarf und die dadurch eintretende Erosion des Eigenkapitals bis hin zur Insolvenzreife«.[524] Martin Hellweg, Forscher an einem Max-Planck-Institut, kritisiert ebenfalls das Bad-Bank-Gesetz, das angeblich den Steuerzahler nichts kosten sollte. Er bemängelt die Wertberechnung der auszulagernden Papiere, die wieder einmal nicht nach Marktwerten übertragen werden sollen. Das Gesetz schaffe »die Grundlage für eine gigantische Subventionierung gewisser Banken durch den Steuerzahler«, sagt Hellwig.[525]

Deutschland musste im europäischen Vergleich mit 80 Milliarden Euro den höchsten Beitrag für Rekapitalisierungshilfen leisten. Diese Beträge wiegen bei ertragsschwachen Banken schwerer als Garantieleistungen, weil große Anteile dieser Gelder von den Banken zur Deckung von Verlusten verwendet werden. Der Internationale Währungsfonds machte keine Hoffnungen. Die europäischen Banken sind schlimmer dran als die amerikanischen, sie werden bis Ende 2010 zusätzliche 1,5 Billionen Dollar abschreiben müssen. Die Unternehmensberatung Bain rechnet mit einer »zweiten Welle«: Europäische Banken müssten weitere Kreditausfälle bei Firmenkunden verkraften. Bain kalkuliert mit weiteren Kreditausfällen in ganz Europa von bis zu 390 Milliarden Euro, wobei Deutschland und Italien mit geschätzten Verlusten in Höhe von 4,9 Milliarden bei Unternehmenskrediten am stärksten betroffen wären. Bei den geretteten Banken geht Bain von einer »tiefen, lang anhaltenden Staatsbeteiligung« aus. Das könnte den deutschen Bankensektor rund 180 000 der insgesamt 700 000 Arbeitsplätze kosten. Die Europäische Zentralbank rechnet ähnlich pessimistisch. Bis Ende 2010 kalkuliert sie in Europa mit weiteren Belastungen für das Bankensystem in Höhe von 283 Milliarden Dollar. Die Analysten der US-Bank JPMorgan haben ausgerechnet, wie viel Eigenkapital die wichtigsten europäischen Banken bräuchten, um die Staatsgelder wieder zurückzuzahlen und genügend Eigenmittelpuffer aufzubauen: An der Spitze steht die Commerzbank mit 17 Milliarden, während andere Krisenbanken inzwischen mit einem Eigenkapitalüberschuss dastünden, darunter die HSBC, die UBS und die Credit Suisse. »Deutsche Banken scheinen bei strukturierten Kreditportfolien noch beträchtlichen Aufholbedarf bei Wertberichtigungen zu haben«, sagten die JPMorgan-Experten. Sie rechneten mit weiteren Abschreibungen von 60 Milliarden Euro in Deutschland – etwa 75 Prozent des Eigenkapitals.

Experten der deutschen Banken-Beraterfirma ZEB/Rolfes-Schierenbeck haben ausgerechnet, wie die Jahresüberschüsse der Banken im europäischen Vergleich zwischen 2006 und 2008 zurückgingen, und verglichen dies mit der Eigenkapitalrendite der Institute. Das Ergebnis: Deutsche Banken bilden das einsame Schlusslicht. Wenn man die Eigenkapitalrentabilität zusammen mit der Kosten-Aufwand-Quote der Banken, dem wichtigsten Effizienzmaß, untersucht, sieht es nicht viel rosiger aus: Den letzten Platz teilen sich dabei die deutschen und die britischen Banken. Auf den Spitzenplätzen liegen südosteuropäische, türkische und spanische Institute. Die erfolgreichsten europäischen Banken der Jahre 2003 bis 2008 waren nach dieser Studie die schwedische Nordea, die Schweizer Credit Suisse und die spanische Santander. Die Deutsche Bank zählte als einziges deutsches Institut dazu, allerdings erst auf dem letzten elften Platz. Die Berater erstellen ihre Studie bereits zum sechsten Mal. Ausgewertet wurden die Daten von 4700 Geldhäusern aus 36 Ländern. Besonders beunruhigend: Die deutschen Banken waren schon vor der Krise schlechter aufgestellt, und ihr Abstand zu den besten Banken hat sich seit der Krise weiter vergrößert.[526]

»Die drastischen Staatseingriffe in Deutschland werden mittelfristig starke Wettbewerbsverzerrungen und einen Verlust der Wettbewerbsfähigkeit deutscher Banken nach sich ziehen«, sagt der Linzer Finanzmarktforscher Teodoro Cocca. Der Anteil an Kundengeldern sei in den letzten Jahren im internationalen Vergleich sehr gering gewesen, daher sei bei den Deutschen die Finanzierung über den Geldmarkt »seit 2005 förmlich explodiert«. Der Bankenexperte verweist darauf, dass bei den deutschen Banken eine »weit überdurchschnittlich starke Reduktion der Eigenmittelanteile schon im Vorfeld der Krise zu erkennen« war. Die »strukturelle Schwäche der Bilanzen der deutschen Banken wurde schon in den Jahren 2005 bis 2007 aufgebaut«, sagt Cocca: »Dies erklärt, warum sich die Bilanzen der deutschen Banken bei Ausbruch der Krise in so kurzer Zeit so massiven Problemen gegenübersahen.«[527]

»Ich sehe einen schleichenden Niedergang im Bankbereich als Ergebnis verschleppter Reformen in Bankwesen und Aufsicht«, sagt der Berliner Bankenexperte Achim Dübel, eine internationale Koryphäe auf dem Gebiet der Immobilienfinanzierung. »Durch die daraus resultierenden hohen Verluste wird der Niedergang noch einmal verschärft.« Dübel lässt die jüngere deutsche Bankengeschichte Revue passieren: »Es hätte zwei Optionen gegeben: entweder ein starker Staat à la Frankreich mit einer konsistenten heimischen und internationalen Entwicklungsstrategie für seine Banken oder Liberalisierung und Kapitalmarktentwicklung à la Großbritannien. Man hat einen untauglichen Mischmasch von beidem versucht und steht am Ende mit leeren Händen da. Der Hauptgrund dafür ist die Implosion von Finanzministerium und Bundesbank als potentielle Träger einer Entwicklungsstrategie.« Er spricht nur noch von einem »Restbankensystem« in Deutschland: »Eine globale strategische Rolle im Bankensektor wird der Standort nicht mehr spielen. Um seine europäische Rolle wird er kämpfen müssen.«[528]

Die Zeit der Schönredner und Schönrechner ist abgelaufen. Wolfgang Schäuble, Steinbrücks Nachfolger im Amt des Finanzministers, hat eine schwere Bürde übernommen. »Die Krise wird die Welt so stark verändern wie der Fall der Mauer«, sagte er.[529] Bund, Länder, Gemeinden und Sozialversicherungen mussten als Folge der Krise ihr Defizit in den ersten drei Quartalen des Jahres 2009 versechsfachen. Der Staat hatte in diesem Zeitraum 96,9 Milliarden Euro mehr ausgegeben als eingenommen.[530] Und wie beim Banken-Desaster scheint die Regierung damit umzugehen, als handele es sich um eine unabwendbare Naturkatastrophe.

Dass die Haushalts- und Finanzpolitik in der Krise klüger

gestaltet werden kann, zeigt das Beispiel der Schweiz: Durch ihr umsichtiges und solides Handeln haben die helvetischen Politiker ihr Staatsdefizit trotz der Belastungen durch die Krise der UBS weiter gesenkt – um einen Milliardenbetrag unter den budgetierten und erwarteten Schulden.[531]

Über die geschätzten Gesamtkosten der Bankenrettung für den Steuerzahler liefert die deutsche Bundesregierung keine Zahlen. Andere Regierungen verhalten sich in dieser Frage offener und ehrlicher. Das britische Schatzamt beziffert die bleibenden Nettokosten für die Steuerzahler auf einen Betrag zwischen 20 und 50 Milliarden Pfund – abhängig von der Dauer und Schwere der Rezession.[532]

Der deutsche Bankenplatz steht vor einem historischen Wandel. Ein Rückblick kann helfen zu verstehen, wo sich Deutschlands Bankenwelt heute befindet. In den Neunzigerjahren entwickelten die Frankfurter den Ehrgeiz, London als wichtigsten Finanzplatz in Europa zu verdrängen. 1992 wurde entschieden, die Europäische Zentralbank in Frankfurt anzusiedeln. Im Sommer 1997 sahen Wirtschaftsexperten in Umfragen die Mainmetropole bereits ganz vorn. Die Stimmung war positiv: Ein großes Wachstumspotential wurde erwartet, die Öffnung der Börse für den »Neuen Markt« gab Frankfurt einen Hauch von angelsächsischem Speed-Kapitalismus. Einige meinten, Frankfurt würde bis 2005 London überholt haben.

Tatsächlich hielt das Wachstum Frankfurts mit der Entwicklung auf den internationalen Finanzmärkten nicht mit. Das Geschäft mit den Publikumsfonds blieb in Luxemburg und wuchs dort rasant, die Vermögensverwaltung blieb die Domäne der Zürcher, die großen Handelsräume wurden in London und New York erstellt, und die Hedgefonds wurden in Deutschland zu Tode reguliert – sie befinden sich in den USA, in England und in der Schweiz. Grenzüberschreitendes Finanzgeschäft wurde von den Deutschen nicht in nennenswertem Umfang angezogen. »Die Stadt ist nicht kosmopolitisch genug«, urteilt der Genfer Banken-Historiker Youssef Cassis, Autor eines fulminanten Buches über die Geschichte der großen Finanzzentren.[533]

Schließlich gerieten nach der Dotcom-Blase mindestens drei wichtige Institute – die Commerzbank, die Dresdner Bank und die HypoVereinsbank – in eine kritische Lage. Sie konnten ihre Situation in den Boomjahren nur mit Blasengeschäften und Luftgewinnen scheinbar verbessern. Tief drinnen, in den Handelsbüchern, schlummerten bereits die Wertpapiere, deren »Sicherheiten« zum guten Teil aus einem gigantischen Lügengebäude bestanden. Dann das Fiasko der großen Landesbanken, die von den Landesfinanzpolitikern mit Staatsgeld aufgepumpt wurden und nun ohne kompetente Risikosteuerung Wall Street spielten. Bei den Bilanztricks mit den Offshore-Conduits waren sie die Weltmeister, nicht die Wall-Street-Banken. Wie Besoffene nahmen sie grob fahrlässig noch den letzten Schluck aus der Giftpulle, als Klügere sich eiligst bemühten, die Gefahrstoffe loszuschlagen.

Deshalb zählen die deutschen Bad Banks heute zu den größten der Welt. Es bleibt nur noch ein Geldhaus mit einer namhaften internationalen Ausstrahlung übrig: die Deutsche Bank. Sie hat sich tapfer geschlagen, aber sie zählt keineswegs zu den großen Gewinnern der Weltfinanzkrise. Diese heißen Nordea, Credit Suisse, Santander, DnB Nor, BNP Paribas, OTP, Intesa Sanpaolo, Erste Group, Sv. Handelsbanken, BBVA und erst an elfter Stelle Deutsche Bank.[534]

Die einzige erwähnenswerte Studie über Frankfurt als Finanzzentrum wurde im April 2008 von Bundesbank-Vorstand Hans-Helmut Kotz und dem Frankfurter Banken-Professor Reinhard H. Schmidt erstellt. Auf dem Höhepunkt der Krise behaupteten die beiden, dass sich Frankfurts Stellung aus der vergleichsweise starken Position ihrer Banken und dem robusten Bedarf aus ihrem »Hinterland« ergebe.

»Frankfurt scheint eher gut positioniert«, meinten sie.[535] Sie lagen falsch.

Finanzpolitiker in Bund und Ländern, gleich welcher politischen Couleur, tragen eine hohe Verantwortung für diese Lage. Sie waren als Organe vieler Problembanken unmittelbar verantwortlich für deren Strategie und geschäftliche Ausrichtung, versagten in ihrer Pflicht, das von den Steuerzahlern anvertraute Vermögen zu wahren. Und sie waren als Oberaufseher der Aufsichtsbehörden mitverantwortlich.

Die beiden wichtigsten Institutionen, Bundesbank und BaFin, scheiterten an ihrer gesetzlichen Aufgabe, »Missstände zu beseitigen« und für ein stabiles Finanzsystem Sorge zu tragen. Sie verfügten über alle erdenklichen Informationen, doch sie versagten, als es darum ging, unerfahrene und ehrgeizige Geldinstitute auf ihren Ausflügen in die Handelsräume der globalen Hochrisikogeschäfte kritisch zu begleiten und jene Geschäfte zu stoppen, die sich zur Gefahr für das gesamte Finanzsystem entwickelten. Sie kannten die Berichte der Ratingagenturen über die Conduits der Banken. Sie wussten, dass die Banken für diese Geschäfte vollständig hafteten, und dennoch ließen sie zu, dass diese Geschäfte in den Bankbilanzen nicht auftauchten. Sie erfüllten ihre Wächteraufgabe nicht.

Es gab Staatsversagen, und es gab Marktversagen. Die Ursachen und Fehler müssten systematisch und umfassend untersucht werden, so wie in anderen Ländern, von unabhängigen Experten. Doch dies ist politisch nicht gewollt. Stattdessen wird an neuen Organigrammen zur behördlichen Reorganisation der Aufsichtsapparate laboriert. Es kommt aber nicht auf die Organisation, sondern den Geist der Aufsicht an.

Die Antwort auf diese tiefe Krise des deutschen Bankplatzes kann nur lauten: Alles muss von Grund auf neu gestaltet werden – eine neue Finanzpolitik, eine neue Bankenaufsicht und vor allem neue Banken.

Danksagung

Die Welt der Credit Default Swaps, Commercial Mortgage Backed Securities, Collateralized Debt Obligations, ABX-Indices und Auction Rate Securities war für mich ein böhmisches Dorf, als ich mich vor vier Jahren zum ersten Mal mit den anfänglichen Krisensymptomen auf den Finanzmärkten beschäftigte. Seitdem haben mich viele Experten mit großer Geduld und Hilfsbereitschaft von ihrem Insiderwissen profitieren lassen: Investmentbanker und Finanzwissenschaftler, Börsenspezialisten und Derivatehändler, Notenbanker und Revisionsspezialisten, Anwälte, Ermittler und Aufsichtsbeamte, Experten für Finanz- und Wirtschaftskriminalität. Manche habe ich mit meinen neugierigen Fragen genervt, andere kämpften mit mir gemeinsam darum, die Welt der Verbriefungsgeschäfte besser zu verstehen. Fast allen habe ich dabei Vertraulichkeit zugesagt. Daher danke ich Ihnen allen herzlich, ohne ihre Namen zu nennen.

Namentlich danken darf ich Michael Alkalay, dem Studienleiter am Competence Center Forensik und Wirtschaftskriminalistik an der Hochschule Luzern, für seine kritische Begleitung meiner Arbeit, die fachliche Durchsicht des Manuskripts und anregende Gespräche. Der Zürcher Jurist und Unternehmensberater war jahrelang für die Geldwäscheüberwachung in einer Großbank verantwortlich, er kennt die deviante Seite der internationen Finanzwelt wie kaum ein anderer. Ebenso herzlich danke ich den Kollegen in seinem Dozententeam und den Lehrgangsteilnehmern am Nachdiplom-Studiengang Economic Crime Investigation der Hochschule Luzern für wertvolle Diskussionen und Hinweise.

Gleichermaßen danke ich meinen Berufskollegen, die

mich bei der Arbeit an diesem Buch unterstützt haben: ganz besonders Sonja Banze und Richard Rickelmann für das kunstvolle Geradebiegen schräger Formulierungen und den Redaktionskollegen beim Wirtschaftsmagazin *Capital* und der *Financial Times Deutschland* für die kollegiale Zusammenarbeit und ihre Unterstützung meiner Recherchen, vor allem den Chefredakteuren Klaus Schweinsberg und Steffen Klusmann sowie den honorigen Kollegen Claudia Reischauer, Ulrich Reitz, Claus Gorgs und Guido Warlimont. Und natürlich Silvie Horch, Michael Schickerling und Jürgen Diessl vom Econ-Verlag sowie meinem Literaturagenten Rüdiger Dammann: merci!

Anmerkungen

1 Friedrich Dürrenmatt: Frank der Fünfte – Komödie einer Privatbank, Zürich 1998, S. 123.

2 Myret Zaki: UBS am Rande des Abgrunds, Altstätten 2008, S. 13 f.

3 Frank Steinmeyer, Sachsen LB: Schreiben an den Autor, Leipzig 16. 10. 2007, 17. 10. 2007 und 26. 10. 2007.

4 § 290 Abs. 1 HGB.

5 Sachsen LB hat schwer verkäufliche Anlagen in Höhe von mehr als 30 Milliarden Euro. Pressemitteilung, Capital 8. 11. 2007.

6 Verfassungsgerichtshof des Freistaates Sachsen: Urteil in dem Organstreitverfahren gegen den Sächsischen Staatsminister der Finanzen, Az. Vf. 41-I-08, 28. 8. 2009, S. 7. Landesbank Baden-Württemberg (LBBW): Fehlerbekanntmachung nach § 37q WpHG, 29. 7. 2008.

7 Leo Müller: Sächsisches Roulette, Capital 8. 11. 2007.

8 Sächsisches Staatsministerium der Finanzen: Pressemitteilung 8. 11. 2007.

9 Leo Müller: Ohne jede Einsicht, Capital 17. 1. 2008.

10 Kayhan Özgenc: Roulettespiel mit Steuergeldern, Focus online 13. 11. 2008.

11 Gary Gorton: The Panic of 2007, Working Paper for the Federal Reserve Bank of Kansas City, Jackson Hole Conference, August 2008. Henrik Enderlein: Die aktuelle Finanzmarktkrise, Präsentation Hertie School of Governance, 16. 9. 2008. Roger C. Altman: The Great Crash, 2008. A Geopolitical Setback for the West, Foreign Affairs, Januar/Februar 2008, S. 2 ff. Martin Wolf: Fixing Global Finance, Baltimore 2008. Klaus W. Zimmermann und Dorothea Schäfer (Hg.): Finanzmärkte nach dem Flächenbrand, Wiesbaden 2010. Wolfgang Münchau: Kernschmelze im Finanzsystem. München 2008.

12 Mitchell Zuckoff: Ponzi's Scheme – The True Story of a Financial Legend, New York 2006.

13 Niall Ferguson: Der Aufstieg des Geldes – Die Währung der Geschichte, Berlin 2009.

14 Charles Kindleberger und Robert Aliber: Manias, Panics, and Crashes – A History of Financial Crises, New York 2005. John Kenneth Galbraith: The Great Crash – 1929, London 1954 und 1974. Hyman P. Minsky: Stabilizing an Unstable Economy – A Twentieth Century Fund Report, New Haven/London 1986.

15 So sieht es auch die Präsidentin der amerikanischen Notenbank-Filiale von

San Francisco Janet L. Yellen: A Minsky Meltdown – Lessons for Central Bankers, Presentation to the 18th Annual Hyman P. Minky Conference on the State of the U. S. and World Economies, New York 16. 4. 2009, S. 2 f.
16 George Cooper: The Origin of Financial Crises: Central Banks, Credit Bubbles, and the Efficient Market Fallacy, New York 2008.
17 FINalternatives – Hedge Fund & Private Equity News, New York (täglich).
18 Ferdinand Pecora: Wall Street Under Oath, New York 1968.
19 Brady Dennis: An Original Reformer. A Model, Washington Post 16. 9. 2009.
20 WestLB: Pressemitteilungen 24. 11. 2009. SoFFin: Pressenotiz 26. 11. 2009.
21 U. S. Treasury: Financial Stability Plan (www.financialStability.gov). Propublica (www.propublica.org). SoFFin: Pressenotizen 9. 10. 2009 und 26. 11. 2009. Pressemitteilungen der Landesregierungen und der betroffenen Finanzunternehmen. Europäische Kommission: State Aid Weekly. Europäische Kommission: Pressemitteilungen, Entscheidungen und Schreiben. U. S. Treasury Department: Announcement TG-357, 5. 11. 2009.
22 SoFFin: Pressnotiz 9. 12. 2009.
23 Hans-Helmut Kotz (Mitglied des Vorstands der Deutschen Bundesbank): Finanzstabilitätsbericht 2009 der Deutschen Bundesbank, Präsentation Frankfurt 25. 11. 2009. Franz-Christoph Zeitler (Vizepräsident der Deutschen Bundesbank): Vor einem schwierigen Bankenjahr. Die Herausforderungen des Jahres 2010, Frankfurt 16. 11. 2009. Frankfurter Allgemeine Zeitung 26. 11. 2009. Reuters 25. 11. 2009.
24 Frankfurter Allgemeine Zeitung 19. 12. 2009. Spiegel online 28. 11. 2009.
25 Milton Friedman: A Friedman Doctrine – The Social Responsibility of Business is to Increase it Profits, New York Times Magazine 13. 12. 1970, S. 32 f.
26 Klaus Wirtgen: Mahlzeit aus der Kantine, Berliner Zeitung 27. 2. 2003. Mark Landler: Is Germany looking Like Japan? New York Times 1. 11. 2002. Siehe auch: Frankfurter Allgemeine Zeitung 24. 2. 2003; Spiegel 1. 3. 2003; Handelsblatt 13. 3. 2003; Financial Times 17. 3. 2003; Financial Times Deutschland 17. 3. 2003; Financial Times Deutschland 18. 3. 2003; Handelsblatt 18. 3. 2003; Berliner Zeitung 23. 4. 2004; Wirtschaftswoche 24. 4. 2003; Börsen-Zeitung 1. 7. 2003; Süddeutsche Zeitung 5. 1. 2004. Deutscher Bundestag: Antwort der Bundesregierung auf die Kleine Anfrage der Abgeordneten Dr. Volker Wissing u. a.: Umgang mit der Finanzkrise 2003, Drucksache 16/13074, 15. 5. 2009. Die Commerzbank war zusätzlich belastet durch negative Marktgerüchte in London: Süddeutsche Zeitung 11. 10. 2002.
27 Dresdner Bank: Finanzbericht 2008. WestLB: Geschäftsbericht 2008. Frankfurter Allgemeine Zeitung 29. 10. 2008. Welt 25. 2. 2009. Frankfurter Allgemeine Zeitung 15. 2. 2009. Stern 30. 4. 2009. Frankfurter Allgemeine

Zeitung 21. 12. 2008. Frankfurter Allgemeine Zeitung 23. 3. 2009. Spiegel 30. 5. 2009. Welt am Sonntag 11. 1. 2009. Frankfurter Allgemeine Sonntagszeitung 18. 1. 2009. Zeit 16. 10. 2008. Spiegel 20. 9. 2008. Bild 10. 1. 2009.

28 Süddeutsche Zeitung 18. 5. 2009. Newsweek, 12. 6. 2009.

29 Beat Balzli u. a.: Alarmstufe Rot, Spiegel 5072008. Peter Hossli: Steueroasen in Delaware, Weltwoche 11/2009.

30 Klaus-Peter Feld: Bilanzierung von ABS-Transaktionen im IFRS-Abschluss, Düsseldorf 2007. Related Party Transactions und Creative Accounting, Präsentation, Zürich Mai 2003. Mulford Charles and Comiskey Eugene: The Financial Numbers Game – Detecting Creative Accounting Practices, John Wiley & Sons, New York 2002. Schilit Howard: Financial Shenanigans – How to Detect Accounting Gimmicks and Fraud in Financial Reports, Boston 1993. Tony Ticker: Paper Prophets, Fraudulent Accounting and Failed Audits, Washington 2004. Stiftung für Empfehlungen zur Rechnungslegung: Swiss GAAP FER Zürich 2007. Deutscher Bundestag: Drucksache 16/10067, 30. 7. 2008, S. 37. Bürgerschaft der Freien und Hansestadt Hamburg: Antwort des Senats auf die Kleine Anfrage des Abgeordneten Thomas Böwer, Drucksache 19/2770, 17. 4. 2009. IKB: Pressemitteilung 16. 10. 2007. Klaus-Peter Naumann: Interview in der Börsen-Zeitung 5. 12. 2007. Deutscher Bundestag, Rechtssausschuss: Sachverständigenanhörung 17. 12. 2008. Michael Gschrei und Jörg Müller: Globale Krise. Diese Krise war mit Einhaltung der WP Berufspflichten zu verhindern, WP.net Magazin, Mai 2009, S. 40 ff.

31 EuroWeek 30. 6. 2000. Standard & Poor's Ratings 25. 6. 2009. Stephan Paul: Finanzmarktkrise und Konsequenzen für die Bankenaufsicht, Präsentation am 9. Norddeutschen Bankentag, 27. 6. 2008. Börsen-Zeitung 17. 8. 2007. Im April 2007 hält Kaiserplatz Funding Vermögenswerte in Höhe von 9,4 Milliarden Dollar.

32 Mathew D. Rose: Eine ehrenwerte Gesellschaft – Die Bankgesellschaft Berlin, Berlin 2003, S. 147 ff. Mathew D. Rose: Warten auf die Sintflut, Berlin 2004, S. 7 ff.

33 Carsten Michael, Arne Stuhr, Wolfgang Gerke, Manfred Weber, Werner Schmidt, Peer Steinbrück: Ein Urteil stellt vieles in Frage (Landesbanken), Bankmagazin 11/1999, S. 18.

34 Landtag Nordrhein-Westfalen, Haushalts- und Finanzausschuss: Ausschuss-Protokoll APr 14/67, 7. 11. 2005, S. 1 ff.

35 Bethany McLean und Peter Elkind: The Smartest Guys in the Room, New York 2004, 142 ff. Kurt Eichenwald: Conspircy of Fools, New York 2005, S. 66 ff. und 195 ff.

36 Sachsen LB: Schreiben an den Autor, Leipzig 26. 10. 2007.

37 Sachsen LB: Schreiben an den Autor, Leipzig 17. 10. 2007.

38 Sachsen LB, Vorstand: Patronatserklärung für die Sachsen LB Europe plc,

Oktober 1999, Archiv des Autors. Standard & Poor's: Research Update Sachsen LB Europe plc, Frankfurt a. M. 8. 6. 2007.

39 Sachsen LB: Schreiben an den Autor, Leipzig 6. 12. 2007. Fitch Ratings Sachsen LB Europe plc, New York 27. 11. 2006.

40 Ormond Quay Funding plc: Financial Statement 2007, Dublin 2008. Aaron Kirchfeld und Jacqueline Simmons: Lehman Toxic Debt Advice Led Leipzig Bank to Ruin Via Dublin, Bloomberg 28. 10. 2008. Johannes Auer: Die Verbriefung von US-Hausbauerkrediten minderer Güte (subprime) und ihr Einfluss auf das Geschäftsmodell deutscher Landesbanken, Diplomarbeit, Humboldt-Universität, Berlin 2008, S. 63 ff. Katharina Barten, Uwe Barth, Peter Burbank und Johannes Wassenberg: Banking System Outlook Germany, Moody's Global Banking Report 108309, April 2008. Fitch Ratings: Sachsen LB Europe plc, New York 27. 11. 2006. Standard & Poor's: Standard & Poor's Research Update: Sachsen LB Europe plc, Frankfurt a. M. 8. 6. 2007. Sachsen LB: Schreiben an den Autor, Leipzig 17. 10. 2007, Archiv des Autors. Standard & Poor's: Standard & Poor's Transaction Update: Ormond Quay Funding PLC and Ormond Quay Funding LLC, New York 2005. Standard & Poor's: New Issue: Ormond Quay Funding Ltd., New York 2004. Leo Müller: Sächsisches Roulette, Capital 11/2007.

41 Lars Norden: Erkenntnisse zum Kreditrisikotransfer in der Bankpraxis – Strukturierte Interviews mit Marktteilnehmern, Arbeitsbericht 05-01, Universität Mannheim, Dezember 2005, S. 20. Jan Eric Kvarnström: Institutional Restructuring Unit (IRU) – die Kreditwerkstatt der Dresdner Bank, Die Bank, 2003, S. 524–526. Börsen-Zeitung 28. 11. 2007. Hans-Joachim Dübel: Wie die Politik Milliarden in den USA versenkte, Handelsblatt 14. 5. 2008. Frankfurter Allgemeine Zeitung 24. 2. 2003.

42 Die Zahl der Schrottimmobilien-Kredite wurde auf 300 000 geschätzt: Finanztest 1/2002, S. 46. Europäische Kommission, Juristischer Dienst: Stellungnahme in der Rechtssache C-350/03 an den Europäischen Gerichtshof, Brüssel 2. 12. 2003. Hypo Real Estate: Börsenzulassungsprospekt 19. 9. 2003.

43 Hypo Real Estate: Information Memorandum Provide Comfort 2002-1, München 1. 8. 2002.

44 Hans-Joachim Dübel: Reform der Finanzmarktaufsicht. Arbeitspapier zur Anhörung im Finanzausschuss des Deutschen Bundestages, Berlin 7. 5. 2009, Archiv des Autors. Deutsche Bank AG: German Banks: Bad loans – good prospects, Global Equity Research 24. 9. 2004. Deutscher Bundestag, 2. Untersuchungsausschuss, 8. Sitzung: Stenografisches Protokoll 4. 6. 2009, S. 138. Hans-Werner Sinn: Ist Deutschland noch zu retten?, München 2003. Hypo Real Estate Group: Offenlegungsbericht gemäß Solvabilitätsverordnung zum 31. Dezember 2008, München 2009.

45 Börsen-Zeitung 1. 7. 2003.

46 Hypo Real Estate Group: Offenlegungsbericht gemäß Solvabilitätsverordnung zum 31. Dezember 2008, München 2009, S. 50.

47 Commerzbank Securities: Company Update Hypo Real Estate, 31. 3. 2004, Archiv des Autors. Michael Maisch: Der Erbe der Problemkredite, Handelsblatt 3. September 2003.

48 Manager-Magazin 19. 9. 2003.

49 Landtag Nordrhein-Westfalen, Haushalts- und Finanzausschuss: Ausschuss-Protokoll APr 14/67, Düsseldorf 7. 11. 2005.

50 Boston Consulting Group: Optimale staatliche Rahmenbedingungen für einen Kreditrisikomarkt/Verbriefungsmarkt für Kreditforderungen und -risiken in Deutschland. Gutachten im Auftrag des Bundesministeriums der Finanzen, Projektnummer 16/03, Abschlussbericht, Frankfurt a. M. 30. 1. 2004.

51 Jörg Asmussen: Verbriefungen aus Sicht des Bundesfinanzministeriums, Zeitschrift für das gesamte Kreditwesen 19/2006, S. 1016 ff. True Sale International GmbH: True Sale Verbriefungsplattform ist arbeitsbereit, Pressemitteilung, Frankfurt a. M. 20. 9. 2004. Alexander Roever: Asset Backed Commercial Paper 2003 Review and 2004 outlook (Banc One Capital Markets, Inc) Januar 2004, S. 5.

52 Sächsischer Landtag: Stenografisches Protokoll des 1. Untersuchungsausschusses der 4. Wahlperiode, 21. Vernehmung: Claus-Harald Wilsing, 21. 1. 2008, S. 20. Die Steuereinnahmen des Freistaates Sachsen betrugen im Jahr 2003 rund 7,4 Milliarden Euro – Sächsisches Staatsministerium der Finanzen: Mittelfristige Finanzplanung des Freistaates Sachsen 2004 bis 2008, S. 60. Verfassungsgerichtshof des Freistaates Sachsen: Urteil in dem Organstreitverfahren gegen den Sächsischen Staatsminister der Finanzen, Az. Vf. 41-I-08, 28. 8. 2009, S. 3.

53 Robert J. Shiller: The Subprime Solution, New Jersey 2008, S.69 ff.

54 Terry Frieden: FBI warns of mortgage fraud ›epidemic‹, CNN, Washington 17. 9. 2004.

55 WestLB: Investor Relations Release, Düsseldorf 29. 6. 2005.

56 WestLB: WestLB und NordLB planen Restrukturierungseinheit für notleidende Kredite, Investor Relations Release, Düsseldorf 8. 11. 2004. NordLB und WestLB: Investor Relations Release, Hannover/Düsseldorf/Frankfurt a. M., 29. 6. 2005. Handelsblatt 7. 8. 2006.

57 Sächsischer Landtag: Stenografisches Protokoll des 1. Untersuchungsausschusses der 4. Wahlperiode, 21. Vernehmung: Claus-Harald Wilsing, Leipzig 21. 1. 2008, S. 57 f.

58 Verfassungsgerichtshof des Freistaates Sachsen: Urteil in dem Organstreitverfahren gegen den Sächsischen Staatsminister der Finanzen, Az. Vf. 41-I-08, 28. 8. 2009, S.5 f. Michael Lewis: The End, Portfolio Magazine Dezember 2008.

59 Verfassungsgerichtshof des Freistaates Sachsen: Urteil in dem Organstreitverfahren gegen den Sächsischen Staatsminister der Finanzen, Az. Vf. 41-I-08, 28. 8. 2009, S. 2.
60 Landtag Nordrhein-Westfalen, Haushalts- und Finanzausschuss: Ausschuss-Protokoll APr 14/67, Düsseldorf 7. 11. 2005, S. 29.
61 Deutsche Bank: ABX Indices: The New US Asset Backed Credit Default Swap Benchmark Indices, Januar 2006. Michael Lewis: The End, Portfolio Magazine Dezember 2008. Jerome S. Fons: Shedding Light on Subprime RMBS, Working Paper, 23. 2. 2009.
62 Federal Bureau of Investigation (FBI): Press Release, Washington 14. 12. 2005. William K. Black: Adam Smith Was Right about CEO's Incentives absent Effective Regulation, Blog Cato-Unbound.org, 4. 12. 2008.
63 Sachsen LB: Geschäftsbericht 2005, 16. 3. 2006, S. 130. Sachsen LB: Geschäftsbericht 2006, S. 39 f.
64 International Monetary and Financial Committee, 14. Sitzung: Statement by Peer Steinbrück, Minister of Finance, Germany, 17. 9. 2006.
65 Jörg Asmussen: Verbriefungen aus Sicht des Bundesfinanzministeriums, Zeitschrift für das gesamte Kreditwesen 19/2006, S. 10.
66 Verfassungsgerichtshof des Freistaates Sachsen: Urteil in dem Organstreitverfahren gegen den Sächsischen Staatsminister der Finanzen, Az. Vf. 41-I-08, 28. 8. 2009, S. 8.
67 Ivy Zelman: Mortgage Liquidity du Jour: Underestimated No More, Credit Suisse Equity Research 12. 3. 2007. Nicola Menzie: Not Business As Usual In 2006. It Was A Year Of Scandals, Record Stock Market Surges And A Housing Slump, CBS News online 14. 12. 2006. Mish's Global Economic Trend Analysis 6. 12. 2006. Calculated Risk Blog 12. 3. 2007. United States District Court, Central District of California: SEC vs. Angelo Mozilo, David Sambal and Eric Sieracki, Complaint For Violations Of The Federal Securities Law, Az. 2009-cv-03994, 4. 6. 2009.
68 Sächsischer Landtag: Stenografisches Protokoll des 1. Untersuchungsausschusses der 4. Wahlperiode, 21. Vernehmung: Claus-Harald Wilsing, 21. 1. 2008, S. 15.
69 Myret Zaki: UBS am Rande des Abgrunds, Altstätten 2008, S. 141.
70 Spiegel 7. 4. 2007. Interview mit Peer Steinbrück, Welt 6. 5. 2007.
71 Handelsblatt 11. 4. 2007.
72 Wolfgang Münchau: Peer Steinbrück auf Safari, Financial Times Deutschland 25. 4. 2007. Lucas Zeise: Urlaubslaune in Washington, Financial Times Deutschland 17. 4. 2007.
73 James S. Chanos: Short Sellers Keep the Market Honest, Wall Street Journal 22. 9. 2008. Interview Rob Johnson Interview mit James S. Chanos, 1. 9. 2009, Transskript im Archiv des Autors. London Evening Standard, 26. 8. 2009.

74 U.S. District Court, Eastern District of New York (Brooklyn): USA vs. Ralph Cioffi and Matthew Tannin, Az. 1:08-cr-00415-FB, 18.6.2008. FINalternatives 17.9.2009. William D. Cohan: House of Cards – A Tale of Hubris and Wretched Excess on Wall Street, New York 2009, S. 345, 353 und 356. New York Times 11.11.2009. Lucian Bebchuk u.a.: The Wages of Failure. Working Paper, November 2009.

75 Landesbank Baden-Württemberg (LBBW): Fehlerbekanntmachung nach § 37q WpHG, 29.7.2008.

76 Verfassungsgerichtshof des Freistaates Sachsen: Urteil in dem Organstreitverfahren gegen den Sächsischen Staatsminister der Finanzen, Az. Vf. 41-I-08, 28.8.2009, S. 7.

77 Deutsche Industriekreditbank AG (IKB): Pressemitteilung 20.7.2007.

78 Deutsche Industriekreditbank AG (IKB): Ad-hoc-Mitteilung 30.7.2007, Pressemitteilung 16.10.2007.

79 Verfassungsgerichtshof des Freistaates Sachsen: Urteil in dem Organstreitverfahren gegen den Sächsischen Staatsminister der Finanzen, Az. Vf. 41-I-08, 28.8.2009, S. 7.

80 Sachsen LB: Ad-hoc-Mitteilung 17.8.2007. Ergebnis der Sitzung zur Solvenzsicherung der Sachsen LB am 12. und 13. Dezember 2007 unter Beteiligung der BaFin und der Deutschen Bundesbank, Frankfurt 13.12.2007.

81 Verfassungsgerichtshof des Freistaates Sachsen: Urteil in dem Organstreitverfahren gegen den Sächsischen Staatsminister der Finanzen, Az. Vf. 41-I-08, 28.8.2009, S. 10 ff.

82 Spiegel online 21.8.2007. Frankfurter Allgemeine Zeitung 16.9.2007. Eckpunktepapier der LBBW und der Sachsen LB, 13.12.2007, zitiert in Verfassungsgerichtshof des Freistaates Sachsen: Urteil in dem Organstreitverfahren gegen den Sächsischen Staatsminister der Finanzen, Az. Vf. 41-I-08, 28.8.2009, S. 8.

83 Jody Shenn und Shannon D. Harrington: Moody's Cuts Ratings on CDO's, Bloomberg 26.10.2007.

84 International Accounting Standards Board: Credit Crisis Proposed Disclosure Requirements for off-balance sheet entities, London 16.9.2008. Sheila C. Bair: Statement on Possible Responses to Rising Mortgage Foreclosures before the Committee on Financial Services, U.S. House of Representatives, Washington, 17.4.2007. Thomas Schmitz-Lippert: Recht der Finanzaufsicht – Finanzkrise II, Vorlesungspräsentation 2009, Archiv des Autors.

85 Carlos Arteta, Mark Carey und Ricardo Correa (Federal Reserve Board): Why are almost all ABCP vehicles sponsored by non-U.S. banks? Fed of New York, Dezember 2007. Federal Reserve Bank of New York, Princeton University: Liquidity Conference, New York 13.12.2007.

86 Düsseldorfer Hypothekenbank AG: Jahresabschlussbericht 2008, S. 3 ff.

und 35 ff. Resba Beteiligungsgesellschaft mbH: Jahresabschluss 2008. Einlagensicherungs- und Treuhandgesellschaft mbH: Jahresabschluss 2007. Bundesverband deutscher Banken: Pressemitteilung 22. 1. 2009.

87 Hypo Real Estate: Presseinformation 15. 1. 2008.

88 *Frankfurter Allgemeine Zeitung* 1. 7. 2009.

89 Deutscher Bundestag, 2. Untersuchungsausschuss, 11. Sitzung am 19. 06. 2009. *Spiegel online* 17. 6. 2009.

90 Harald Schumann: Tiefes Dunkel, etwas Licht, Tagesspiegel 26. 7. 2009.

91 Kopie E-Mail an Frauke Menke, 17. März 2009, Archiv des Autors. Deutsche Bundesbank, HV München: Zwischenbericht Prüfung HRE-Group, München 15. März 2008.

92 Deutscher Bundestag: 2. Untersuchungsausschuss, 22. Sitzung am 20. 08. 2009, Zeuge Peer Steinbrück, S. 52.

93 JPMorgan Chase: JPMorgan Chase and Bear Stearns Announce Amended, Medienmitteilung, New York, 24. 3. 2008.

94 Deutscher Bundestag: 2. Untersuchungsausschuss, 22. Sitzung am 20. 08. 2009, Zeuge Peer Steinbrück, S. 52.

95 Financial Crimes Enforcement Network (FinCEN): Mortgage Loan Fraud: An Update of Trends Based upon an Analysis of Suspicious Activities Reports, Washington, April 2008.

96 Alexander Dill: Wie deutsche Banken das Desaster befördert haben, Spiegel online 15. 9. 2009.

97 David Einhorn, Greenlight Capital: Accounting Ingenuity, Ira W. Sohn Investment Research Conference, New York 21. 5. 2008. Wall Street Journal 3. 6. 2008 und 10. 6. 2008. United Stars District Court, Southern District of New York: Operative Plasterers and Cement Mason International Association Local 262 Annuity Fund vs Lehman Brothers Holdings, Inc., Richard S. Fuld, Jr. u. a.: Class Action Complaint, Az. 08-cv-5523, 18. 6. 2008, S. 31 ff. Andrew Ross Sorkin: To Big To Fail, New York 2009, S. 100 f.

98 Leo Müller: Die Erblast, Capital 1. 5. 2009. Council on Foreign Relations Meeting Subject: The G-20 London Summit, Speaker Benn Steil, Senior Fellow and Director of International Economics, Council on Foreign Relations, Council on Foreign Relations, New York 1. 4. 2009. Who's Who on AIG's List of Counterparties, Business Week online 18. 3. 2009. James B. Stewart: Eight Days: The battle to save the American financial system, The New Yorker, 21. 9. 2009.

99 Interview Peer Steinbrück, Tageszeitung 16. 9. 2008.

100 Deutscher Bundestag: Stenografischer Bericht, 179. Sitzung, 25. 9. 2008, S. 18968 ff.

101 Harald Schumann: Bilanz des Schreckens, Tagesspiegel 13. 9. 2009. Markus Dettmer u. a.: Zocken im Morgengrauen, Spiegel 34/2009, S. 61.

102 Deutsche Bundesbank: Protokollnotiz über das Ergebnis der Sitzung am 2./3. Oktober 2008, Frankfurt a. M. 3. 10. 2008.
103 Stefan Lamby: ARD Dokumentation 1. 7. 2009.
104 Beat Balzli u. a.: Alarmstufe Rot, Spiegel 50, 2008, S. 68 ff.
105 Dresdner Bank: Finanzberichte 2002–2008.
106 Friedrich Dürrenmatt: Frank der Fünfte – Komödie einer Privatbank, Zürich 1998, S. 137.
107 Marktkapitalisierung am 28. 12. 2009. Deutsche Bank: 31,1 Milliarden Euro (Bloomberg-Daten).
108 Grupo Santander: Annual Report 2008, April 2009, S. 2. Grupo Santander: Activity and Results – First Half 2009, Präsentation 29. Juli 2009. Marktkapitalisierung am 28. 12. 2009: Die Deutsche Bank war an diesem Tag nur rund 30 Milliarden Euro Wert. Die Santander-Gruppe warb im September weltweit mit Zeitungsinseraten, die ihre guten Zahlen veröffentlichten: Leading World Banking: Economist 12. 9. 2009, S. 76.
109 BBVA: BVVA recurrent and sustainable earnings, Präsentation Goldman Sachs European Financials Conference, Frankfurt a. M. 5. 6. 2009. BBVA: Group Results, Second Quarter 2009, Madrid 28. 7. 2009.
110 Nordea: Annual Report 2008, Kopenhagen/Helsinki/Oslo/Stockholm 2009. Nordea: Second Quarter Report 2009, Kopenhagen/Helsinki/Oslo/Stockholm, 21. 7. 2009. Der Anteil der Level-3-Assets an den nach Fair Value bewerteten Anlagen in Höhe von insgesamt 86,5 Milliarden Euro betrug am 31. Dezember 2008 lediglich 2,63 Milliarden Euro; der Net-Profit betrug 3,1 Milliarden Euro (2007) und 2,67 Milliarden (2008) gegenüber 3,15 Milliarden im Jahr 2006.
111 Thurgauer Kantonalbank: Unternehmensberichte, Medienmitteilung 10. 11. 2009.
112 Kanton Thurgau: Staatsrechnung 2008, Frauenfeld 2009. Kanton Thurgau: Geschäftsbericht 2008, S. 11 Thurgauer Zeitung 3. 9. 2009.
113 Karel Lannoo: Good banks, bad banks and the like, European Capital Markets Institute (ECMI) Commentary 21/2009.
114 Tagesanzeiger 1. 9. 2009.
115 World's Safest Banks 2009, Global Finance Magazine 25. 8. 2009.
116 Unternehmensberichte: Konsolidiertes Konzernergebnis nach IFRS. Legende: * nur 1. Halbjahr 2009, ** Vorsteuerergebnis. Größenranking nach Bilanzsumme.
117 Josef Ackermann: The financial crisis and Deutsche Bank – a preliminary assessment, Präsentation bei der 14. Handelsblatt-Konferenz Banken im Umbruch, Frankfurt a. M. 8. 9. 2009, S. 16.
118 Karel Lannoo: Good banks, bad banks and the like, European Capital Markets Institute (ECMI) Commentary 21/2009.
119 Süddeutsche Zeitung 7. 10. 2008.

120 Entscheidung der Kommission vom 20. Oktober 2004 über eine Beihilfe Deutschlands zugunsten der Westdeutschen Landesbank – Girozentrale, jetzt WestLB AG, Az. K(2004) 3925 (2006/737/EG), Amtsblatt der Europäischen Union 7. 11. 2006.
121 Deutsche Bundesbank: Monatsbericht, Frankfurt a. M., Juli 1997, S. 65.
122 Michael Dawson-Kropf und Patrick Rioual (Fitch Ratings): German Landesbanken: Facing an Uncertain Future, Special Report 21. 9. 2009, S. 4.
123 Beat Balzi u. a.: Alarmstufe Rot, Spiegel 50/2008, S. 68 ff.
124 Richard Haimann: Dummes deutsches Geld auf Wanderschaft, Welt 13. 1. 2004.
125 Standard & Poor's: German Banks' Subprime Mortgage And Structured Vehicle Exposure, Concerns Are Overstated, 19. 9. 2007.
126 Standard & Poor's: Bulletin: Ormond Quay Funding ABCP Rating Not Adversely Affected By Sachsen LB Group Downgrades, 22. 8. 2007. Standard & Poor's: Research Update Sachsen LB Europe plc, Frankfurt a. M. 8. 6. 2007.
127 Sächsischer Landtag: Stenografisches Protokoll des 1. Untersuchungsausschusses der 4. Wahlperiode, 21. Vernehmung: Claus-Harald Wilsing, 21. 1. 2008, S. 20. Die Steuereinnahmen des Freistaates betrugen im Jahr 2003 rund 7,4 Milliarden Euro – Sächsisches Staatsministerium der Finanzen: Mittelfristige Finanzplanung des Freistaates Sachsen 2004 bis 2008, S. 60. Verfassungsgerichtshof des Freistaates Sachsen: Urteil in dem Organstreitverfahren gegen den Sächsischen Staatsminister der Finanzen, Az. Vf. 41-I-08, 28. 8. 2009, S.3.
128 Sachsen LB und LBBW: Grundlagenvereinbarung, September 2007. Ergebnis der Sitzung zur Solvenzsicherung der Sachsen LR am 12. und 13. Dezember 2007 unter Beteiligung der BaFin und der Deutschen Bundesbank, Protokoll, 13. 12. 2007, Archiv des Autors. Ormond Quay: Notice of Appointment of Liquidator, Dublin 18. 12. 2008.
129 Sächsischer Rechnungshof: Mitteilung, Verfassungsgerichtshof des Freistaates Sachsen: Urteil vom 28. 8. 2009, Az. Vf. 41-I-08, 28. 8. 2009. Spiegel online 8. 9. 2007.
130 Stephan Paul: Finanzmarktkrise und Konsequenzen für die Bankenaufsicht, Präsentation beim 9. Norddeutschen Bankentag, 27. 6. 2008.
131 Stephan Paul: Finanzmarktkrise und Konsequenzen für die Bankenaufsicht, Präsentation beim 9. Norddeutschen Bankentag, 27. 6. 2008.
132 Standard & Poor's: German Banks' Subprime Mortgage And Structured Vehicle Exposure, Concerns Are Overstated, 19. 9. 2007.
133 Daten nach Unternehmensangaben: Jahresabschlüsse 2008.
134 Céline Choulet: German Banks – Weaknesses Exacerbated by Crisis, BNP Paribus, Paris, August 2009.
135 John Kenneth Galbraith: The Great Crash – 1929, London 1954 und 1974.

136 Später stellte sich heraus, dass selbst der ABX-Index für den Zeitraum Januar 2006 bis März 2008 die Papiere viel zu hoch bewertete. Ein realistisches Bild lieferte das Bewertungsmodell ABSTRAK. Don't Mark to Markit, Economist 6. 3. 2008. Jerome S. Fons: Shedding Light on Subprime RMBS, Working Paper, New York 23. 2. 2009, S. 14 ff.

137 Sächsischer Landtag: Stenografisches Protokoll des 1. Untersuchungsausschusses der 4. Wahlperiode, 21. Vernehmung: Claus-Harald Wilsing, 21. 1. 2008.

138 LBBW: Ad-hoc-Meldung gemäß § 15 WpHG, 21. 11. 2008. Financial Times Deutschland 25. 9. 2009.

139 LBBW: Pressemitteilung 1. 10. 2009, Zeit online 24. 9. 2009.

140 Financial Times Deutschland 26. und 27. 11. 2009. Süddeutsche Zeitung 27. 11. 2009. Handelsblatt 5. 11. 2009. Frankfurter Allgemeine Zeitung 28. 11. 2009.

141 Michael Dawson-Kropf und Patrick Rioual (Fitch Ratings): German Landesbanken: Facing an Uncertain Future, Special Report 21. 9. 2009.

142 George A. Akerlof: The Market For Lemons. Quality Uncertainty And The Market Mechanism, Quarterly Journal of Economics 84, August 1970, S. 488–500.

143 George A. Akerlof und Robert Shiller: Animal Spirits: Wie Wirtschaft wirklich funktioniert, Frankfurt a. M. 2009. George A. Akerlof: Animal spirits: Non-economic motives and their impact on the business cycle, Vortrag an den The European Colloquia Series, Venedig 25. 11. 2008.

144 Céline Choulet: German banks: weaknesses exacerbated by the crisis, BNP Paribas, Paris, August 2009.

145 Friedrich Dürrenmatt: Frank der Fünfte – Komödie einer Privatbank, Zürich 1998. S. 144.

146 Deutscher Bundestag: 2. Untersuchungsausschuss, 22. Sitzung, Zeuge Peer Steinbrück, 20. 8. 2009, S. 26.

147 Deutscher Bundestag: 2. Untersuchungsausschuss, 17. Sitzung, Stenografisches Protokoll, Zeuge Jochen Sanio u. a., S. 17.

148 Frank M. Drost und Klaus C. Engelen: Finanzkrise: Ursachenforschung gefordert, Handelsblatt 14. 5. 2008.

149 Bank of England: Financial Stability Report, Issue 25, 26. 6. 2009. Siehe die Hearings des U. S. Senate Committee on Banking, Housing & Urban Affairs. U. S. Securities and Exchange Commission, Office of the inspector General: Report of Investigation, Case No. OIG-509, Investigation of Failure of the SEC To Uncover Bernhard Madoff's Ponzi Scheme, 31. 8. 2009. Eidgenössische Finanzmarktaufsicht: Finanzmarktkrise und Finanzmarktaufsicht, Bern 14. 9. 2009. Das Schweizer Parlament hat die Regierung darüberhinaus aufgefordert, eine hochkarätige Expertenkommission einzuberufen. Neue Zürcher Zeitung 16. 10. 2009.

150 World Economic Forum: The Financial Development Report 2009, Genf 2009.

151 Tagesanzeiger 19. 11. 2009.

152 Deutscher Bundestag: Stenografischer Bericht, 179. Sitzung, Berlin, 25. 9. 2008, S. 18968 ff.

153 Hans-Joachim Dübel: Reform der Finanzmarktaufsicht. Arbeitspapier zur Anhörung im Finanzausschuss des Deutschen Bundestages, Berlin 7. 5. 2009, Archiv des Autors.

154 Düsseldorfer Hypothekenbank AG: Jahresabschlussbericht 2008, S. 3 ff. und 35 ff. Resaba Beteiligungsgesellschaft mbH: Jahresabschluss 2008. Einlagensicherungs- und Treuhandgesellschaft mbH: Jahresabschluss 2007. Bundesverband deutscher Banken: Pressemitteilung 22. 1. 2009.

155 Handelsblatt 21. 8. 2008.

156 Spiegel online 24. 4. 2009.

157 Spiegel online 15. 10. 2009.

158 Neue Zürcher Zeitung 22. 9. 2009.

159 Fiscal Iceberg, Economist 26. 9. 2009, S. 79.

160 Die US-Hilfsprogramme publizieren zum Beispiel regelmäßig Empfängerlisten mit den exakten Zahlen und Bedingungen der Leistungen. Die Schweizerische Nationalbank unterrichtet über den bilanziellen Stand der Bad Bank für die UBS quartalsweise mit exakten Zahlen.

161 Bundesanstalt für Finanzmarktstabilisierung SoFFin: Pressnotiz 12. 8. 2009. Datensicherung der Internetseite www.soffin.de am 26. 9. 2009, Archiv des Autors.

162 Spiegel online 2. 2. 2009.

163 Deutscher Bundestag: Stenografischer Bericht, 230. Sitzung, Plenarprotokoll 16/230, S. 25917, 2. 7. 2009.

164 Handelsblatt 28. 7. 2009; Protokolle von Zeugenaussagen August bis September 2009, Archiv des Autors.

165 Frankfurter Rundschau online 26. 9. 2009.

166 Vertrauen ist gut, Kontrolle ist besser, SR Rückschau (www.ard.de), 19. 5. 2009.

167 Christoph Birnbaum: Am Parlament vorbei, Rheinischer Merkur 35/2009.

168 Kreditanstalt für Wiederaufbau: Geschäftsbericht 2007, S. 21.

169 Süddeutsche Zeitung online 28. 8. 2009.

170 Hypo Real Estate: Geschäftsbericht 2006, S. 28.

171 Hypo Real Estate: Zwischenbericht zum 30. 9. 2009.

172 Spiegel online 23. 9. 2009.

173 Schweizerischer Bankiertag: Präsidialrede Pierre G. Mirabaud, 17. 9. 2009 (www.swissbanking.org).

174 Der schweizerische Bundesrat hat nach den undiplomatischen Attacken

Steinbrücks einen Milliardenauftrag für Kampfjets an ein Konsortium mit deutscher Beteiligung auf Eis gelegt. Er könne sich einen Auftrag an die Deutschen derzeit nicht vorstellen, sagte der Verteidigungsminister Ueli Maurer. Christian Schütte: Der Bundespatzmeister, Capital 30. 7. 2009.

175 Welt 18. 5. 2009.

176 Süddeutsche Zeitung 18. 5. 2009.

177 The sick banking system of Europe, Economist, 9. 5. 2009.

178 Wolfgang Münchau: Scheinlösungen gegen die Kreditklemme, Financial Times Deutschland, 8. 7. 2009.

179 David Vickrey: Karma and Bad Times for Deutsche Bank in America, Atlantic Review Blog 27. 4. 2008.

180 Josef Joffe: Die Krise ist vorbei, Zeit, 30. 7. 2009.

181 Niall Ferguson: Diminished Returns, New York Times 17. 5. 2009. Niall Ferguson: Der Aufstieg des Geldes, Berlin 2009.

182 Hans-Ulrich Krüger: Rede zur 2./3. Lesung des CDU/CSU und SPD-Entwurfs eines Finanzmarktstabilisierungsgesetzes, Drucksache 16/10600, 17. 10. 2008.

183 Deutscher Bundestag: 2. Untersuchungsausschuss, 17. Sitzung am 30. 07. 2009, Zeuge Jochen Sanio, S. 84.

184 Deutscher Bundestag: 2. Untersuchungsausschuss, 17. Sitzung, Zeuge Axel Weber, 30. 07. 2009.

185 Kreditwesengesetz, Paragraf 6 und 7.

186 Frankfurter Allgemeine Zeitung 30. 4. 2009.

187 Deutsche Bundesbank: Finanzstabilitätsbericht, November 2006.

188 Sachsen LB: Besetzungsliste der Gremien, Lepizig 2005, Archiv des Autors.

189 Hans Reckers: Der Finanzstandort Deutschland aus Sicht der Deutschen Bundesbank, Frankfurt a. M. 21. 11. 2007. Deutsche Bundesbank: Finanzstabilitätsbericht, November 2007.

190 Office of Federal Housing Enterprise Oversight (OFHEO): House Price Index for USA, 2006.

191 Deutsche Bundesbank: Protokoll der Jahresabschluss-Pressekonferenz, 10. 3. 2009.

192 Financial Times Deutschland, 18. 5. 2009. Neue Zürcher Zeitung 22. 9. 2009.

193 Deutsche Bundesbank: Jahresbericht 2008.

194 Deutsche Bundesbank: Geschäftsbericht 2008, S. 121 ff.

195 Harald Bauer und Matthias Hermann: Reden anlässlich der Protestkundgebung, Frankfurt a. M. 13. 10. 2009.

196 Angaben der Deutschen Bundesbank, Stand Mai 2009.

197 Deutsche Bundesbank: The Research Centre of the Deutsche Bundesbank in 2008, Frankfurt a. M. 2009.

198 Hans-Helmut Kotz (Mitglied des Vorstands der Deutschen Bundesbank): Finanzstabilitätsbericht 2009 der Deutschen Bundesbank, Präsentation, Frankfurt a. M. 25. 11. 2009.

199 Leo Müller: Unter Denkmalschutz, Capital 1. 6. 2009. Deutsche Bundesbank: Geschäftsbericht 2008, S. 122.

200 Tagesspiegel 23. 9. 2009.

201 UBS: Presentation 3Q09, 3. 11. 2009. Credit Suisse: Third Quarter Results 2009, Zürich 22. 10. 2009.

202 Bank For International Settlements, Basel Committee on Banking Supervision: An Explanatory Note on the Basel II IRB Risk Weight Functions, Juli 2005.

203 Janet L. Yellen: A Minsky Meltdown: Lessons for Central Bankers, Presentation to the 18th Annual Hyman P. Minky Conference on the State of the U. S. and World Economies, New York 16. 4. 2009.

204 Compliance LLC: Regulatory Arbitrage Opportunities after Basel II, Course Zurich 2006.

205 Deutsche Bundesbank: Research Programme 2009/2010, Frankfurt a. M., Januar 2009, S. 54. Axel Weber: Finanzsystem und Notenbank, Rede bei der Jahresmitgliederversammlung des Instituts für Wirtschaftspolitik an der Universität zu Köln, 16. 6. 2009.

206 Initiative Finanzstandort Deutschland (IFD): Eckpunkte-Papier zu den G20-Maßnahmen vom 15. November 2008 im Vorfeld des nächsten G20-Gipfels am 2. April 2009 in London, S.11. Siehe auch Frank-Christoph Zeitler: Finanzkrise: Wie geht es weiter?, Rede anlässlich der Fachinformationstagung des Genossenschaftsverbands Bayern, 19. 9. 2009.

207 Frankfurter Allgemeine Zeitung 9. 9. 2009.

208 Mario Draghi: Interview, Frankfurter Allgemeine Zeitung 7. 10. 2009.

209 Süddeutsche Zeitung 6. 10. 2009. Financial Times Deutschland 17. 12. 2009.Tobias Dieterich: Steinbrück kommt öffentlichen Banken bei Kernkapital-Definition entgegen, Risikomanagement und Finanzmarktregulierung im Medienfokus 14. 5. 2009.

210 Deutsche Bundesbank: Geschäftsbericht 2008, S. 130 f. und 134.

211 Bild 18. 9. 2009.

212 Deutscher Bundestag: 2. Untersuchungsausschuss, 17. Sitzung, Zeugen Jochen Sanio und Axel Weber, 30. 7. 2009, S. 39 und 99.

213 Deutscher Bundestag: 2. Untersuchungsausschuss, 17. Sitzung, Zeuge Jochen Sanio, 30. 7. 2009.

214 Deutscher Bundestag: 2. Untersuchungsausschuss, 17. Sitzung, Zeuge Jochen Sanio, 30. 7. 2009, S. 40.

215 Deutscher Bundestag: 2. Untersuchungsausschuss, 10. Sitzung, Zeugin Susanne Krecker, 18. 6. 2009, S. 17.

216 Bank für internationalen Zahlungsausgleich, Basler Ausschuss für Ban-

kenaufsicht: Aufsichtsempfehlungen für die Behandlung schwacher Banken – Bericht der Task Force »Schwache Banken«, Basel, März 2002, S. 11.

217 Daniel Epps: Mechanisms of Secrecy, Harvard Law Review 121/6, 2008, S. 1556.

218 BaFin: Medienmitteilung 24. 4. 2009.

219 WestLB: Geschäftsbericht 2008, S. 102.

220 EU-Kommission: Entscheidung über die staatliche Beihilfe C 43/2008 (ex N 390/2008), die Deutschland zur Umstrukturierung der WestLB AG gewähren will, Brüssel 12. 5. 2009, S. 5.

221 US Senate: Hearing on ›Securitization of Assets: Problems and Solutions before the Subcommittee on Securities, Insurance, and Investment‹ of the U. S. Senate Committee on Banking, Housing, and Urban Affairs. Prepared Statement of Patricia A. McCoy, Washington 7. 10. 2009, S. 9.

222 BaFin: Jahresbericht der Bundesanstalt für Finanzdienstleistungsaufsicht 2008, Bonn/Frankfurt a. M. 2009, S. 25 und 70.

223 Bank für internationalen Zahlungsausgleich, Basler Ausschuss für Bankenaufsicht: Aufsichtsempfehlungen für die Behandlung schwacher Banken – Bericht der Task Force »Schwache Banken«, Basel, März 2002, S. 11.

224 Deutscher Bundestag: 2. Untersuchungsausschuss, 17. Sitzung, Zeuge Jochen Sanio, 30. 7. 2009, S. 32 f.

225 United States District Court, Southern District of New York, King County, Washington: Individually and on Behalf of All Others Similarly Situated, vs. IKB Deutsche Industriebank AG, Class Action, Az. 09 CIV 8387. Eine ähnliche Klage wurde von der Iowa Student Loan Liquidity Corporation eingereicht – United States District Court, Southern District of New York: Iowa Student Loan Liquidity Corp vs IKB Deutsche Industriebank, Class Action Complaint 16. 10. 2009, Az. 09 CV 8822.

226 United States Bankruptcy Court, Southern District of Florida: Case No. 08-22814-BKC-AJC, Hearing Transcript 4. 11. 2008, S. 19.

227 United States Bankruptcy Court, Southern District of Florida: Case No. 08-22814-BKC-AJC, Hearing Transcript 4. 11. 2008, S. 32 f.

228 United States Bankruptcy Court, Southern District of Florida: Case No. 08-22814-BKC-AJC, Complaint 4. 11. 2008.

229 Omega Capital Funding Limited: Directors' Report and Financial Statements, Period from incorporation on 16 November 2006 to 31 December 2007, 18. 3. 2009.

230 KPMG: HSH Nordbank AG, Prüfungsbericht zum Konzernabschluss zum 31. 12. 2008 und Konzernlagebericht, S. 2 und 8 ff.

231 BayernLB: Presseinfo, München 14. 12. 2009.

232 Frankfurter Allgemeine Zeitung 15. und 22. 10. 2009. Financial Times

Deutschland 15. und 16. 10. 2009. Spiegel online 17. 10. 2009. Wirtschaftsblatt 18. 3. 2009. Europäische Kommission: Schreiben an den Bundesminister der Finanzen, Staatliche Beihilfe an die BayernLB, Brüssel 18. 12. 2008. dpn-online, November/Dezember 2006.

233 Kleine Zeitung 26. 11. 2009 und 17. 12. 2009. Profil 19. 12. 2009. Standard 19. 12. 2009.

234 Bundesgerichtshof: Urteil vom 13. 08. 2009 – 3 StR 576/08 (LG Düsseldorf), Untreue eines Bankvorstands durch Gewährung eines riskanten Kredits, NJW-Spezial 21/2009, S. 680.

235 Manager Magazin online 1. 4. 2009. Welt 30. 9. 2009 und 6. 12. 2009. Beat Balzli u. a.: Rossinis Geheimnis, Spiegel 12. 10. 2009. Frankfurter Allgemeine Zeitung 14. 10. 2009. Spiegel 12. 10. 2009.

236 Welt 15. 8. 2009. Handelsblatt 13. 8. 2009. Spiegel online 7. 12. 2009.

237 United States District Court, Southern District of New York: Operative Plasterers and Cement Masons International Association Local 262 Annuity Fund vs. Lehman Brothers et al, Class Action Complaint, Az. 08-CV-5523 (LAK), 18. 6. 2008.

238 Gretchen Morgenson und Louise Story: Banks Bundled Bad Debt, Bet Against It and Won, New York Times 24. 12. 2009.

239 United States District Court, Southern District of New York: Securities and Exchange Commission vs. Deutsche Bank Securities, Inc., Complaint 1. 6. 2009, Az. 09-CIV-5174. Claudio Gatti: Italy Seizes Millions in Assets From Four Banks, New York Times 28. 4. 2009. United States District Court, Southern District of New York: Securities and Exchange Commission vs. Jon-Paul Rorech and Renato Negrin, Complaint, Az. 09-CIV-4329, 5. 5. 2009. Deutsche Bank: Zwischenbericht 2. Quartal 2009, S. 62 ff. Jennifer E. Bethel u. a.: Legal and Economic Issues in Litigation Arising from the 2007–2008 Credit Crisis, Harvard Law and Economics Discussion Paper 612, Camnbridge 2008, S. 3 und 18.

240 Franz Jürgen Säcker: Gesellschaftsrechtliche Grenzen spekulativer Finanztermingeschäfte – Überlegungen aus Anlass der Garantieerklärung der Bundesregierung für die Hypo Real Estate-Group, Neue Juristische Wochenschrift 2008, S. 3313 ff.

241 HSH Nordbank: Stellungnahmen von Hilmar Kopper, Aufsichtsratsvorsitzender der HSH Nordbank, 14. 10. 2009 und 20. 10. 2009. HSH Nordbank: Pressemitteilung vom 7. 10. 2009. HSH Nordbank: Schreiben Michaela Fischer-Zernin an den Autor, 26. 10. 2009.

242 Süddeutsche Zeitung 12. 12. 2009.

243 Los Angeles Times 18. 11. 2009.

244 Frankfurter Allgemeine Zeitung 16. 7. 2009.

245 Tagesanzeiger 24. 12. 2008. Spiegel online 24. 9. 2008.

246 Federal Bureau of Investigation (FBI): 2008 Mortgage Fraud Report. De-

partment of Justice, United States Attorney's Office, Southern District of California, Press Release 7.4.2009. Department of Justice, United States Attorney's Office District of Maryland, Press Release 27.4.2009. Financial Crimes Enforcement Network (FinCEN): Mortgage Loan Fraud – An Update of Trends Based upon an Analysis of Suspicious Activities Reports, Washington, April 2008. Financial Crimes Enforcement Network (FinCEN): Mortgage Loan Fraud. Connections with Other Financial Crime, Washington, März 2009.

247 Association of Certified Fraud Examiners (ACFE): 2008 Report to the Nation on Occupational Fraud and Abuse, Austin 2009.

248 Frankfurter Allgemeine Zeitung 20.7.2009 und 28.11.2009.

249 Financial Times Deutschland 27.2.2009.

250 Veronika Oleksyn: UN drug czar: Financial crisis benefits crime, Wien 29.1.2009.

251 Pierin Vincenz: Statement an einer Paneldiskussion, Schweizerische Bankiervereinigung, Bern 8.6.2009.

252 United States District Court, Southern District of New York: SEC vs. Bernhard Madoff, Exhibit A, Customers, Az 08-cv-10791, 3.2.2009.

253 FINalternatives 24.4.2009.

254 Staatsanwaltschaft Würzburg gegen Helmut Kiener wegen Betrug u.a., Az. 731 JS 8191/09. Haftbefehl 1 GS 6350/09. Haftbeschwerde Helmut Kiener, München 5.11.2009.

255 Forensische Datensicherung der Internetseite www.venceremos.ch, Dezember 2009 (Archiv des Autors).

256 New York Times 16.7.2009. United States Attorney's Office, Southern District of New York: Press Release 15.7.2009, Heft 46, S. 3313 ff.

257 NZZ am Sonntag 25.10.2009.

258 Alleged Ponzi Scheme of the Day, FINalternatives, 2.4.2009. Bloomberg 13.11.2009. Los Angeles Times 18.11.2009.

259 C. Christory, S. Daul und J.-R. Giraud: Quantification of Hedge Fund default Risk, Journal of Alternative Investment, Dezember 2006; zitiert nach Pascal Botteron: Hedge Funds – Ten years of private client investing – Is it still time to invest?, Derivates Use – Trading & Regulation 12/4, 2007, S. 305.

260 Leo Müller: Der ungetreue Bankdirektor, Präsentation im Studiengang Master of Economic Crime Investigation, Hochschule Luzern, Mai 2009.

261 Michael Lewis: Liar's Poker. Rising Through the Wreckage on Wall Street, New York 1990, S. 196.

262 Peter Schneider: Politiker hüten sich davor, die Wähler zu wecken, Tagesanzeiger 23.9.2009.

263 John Kenneth Galbraith: Die Ökonomie des unschuldigen Betrugs: Vom Realitätsverlust der heutigen Wirtschaft, München 2005, S. 17.

264 Niall Ferguson: Der Aufstieg des Geldes, Berlin 2008, S. 18.
265 Konrad Hummler: Anlagekommentar 261, St. Gallen 26. 1. 2009, S. 2.
266 Werner Marnette, Interview, Spiegel Heft 15 6. 4. 2009.
267 SonntagsZeitung 15. 2. 2009.
268 William Black: Interview mit Bill Moyers, PBS, Bill Moyers Journal 3. 4. 2009.
269 Stanton Wheeler und Mitchell Lewiss Rothman: The Organization as Weapon in White Collar Crime, Michigan Law Review 80/1982, S. 1403–1426.
270 Niall Ferguson: Der Aufstieg des Geldes, Berlin 2008, S. 230.
271 Henry N. Pontell: White-Collar Crime and Major Financial Debacles in the United States, Arbeitspapier 2008, S. 194. Henry N. Pontell: White-Collar Crime or just risky Business? The Role of Fraud in Major Financial Debacles, Crime Law and Social Change 42/2004, S. 309–324. William K. Black, Kitty Calavita und Henry N. Pontell: The Savings and Loan Debacle of the 1980s – White-Collar Crime or Risky Business?, Law & Policy 17/1995, S. 23–55.
272 Henri Schwamm: Betrug als Krebsgeschwür der Marktwirtschaft, Neue Zürcher Zeitung 26. 2. 2009.
273 Brady Dennis: In Original Reformer, a Model. Washington Post 16. 9. 2009.
274 Andrew Rich u. a.: Offener Brief an die Mitglieder der Financial Crisis Inquiry Commission, Washington 2009.
275 Los Angeles Times 18. 11. 2009.
276 Will Hutton: Interview, SonntagsZeitung 25. 1. 2009.
277 Gerhard Strate: Der Preis der Freiheit, HRRS – Online-Zeitschrift für Höchstrichterliche Rechtsprechung zum Strafrecht 10/2009, S. 441.
278 RP Online 28. 7. 2009.
279 Rebekka Habermas: Diebe vor Gericht, Frankfurt a. M. 2008, S. 20.
280 Gerhard Strate: Der Preis der Freiheit, HRRS – Online-Zeitschrift für Höchstrichterliche Rechtsprechung zum Strafrecht 10/2009, S. 441.
281 Public Broadcasting System: Frontline, The Wall Street Fix, Interview Eliot Spitzer, 22. 2. 2004; zitiert in Robert Tillman: Reputations and corporate malfeasance: collusive networks in financial statement fraud, Crime Law and Social Change 51/2009, S. 379.
282 Columbia Broadcasting System: 60 minutes, Sheriff of Wall Street; zitiert in Robert Tillman: Reputations and corporate malfeasance: collusive networks in financial statement fraud, Crime Law and Social Change 51/2009, S. 379.
283 Nach einem Bonmot von Paolo Bernasconi, Strafrechtsprofessor in Lugano.
284 Paul Krugman: Flavors of Fraud, New York Times 28. 6. 2008.

285 Friedrich Dürrenmatt: Frank der Fünfte – Komödie einer Privatbank, Zürich 1998.
286 Roger Lowenstein: Origins of the Crash. New York 2004, S. 227.
287 Asset-Backed Alert: Next Wave of MBS Pain Coming into Focus, 12. 6. 2009. Standard & Poor's: Project Losses For U. S. Subprime RMBS Issued In 2006 and First-Half 2007 as of April 14, 2008, New York 24. 4. 2008.
288 Wei Jiang, Ashlyn Aiko Nelson und Edward Vytlacil: Liar's Loan? Effects of Origination and Information Falsification on Mortgage Delinquency, Working Paper, Columbia Business School, September 2009.
289 Siehe auch United States Bankrauptcy Court, Southern District of New York: Royal Bank America vs. Lehman Brothers Special financing, Inc., Chapter 11 Case, Complaint, Az. 08-13555, 23. 10. 2008.
290 Daten der Electronic Court Records Database.
291 Courtney J. Linn: The Way We Live Now, Journal of Financial Crime 16/1, 2009, S. 22. Andrew T. Carswell und Douglas C. Bachtel: Mortgage Fraud – A Risk Factor Analysis of Affected Communities, Crime, Law am Social Change, Online-Publikation, 16. 1. 2009.
292 BasePoint: A Study on Mortgage Fraud and the Impacts of a Changing Financial Climate, White Paper, 2006. BasePoint: Broker Facilitated Fraud: The Impact on Mortgage Lenders, White Paper, 2006.
293 Michael Osinski: My Manhattan Project, New York Magazine 29. 03. 2009.
294 Michael Lewis: Liar's Poker – Rising Through the Wreckage on Wall Street, New York 1990.
295 U. S. Securities and Exchange Commission: Litigation Release No. 20273, Securities and Exchange Commission v. Orlando Joseph Jett, 06 Civ. 13723 (S. D. N. Y.), 11. 9. 2007.
296 U. S. House of Representatives: Committee on Oversight and Government Reform: Hearing on the Causes and Effects of the AIG Bailout, Testimony Alan Greenspan, Washington 23. 10. 2008. Jesse Eisinger: The $58 Trillion Elephant in the Room, Portfolio Magazine, New York 15. 10. 2008. Economist 8. 11. 2008. Deutsche Bank Research: Kreditderivate – Implikationen für die Kreditmärkte, Frankfurt a. M. 5. 6. 2003. Deutsche Bank Research: Credit Derivates: Effects on the Stability of Financial Markets, Frankfurt a. M. 9. 6. 2004. Günter Franke: Transformation nicht-gehandelter in handelbare Kreditrisiken, Paper, Konstanz April 2005. Jan Pieter Krahnen: Der Handel von Kreditrisiken – eine neue Dimension des Kapitalmarktes, Working Paper Series 152, Frankfurt a. M. Februar 2005. Günter Franke und Jan Pieter Krahnen: The Future of Securitization, Center of Financial Studies 31/2008, Conference Draft 11. 10. 2008. Deutsche Bundesbank: Monatsbericht, Frankfurt a. M. Dezember 2004.
297 CBS News: 60 Minutes, A Look at Wall Street's Shadow Market, 5. 10. 2008.

298 CBS News: 60 Minutes, A Look at Wall Street's Shadow Market, 5. 10. 2008. Economist 8. 11. 2008.
299 Satyajit Das: The Credit Default Swap Market – Will it Unravel?, 30. 5. 2008. Satyajit Das: Financial Shell Games, Insights 3. 4. 2008.
300 Joseph A. Grundfest with Charles T. Munger, Legal Matters, Gespräch in Stanford Lawyer, Spring 2009, S.15 ff.
301 U. S. House of Representatives, Committee on Oversight and Government Reform: Hearing on the Causes and Effects of the AIG Bailout, Preliminary Transcript, Washington 2008.
302 U. S. House of Representatives, Committee on Oversight and Government Reform: Hearing on the Causes and Effects of the AIG Bailout, Transcript and Testimony Martin Sullivan, Washington 7. 10. 2008.
303 Michael S. Gibson (Federal Reserve Board): Credit Derivates and Risk Management, Staff Working Paper, 22. 5. 2007.
304 Gretchen Morgenson: First Comes the Swap. Then It's the Knives, New York Times 1. 6. 2008.
305 Gary Gorton: The Panic of 2007, Working Paper fort he Federal Reserve Bank of Kansas City, Jackson Hole Conference, August 2008.
306 AIG: Minutes of Meeting of the Audit Committee of American International Group, Inc., New York 26. 2. 2008.
307 Neue Zürcher Zeitung 16. 11. 2009.
308 Bloomberg 30. 10. 2008.
309 Leo Müller: Die 50 000 000 000 000 Falle, Capital 1. 12. 2008. U. S. House of Representatives, Committee on Oversight and Government Reform: Hearing on the Causes and Effects of the AIG Bailout, Testomony Eric Dinallo 7. 10. 2008, Washington 2008.
310 State of New York, Office of The Attorney General: Schreiben Attorney General Andrew Cuomo an Edward M. Liddy, Chairman & CEO, American International Group, Inc., New York 22. 10. 2008. Europäische Zentralbank: Pressemitteilung 3. 11. 2008.
311 Economist 18. 10. 2008. Elisa Parisi-Capone: Post Mortem – Lehman CDS Settlement, RGE Monitor, New York 23. 10. 2008.
312 Der US-Bilanzierungs-Standard GAAP erlaubt allerdings die Verrechnung, so dass sich zum Beispiel die Bilanzsumme der Deutschen Bank nach US-GAAP nahezu halbiert.
313 DTCC: Annual Report 2008, S. 15.
314 David Einhorn: Liquor before Beer … in the Clear, Rede am Value Investing Congress, 19. 10. 2009. Financial Times 6. 11. 2009. Neue Zürcher Zeitung 16. 11. 2009.
315 Yves Smith: CDS Pricing in Increasing Treasury Default Risk, RGE Monitor, New York 2. 11. 2008.
316 Depository Trust & Clearing Corporation DTCC: Warehouse CDS Data,

Dezember 2008. Deutsche Bundesbank: Zahlungsbilanzstatistik, II. 5. Der globale Markt für OTC-Derivate, Frankfurt a. M. (monatlich). BaFin: Schreiben an den Autor, 29. 10. 2009. Leo Müller: Milliardenverluste durch Kreditversicherungen, Capital online 19. 11. 2008.

317 Financial Times Deutschland 14. 10. 2009. Frankfurter Allgemeine Zeitung 22. 8. 2009.

318 Mathias Weis: Eine gefährliche Kennzahl, Tagesanzeiger 29. 2. 2008. Volker Gallandi: Strafrechtliche Aspekte der Asset Backed Securities, Zeitschrift für Wirtschafts- und Steuerstrafrecht 2/2009, 13. 2. 2009.

319 Office of the Comptroller of the Currency (OCC): Bank Derivates Report, 2009. U. S. House of Representatives, Committee on Oversight and Government Reform: Testimoney of Luigi Zingales on Causes and Effects of the Lehman Brothers Bankruptcy, Washington 6. 10. 2008. Edward D. Herlihy u. a. (Wachtell, Lipton, Rosen & Katz): Bold SEC Action is Needed, 18. 9. 2008.

320 Frankfurter Allgemeine Zeitung 16. 7. 2009.

321 European Central Bank: Credit Default Swaps And Counterparty Risk, August 2009, S.4 ff.

322 Mark Pittman: Evil Wall Street Exports Boomed With »Fools« Born to Buy Debt, Bloomberg 27. 10. 2008.

323 Frank Partnoy: Fiasko – The Inside Story of a Wall Street Trader, New York 1999. Frank Partnoy: Infectious Greed – How Deceit and Risk Corrupted the Financial Markets, New York 2009. Frank Partnoy und David A. Skeel: The Promise and Perils of Credit Derivates, Research Paper Public Law and Legal Theory, University of Pennsylvania Law School, o. D. Frank Partnoy: The Derivates Vacuum, Financial Times 9. 8. 2007.

324 CBS News: 60 Minutes, A Look At Wall Street's Shadow Market, 5. 10. 2008.

325 Sebastian Jauch: Verbriefung von Kreditrisiken und das Bankensystem – eine Analyse der Subprime Loan Krise, Diplomarbeit, München 28. 9. 2007, S. 54.

326 Financial Times Deutschland 11. 6. 2009.

327 Standard & Poor's: CP Performance Data – Ormond Quay Funding plc (as of July 2007), 15. 9. 2007.

328 Standard & Poor's: Criteria for Rating German RMBS, 31. 8. 2001.

329 David Einhorn: Liquor before Beer ... in the Clear, Rede am Value Investing Congress, 19. 10. 2009.

330 M. Diane Pendley u. a. (Fitch Ratings): The Impact of Poor Underwriting Practices and Fraud in Subprime RMBS Performance, 28. 11. 2007.

331 Standard & Poor's: Standard & Poor's Describes Impact of Subprime Mortgage Market on RMBS, 17. 4. 2007. Frankfurter Allgemeine Zei-

tung 4.9.2009. Neue Zürcher Zeitung 4.9.2009. Süddeutsche Zeitung 12.8.2009.

332 Generalbundesanwalt: Revisionsbegründung zur Anklage gegen Prof. Dr. Funk u.a., Karlsruhe, unveröffentlicht, Archiv des Autors.

333 Bundesgerichtshof: Untreuevorwurf wegen Verletzung aktienrechtlicher Pflichten – Mannesmann/Vodafone, Urteil vom 21.12.2005 – 3 StR 470/04 – LG Düsseldorf, NJW 8/2006, S. 522.

334 United States District Court, Southern District of New York: Operative Plasterers and Cement Masons International Association Local 262 Annuity Fund et al v. Lehman Brothers et al, Class Action Complaint, Az. 08-cv-5523, 18.6.2008.

335 United States District Court, Southern District of New York: Securities and Exchange Commission v. Jon-Paul Rorech and Renato Negrin, Complaint, Az. 09-cv-4329, 5.5.2009. Wall Street Journal 5.5.2009.

336 United States District Court, Southern District of New York: Securities and Exchange Commission v. Deutsche Bank Securities Inc., Complaint, Az. 09-cv-5174, 1.6.2009.

337 Deutsche Bank: Zwischenbericht zum 30.9.2009, S. 64 ff.

338 International Monetary Fund: Global Financial Stability Report, Oktober 2009, S. 12.

339 Patricia A. McCoy: Prepared Statement, Hearing on Securitization of Assets – Problems and Solutions before the Subcommittee on Securities, Insurance, and Investment of the U.S. Senate Committee on Banking, Housing, and Urban Affairs, Washington 7.10.2009, S. 9.

340 Spiegel 42/2009, S. 83.

341 Asset-Backed Alert: JPMorgan Abandons CDO Underwriting, 17.7.2009.

342 Andrew Sorkin: Too Big to Fail, New York 2009, S. 6. Asset-Backed Alert: Gloomy Mood Overtakes Conduit Industry, 23.10.2009. Asset-Backed Alert: Exodus Begins as Accounting Threats Grow, 18.9.2009.

343 Friedrich Dürrenmatt: Frank der Fünfte – Komödie einer Privatbank, Zürich 1998, S. 100.

344 Interviews mit Zeugen, Dezember 2007 und Januar 2008, Archiv des Autors. Zoom People Information, November 2009.

345 Florian Homm: Resignation Letter, Palma de Mallorca 18.9.2007, Archiv des Autors. Zeugenaussagen, Archiv des Autors.

346 Staatsanwaltschaft Würzburg gegen Helmut Kiener wegen Betrug u.a., Az. 731 JS 8191/09. Haftbefehl 1 GS 6350/09. Haftbeschwerde Helmut Kiener, München 5.11.2009.

347 Absolute East West Fund Ltd.: Offering Memorandum, George Town 24.6.2005. Absolute Return Europe Fund: Offering Memorandum George Town 1.1.2004, Archiv des Autors. Leo Müller: Alles nur ein gro-

ßer Bluff?, Capital 3.1.2008, S. 62 ff. Spiegel 46/2005, S. 82. Bill Aplert: A Money Manager`s Ultimate Fight Game, Barron's 2.6.2008.

348 Dossier Homm: Forensische Datensicherungen 1995–2007, Archiv des Autors. VMR: Geschäftsberichte.

349 Auskünfte des Betreibungsamtes Zürich, Teledata 2003. Dossier Homm: Forensische Datensicherung 1995–2007, Archiv des Autors.

350 Absolute German Fund (AGF), FM Fund Management Ltd., EVT Fund u.a.: Präsentationen 2005, Archiv des Autors.

351 Bunte 18.11.2004. Handelsblatt 21.5.2005 und 6.6.2005. Focus Money 13.6.2007. Financial Times Deutschland 18.7.2007, Frankfurter Allgemeine Zeitung 19.9.2007.

352 Dossier Homm: Forensische Datensicherungen 1995–2007, Archiv des Autors. U.S. Securities and Exchange Commission: EDGAR Database 2003–2007.

353 Frankfurter Allgemeine Zeitung 19.5.2004. Börsen-Zeitung 28.5.2003. Financial Times Deutschland 14.2.2006. Börsen-Zeitung 18.2.2006.

354 Absolute Capital Management: E-Mail-Korrespondenz mit Cascade Funds, Archiv des Autors.

355 United States District Court, Southern District of New York: Absolute Activist Value Master Fund Ltd., et al. v. Todd M. Ficeto, et al., Complaint, Az. 09-cv-8692, 19.10.2009, S. 6.

356 U.S. Securities and Exchange Commission: EDGAR Database 2003–2007.

357 United States District Court, Southern District of New York: Absolute Activist Value Master Fund Ltd., et al. v. Todd M. Ficeto, et al., Complaint, Az. 09-cv-8692, 19.10.2009, S. 17.

358 In der Medienberichterstattung (2000–2008) sind hervorzuheben: Marc Kowalsky und Alexandra Stühlff: Das Beliebtsein war nicht mein Plan, Interview Florian Homm, Facts 1/2007. Richard Tomlinson und Katharine Burton: The Fall of Florian Homm, Bloomberg Markets, Dezember 2007. Bill Alperts: A Money Managers, korrigierte Fassung, Barron's, 2.6.2008.

359 Sonja Banze und Felix Hutt: Neues vom Trixxer, Park Avenue 1.3.2008. Oberlandesgericht Koblenz: Urteil, Az. 8 U 1041/05, 9.11.2007. Spiegel 19.4.2003. Börsen-Zeitung 12.6.2007. Zeit 16.1.2008. Wirtschaftswoche 4.1.2001.

360 Leo Müller: Tatort Zürich. Berlin 2006, S. 119 f.

361 United States District Court, Northern District of Georgia, Atlanta Division: Joseph Adams, JBM, LLC, Florian Homm, u.a. v. Greenberg, Traurig, LLP u.a.: Complaint, Az. 06-cv-1778, 28.7.2006, S. 2.

362 Die auffallenden Homm-Investments:
Berman Center, Inc: Die Firma vermarktet die Beratungsgeschäfte der amerikanischen Sexualtherapeutin und Sex-Beraterin Laura Berman. Der

Versuch, die üblichen Finanzmarktdaten auf der Internetseite der Firma zu erhalten, scheitert. Der jüngste, bei der SEC hinterlegte Quartalsbericht weist einen Reinverlust von rund 440 000 Dollar aus. »Wir haben eine Geschichte der Verluste, und wir rechnen damit, dass sich unsere Betriebsausgaben dramatisch erhöhen werden, wenn wir unseren Businessplan durchführen«, erklärt die Firma. Die Anleger müssten damit rechnen, dass die Firma nie profitabel sein werde. Weil sie einen im Oktober 2007 fälligen Eigenwechsel in Höhe von 800 000 Dollar nicht bedienen konnte, drohte der Firma die Zahlungsunfähigkeit gegenüber den Gläubigern.
Duravest, Inc, (früher Great Wall Food & Beverage Corp): Wegen der Geschäfte mit einem biomagnetischen Therapie-System war die Firma nicht in der Lage, fristgericht ihre Finanzdaten zu veröffentlichen. Vor Jahren waren die Homm-Fonds als Großaktionäre eingestiegen. In anonymen Online-Börsianer-Foren wurde der Titel hoch gelobt. Mutige Investoren sollten sich bereits jetzt positionieren, wurde empfohlen. Gleichzeitig war auch der Hunter Fund als Investor aktiv. Über Eigenwechsel der Firma (Promissary Notes) waren gleichzeitig die Homm-Fonds Absolute Octane sowie Absolute Return Europe und European Catalyst investiert – obwohl deren Geld in Europa angelegt werden sollte. Homm zeichnete persönlich als Halter der Papiere für die Fonds.
Legal Access Technolgies (früher Dynamic Associates): Die Aktie wurde im August 2006 von der US-Börsenaufsicht vom Handel suspendiert. Homm war in den Neunzigerjahren Mitglied des Managements der Firma, die damals noch Dynamic Associates hieß und ihren Sitz im US-Bundesstaat Nevada hatte. Homm war damals an den US-Börsen aufgefallen, weil er mit seiner Vermögensverwalterfirma im Taunus für den Kauf der Dynamic-Associates-Aktien warb, ohne darauf hinzuweisen, dass er selbst finanzielle Interessen an der Firma hatte. Ein weiterer beteiligter Aktionär wurde Ende der Neunziger wegen Wertpapierbetrügereien von der kanadischen Börse in Vancouver ausgeschlossen. Mit dabei war auch David Hunter von der Brokerfirma Hunter World.
Micromed Cardiovascular, Inc (früher Salmon Express): Die Homm-Fonds Absolute Return Europe Fund und European Catalyst waren in der Firma Micromed Cardiovascular investiert, die im September 2007 einen Quartalsverlust von 2,2 Millionen Dollar berichten musste. Homm zeichnete für die Fonds die Wertpapierkäufe.
Netdigest Com, Inc: Homm war dort Ende der Neunzigerjahre aktiv. Die letzte Meldung der Firma an die Börsenaufsicht erging im August 2002, weil sie nicht in der Lage war, Bilanzdaten vorzulegen.
pSiVida Ltd.: Zwei Homm-Fonds waren bei dem australischen Hoffnungs-Investment pSiVida dabei. Die Firma setzt derzeit auf Bio-Nanotechnologie. Ihr Ertrag: 2282 Dollar, der Reinverlust: 122 258 Dollar. »Wir

haben eine Geschichte der Verluste, wir erwarten weiterhin Verluste zu schreiben, und wir werden möglicherweise nie profitabel sein«, warnt die Firma im Geschäftsbericht.

Colombia Goldfields Ltd.: Der Absolute East West Master Fund war in der Firma Colombia Goldfield investiert, die in der kolumbianischen Hochrisiko-Region Medellin ihre Zukunft sieht. Dort will sie Gold schürfen. Auffallend: Vor allem in deutschsprachigen Internetforen wurde das Investment als große Entdeckung gefeiert – ein Geheimfund. Ein Blick in die Bilanz ernüchtert allerdings. Der Reinverlust beträgt seit der Gründung 17,4 Millionen Dollar. Die Firma habe keine Quelle für operative Erträge, heißt es in der Bilanz, und ihr deklariertes Vermögen von rund 57 Millionen Dollar an Schürfrechten erregte bei der US-Börsenaufsicht missfallen. Die SEC erwartete Bilanzkorrekturen.

UCAP, Inc: 2003 kaufte sich Homm laut Aussagen seiner Anwälte – privat über seine Liechtenstein-Firmen und über einen Fonds – mit mehr als 5 Millionen Dollar in die US-Immobilienfirma UCAP ein. Homm wurde Direktor der Firma im US-Bundesstaat Arkansas. Sein Pech: Die Bilanzen waren falsch. Fünf seiner Managerkollegen hätten ihn übers Ohr gehauen, erklärten Homms Anwälte. The Arkansas Five titulierten sie Homms Prozessgegner, die alles bestreiten.

Weitere Investments der Homm-Fonds: Stan Lee Media, Inc (früher Boulder Capital Opportunities Inc), Team Communications Group, Inc, Universal Guardian Holdings, Inc. (früher Hollywood Partners Com, Inc., Eden Energy Corp, Java Dertour Inc, Logistical Support, Inc, Nurx Pharmaceuticals, Biolase Technology Inc (Laser Medical Technology Inc), Spark Networks Inc (zuvor Matchnet). Der Absolute Return Europe Fund kaufte sich für 48 Millionen Dollar Papiere bei einer Holding der Penthouse Mediengruppe ein.

363 Leo Müller: Florian Homm, der Stockpicker, Capital online 14.1.2008. Die Internetseite der ACMH Limited www.abcapman.com publizierte nur noch nichttestierte Performance-Daten ohne Quellenangaben, Stand 11.11.2009. London Stock Exchange News Service 22.4.2009. SEB AG: Fragen- und Antwortkatalog für die Inhaber der Alternative-Investment-Zertifikate bezogen auf The Absolute Diversified Homm Select I-A Index, Frankfurt a. M. 10.2.2009. SEB Bank: Schreiben an den Autor, Frankfurt a.M. 6.2.2008. Quellen für die Finanzberichte der Firmen: Meldungen der Securities and Exchange Commission, Washington. Beteiligungsmeldungen der BaFin, Bonn. Unternehmensberichterstattung. Bloomberg. United States District Court for the District of Colorado: The Cascade Fund, LLLP, v. Absolute Capital Management Holdings Ltd., Florian Homm, et al., First Amended Complaint, Az. 08-cv-01381, S. 10. FINalternatives 24.4.2009.

364 United States District Court for the District of Colorado: Jack J. Grynberg v. Florian Homm, et al., Complaint, Az. 1:08-cv-00227, 3. 1. 2008. Leo Müller: Investor klagt auf Schadenersatz, Capital online 14. 1. 2008.

365 Der Autor hat Florian Homm mehrfach über verschiedene Kanäle mit Vorwürfen über regelwidrige Investmentaktivitäten konfrontiert. Dieser hat auf die Anfragen nicht geantwortet. Auch die Fondsverwaltungsgesellschaft Absolute Capital Management nahm zu der Klage keine Stellung. Jack J. Grynberg: Schreiben an den Autor, Januar 2008, Archiv des Autors.

366 United States District Court for the District of Colorado: The Cascade Fund, LLLP, v. Absolute Capital Management Holdings Ltd., Florian Homm, et al., First Amended Complaint, Az. 08-cv-01381, S. 15 und 20 ff.

367 United States District Court, Southern District of New York: Absolute Activist Value Master Fund Ltd., et al. v. Todd M. Ficeto, et al., Complaint, Az. 08-cv-01381, 19. 10. 2009.

368 United States District Court, Southern District of New York: Absolute Activist Value Master Fund Ltd., et al. v. Todd M. Ficeto, et al., Complaint, Az. 08-cv-01381, 19. 10. 2009, S. 2.

369 United States District Court, Southern District of New York: Absolute Activist Value Master Fund Ltd., et al. v. Todd M. Ficeto, et al., Complaint, Az. 08-cv-01381, 19. 10. 2009, S. 21.

370 Staatsanwaltschaft Würzburg gegen Helmut Kiener wegen Betrug u. a., Az. 731 JS 8191/09. British Virgin Islands Financial Services Commission: Schreiben an den Autor, Tortola 9. 11. 2009.

371 U. S. District Court for the Eastern District of Pennsylvania: U. S. v. Stefan R. S., Thomas R. M., Indictment, Az. 09-683. Order for Bench Warrant, 21. 10. 2009. U. S. District Court, District of Nebrasca: U. S. v. Thomas R. M., Az. 09-cr-683: 8:09 MJ 220. Bloomberg: Berichte 28. 10. 2009 bis 6. 11. 2009.

372 Forensische Speicherung der Webseiten diverser K1-Webadressen und Vermittler, 28. 10. 2009.

373 Financial Times Deutschland 16. 11. 2009.

374 Dossier Kiener: Forensische Datensicherung, November 2009, Archiv des Autors.

375 Nito UK Asset Management Ltd., London: Financial Reports 1997–2009, Archiv des Autors.

376 X1 Fund Allocation GmbH, Jahresabschluss, Hamburg 2008.

377 Der Standard, Wien 30. 10. 2009:

378 BaFin: Schreiben an den Autor, Bonn 10. 11. 2009. VG Frankfurt: Urteil in dem Verwaltungsstreitverfahren pp. wegen Finanzdienstleistungsaufsicht, Az. 1 E 1855/08, Frankfurt a. M. 8. 11. 2007. Staatsanwaltschaft Würzburg,

Ermittlungsverfahren gegen Helmut Kiener wegen Verstoß gegen KWG, Einstellungsverfügung, Az. 152 Js 1381/01, Würzburg 9. 11. 2004.

379 Prof. J.A. Becker: Schreiben an den Autor, 5. 11. 2009. Fochhochschule Ludwigshafen: Internetseite, CV Prof. Becker, Forensische Datensicherung November 2009, Archiv des Autors.

380 Josef A. Becker: Bericht über die Prüfung des Jahresabschlusses der K1 Global Ltd. Tortola zum 31. 12. 2004, Frankenthal 22. 6. 2005. Josef A. Becker: Kontenprüfungsbericht der K1 Invest Ltd. zum 31. 12. 2004, Frankenthal 11. 7. 2005.

381 PricewaterhouseCoopers: Schreiben an den Autor, Zürich 9. 11. 2009.

382 Ross Munro, Harneys, Investment Funds & Regulatory: Schreiben an den Autor, Tortola 6. 11. 2009.

383 British Virgin Islands Financial Services Commission: Schreiben an den Autor, Tortola 9. 11. 2009.

384 British Virgin Islands: The Mutual Funds (Amendment) Act 1997.

385 Siehe dazu zum Beispiel: BGH, NJW 1960, S. 1204. OLG Düsseldorf zur rechtsmissbräuchlichen Umgehungsgründung einer amerikanischen Briefkastenfirma, NJW-RR 18/1995, S. 1124 ff. Martin Arendts: Anlegerschutz, Briefkastenfirmen und für sie Handelnde: in Büchting: Beck'sches Rechtsanwaltshandbuch, München 2007, Rn 58–60.

386 VG Frankfurt: Urteil in dem Verwaltungsstreitverfahren pp. wegen Finanzdienstleistungsaufsicht, Az. 1 E 1855/08, Frankfurt a. M. 8. 11. 2007.

387 WpHG § 4.

388 BaFin: Schreiben an den Autor, Bonn 9. und 10. 11. 2009.

389 Domain-Registrierung k1international.com.

390 Treukapital Treuhandverwaltung GmbH: Jahresabschlüsse 2006 und 2007.

391 Treukapital AG: Schreiben an den Autor 29. 10. 2009. Treukapital AG: Handelsregisterauszug des Kantons Uri, Nr. CH-020.4.027.013-4, 29. 10. 2009.

392 RIWA Futures Ltd. und K1 Global Ltd.: Revisionskorrespondenz, Zürich, im Archiv des Autors. Varengold AG: Schreiben an den Autor, Hamburg 9. 10. und 11. 11. 2009.

393 Financial Times Deutschland 7. 12. 2009. Liechtensteiner Vaterland 15. 12. 2009.

394 http://www.wolfsberg-principles.com.

395 Leo Müller: Die Chronik der Tragödie: Korruptionsskandal bei Siemens, Capital 7/2007 und Capital online 8. 11. 2007.

396 Financial Times Deutschland 1. 3. 2009. Spiegel 31. 10. 2009.

397 Times 10. 11. 2009.

398 Deutscher Bundestag: Jahresgutachten 2008/09 des Sachverständigenrates zur Begutachtung der gesamtwirtschaftlichen Entwicklung, Drucksache 16/10985, 18. 11. 2008, S.174.

399 Beschluss des Bundesrates: Vorschlag für eine Richtlinie des Europäischen Parlaments und des Rates über die Verwalter alternativer Investmentfonds und zur Änderung der Richtlinien 2004/39/EG und 2009/.../EG. KOM(2009) 207 endg., Ratsdokument 9494/09, Drucksache 441/09, 10.7.2009.

400 BaFin: Liste der genehmigten inländischen Sondervermögen mit zusätzlichen Risiken und Investmentaktiengesellschaften, Bonn 13.11.2009. www.bvai.de. Absolut Research: Deutscher Hedgefonds-Index DHX Einzelfonds, September 2009.

401 International Financial Services London (IFLS): Hedgefunds 2009, London, April 2009. Hedgefund Intelligence: Global Review Autumn Update, Oktober 2009.

402 Leo Müller: Betrug mit Scheinsparkasse, Capital 1.7.2009, S. 14.

403 Raymond Pousaz an Peter Weibel, Dieter Behring und diverse Investoren: E-Mails, Oktober 2003, Archiv des Autors. KMZ Rosenheim: Legal Review of the Bernard L. Madoff Investment Securities LLC Managed Account Program, 18.10.2002.

404 Friedrich Dürrenmatt: Frank der Fünfte – Komödie einer Privatbank. Zürich 1998, S. 128.

405 Internetseite Bernhard L. Madoff Investment Securities, forensische Sicherung, 12.12.2008. Erin Arvedlund: Too Good to Be True – The Rise and Fall of Bernie Madoff, New York 2009, S. 1 ff. Jerry Oppenheimer: Madoff with the Money, Hoboken 2009. Amir Weitmann: Madoff – Der Jahrhundertbetrüger, Zürich 2010.

406 Procureur d'Etat – Financial Intelligence Unit, Luxembourg, Az. OBA 7647/2008, 14.1.2009, im Archiv des Autors.

407 Staatsanwaltschaft Wien: Strafsache Bank Medici AG, Beschuldigtenvernehmung, Gz. 604 St 6/09 b, Wien 21.4.2009, Archiv des Autors.

408 Landespolizeikommando Wien: Amtsvermerk, Az. 608 ST 4/09p, Wien 9.3.2009, Archiv des Autors.

409 Erin Arvedlund: Too Good to Be True – The Rise and Fall of Bernie Madoff, New York 2009, S. 136. United States District Court, Southern District of New York: Fabian Perrone and Chia-Hung Kao v. Alberto Benbassat, Sonja Kohn et al., Class Action Complaint, Az. 09-cv-2558, 19.3.2009; Horst Leonhardt, v. Bernhard l. Madoff et al., Complaint, Az. 09-cv-2032, 9.3.2009; Repex Ventures S.A. et al v. Bernhard L. Madoff, Complaint, Az. 09-cv-00289, 12.1.2009. APA 19.10.2009. Die Presse 19.10.2009.

410 Bank Austria Creditanstalt AG und Bank Medici AG: Geschäftsbesorgungsvertrag, Wien 28.11.2003, Archiv des Autors.

411 Landespolizeikommando Wien: Beschuldigtenvernehmung, Az. 608 ST 4/09p, Wien 20.3.2009, S. 3, Archiv des Autors.

412 Landespolizeikommando Wien: Beschuldigtenvernehmung, Az. 608 ST 4/09p, Wien 18. 3. 2009, Archiv des Autors.

413 Securities and Exchange Commission v. Jerome O'Hara and George Perez (S.D.N.Y. 09 CV 9425 (LLS), Litigation Release No. 21292, 13. 11. 2009.

414 U. S. Fed News 30. 11. 2009.

415 Erin Arvedlund: Too Good to Be True – The Rise and Fall of Bernie Madoff, New York 2009, S. 180 ff.

416 U. S. Securities and Exchange Commission, Office of Investigations (H. David Kotz): Investigation of Failure of the SEC to Uncover Bernard Madoff's Ponzi Scheme, Case No. OIG-509, Public Version, New York 31. 8. 2009, S. 295.

417 Erin Arvedlund: Too Good to Be True – The Rise and Fall of Bernie Madoff, New York 2009, S. 190 ff. New York Times 24. 4. 2009. U. S. District Court, Southern District of New York: MLSMK Investments Company vs. JPMorgan Chase & Co. and JP Morgan Cash Bank, NA., Complaint, Az. 09-cv-4049, 23. 4. 2009.

418 Michael Levi: The Media Construction of Financial White-Collar Crimes, British Journal of Criminology 46, Oktober 2006, S. 1037–1057.

419 United States District Court, Southern District of New York: SEC v. Samuel Israel III. et al., Complaint, Az. CR-01039, 29. 9. 2005. United States Bankruptcy Court, Southern District of New York: Bayou Group, LLC, et al. vs. Samuel Israel III. et al., Complaint, Az. 06-22306, 30. 5. 2008. John C. Coffee: Testimoney Before the United States Senate Committee on Banking, Housing and Urban Affairs, Washington, 27. 1. 2009.

420 C. Christory, S. Daul und J.-R. Giraud: Quantification of Hedge Fund default Risk, Journal of Alternative Investment, Dezember 2006; zitiert nach Pascal Botteron: Hedge Funds – Ten years of private client investing – Is it still time to invest?, Derivates Use, Trading & Regulation 12/4, 2007, S. 305.

421 Vikas Agarwal, Naveen D. Daniel und Narayan Y. Naik: Why is Santa so kind to hedge funds? The December return puzzle, Paper, Georgia State University, 29. 3. 2007.

422 Reuters 7. 1. 2010.

423 Victoria Ivashina und Zheng Sun: Institutional Stock Trading on Loan Market Information, Harvard Business School, Draft Paper Mai 2009. Simi Kedia and Xing Zhou: Insider Trading and Conflicts of Interest – Evidence from Corporate Bonds, Rutgers Business School, Paper, 2009.

424 Andriy Bodnaruk, Massimo Massa und Andrei Simonov: Investment Banks as Insiders and the Market for Corporate Control, Centre for Economic Policy Research, Discussion Paper 6953, London, September 2009.

425 Measuredmarkets, Early Warnung Service for Stocks: Media Coverage, Port Hope 15. 11. 2009.

426 Stephen Brown, William Goetzmann, Bing Liang und Christopher Schwarz: Trust and Delegation, New York University Stern School of Business, Draft Paper, New York 16. 10. 2009.

427 FINalternative 17. 11. 2009.

428 Brady Dennis: In Original Reformer, a Model. Washington Post 16. 9. 2009.

429 Frank Partnoy: The Match King – Ivar Kreuger and the Financial Scandal of the Century, London 2009.

430 Nick Leeson: Rogue Trader, London 1996, S. 2 ff. Nick Leeson und Edward Whitley: High Speed Money – das Milliardenspiel, Hamburg 1996.

431 Judith Rawnsley: Going for Broke. Nick Leeson and the Collaps of Barings Bank, London 1995, S. 191.

432 Judith Rawnsley: Going for Broke. Nick Leeson and the Collaps of Barings Bank, London 1995, S. 165.

433 Stephen Fay: The Collapse of Barings, London 1996. Lynn T. Drennan: Ethics, Governance and Risk Management – Lessons from Mirror Group Newspapers and Barings Bank, Journal of Business Ethics 52/2004, S. 257–266. Lillian Chew: Managing Derivative Risks – The Use and Abuse of Leverage, Hoboken 1996. Kian-Guan Lim and Soo-Chen Wong: Financial Markets Trends and Studies of Singapore Futures Markets, Asia-Pacific Financial Markets 5/1998, S. 45–63. Jan Körnert: Dominoeffekte im Bankensystem – Theorien und Evidenz, Berlin 1998. Jan Körnert: Unternehmensgeschichtliche Aspekte der Krisen des Bankhauses Barings 1890 und 1995, Freiberger Arbeitspapiere 4/2000. Jan Körnert: Der Fall des Bankhauses Barings 1995 – Finanzderivate, Bankenkrise und Ketteneffekte, Freiberg Working Papers 2/1996. Basel Committee on Banking Supervision: Supervisory Guidance on Dealing with Weak Banks, Report of the Task Force on Dealing with Weak Banks, Basel 2002. R. Dixon and R. K. Bhandari: Derivates, Risk and Regulation – Chaos or Confidence? International Journal of Bank Marketing 15/3, 1997, S. 921–98.

434 NZZ am Sonntag 3. 2. 2008.

435 NZZ am Sonntag 3. 2. 2008.

436 Die Tagesstatistiken der Eurex sind online abrufbar: http://www.eurexchange.com/market/statistics/daily/trading/200801_de.html.

437 Bank of England, Board of Banking Supervisors: Report of the Board of Banking Supervision Inquiry into the Cirmustances of the Collaps of Barings, London 1995. Basel Committee on Banking Supervision: Working Paper 13, Bank Failurews in Mature Economics, Basel 2004. Group of Thirty: International Insolvencies in the Financial Sector, 1996.

438 Hans Geiger: Das dümmste Risikomaß, Tagesanzeiger 21. 7. 2009.

430 Rolf Walter: Geschichte der Weltwirtschaft – eine Einführung. Köln 2006, S. 197 f. Hyman P. Minsky: Stabilizing an unstable economy, New Haven 1986. Hyman P. Minsky: Can it happen again? Armonk 1982. Charles Kindleberger und Robert Aliber: Manias, Panics, and Crashes – A History of Financial Crisis, Hoboken 2005.
440 Roger Lowenstein: When Genius Failed – The Rise and Fall of Long-Term Capital Management, London 2002. Michael Lewis: Liar's Poker: Rising through the Wreckage on Wall Street, New York 1989.
441 Robert C. Merton: Interview, dpn-online, Januar/Februar 2009, S. 47.
442 Wall Street Journal 27. 3. 2008.
443 Hanan Morsy: International Crisis Contagion, George Washington University, Paper, August 2002, S.13.
444 Carmen M. Reinhart und Kenneth S. Rogoff: This Time Is Different, Eight Centuries of Financial Folly, Princeton 2009.
445 Justin Fox: The Myth of the Rational Market – A History of Risk, Reard, and Delusion on Wall Street, New York 2009.
446 Silvio Borner: Blühender Kapitalismus. Weltwoche 29/2009, S. 19.
447 Henry Kaufmann: The Road to Financial Reformation: Warnings, Consequences, Reforms. New York 2009. Economist 29. 8. 2009, S. 70.
448 Economist 26. 9. 2009.
449 Henry Mintzberg, Interview, Spiegel 33/2009, S. 55. Economist 26. 9. 2009.
450 George A. Akerlof: Animal spirits – Non-economic motives and their impact on the business cycle, Vortrag bei den European Colloquia Series, Venedig 25. 11. 2008. George A. Akerlof: Wie Wirtschaft wirklich funktioniert, Frankfurt a. M. 2009.
451 George A. Akerlof, Paul M. Romer: Looting: The Economic Underworld of Bankruptcy for Profit, Berkeley 1994.
452 Henry N. Pontell: White-Collar Crime and Major Financial Debacles in the United States, Arbeitspapier 2008, S. 194.
453 George A. Akerlof: Animal Spirits – Wie Wirtschaft wirklich funktioniert, Frankfurt a. M. 2009, S. 50.
454 Raymond Paternoster und Sally Simpson: A Rational Choice Theory of Corporate Crime, in: Hazel Croall: Corporate Crime 1, London 2009, S. 195–213. Leslie Holmes: Good guys, bad guys: transnational Corporations, rational choice theory and power crime, Crime Law and Social Change 51/2009, S. 383–397.
455 Financial Times Deutschland 15. 10. 2009.
456 Michael Dawson-Kropf und Patrick Rioual (FitchRatings): German Landesbanken: Facing an Uncertain Future, September 2009.
457 Spiegel online 14. 11. 2009.
458 Sparkasse KölnBonn: Jahresabschluss zum 31. 12. 2008, Köln 31. 3. 2009. Financial Times Deutschland 5. 8. 2009 und 2. 10. 2009.

459 Schleswig-Holsteinischer Landtag: Niederschrift Finanzausschuss, 16. WP, 112. Sitzung, Kiel 15. 1. 2009. HSH Nordbank: Ad-hoc-Mitteilung 18. 12. 2009.

460 Monika Böhm: Die Inanspruchnahme von Sparkassen für Verbandslasten, DÖV 2008, S. 547.

461 European Commission: Schreiben an den Bundesaußenminister, C/17/2009, Germany, Aid measures provided to LBBW, Brüssel 30. 6. 2009.

462 Bei der Bürgschaftsgewährung wurde zunächst verheimlicht, dass alle drei Eigentümer (Land, Sparkassen und Stadt Stuttgart) diese abgaben, Stuttgarter Zeitung 28. 10. 2009.

463 AC Capital Partners Ltd.: Directors Report and Financial Statements 2006 und 2007. Register-Reports Passmore Holding Ltd., Seabright Holdings Ltd., Longbridge Investments, Zypern 2008, Archiv des Autors.

464 Frank Steinmeyer, Sachsen LB: Mitteilung an den Autor, 26. 10. 2007. Frank Steinmeyer, Sachsen LB: Schreiben an den Autor, Leipzig 26. 10. 2007.

465 Frank Steinmeyer, Sachsen LB: Schreiben an den Autor, Leipzig 16. 10. 2007, 17. 10. 2007 und 26. 10. 2007.

466 Leo Müller: Ohne jede Einsicht, Capital 3/2008, 17. 1. 2008.

467 Sächsisches Staatsministerium der Finanzen: Pressemitteilung 8. 11. 2007.

468 In einer vorweihnachtlichen Sitzung des Haushaltsausschusses.

469 Abschlussdokument der Krisensitzung, 13. 12. 2009.

470 Georg H. Milbradt, Bernd Thode: Die sächsische Verbundlösung – Neuordnung der Sparkassen, der Landesbank Sachsen Girozentrale und der Sächsischen Aufbaubank, Frankfurt a. M., 2001.

471 Spiegel 52/2007, 22. 12. 2007.

472 Sächsisches Staatsministerium der Finanzen: Pressemitteilung, Leipzig 15. 9. 2008. KPMG: Prüfungsbericht HSH Nordbank, Bemerkenswerte Engagements zum 30. 9. 2008, 10. 3. 2009, Archiv des Autors. LBBW: Konzernabschluss 2008, S. 126 und 185. Irish Times, 20. 2. 2009.

473 Sächsisches Staatsministerium der Finanzen: Pressemitteilungen 7. 1. 2009, 2. 6. 2009, 1. 7. 2009 und 1. 10. 2009. Frankfurter Allgemeine Zeitung 2. 7. 2009. Börsen-Zeitung 6. 6. 2009. Handelsblatt 2. 7. 2009 und 2. 10. 2009.

474 KPMG: Prüfungsbericht HSH Nordbank, Bemerkenswerte Engagements zum 30. 9. 2008, 10. 3. 2009, Archiv des Autors.

475 Sächsisches Finanzministerium: Schreiben an den Autor, Dresden 2. 12. 2009.

476 Europäische Kommission: Mitteilung IP/07/1112, Brüssel 18. 7. 2007.

477 Europäische Kommission: Schreiben an den Bundesminister, NN 25/2008 WestLB Risikoabschirmung, Deutschland, Brüssel, 30. 4. 2008, S. 4 f. Eu-

ropäische Kommission: Entscheidung der Kommission über die staatliche Beihilfe, C43/2008, Brüssel 12. 5. 2009, S. 5.

478 WestLB: Pressemitteilungen 7. 10. 2009 und 24. 11. 2009. SoFFin: Pressenotiz 26. 11. 2009. Europäische Kommission: Mitteilung IP/09/1434, 7. 10. 2009. Landtag Nordrhein-Westfalen: Ausschussprotokoll APr 14/971, 29. 10. 2009, S. 5 f.

479 Dow Jones Newswires 8. 10. 2009.

480 Neue Zürcher Zeitung 13. 11. 2009.

481 Schweizerische Nationalbank: Medienmitteilung 3. 4. 2009.

482 Schweizerische Nationalbank (SNB): Finanzielle Informationen zur SNB StabFund Kommanditgesellschaft für kollektive Kapitalanlagen, 2008. SNB: Zwischenbericht der Schweizerischen Nationalbank per 30. 9. 2009, Zürich 13. 11. 2009. Finanz und Wirtschaft 30. 12. 2009.

483 Landtag Nordrhein-Westfalen: Ausschussprotokoll APr 14/971, 29. 10. 2009, S. 1–19. Helmut Siekmann: Stellungnahme für die öffentliche Anhörung des Haushalts- und Finanzausschusses des Landtags Nordrhein-Westfalen, Frankfurt a. M. 27. 10. 2009.

484 Financial Times Deutschland 5. 11. 2009. Süddeutsche Zeitung 12. 8. 2009. Financial Times Deutschland 14. 8. 2009. Financial Times Deutschland 23. 10. 2009. Spiegel online 10. 8. 2009.

485 Asset-Backed Alert 4. 8. 2006 und 11. 5. 2007. Kestrel Funding plc: Base Prospectus, 2. 8. 2006.

486 Asset-Backed Alert 20. 11. 2009, S. 3.

487 United States District Court, Southern District of New York: WestLB, New York Branch, v. American Capital, Ltd., Complaint, Az. 09-c-c-5098, 1. 6. 2009. United States District Court, Southern District of New York: WestLB Mellon Asset Management Kapitalanlagegesellschaft mbH, v. Vivendi, S. A., Jean-Marie Messier and Guillaume Hannezo, Az. 08-cv-01985, 28. 2. 2008. Manager-Magazin online 28. 8. 2003.

488 Europäische Kommission: Entscheidung über die staatliche Beihilfe C43/2008, Brüssel 12. 5. 2009. Handelsblatt 10. 3. 2009. Focus 22/2009, S. 122.

489 Spiegel online 22. 12. 2009. Frankfurter Allgemeine Zeitung 18. 12. 2009.

490 Der Kaufpreis betrug laut Presseberichten nur noch 115 Millionen Euro.

491 Die Publikation wurde bezeichnenderweise von der True Sales Initiative (TSI GmbH) auf deren Internetseite gelöscht. Dieter Glüder und Hartmut Bechtold: Mortage Backed Securities sollten für die Pfandbriefdeckung zugelassen werden, Arbeitspapier der True Sales Initiative, Juni 2007, Archiv des Autors.

492 Frankfurter Allgemeine Zeitung 9. 5. 2009.

493 Depfa Bank plc: Financial Reports 2002–2007, Archiv des Autors.

494 KfW: Schreiben an den Autor 1. 12. 2009. Rachid Boulkab, Jan Marxfeld

und Claus-Peter Wagner: Asset Backed Commercial Paper Conduits – Struktur, Risiken und Bilanzierung, IRZ 2008, S. 497 f.
495 Neue Zürcher Zeitung 12. 12. 2009.
496 Spiegel online 15. 10. 2009.
497 Leo Müller: Über den Berg, Financial Times Deutschland 21. 8. 2009.
498 Stern 48/2009. Spiegel 15/2009.
499 Stephan Paul: Finanzmarktkrise und Konsequenzen für die Bankenaufsicht, Präsentation, 9. Norddeutscher Bankentag, 27. 6. 2008.
500 KPMG: Prüfungsbericht HSH Nordbank, Bemerkenswerte Engagements zum 30. 9. 2008, Archiv des Autors.
501 KPMG: Prüfungsbericht HSH Nordbank, Darstellung des Bankenportfolios zum 31. 12. 2008.
502 KPMG: Prüfungsbericht HSH Nordbank, Bemerkenswerte Engagements zum 30. 9. 2008, 10. 3. 2009.
503 KPMG: Prüfungsbericht HSH Nordbank Band 7, 17. 3. 2009, S. 288.
504 Omega Capital Funding Ltd.: Annual Return, 30. 9. 2008. Omega Capital Funding Ltd.: Directors' Report and Financial Statements 16. 11. 2006–31. 12. 2008, Dublin 18. 3. 2009.
505 HSH Nordbank: Weg frei für die Neuausrichtung, Pressemitteilung 3. 4. 2009.
506 Bürgerschaft der Freien und Hansestadt Hamburg: Schriftliche Kleine Anfrage vom 4. 5. 2009, Drucksache 19/2986, 12. 5. 2009.
507 Welt 25. 9. 2009.
508 KPMG: Prüfungsbericht HSH Nordbank, Bemerkenswerte Engagements zum 30. 9. 2008, Archiv des Autors.
509 Financial Times Deutschland 16. 4. 2009.
510 Zeit 20. 11. 2009.
511 HSH Nordbank: Konzernergebnis 9M 2009, 19. 11. 2009, S. 9. Frankfurter Allgemeine Zeitung 22. 8. 2009.
512 HSH Nordbank: Pressemitteilungen 19. 11. 2009 und 1. 12. 2009.
513 Financial Times Deutschland 30. 4. 2008. Financial Times Deutschland 15. 10. 2009. Frankfurter Allgemeine Zeitung 15. 10. 2009. Financial Times Deutschland 16. 10. 2009. Financial Times Deutschland 13. 11. 2009 und 19. 1. 2009. Profil 21. 11. 2009. BayernLB: Investoren-Präsentation, November 2009.
514 RölfsPartner: Bayerische Landesbank – Themenkomplex Beteiligungserwerb HGAA, 25. 5. 2009, S. 5, Archiv des Autors.
515 Spiegel online 14. 12. 2009
516 Europäische Kommission: Betreff: Staatliche Beihilfe N 615/2008, Schreiben an den Bundesfinanzminister, 18. 12. 2008. Markus Diem Meier: Warum Österreichs Bankenfiasko alle etwas angeht, Tagesanzeiger 14. 12. 2009.

517 Hypo Real Estate: Korrespondenz Bundesbank, Eigenkapital-Szenario, Archiv des Autors.
518 Hypo Real Estate/Pfandbriefbank: Schreiben an den Autor, 7. 9. 2009.
519 Tagesspiegel 2. 9. 2009.
520 SoFFin: Pressemitteilung 4. 11. 2009.
521 Gottfried Keller: Martin Salander, München 2003, S. 283.
522 Helmut Siekmann: Die Neuordnung der Finanzmarktaufsicht, Vortrag am VII. Kolloquium des Deutsch-türkischen Forums für Staatsrechtslehre, Kayseri 17. 10. 2009.
523 FMStERgG vom 7. 4. 2009.
524 Helmut Siekmann: Die Neurordnung der Finanzmarktaufsicht, Vortrag am VII. Kolloquium des Deutsch-türkischen Forums für Staatsrechtslehre, Kayseri 17. 10. 2009.
525 Martin Hellwig: Das Bad-Bank-Gesetz kann sehr teuer werden, Frankfurter Allgemeine Zeitung 1. 7. 2009.
526 Tagesanzeiger 30. 9. 2009. Wirtschaftswoche 26. 8. 2009. Neue Zürcher Zeitung 16. 6. 2009. Frankfurter Allgemeine Zeitung 6. 10. 2009. André Ehlerding u. a.: European Banking Study 2008, Münster 12. 8. 2009.
527 Teodoro Cocca: Schreiben an den Autor, Linz 4. 1. 2009.
528 Hans-Joachim Dübel: Schreiben an den Autor, 8. 10. 2009.
529 Süddeutsche Zeitung 22. 11. 2009.
530 Neue Zürcher Zeitung 30. 12. 2009.
531 Neue Zürcher Zeitung 19. 9. 2009.
532 National Audit Office: Maintaining financial stability across the United Kingdom's banking system – Report by the Comptroller and Auditor General, London 4. 12. 2009, S. 7. The Guardian 4. 12. 2009.
533 Youssef Cassis: Metropolen des Kapitals – Die Geschichte der internationalen Finanzzentren 1780–2005, Hamburg 2007, S. 382 f.
534 André Ehlerding u. a.: European Banking Study 2008, Münster 12. 8. 2009, S. 14.
535 Hans-Helmut Kotz und Reinhard H. Schmidt: Financial Locations: Frankfurt's Place and Perspectives, Working Paper Series – Finance & Accounting 185, Frankfurt a. M. April 2008.

Register

A
Absolute Capital Management (ACM) 204, 208, 213 ff., 218
Absolute East West Fund 217
Absolute Octane Fund 217
Absolute Return Europe Fund 210, 212
Abwrackprämie 119
ABX-Index 85, 291
AC Capital Partners 287
Ackermann, Josef 32 f., 54, 60, 70, 95, 127
Agarwal, Vikas 254
Akerlof, George 89, 170, **275 ff.**
Aktiva, nicht-strategiekonforme 137
Algorithmics Software 196
American International Group (AIG) 58, 183 f., 186 f., 189, 316
Andersen, Arthur 37, 54, 80
Angersbach, Ullrich 209 f., 218 f.
Anglo Irish Bank 307
Anstaltslast 73
Arabella Funding 79
Arbeitsplatzabbau 16, 88, 285, 308, 321, 331
Arbitrage 125 f.
Argentinien 159, 234
Arvedlund, Erin 248, 251
Ärzte- und Apothekerbank 284, 288
Asmussen, Jörg 43, 46, 52, 59, 91, 106, 309
Asset-backed Securities (ABS) 285, 293
Aufsichtsbehörde 34, 54, 62, 92, 114, 130, 175, 266, *siehe auch* BaFin, Bundesbank
Austria Kreditanstalt 246

B
Bad Bank 26 f., **32**, 39 ff., 54, 304 ff., 308, 320 f., 329 f., 335
BaFin (Bundesanstalt für Finanzdienstleistungsaufsicht) 36, 44, 53, 55, 58 f., 62, 74, 80, 95, 98, 114, 129, **131 ff.**, 174, 192, 225, 228, 233, 238, 297 f., 330
– Befugnisse 229
– Umstrukturierung 139
Bain & Company 331
Bankenkriminalität, internationale 158 f.
Banco Bilbao Vizcaya Argentaria (BBVA) 66, 69, 71
Banco de España 70, 123
Bank für Internationalen Zahlungsausgleich 188, 272
Bank of America 26, 186
Bank of England 120
Bankenkriminalität 147 ff.
Banken-Prüfkonzern 80
Bankenverband 57, 101
Bankgeheimnis 12, 93, 95, 135 ff., 287, 289, 313
Banklobbyismus 37, 57
Bankplatz Deutschland 21, 24, 28, 68 f., 89, 96, **330 ff.**
Bankplatz Düsseldorf 309
Bankplatz Frankfurt 102, 335
Bankrott, profitabler 275
Bankster 21

Bär, Julius 205
Barclays 161, 192, 205, 221, 223, 226
Barings Bank 249 ff., 266 f.
Barings, Peter 262
Baroni, Lisa 243
Basel II 123 ff., 135
BasePoint 179
Basler Ausschuss für Bankenaufsicht 57, 123, 140 f., 174, 263
Bauer, Harald 122
Bayerische Hypo- und Vereinsbank 122, 247
BayernLB 13, 22, 30, 34, 42, 57, 69, 74, 79, 83, 88, 128, 205, 224, 247, 281, 316, **321 f.**
– Klagen 150 f., 156
– Staatshilfe 322
– Untersuchungsausschuss 152
Bayou Hedge Fund Group 253 f.
BDO Deutsche Warentreuhand AG 80
Bear Stearns 51 f., 56, 223, 250, 316
Becker, Josef Augustin 226 ff.
Behring, Dieter 161, 240
Berichterstattung der Banken 313
Berkshire, Hathaway 183
Berlin, Tilo 151 f.
Berliner Bankgesellschaft 35, 79
Betrug 165 ff., 172, 174 f., 179
– Anlagebetrug 19, 22, 160, 162, 166 ff., 240, 251 f.
– Bilanzbetrug, *siehe* Bilanzierung
– Hyopotheken-Betrug 45, 179
– Kapitalanlagebetrug 166
– Kontrollbetrug 169
– unschuldiger 165 f.
Bilanzierung 21, 80 ff., 294, 298 f., **279 ff.**
Bilanzierungsregeln 34, 81 ff., 202, 332
Bilanzkontrolle 139
Bilanzmodernisierungsgesetz 61
Bilanztrick 33, 35 f., 39, 65, **84 ff.**, 125, 182, *siehe auch* Conduit-Bilanzierung
Bills Securitisation 79
Black, Fischer 271
Black, Scott 243
Black, William 46, 168 f., 196
Black-Scholes-Modell 271
Blessing, Peter 33
BNP Paribas 205, 221, 223, 232, 317, 319, 335
Bodnaruk, Andriy 256
Bonuszahlung 35, 52, 164, 173, 189, 199, 255, 261 ff.
Borner, Silvio 273
Börsenaufsicht, amerikanische, *siehe* SEC
Börsing, Clemens 33
Borussia Dortmund 160, 214
Boston Consulting Group 42
Botín, Emilio 63 f.
Botteron, Pascal 254
Bouton, Daniel 268
Brandstetter, Wolfgang 243
Bremer Landesbank 88
Briefkastengesellschaft, *siehe* Conduit
Brightwater Capital 307
Brixner, Ulrich 32
Brunn, Anke 305
Bsirske, Frank 109
Buffet, Warren 183, 220
Builder Financial 148
Bundesanstalt für Immobilienaufgaben 122
Bundesbank 24, 33, 36, 46 f., 55, 57, 59, 74, 80, **114 ff.,**129 ff., 139, 192, 298, 333, 336
– Gewerkschaft 121
– Immobilienmakler 122
– Personalkosten 119 f.
– Unabhängigkeit 139 f.
– Vorstandsverkleinerung 115

Bundesfinanzministerium 42, 55 ff., 59, 129, 333, *siehe auch* Informationspolitik
Bundesverband Alternative Investments 236
Bundesverband Investment und Asset Management (BVI) 233
Burghof, Hans-Peter 96
Business-School 274

C

Callan, Erin 58
Cardona, David 157
Carstensen, Peter Harry 312
Casano, Joseph 189
Cascade Fund 218
Cassis, Youssef 335
Chanos, James 49 ff., 159
Charitable Trusts 38, 286, 302, 317
Checkpoint Charlie 79
Choulet, Céline 89
Churning 219
Citigroup 13, 51, 84, 103, 111, 313
Clearingbank Newedge 267
Clearing-Stellen 189 ff.
Clement, Wolfgang 32, 61
Cocca,Teodoro 332
Commercial Paper 285, 291
Commerzbank 32, 35, 41 f., 54, 61, 68, 69, 78, 82 ff., 88, 247, 249, 331, 335
– Bilanztechnik 41, 61, 155
– Kernkapital 128
– Klagen 153, 155, 200
Compass Securitisation 78
Compliance LLC 126
Conduit 12, 27, 34, 74, **78 f.**, 202
– Bilanzierung 14 f., 23, 27, 34 f., 37 ff., 73 f., 52, 54, 80 f., 89, 297, 315
Cooper, George 20
Coral Capital 79
Costa, Antonio Maria 159
Cox, Christopher 188 f.
Crawford, William 147
Credit Default Swaps (CDS) 157, **181 ff.**
– auf Staaten 191
– Bilanzierung 190
– nackte 187
– Versicherungsanspruch 186, 190
Credit Suisse First Boston (CSFB) 195
Credit Suisse 47, 124, 167, 194, 222, 331 f., 335
CSI Asset Management 214 f.
Cuomo, Andrew 189

D

D'Olivier, Barbara 243
Das, Satyajit 183
Davi Skin Inc. 215
Dax-Future 267
Delaware 34
Deloitte 54, 80
Dembo, Ron 196
Depfa Bank plc 52, 55 f., 153, 310
Depository Trust & Clearing Corporation (DTCC) 189 f., 192
Derivat 260
Deutsche Bank 32, 42, 45, 54, 68 ff., 78 f., 82 f., 84, 103, 155, 178, 180, 192, 236, 247, 254, 281, 294, 325, 332, 335 f.
– Klagen 153 ff., 200 f.
Deutsche Prüfstelle für Rechnungslegung (DPR) 152
Deutsche Telekom 192, 206
Dezember-Spitze 254 f.
DiBrienza, Robert 243
Diekmann, Jochen 308
Dinello, Eric 188
DiPascali, Frank 248
DnB Nor 335

Döhle, Peter 320
Donovan, Joseph 194 f.
Dotcom-Krise 252, 335
Dresdner Bank 32, 39, 51, 54, 61, 68 f., 78, 83 f., 88, 156, 247, 249, 335
Dübel, Achim 333
Due-Diligence-Report 257
Durchlaufgesellschaft 12
Düsseldorfer Hypothekenbank 54 f., 101
DZ Bank AG (Deutsche Zentralgenossenschaftsbank) 32, 69, 79, 83

E

Eden-Quay 286 f.
Eichel, Hans 32, 42, 61
Eigenkapital, risikogewichtetes 125
Eigenkapitalbasis 35, 66, 70 ff., 74, 81, 116, 123 f., 174, 285 f., 305, 317, 332
Eigenkapital-Klassifizierung 128
Eigenkapitalregeln 123, 127, 129
Einhorn, David 57, 191, 197 f.
Einlage, stille 128 f.
Ellis Quay 13, 286 f.
Endres, Michael 328
Enron 36 f., 49, 51, 54, 159, 252
Erko Inc. 245
Ernst & Young 54, 216
Europäische Zentralbank (EZB) 116, 140, 188, 193, 331
European Catalyst Fund 208 ff., 217
EVT Fund 206
Ewing, Sean 204, 213, 219

F

Fahrholz, Bernd 32
Fairfield Sentry Fund 250 f.
Falthauser, Kurt 109
Fannie Mae 25
FBI 43, 45, 157 f., 220 f.
Federal Reserve Bank (Fed) 54, 56, 117, 185
Feeder-Fund 245, 247
Ferguson, Niall 111, 166, 178
Ficeto, Todd 211 f., 217, 219
Fidelity 205
Financial Investment Services International (FISI) 229
Financial Service Commission (FSC) 228 f.
Financial Stability Board 128 f.
Financial Stability Forum 57
Finanzmarktaufsicht 39, 41, **132 ff.**, 185, *siehe auch* BaFin, Bundesbank, Aufsichtsbehörden
Finanzmarktstabilisierungsfonds, *siehe* SoFFin
Finanzmarktstabilisierungsgesetz 330
Finanzpolitik, deutsche 72 ff., *siehe auch* Krisenpolitik
Finanzpolitiker 21, 23, 34, 37, 64 f., 70, 73, 77, 92, 175, 336
FinCen (Financial Crimes Enforcement Network) 57, 158
First Boston 195
Fischer, Daniel 239
Fischer, Thomas 45,109
Fitch 75, 198, 281
Fitzgibbon, Adrian 285, 288 f.
Frankreich 83, 333
Freddy Mac 25
Frerichs, Dieter 229, 231
Freshfields Bruckhaus Deringer 157
Frey, Helmuth 246
Friedman, Milton 31, 273
Fromme, Jochen-Konrad 105
Fuld, Dick 274
Funke, Georg 41, 55

G

Gabriel, Siegmar 109

Galbraith, John Kenneth 165 f.
Galleon Group 255
Geiger, Hans 269
Geithner, Timothy 188
Gemeinnützigkeit 68, 286, 311, *siehe auch* Stiftung
Georges Quay 13, 38, 286 f., 297
Gewährträgerschaft 72 f.
Geyer, Günter 224
Giro Lion Funding 79
Glitnir Banki 149 f.
Glos, Michael 109
Glüder, Dieter 43, **310**
Goemann, Uwe 91
Goldman Sachs 154, 192
Gorton, Gary 187
Gotabank 71
Graumarkt 237 ff.
Greenberger, Michael 183
Greenlight 191
Greenspan, Alan 18, 168, 182
Greico 35
Greyhawk 137, 302
Griffin Park Funding 316
Großbritannien 83, 332 ff.
Grupo Santander **63 ff.**, 68 f., 71, 332, 335
Grynberg, Jack 216 ff.
Grzesik, Reinhard 52, **310**

H

Habermas, Rebekka 174
Handeln, ökonomisches 277
Handelsgesetzbuch (HGB) 34 f., 282
Harrier Finance 137, 302, 307 f.
Hauer, Nina 62
Heath, Christopher 262 f.
Hedgefonds 49, 203 ff., 235 ff., *siehe auch* Single Hedge Fonds
Hedgefonds-Branche 22, 47 ff., 162, **252 ff.**
Hedgefonds-Indizes 253
Hedgefonds-Regulierung 48, 235 ff., 334
Hellweg, Martin 330
Herald (Lux) US Absolute Return 246
Herald Asset Management Ltd. 243
Herald Fund SPC 243
Hermenau, Antje 291, 294
Herrmann, Matthias 122
Herstatt-Bank 24
Hessische Landesbank (Helaba) 67, 79, 88, 281
Hildebrand, Philipp 123
Homm, Florian 22, 160, **203 ff.**
– Investments 214 ff., 361
– Klagen 216 ff.
Hoppenstedt, Dietrich 32
Hornby, Andy 274
HSBC 245 f., 331
HSH Nordbank 13, 18, 22, 39 f., 54, 74, 79, 100, 103, 128, 202, 281, **312 ff.**
– Bilanztechnik 149 f.
– Eigenkapitalpuffer 312
– Klagen 149 f., 152, 156, 173
– Verlust 321
Hummler, Konrad 167
Hunter World 210, 217
Hutton, Will 172
Hypo Group Alpe Adria (HGAA) 88, 150 f., 321 f.
Hypo Public Finance Bank 56
Hypo Real Estate (HRE) 13, 39 ff., 55 f., 59 ff., 69, 82 f., 91, 104 ff., 130 f., 155, 316
– Bad Bank 329
– Bilanztechnik 61
– Kernkapitalquote 126, 325
– Staatshilfe 328 f.
– Stresstest 325 ff.
– Untersuchungsausschuss 85, 91 ff., 113, 132 f., 142

– Verstaatlichung 323 ff.
Hypo Real Estate International AG 56
Hypothekenmarkt 41, 43 ff., 47, 177 ff., 194
HypoVereinsbank (HVB) 32, 39 ff., 69, 79, 83, 249
– Bad Bank 39, 41

I

Ideologie 273
IFRS-Standard *siehe* Rechnungslegungsstandards, internationale (IAS)
Ihle, Wolf-Dieter 298
IKB Deutsche Industriebank 13, 22, 52 ff., 78, 88, 92, 101, 106, 108, 116, **309 ff.**, 316
– Bilanztechnik 52
– Klagen 147, 153, 172
Immobilienmarkt, amerikanischer 19, 45, 57, 177 ff., 185 f., 309, *siehe auch* Hypothekenmarkt
Informationspolitik, staatliche 299 ff., 306, 323, *siehe auch* Krisenpolitik, deutsche
Indymac 45
Informationsasymmetrie 89
ING Bank 205, 225
Initiative Finanzstandort Deutschland (IFD) 57, 127
International Financial Reporting Standards (IFRS) 37, 190, 283
Internationaler Währungsfonds (IWF) 46, 48, 201, 331
Internationales Buchprüferkomitee (IASB) 54, 324
Investec Bank 316
Israel, Samuel 161, 253 f.
Italien 83, 110, 129, 153, 158, 235, 331
Ivashina, Victoria 256

J

Jakob, Klaus-Dieter 55
Jaschinski, Siegfried 153
Jauch, Sebastian 196
Jersey 35
Jett, Joseph 180 f.
JM Advisors Management 271
Joffe, Josef 111
Jones, Barbara 187
JPMorgan Chase & Co. 51, 56, 181 ff., 192, 202, 223, 232, 250 f., 331
Julius Bär 205
Jungferninseln 227 f., 233
Junior Notes 303
JWM Partners 271

K

K1 Fund Allocation System 222
K1 Global Ltd. 226 ff., 231 f.
K1 Invest Ltd. 225 ff.
Kaiserplatz Funding Ltd. 35, 78
Kartell 192 ff.
Kernkapital 128 f.
Kernkapitalquote 66 f., 125 f.
Kerviel, Jérôme 259, **264 ff.**
Kestrel Funding 137, 307 f.
Khuzami, Robert 258
Kidder Peabody 180 f.
Kielholz, Walter 167
Kiener, Helmut 22, 160 f., 204 f., **220 ff.**, 238
Kindleberger, Charles 18 ff., 271 f.
Klein, Wolfgang 88
Koch, Bernhard 67
Koch-Weser, Caio 40
Kohn, Erwin 244
Kohn, Sonja 243 ff.
Koppelin, Jürgen 105
Kopper, Hilmar 156, 320
Kosten-Aufwand-Quote 332
Kotz, Hans-Helmut 123, 335

KPMG International 44, 46, 54, 80, 150, 246, 297
Kranz, Beat 215
Kreditanstalt für Wiederaufbau (KfW) 11, 23, 27, 40, 43, 52, 57, 69, 92, 101, 107 f., 130, 309, 311
Kreditrisiko 70, 182, 185, 189, 194, 196
Kreditversicherung 10, 53, 125, 154, 157, 181 f., 185, 194, **182**, 185, *siehe auch* Credit Default Swaps
Kreditwesengesetz 114, 129, 142, 226
Krisenforschung 19, 21, 270, 274 f.
Krisengewinnler 66, 69, 335
Krisenpolitik
– Deutschland 62, 64 f., 91 f., 104 f., 332 ff., 336
– Großbritannien 62, 96
– Irland 304
– Schweden 71
– Schweiz 62, 64, 71 f., 96 f., 304, 334
– Skandinavien 64, 66
– Spanien 64 f., 70
– USA 62, 96
Kroes, Nelli 308
Krueger, Ivar 259
Krüger, Hans-Ulrich 90, 92 ff., 105, 112
Krugman, Paul 273 f.

L

Lafontaine, Oskar 109, 235
Laible, Eckhard 296
Lake Constance Funding 78
Landesbank Baden-Württemberg (LBBW) 13, 23, 44, 53, 69, 74, 78, 83, 87 f., 100, 156, 281, 284, 290, 292 f., 298, 301, 316
– Kernkapitalquote 293
– Klagen 153
Landesbank Berlin 35
Landesbanken 34, 54, 61, 65, 69, 73 ff., 99, 101 f., 128, 282 f.
Landeszentralbank 121
Landsbanki 149 f.
Lannoo, Karel 96
Leeson, Nick 249, **249 ff.**, 265 ff.
Lehman-Brothers 31 ff., 130, 149 f., 153, 157, 176 f., 189 ff., 196, 200, 202, 298
– Lehman-Legende 33, 55, 92, 133
– Untersuchungsausschuss 54, 62
Leverage-Ratio 124, 126 f.
Lewis, Michael 164
Linssen, Helmut 100, 109, 308
Lippman, Greg 45
Litt, Marc 243
London Interbank Offered Rate (Libor) 86
Lone Star 101, 309
Long Term Capital Management (LTCM) 180, 271
Lovells 42
Lowenstein, Roger 176
Loyr-Stiftung 215
Lundgren, Bo 71
Lynch, Peter 205

M

Madoff Investment Securities LLC 242 f., 246
Madoff, Bernard 20, 159 f., 162, 166, 169, 241, **242 ff.**
– Datenmanipulation 248 f.
Mainfirst Bank 249
Maloney, Carolyn 183 f., 188
Mannesmann 199
Maple Bank 155 f.
Marnette, Werner 167, 312 f., 315
Marsh, David 114, 120
Massa, Massima 256
Masters, Blythe 181 ff.
Matthäus-Meier, Ingrid 92, 107 f.

McCoy, Patricia 201
McCreevy, Charlie 189
Medici-Bank 244 ff.
Medienberichterstattung 24, 272
Meriwether, John 180, 271
Merkel, Angela 33, 45, 60, 103 f., 124, 235
Merton, Robert Cox 271
Meryll Lynch 51, 58, 175, 186, 205
Messier, Jean-Marie 152, 308
Metz, Horst 17, 76 f., 287, 289
Michels, Jürgen 111
Milbradt, Georg 17, 77, 92, 287 f., 292 f., **295 f., 298**
– Mini-Madoffs 22, 351 ff.
Minsky, Hyman P. 19 f., 28, 270
Mirabaud, Pierre 110
Mirow, Thomas 49, 55
Moody's 53
Morgan Stanley 154, 192
Morsy, Hanan 272
Mortgage-backed Securities (MBS) 285
Movie Gallery 255 f.
Müller, Klaus-Peter 32 f.
Münchau, Wolfgang 111
Munger, Charles 183
Müntefering, Franz 235
MW Medical 215

N

Nadel, Arthur G. 162
New Century 45, 155
Niblo, John 47
Nito UK Asset Management 223
Nonnenmacher, Dirk Jens 156, 315, 318, 320
Nordea 64, 66, 69, 71, 332, 335
NordLB 43, 88
Nordrhein-Westfalen 45, 138, 302 f.

O

OECD (Organisation für wirtschaftliche Zusammenarbeit und Entwicklung) 119
O'Hara, Jerome 248
Obama, Barack 172
Oetting, Torsten 298
Off-Balance 315
Offshore-Zentren 219, 233, 237, 299
Omega Capital 149 f., 156, 317 f.
Opusalpha Funding 79
Ormond Quay 13, 38 f., 43 f., 46 f., 52, 75 f., 78, 196, 286 f.
Ortseifen, Stefan 172, 309 f.
Osinski, Michael 179 f.
Özgenc, Kayhan 18

P

Paramax Capital 185 f.
Partnoy, Frank 195
Passmore Holding 288
Paul, Stephan 96
Paulson, Henry 48
Pecora, Ferdinand 21, 171, 259
Penny-Stocks 204, 214, 218
Perez, George 248
Phoenix Light Ltd. 138, **302 ff.**
Pink Sheets 217
Pontell, Henry 170
Ponzi, Carlos 19
Ponzi-Scheme 19
Porsche 157
Porter, Michael 205
Poseidon Funding Ltd. 79, 315 f.
Postbank 88, 254
Pousaz, Raymond 240 f.
PricewaterhouseCoopers (PwC) 46, 54, 80, 108, 188, 216, 227, 264, 318, 328
Private-Equity-Gesellschaft 235
ProElite 210 ff.
Pump and dump 218

Q

Quartalsbericht 134
Quay-Firmen 13, 286 f.
Qureshi, Yasin 231

R

Rabobank 232
Radasztics, Michael 243 ff.
Raiffeisenbank 159
Rajaratnam, Raj 255, 257
Rampl, Dieter 32
Rasinger, Wilhelm 152
Ratingagentur 38 f., 53, 75, 80, 109, 196 ff., 285
Ratingbericht 85
Ratingcode 51
Ratingprozess 197
Rawnsley, Judith 262 f.
Real Estate Linked Investments 41
Rechtsprechung 165 f., 171, 174 f.
Reckers, Hans 117
Reich, Robert 172
Reinhart, Carmen 272
Resba Beteiligungsgesellschaft 54
Rettungsfonds, amerikanischer 25 ff.
Rheingold Securitisation 78
Rheinischer Sparkassenverband 282
Rheinmain Securitisation 78
Rhinebridge 147 f.
Rhineland Funding 23, 52, 54, 78, **311**
Richmond-Fairfield Associates 254
Risikoberechnung 196
RIWA Futured Ltd. 231
Rogoff, Kenneth 272
Rohner, Paul 170
Roosevelt, Franklin D. 171
Rose, Mathew 36
Rothman, Mitchell 169
RR Fund 206

S

Sachsen 39, 43, 53, 293 f.
– Bad Bank 298, 316
Sachsen LB 11 ff., 23, 38, 43 f., 46 f., 52, 74 ff., 85, 116 f., **283 ff.**
– Bilanztechnik 46, 117
– Ermittlungen 153
– Landesbank Sachsen LB Europe plc 38, 43, 286, 290
– Sachsen Funding I 290 f.
– Untersuchungsausschuss 85 f.
– Verkauf 293 f.
Säcker, Jürgen 155
Salome Funding 79
Salomon Brothers 164, 180
SAM Sachsen Asset Management GmbH 298
Sanio, Jochen 32, 53, 55, 60, 95, 112, 131 ff., 142 f.
Sarrazin, Thilo 115
Savings-and-Loans-Krise *siehe* Sparkassenkrise, amerikanische
Schäffler, Frank 94
Schäuble, Wolfgang 333
Schick, Gerhard 62, 93 f., 96, 142
Schiffsfinanzierung 319 f.
Schiller, Karl 120
Schleußer, Heinz 309
Schmidt, Reinhard H. 335
Schmidt, Werner 151
Schmidt-Deguelle, Klaus-Peter 48
Schneider, Carsten 105
Schneider, Peter 164
Scholes, Myron 271
Schröder, Gerhard 32, 61
Schrottimmobilien-Kredite 32, 40 f.
Schulte-Noelle, Henning 32
Schwamm, Henri 170
Schweizerische Kantonalbanken 64, 68 f.
Schweizerische Nationalbank 72, 97, 120, 123, 304

Sealink Funding Ltd. 23, 298 ff., 316
SEB-Bank 216
SEC (United States Securities and Exchange Commission) 22, 49, 62, 154, 157, 200, 247, 258
Securities Exchange Act 171
Seehofer, Horst 109
Selbsttäuschung 15, 85, 100, 102, 167 f.
Sengera, Jürgen 22, 32, 152, 307
Senior Notes 303
Shiller, Robert 275
Siekmann, Helmut 105, 305 f., 330
Siemens 234
Silver Tower Funding 78
Siminov, Adrei 256
Singer, Paul 51
Single Hedge Fonds 236 f.
Sinn, Hans-Werner 40
Sixt 207
Société Générale 259, 264 ff.
SoFFin (Sonderfonds Finanzmarktstabilisierung) 23, 26 f., 104 ff., 281, 314
Soloso CDO 2005-1 Ltd. 316
Sommer, Michael 109
Sorgfaltspflicht der Bank 233 f.
Spanien 64 ff., 70, 332
Sparkassen 74, 102, 128 f., 138, 281 ff., 289, 308, 312
Sparkasse Köln-Bonn 282
Sparkassenkrise, amerikanische 169 f., 275 f.
Sparkassenverband 57, 302
– Ostdeutscher 43
Spekulationsblase 18 ff., 85
Spielberg, Steven 160
Spitzer, Eliot 174
Split-Strike-Strategie 240
Staatsgarantie 26, 73, 88, 104, 106, 306, 331
Staatshilfe 25 ff., 58, 60 f., 293 f., 299, 312, 331, *siehe auch* Steuergelder
Staatsrisiko 14, 40, 110, 284
Staatsverschuldung 103 f.
Standard & Poor's 38 f., 75, 80, 196, 198, 286 f., 291
Stanford, Allen 162
Steinbrück, Peer 11, 25, 33, 36, 46, 48 f., 52 f., 57 ff., 62, 73, 91 ff., 95, 97 ff., 104, 109 f., 124, 129, 235, 308, 323, 328
Steuergelder 28, 60 f., 76, 99, 106, 112, 170, 184, 309, **322 f.**, 327, 334, *siehe auch* Staatshilfe
Stiftung 13 f., 38, 42, 215, 311, 316
Stiglitz, Joseph 172, 175, 194
Stockpicker-Fonds 206
Strate, Gerhard 172 f.
Straubhaar, Thomas 33
Stresstest 56, 174, 281
Structured Asset Securities 2006-OW1 176
Structured Finance 296
Subprime-Markt 64, 77, 117 f., 180 ff.
Sullivan, Martin 183 f., 186, 189, 199
Superfund Asset Management GmbH 236

T

Takla, Paul 243
Terroranschläge vom 11. September 2001 136
Thain, John 274
Thode, Bernd 296
Thornton, Grant 232
Thurgauer Kantonalbank 67
Tillich, Stanislaw 17, 292 f.
Toll Brothers 47
Treukapital 230 f.
Trichet, Jean-Claude 188
Triple-A-Rating 51, 87, 168 f., 196, 291

True Sale International (TSI) 42 f.
Trusts 14
Türkei 332

U

UBS 9 ff., 13 ff., 47, 84 f., 97, 103, 124, 185 f., 269, 304, 331
Umwidmungstrick 324 f.
United Zurichfinance 206
Unternehmensfusion 256

V

Value at Risk (VaR) 269
Value Management & Research (VMR) 205, 213
Varengold AG 231
Vedder, Clemens 41
Verbriefungsmarkt 54, 77, 178 ff.
– Entwicklung 179 ff., 194 ff.,
Vereins- und Westbank 247
Verheugen, Günter 34, 110
Versicherungsaufsicht 139, 182
Vetter, Jörg 88
Vickrey, David 111
Vienna Insurance Group 224
Vincenz, Pierin 159
Vivendi 152, 308
Volkswagen AG 192, 195
Volkswagen-Aktie 155, 157

W

Wachovia Bank 254
Wallace, Pauline 188
Washington Mutual 149 f.
Weckesser, Ronald 291
WCM Beteiligungs- und Grundbesitz AG 207
Weber, Axel 11, 33, 49, 57, 79, 94, 112 ff., 117 ff., 124, 126, 131, 139 f.
Weberbank 308
Weiss, Michael 296
Weltfinanzgipfel G 20 124, 127 f.
Wertpapieraufsicht 139
Wertpapierklassifizierung 49 f., 100
WestLB 13, 22 f., 32, 36, 39, 41 ff., 45, 69, 74, 78, 83, 99 ff., 137 f., 281, **302 ff.**, 316
– amerikanischer Markt 307
– Klagen 148 f., 152, 307 f.
Wheeler, Stanton 169
White, William 272
Wieandt, Axel 325, 327
Wieczorek-Zeul, Heidemarie 109
Wiegard, Rainer 313
Wieland, Joachim 106
Willsch, Klaus-Peter 133 f.
Wilmington-Trust 299
Wilsing, Claus 47, 85 ff., 283, 285 f., 288, 298
Windhorst, Lars 214, 321
Wirtschaftskrise der 20er Jahre 19, 21
Wirtschaftsprüfer 38 f., 108
Wirtschaftswissenschaft 268 ff.
Wissing, Volker 93, 113 f.
Wolter, Stéphane 55

X

X1 Fund Allocation GmbH 223

Y

Yellen, Janet 125

Z

Zaleskas, Kristine 243
Zapatero, José Luis Rodriguez 63
ZEB/Rolfes-Schierenbeck 332
Zelman, Ivy 47
Zheng Sun 256
Zimmermann, Peter Michael 214
Zuger Kantonalbank 68
Zweckgesellschaft *siehe* Conduit